PANORAMA

Introducción a la lengua española

G/Grace M. Arnold 2013

Volume 1

FOURTH EDITION

José A. Blanco

Philip Redwine Donley, Late
Austin Community College

VISTA
HIGHER LEARNING

Boston, Massachusetts

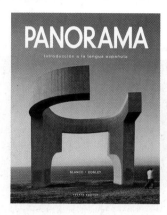

The cover of **PANORAMA, Fourth Edition,** features *Elogio del Horizonte* (In Praise of the Horizon) by the Spanish artist Eduardo Chillida Juantegui. The abstract sculpture overlooks the sea from the northern city of Gijón, in Spain. This is one of many places in the Spanish-speaking world that you will learn about in **PANORAMA**.

Publisher: José A. Blanco

Executive Editors: Deborah Coffey, María Eugenia Corbo

Managing Editor: Paola Ríos Schaaf (Technology)

Senior Consulting Editor: Armando Brito

Project Manager: Lauren Krolick (Technology)

Editors: Darío González (Technology), Egle Gutiérrez (Technology), Adriana Lavergne

Director of Design and Production: Marta Kimball

Design Manager: Susan Prentiss

Design and Production Team: María Eugenia Castaño, Oscar Díez, Mauricio Henao, Jhoany Jiménez, Nick Ventullo

Library of Congress Control Number: 2011937592

2 3 4 5 6 7 8 9 TC 16 15 14 13 12

Printed in Canada

TO THE STUDENT

To Vista Higher Learning's great pride, **PANORAMA** and **VISTAS**, the parent text from which **PANORAMA** is derived, became the best-selling new introductory college Spanish program in more than a decade in its first edition, and its success has only grown over time. It is now our pleasure to welcome you to **PANORAMA**, **Fourth Edition**, your gateway to the Spanish language and to the vibrant cultures of the Spanish-speaking world.

A direct result of extensive reviews and ongoing input from students and instructors, **PANORAMA 4/e** includes both the highly successful, ground-breaking features of the original program, plus many exciting new elements designed to keep **PANORAMA** the most student-friendly program available. Here are just some of the features you will encounter:

Original, hallmark features

- A unique, easy-to-navigate design built around color-coded sections that appear either completely on one page or on spreads of two facing pages
- Integration of an appealing video, up-front in each lesson of the student text
- Practical, high-frequency vocabulary in meaningful contexts
- Clear, comprehensive grammar explanations with high-impact graphics and other special features that make structures easier to learn and use
- Ample guided practice to make you comfortable with the vocabulary and grammar you are learning and to give you a solid foundation for communication
- An emphasis on communicative interactions with a classmate, small groups, the full class, and your instructor
- A process approach to the development of reading, writing, and listening skills
- Coverage of the entire Spanish-speaking world and integration of everyday culture
- Unprecedented learning support through on-the-spot student sidebars and on-page correlations to the print and technology ancillaries for each lesson section
- A complete set of print and technology ancillaries to help you learn Spanish

NEW! to the Fourth Edition

- A dynamic new **Fotonovela** video that presents language and culture in an engaging context
- An improved **En pantalla** section in Lessons 3, 6, 9, 12, and 15, featuring a TV clip and an authentic short film each time
- **VText**, the online, interactive textbook
- New content and features on the **PANORAMA** Supersite, including audio-synced readings, video-related activities, extended grammar diagnostics, audio record-submit activities, a powerful bilingual dictionary, and much more, all designed to help you learn

PANORAMA 4/e has fifteen lessons, each of which is organized exactly the same way. To familiarize yourself with the organization of the text, as well as its original and new features, turn to page xii and take the **at-a-glance** tour.

table of contents

	contextos	fotonovela

cultura

estructura

adelante

table of contents

	contextos	**fotonovela**

cultura	estructura	adelante

table of contents

	contextos	fotonovela

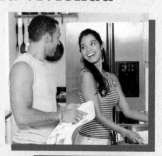

cultura

estructura

adelante

table of contents

	contextos	**fotonovela**

Volume 2:
Lección de repaso

This lesson reviews key
concepts in Volume 1.
It comes before Lesson 8
in Volume 2.

cultura | estructura | adelante

Consulta (*Reference*)

Volumes 1 & 2

Lesson Openers
outline the content and features of each lesson.

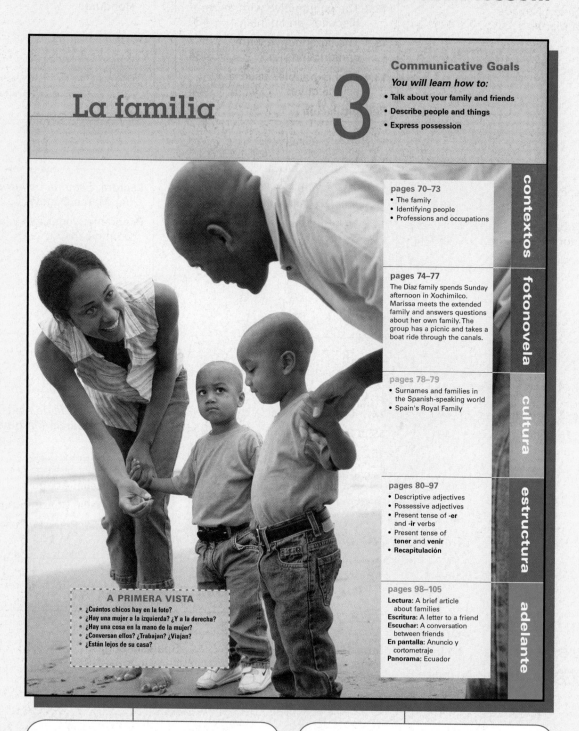

La familia

3

Communicative Goals

You will learn how to:
- Talk about your family and friends
- Describe people and things
- Express possession

contextos

pages 70–73
- The family
- Identifying people
- Professions and occupations

fotonovela

pages 74–77
The Díaz family spends Sunday afternoon in Xochimilco. Marissa meets the extended family and answers questions about her own family. The group has a picnic and takes a boat ride through the canals.

cultura

pages 78–79
- Surnames and families in the Spanish-speaking world
- Spain's Royal Family

estructura

pages 80–97
- Descriptive adjectives
- Possessive adjectives
- Present tense of **-er** and **-ir** verbs
- Present tense of **tener** and **venir**
- Recapitulación

adelante

pages 98–105
Lectura: A brief article about families
Escritura: A letter to a friend
Escuchar: A conversation between friends
En pantalla: Anuncio y cortometraje
Panorama: Ecuador

A PRIMERA VISTA
- ¿Cuántos chicos hay en la foto?
- ¿Hay una mujer a la izquierda? ¿Y a la derecha?
- ¿Hay una cosa en la mano de la mujer?
- ¿Conversan ellos? ¿Trabajan? ¿Viajan?
- ¿Están lejos de su casa?

A primera vista activities jump-start the lessons, allowing you to use the Spanish you know to talk about the photos.

Communicative goals highlight the real-life tasks you will be able to carry out in Spanish by the end of each lesson.

Contextos
presents vocabulary in meaningful contexts.

Más vocabulario boxes call out other important theme-related vocabulary in easy-to-reference Spanish-English lists.

Illustrations High-frequency vocabulary is introduced through expansive, full-color illustrations.

Práctica This section always begins with two listening exercises and continues with activities that practice the new vocabulary in meaningful contexts.

Variación léxica presents alternate words and expressions used throughout the Spanish-speaking world.

Recursos The icons in the **Recursos** boxes let you know exactly which print and technology ancillaries you can use to reinforce and expand on every section of every lesson.

Comunicación activities allow you to use the vocabulary creatively in interactions with a partner, a small group, or the entire class.

PANORAMA at-a-glance

Fotonovela
follows the adventures of a group of students living and traveling in Mexico.

Personajes The photo-based conversations take place among a cast of recurring characters—a Mexican family with two college-age children, and their group of friends.

Fotonovela Video Updated for the Fourth Edition, the **NEW!** video episodes that correspond to this section are available for viewing online. For more information on the **Fotonovela** Video, turn to page xxvi.

Conversations Taken from the **NEW! Fotonovela**, the conversations reinforce vocabulary from **Contextos**. They also preview structures from the upcoming **Estructura** section in context *and* in a comprehensible way.

Icons signal activities by type (pair, group, audio, info gap) and let you know which activities can be completed online. For a legend explaining all icons used in the student text, see page xxix.

Expresiones útiles These expressions organize new, active structures by language function so you can focus on using them for real-life, practical purposes.

Pronunciación & Ortografía
present the rules of Spanish pronunciation and spelling.

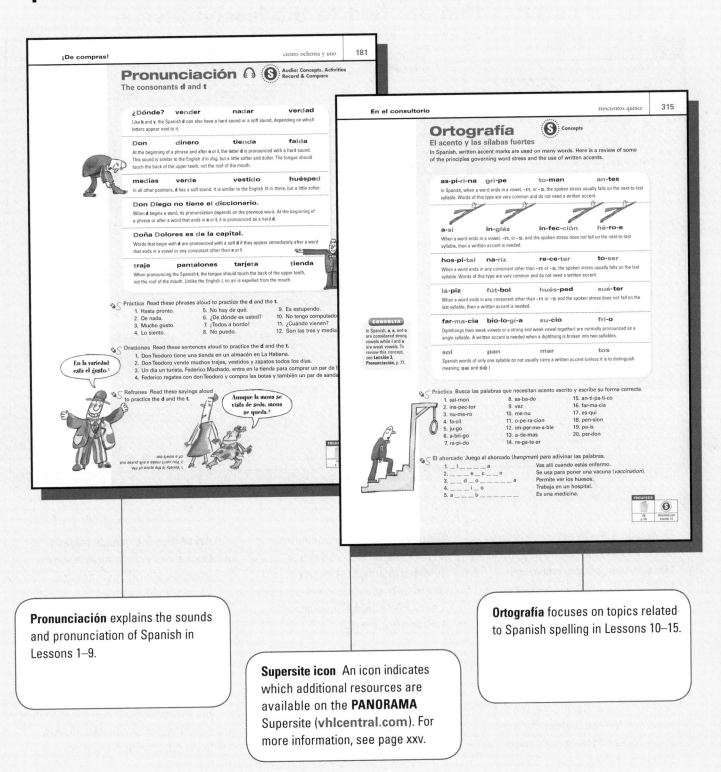

Pronunciación explains the sounds and pronunciation of Spanish in Lessons 1–9.

Supersite icon An icon indicates which additional resources are available on the **PANORAMA** Supersite (vhlcentral.com). For more information, see page xxv.

Ortografía focuses on topics related to Spanish spelling in Lessons 10–15.

PANORAMA at-a-glance

Cultura
shows different aspects of Hispanic cultures that are tied to the lesson theme.

En detalle & Perfil(es) Two articles on the lesson theme focus on a specific place, custom, person, group, or tradition in the Spanish-speaking world. In Spanish starting in Lesson 7, these features also provide reading practice.

Activities check your understanding of the material and lead you to further exploration. A mouse icon indicates that activities are available on the **PANORAMA** Supersite (**vhlcentral.com**).

Así se dice & El mundo hispano Lexical and comparative features expand cultural coverage to people, traditions, customs, trends, and vocabulary throughout the Spanish-speaking world.

Coverage While the **Panorama** section takes a regional approach to cultural coverage, **Cultura** is theme-driven, covering several Spanish-speaking regions in every lesson.

Flash cultura An icon lets you know that the enormously successful **Flash cultura** video offers specially shot content tied to the lesson theme.

Conexión Internet This activity leads you to research a topic related to the lesson theme on the **PANORAMA** Supersite (**vhlcentral.com**).

Estructura
presents Spanish grammar in a graphic-intensive format.

Ante todo This introduction eases you into the grammar with definitions of grammatical terms, reminders about what you already know of English grammar, and Spanish grammar you have learned in earlier lessons.

Compare & Contrast This feature focuses on aspects of grammar that native speakers of English may find difficult, clarifying similarities and differences between Spanish and English.

Diagrams To clarify concepts, clear and easy-to-grasp grammar explanations are reinforced by diagrams that colorfully present sample words, phrases, and sentences.

Charts To help you learn, colorful, easy-to-use charts call out key grammatical structures and forms, as well as important related vocabulary.

Student sidebars provide you with on-the-spot linguistic, cultural, or language-learning information directly related to the materials in front of you.

¡Inténtalo! offers an easy first step into each grammar point. A mouse icon indicates these activities are available with auto-grading on the **PANORAMA** Supersite (vhlcentral.com).

PANORAMA at-a-glance

Estructura
provides directed and communicative practice.

Práctica A wide range of guided, yet meaningful exercises weave current and previously learned vocabulary together with the current grammar point.

Comunicación Opportunities for creative expression use the lesson's grammar and vocabulary. These activities take place with a partner, in small groups, or with the whole class.

Síntesis activities integrate the current grammar point with previously learned points, providing built-in, consistent review and recycling as you progress through the text.

Information Gap activities engage you and a partner in problem-solving and other situations based on handouts your instructor gives you. However, you and your partner each have only half of the information you need, so you must work together to accomplish the task at hand.

Sidebars The **Notas culturales** expand coverage of the cultures of Spanish-speaking peoples and countries, while **Ayuda** sidebars provide on-the-spot language support.

NEW! Additional activities New to the Fourth Edition, the Activity Pack provides additional communicative and discrete practice for every grammar point. Your instructor will distribute these handouts for review and extra practice.

Estructura
Recapitulación reviews the grammar of each lesson and is available with auto-grading on the Supersite.

---

96 noventa y seis | Lección 3 | La familia | noventa y siete **97**

SUBJECT · Javier · CONJUGATED FORM · empiezo · Main claus... · Dudan

Recapitulación

(S) Concepts Diagnostics

Review the grammar concepts you have learned in this lesson by completing these activities.

1 Adjetivos Complete each phrase with the appropriate adjective from the list. Make all necessary changes. **6 pts.**

| antipático | interesante | mexicano |
| difícil | joven | moreno |

1. Mi tía es _____. Vive en Guadalajara.
2. Mi primo no es rubio, es _____.
3. Mi novio cree que la clase no es fácil; es _____.
4. Los libros son _____; me gustan mucho.
5. Mis hermanos son _____; no tienen muchos amigos.
6. Las gemelas tienen quince años. Son _____.

2 Completar For each set of sentences, provide the appropriate form of the verb **tener** and the possessive adjective. Follow the model. **12 pts.**

modelo
Él tiene un libro. Es su libro.

1. Esteban y Julio _____ una tía. Es _____ tía.
2. Yo _____ muchos amigos. Son _____ amigos.
3. Tú _____ tres primas. Son _____ primas.
4. María y tú _____ un hermano. Es _____ hermano.
5. Nosotras _____ unas mochilas. Son _____ mochilas.
6. Usted _____ dos sobrinos. Son _____ sobrinos.

3 Oraciones Arrange the words in the correct order to form complete logical sentences. ¡Ojo! Don't forget to conjugate the verbs. **10 pts.**

1. libros / unos / tener / interesantes / tú / muy
2. dos / leer / fáciles / compañera / tu / lecciones
3. mi / francés / ser / amigo / buen / Hugo
4. ser / simpáticas / dos / personas / nosotras
5. a / clases / menores / mismas / sus / asistir / hermanos / las

---

RESUMEN GRAMATICAL

3.1 Descriptive adjectives *pp. 80–82*

Forms and agreement of adjectives

	Masculine		Feminine	
	Singular	Plural	Singular	Plural
	alto	altos	alta	altas
	inteligente	inteligentes	inteligente	inteligentes
	trabajador	trabajadores	trabajadora	trabajadoras

► Descriptive adjectives follow the noun: el chico rubio
► Adjectives of nationality also follow the noun: la mujer española
► Adjectives of quantity precede the noun: muchos libros, dos turistas
► When placed before a singular masculine noun, these adjectives are shortened.
bueno → buen   malo → mal
► When placed before a singular noun, grande is shortened to gran.

3.2 Possessive adjectives *p. 85*

Singular		Plural	
mi	nuestro/a	mis	nuestros/as
tu	vuestro/a	tus	vuestros/as
su	su	sus	sus

3.3 Present tense of -er and -ir verbs *pp. 88–89*

comer		escribir	
como	comemos	escribo	escribimos
comes	coméis	escribes	escribís
come	comen	escribe	escriben

3.4 Present tense of tener and venir *pp. 92–93*

tener		venir	
tengo	tenemos	vengo	venimos
tienes	tenéis	vienes	venís
tiene	tienen	viene	vienen

---

4 Carta Complete this letter with the appropriate forms of the verbs in the word list. Not all verbs will be used. **10 pts.**

abrir	correr	recibir
asistir	creer	tener
compartir	escribir	venir
comprender	leer	vivir

Hola, Ángel:
¿Qué tal? Yo (1) _____ esta carta (this letter) en la biblioteca. Todos los días (2) _____ aquí y (3) _____ un buen libro. Yo (4) _____ que es importante leer por diversión. Mi compañero de apartamento no (5) _____ por qué me gusta leer. Él sólo (6) _____ los libros de texto. Pero nosotros (7) _____ unos intereses. Por ejemplo, los dos somos atléticos; por las mañanas nosotros (8) _____. También nos gustan las ciencias; por las tardes (9) _____ a nuestra clase de biología. Y tú, ¿cómo estás? ¿(Tú) (10) _____ mucho trabajo (work)?

5 Su familia Write a brief description of a friend's family. Describe the family members using vocabulary and structures from this lesson. Write at least five sentences. **12 pts.**

modelo
La familia de mi amiga Gabriela es grande. Ella tiene tres hermanos y una hermana. Su hermana mayor es periodista...

6 Proverbio Complete this proverb with the correct forms of the verbs in parentheses. **2 EXTRA points!**

❝ Dos andares° _____ (tener) el dinero°, _____ (venir) despacio° y se va° ligero°. ❞

andares *speeds* dinero *money* despacio *slowly* se va *it leaves* ligero *quickly*

Practice more at **vhlcentral.com**.

Resumen gramatical This review panel provides you with an easy-to-study summary of the basic concepts of the lesson's grammar, with page references to the full explanations.

Activities A series of activities, moving from directed to open-ended, systematically test your mastery of the lesson's grammar. The section ends with a riddle or puzzle using the grammar from the lesson.

Points Each activity is assigned a point value to help you track your progress. All **Recapitulación** sections add up to fifty points, plus two additional points for successfully completing the bonus activity.

Supersite icon An icon lets you know that **Recapitulación** can be completed online with diagnostics to help you identify where you are strong or where you might need review.

NEW! Extra practice An icon indicates when there is extra practice available online. In this case, after you finish **Recapitulación**, you can complete a set of follow-up activities to compare your results!

PANORAMA at-a-glance

Adelante
Lectura focuses on reading skills and is tied to the lesson theme.

Antes de leer Valuable reading strategies and pre-reading activities strengthen your reading abilities in Spanish.

Readings Selections related to the lesson theme recycle vocabulary and grammar you have learned. The selections in Lessons 1–12 are cultural texts, while those in Lessons 13–15 are literary pieces.

Después de leer Activities include post-reading exercises that review and check your comprehension of the reading as well as expansion activities.

NEW! Selections Three readings are new to this edition. Lessons 1 and 11 now offer authentic comics by Quino and Tute, while lesson 14 now has a short story by Marco Denevi.

Adelante

In Lessons 3, 6, 9, 12, and 15, *Escritura* and *Escuchar* support writing and listening skills.

Estrategia Strategies help you prepare for the writing and listening tasks to come.

Escuchar A recorded conversation or narration develops your listening skills in Spanish. **Preparación** prepares you for listening to the recorded passage.

Escritura The **Tema** describes the writing topic and includes suggestions for approaching it.

Ahora escucha walks you through the passage, and **Comprensión** checks your listening comprehension.

Adelante

In Lessons 3, 6, 9, 12, and 15, *En pantalla* presents authentic TV clips and short films.

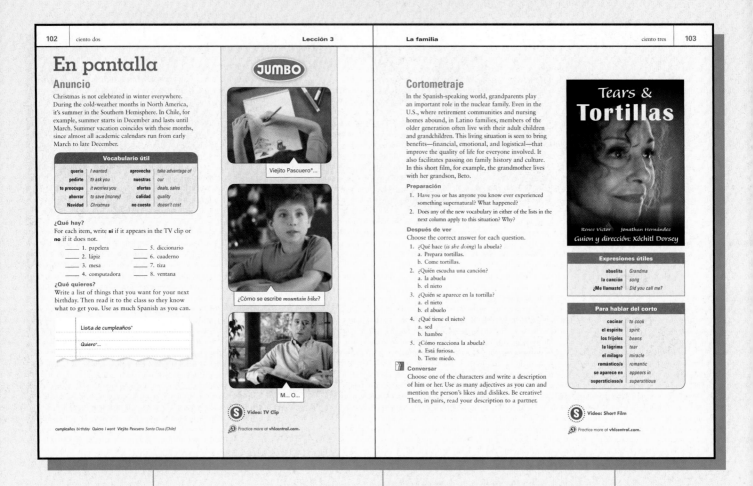

En pantalla: Anuncio TV clips, all **NEW!** to this edition, give you additional exposure to authentic language. The clips include commercials, newscasts, and TV shows.

Presentation Cultural notes, video stills with captions, film posters, and vocabulary support all prepare you to view the clips and short films. Activities check your comprehension and expand on the ideas presented.

NEW! En pantalla: Cortometraje This page features authentic short films from the U.S., Mexico, Colombia, and Spain, including pre- and post-viewing support.

Supersite icon Icons lead you to the Supersite (**vhlcentral.com**), where you can view the videos and get further practice.

Panorama
presents the nations of the Spanish-speaking world.

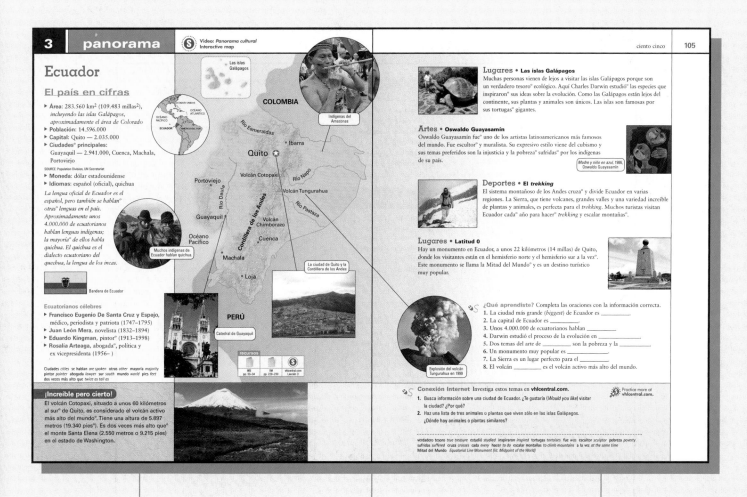

El país en cifras presents interesting key facts about the featured country.

Maps point out major cities, rivers, and geographical features and situate the country in the context of its immediate surroundings and the world.

Readings A series of brief paragraphs explores facets of the country's culture such as history, places, fine arts, literature, and aspects of everyday life.

¡Increíble pero cierto! highlights an intriguing fact about the country or its people.

Conexión Internet offers Internet activities on the **PANORAMA** Supersite (**vhlcentral.com**) for additional avenues of discovery.

***Panorama cultural* Video** This video's authentic footage takes you to the featured Spanish-speaking country, letting you experience the sights and sounds of an aspect of its culture. To learn more about the video, turn to page xxviii.

Vocabulario
summarizes all the active vocabulary of the lesson.

3 | **vocabulario** | 106 | ciento seis

La familia

el/la abuelo/a	grandfather/grandmother
los abuelos	grandparents
el apellido	last name; surname
el/la bisabuelo/a	great-grandfather/great-grandmother
el/la cuñado/a	brother-in-law/sister-in-law
el/la esposo/a	husband; wife; spouse
la familia	family
el/la gemelo/a	twin
el/la hermanastro/a	stepbrother/stepsister
el/la hermano/a	brother/sister
el/la hijastro/a	stepson/stepdaughter
el/la hijo/a	son/daughter
los hijos	children
la madrastra	stepmother
la madre	mother
el/la medio/a hermano/a	half-brother/half-sister
el/la nieto/a	grandson/granddaughter
la nuera	daughter-in-law
el padrastro	stepfather
el padre	father
los padres	parents
los parientes	relatives
el/la primo/a	cousin
el/la sobrino/a	nephew/niece
el/la suegro/a	father-in-law/mother-in-law
el/la tío/a	uncle/aunt
el yerno	son-in-law

Otras personas

el/la amigo/a	friend
la gente	people
el/la muchacho/a	boy/girl
el/la niño/a	child
el/la novio/a	boyfriend/girlfriend
la persona	person

Profesiones

el/la artista	artist
el/la doctor(a), el/la médico/a	doctor; physician
el/la ingeniero/a	engineer
el/la periodista	journalist
el/la programador(a)	computer programmer

Adjetivos

alto/a	tall
antipático/a	unpleasant
bajo/a	short (in height)
bonito/a	pretty
buen, bueno/a	good
delgado/a	thin; slender
difícil	difficult; hard
fácil	easy
feo/a	ugly
gordo/a	fat
gran, grande	big; large
guapo/a	handsome; good-looking
importante	important
inteligente	intelligent
interesante	interesting
joven (sing.), jóvenes (pl.)	young
mal, malo/a	bad
mismo/a	same
moreno/a	brunet(te)
mucho/a	much; many; a lot of
pelirrojo/a	red-haired
pequeño/a	small
rubio/a	blond(e)
simpático/a	nice; likeable
tonto/a	silly; foolish
trabajador(a)	hard-working
viejo/a	old

Nacionalidades

alemán, alemana	German
argentino/a	Argentine
canadiense	Canadian
chino/a	Chinese
costarricense	Costa Rican
cubano/a	Cuban
ecuatoriano/a	Ecuadorian
español(a)	Spanish
estadounidense	from the U.S.
francés, francesa	French
inglés, inglesa	English
italiano/a	Italian
japonés, japonesa	Japanese
mexicano/a	Mexican
norteamericano/a	(North) American
puertorriqueño/a	Puerto Rican
ruso/a	Russian

Verbos

abrir	to open
aprender (a + *inf.*)	to learn
asistir (a)	to attend
beber	to drink
comer	to eat
compartir	to share
comprender	to understand
correr	to run
creer (en)	to believe (in)
deber (+ *inf.*)	should; must; ought to
decidir (+ *inf.*)	to decide
describir	to describe
escribir	to write
leer	to read
recibir	to receive
tener	to have
venir	to come
vivir	to live

Possessive adjectives	See page 85.
Expressions with *tener*	See page 93.
Expresiones útiles	See page 75.

Audio: Vocabulary

recursos

LM p. 18 | vhlcentral.com Lección 3

Recorded vocabulary The headset icon, the Supersite icon, and **Recursos** boxes highlight that the active lesson vocabulary is recorded for convenient study on the **PANORAMA** Supersite (**vhlcentral.com**).

Supersite

The **PANORAMA** Supersite provides a wealth of resources for both students and instructors. Icons indicate exactly which resources are available on the Supersite for each strand of every lesson.

For Students

Student resources, available through a Supersite code, are provided free-of-charge with the purchase of a new student text. Here is an example of what you will find at **vhlcentral.com:**

- Activities from the student text, with auto-grading
- Additional practice for each and every textbook section **Practice more at vhlcentral.com.**
- Record and submit oral assessment activities
- Four video programs—**Fotonovela, Flash cultura**, **En pantalla** (**Anuncio** and **Cortometraje**), and **Panorama cultural**—in streaming video
- MP3 files for the complete **PANORAMA** Textbook and Lab Programs
- **NEW!** Oxford Spanish Mini Dictionary **OXFORD** UNIVERSITY PRESS
- Improved Flashcards with audio
- Instructor-enabled voiceboards for oral communication and threaded discussions

For Instructors

See p. xxx for a complete list of Supersite resources available to instructors.

Supersiteplus

In addition to the resources already listed, Supersite Plus offers:

- **WebSAM** The online, interactive Student Activities Manual includes audio record and submit activities, auto-grading for select activities, and a single gradebook for Supersite and WebSAM activities.
- Instructor-enabled online collaboration via instant messaging, audio and video conferencing, and whiteboard and application sharing

vText | virtual interactive text

With **vText**, students have everything they need at the click of a mouse: textbook, practice activities, audio, video, and all Supersite resources. Plus, the instructor gradebook links assignments and grades to the **vText**.

FOTONOVELA VIDEO PROGRAM

The cast NEW!

Here are the main characters you will meet in the **Fotonovela** Video:

 From Mexico,
Jimena Díaz Velázquez

 From Argentina,
Juan Carlos Rossi

 From Mexico,
Felipe Díaz Velázquez

 From the U.S.,
Marissa Wagner

 From Mexico,
María Eugenia (Maru) Castaño Ricaurte

 From Spain,
Miguel Ángel Lagasca Martínez

Brand-new and fully integrated with your text, the **PANORAMA 4/e Fotonovela** Video is a dynamic and contemporary window into the Spanish language. The new video centers around the Díaz family, whose household includes two college-aged children and a visiting student from the U.S. Over the course of an academic year, Jimena, Felipe, Marissa, and their friends explore **el D.F.** and other parts of Mexico as they make plans for their futures. Their adventures take them through some of the greatest natural and cultural treasures of the Spanish-speaking world, as well as the highs and lows of everyday life.

The **Fotonovela** section in each textbook lesson is actually an abbreviated version of the dramatic episode featured in the video. Therefore, each **Fotonovela** section can be done before you see the corresponding video episode, after it, or as a section that stands alone.

In each dramatic segment, the characters interact using the vocabulary and grammar you are studying. As the storyline unfolds, the episodes combine new vocabulary and grammar with previously taught language, exposing you to a variety of authentic accents along the way. At the end of each episode, the **Resumen** section highlights the grammar and vocabulary you are studying.

We hope you find the new **Fotonovela** video to be an engaging and useful tool for learning Spanish!

EN PANTALLA
VIDEO PROGRAM

The **PANORAMA** Supersite features an authentic TV clip and short film for Lessons 3, 6, 9, 12, and 15. TV clip formats include commercials and news stories. All clips and three of the short films are **NEW!** to the Fourth Edition, were carefully chosen to be comprehensible for students learning Spanish, and are accompanied by activities and vocabulary lists to facilitate understanding. More importantly, though, these clips and short films are a fun and motivating way to improve your Spanish!

Here are the countries represented in **En pantalla:**

Lesson 3 Chile
and U.S.

Lesson 9 Chile
and Mexico

Lesson 15 Argentina
and Spain

Lesson 6 Mexico
and Colombia

Lesson 12 Argentina
and Spain

FLASH CULTURA
VIDEO PROGRAM

In the dynamic **Flash cultura** Video, young people from all over the Spanish-speaking world share aspects of life in their countries with you. The similarities and differences among Spanish-speaking countries that come up through their adventures will challenge you to think about your own cultural practices and values. The segments provide valuable cultural insights as well as linguistic input; the episodes will introduce you to a variety of accents and vocabulary as they gradually move into Spanish.

PANORAMA CULTURAL
VIDEO PROGRAM

The **Panorama cultural** Video is integrated with the **Panorama** section in each lesson. Each segment is 2–3 minutes long and consists of documentary footage from each of the countries featured. The images were specially chosen for interest level and visual appeal, while the all-Spanish narrations were carefully written to reflect the vocabulary and grammar covered in the textbook.

ICONS AND *RECURSOS* BOXES

Icons

Familiarize yourself with these icons that appear throughout **PANORAMA, Fourth Edition**.

- The Information Gap activities and those involving **Hojas de actividades** (*activity sheets*) require handouts that your instructor will give you.

- You will see the listening icon in **Contextos**, **Pronunciación**, **Escuchar,** and **Vocabulario** sections.

- A note next to the Supersite icon will let you know exactly what type of content is available online. See p. xxv for a list of available resources.

- Additional practice on the Supersite, not included in the textbook, is indicated with this icon:

Recursos

Recursos boxes let you know exactly what print and technology ancillaries you can use to reinforce and expand on every section of the lessons in your textbook. They even include page numbers when applicable. See the next page for a description of the ancillaries.

icons and ancillaries

STUDENT ANCILLARIES

▶ **Supersite**
Student access to the Supersite (vhlcentral.com) is free with the purchase of a new student text. The Student Supersite provides:
- Select textbook and extra-practice activities
- All **PANORAMA 4/e** video programs
- Textbook Audio Program MP3s (audio recordings for the listening based textbook activities and recordings of the active vocabulary for each lesson of the student text)
- Lab Audio Program MP3s
- Study resources (online dictionary, tutorials, flashcards)
- Instructor-enabled voiceboards for oral communication and threaded discussions

See page xxv for a complete list of resources.

▶ **Supersite Plus**
The Student Supersite Plus provides:
- The **PANORAMA 4/e** Supersite
- **WebSAM**, the entire Workbook, Video Manual, and Lab Manual online, as well as a robust learning management system that completely integrates with the **PANORAMA 4/e** Supersite
- Instructor-enabled online collaboration via instant messaging, audio and video conferencing, and whiteboard and application sharing

▶ **NEW! vText**
The online virtual interactive student edition provides students with:
- Note-taking and highlighting capabilities
- Easy browsing via table of contents or page number
- Links to textbook mouse-icon activities
- Assignments and grades on the **vText** page
- Direct access to all Supersite resources

▶ **Workbook/Video Manual**
The Workbook/Video Manual contains the workbook activities for each textbook lesson, activities for the **Fotonovela** video, and pre-, while-, and post-viewing activities for the **Flash cultura** and **Panorama cultural** videos.

▶ **Lab Manual**
The Lab Manual contains lab activities for each textbook lesson for use with the Lab Audio Program.

▶ *Fotonovela* **Video DVD**
The **Fotonovela** DVD provides the complete **Fotonovela** video program with subtitles in English and Spanish.

INSTRUCTOR ANCILLARIES

▶ **Instructor's Annotated Edition (IAE)**
The expanded trim size and enhanced design make the annotations easy to reference in the classroom.

▶ **NEW! Activity Pack**
The **PANORAMA** Activity Pack offers discrete and communicative practice for individuals, pairs, and groups. Formats include multiple choice questions, information gap activities, board games, and more.

▶ **Supersite**
The password-protected Instructor Supersite allows instructors to assign and track student progress through its course management system. Instructors have full access to the Student Supersite and seamless integration with the **PANORAMA 4/e** WebSAM and vText. The Supersite now features an intuitive, user-friendly interface and tools to enhance course management, gradebook, and reporting, including:
- All-in-one gradebook
- Simple and powerful course and assignment set-up
- Reporting with customized and standard options
- Online assessment including Testing MP3 files, plus editable RTFs, and ready-to-print PDF versions
- Program audio and video with scripts and English video translations
- Voiceboards for oral communication and threaded discussions
- Lesson Plans and Instructor Resources

▶ **Supersite Plus**
Supersite Plus offers:
- The complete **PANORAMA 4/e** Supersite
- The **WebSAM** online Workbook/Lab Manual/Video Manual, with auto-graded and instructor-graded activities, and oral record-submit activities
- Online collaboration via instant messaging, audio and video conferencing, and whiteboard and application sharing

▶ **Instructor's DVD Set**
Three video DVDs (**Fotonovela, Flash cultura,** and **Panorama cultural + Cortometrajes**) are available with subtitles in English and Spanish.

▶ **Testing Program**
The Testing Program is provided in PDF and RTF formats.
- **NEW!** Volume 1 of the Testing Program contains two quizzes for each **Contextos** presentation and each **Estructura** grammar point.
- **NEW!** Volume 2 of the Testing Program contains two additional versions (**Prueba E** and **Prueba F**) of the tests for each textbook lesson.
- Volume 2 also contains quarter exams, semester exams, listening scripts, answer keys, and optional test items for culture, video, and reading sections.

PANORAMA, Fourth Edition, is the direct result of extensive reviews and continuous input from students and instructors using the Third Edition. On behalf of its authors and editors, Vista Higher Learning expresses its sincere appreciation to the many Spanish instructors and professors across the U.S. and Canada who contributed their ideas, suggestions, and recommendations via online reviews: thank you.

We especially thank those instructors who contributed their editing and writing expertise, including Martín Gaspar of the University of Wisconsin, Madison; Mercedes Hussey Pailos of Brevard Community College; and Ronna Feit of Nassau Community College/SUNY.

Reviewers

Tammy Allen
Miami University, Middletown, OH

Rosalind Arthur-Andoh
Clark Atlanta University, GA

Gilbert Bolling
Concord University, WV

Martin Camps
University of the Pacific, CA

Matt Carpenter
Yuba College, Clearlake, CA

Tulio Cedillo
Lynchburg College, VA

Lisa Celona
Tunxis Community College, CT

Richard Clark
Northwestern College, IA

Nathalie Davaut
University of South Carolina, Lancaster, SC

Chris Davison
Westminster College of Salt Lake City, UT

Lorena Delgadillo
Rowan-Cabarrus Community College, NC

Tatevik Gevorgyan
Catholic University of America, Washington, DC

Don Goetz
Northwestern Connecticut Community
Technical College, CT

Julia Guerrero
Highland Community College, IL

Cecilia Herrera
University of Wisconsin, Oshkosh, WI

Josephine Hill
Jackson Community College, MI

Esther Holtermann
American University, Washington, DC

Jacqueline Horn
Loma Linda University, CA

Harriet Hutchinson
Bunker Hill Community
College, Charlestown, MA

Herman Johnson
Xavier University of Louisiana, LA

Robert Lesman
Shippensburg University of Pennsylvania, PA

Lora Looney
University of Portland, OR

Frank Martínez
Nashville State Community College, TN

acknowledgments

María Martínez
  University of Manitoba,
  Winnipeg, MB, Canada

Victoria Mayorga
  Pierce College, Puyallup, WA

Lindsay Naramore
  John Brown University, AR

Michael Nouri
  University of Southern Indiana, IN

Erica Oshier
  Fort Valley State University, GA

Kristin Osowski
  Diablo Valley College, CA

Ruth Owens Supko
  Arkansas State University, Jonesboro, AR

Jessica Perla-Collibee
  Menlo College, CA

Sherrie Ray
  University of Arkansas at Little Rock, AR

Caterina Reitano
  University of Manitoba, Winnipeg, MB, Canada

Gabriel Rico
  Victor Valley College, CA

John Riley
  Greenville Technical College, Greenville, SC

Walter Rojas
  Universidad del Ambiente, Costa Rica

David Salomon
  Russell Sage College for Women, NY

Patricia Scarampi
  Lake Forest College, IL

Nila Serrano-Proulx
  Victor Valley College, CA

Jody Soberon
  Southwestern Oregon Community
  College, Brookings, OR

Susan Spillman
  Xavier University of Louisiana, LA

Nataly Tcherepashenets
  Empire State College, Center for
  Distance Learning, NY

Regina Vera-Quinn
  University of Waterloo, ON, Canada

Antonia Wagner
  Greenville Technical College, Barton, SC

Joy Woolf
  Westminster College of Salt Lake City, UT

Hola, ¿qué tal?

1

Communicative Goals

You will learn how to:

- Greet people in Spanish
- Say goodbye
- Identify yourself and others
- Talk about the time of day

A PRIMERA VISTA

- Guess what the people on the photo are saying:
  a. Adiós. b. Hola. c. salsa
- Most likely they would also say:
  a. Gracias. b. fiesta c. Buenos días.
- The women are:
  a. amigas b. chicos c. señores

Hola, ¿qué tal?

Más vocabulario

Buenos días.	*Good morning.*
Buenas noches.	*Good evening; Good night.*
Hasta la vista.	*See you later.*
Hasta pronto.	*See you soon.*
¿Cómo se llama usted?	*What's your name? (form.)*
Le presento a…	*I would like to introduce you to (name). (form.)*
Te presento a…	*I would like to introduce you to (name). (fam.)*
el nombre	*name*
¿Cómo estás?	*How are you? (fam.)*
No muy bien.	*Not very well.*
¿Qué pasa?	*What's happening?; What's going on?*
por favor	*please*
De nada.	*You're welcome.*
No hay de qué.	*You're welcome.*
Lo siento.	*I'm sorry.*
Gracias.	*Thank you; Thanks.*
Muchas gracias.	*Thank you very much; Thanks a lot.*

Variación léxica

Items are presented for recognition purposes only.

Buenos días.	⟷ Buenas.
De nada.	⟷ A la orden.
Lo siento.	⟷ Perdón.
¿Qué tal?	⟷ ¿Qué hubo? (*Col.*)
Chau.	⟷ Ciao; Chao.

1

ELENA Patricia, éste es el señor Perales.
PATRICIA Encantada.
SEÑOR PERALES Igualmente. ¿De dónde es usted, señorita?
PATRICIA Soy de México. ¿Y usted?
SEÑOR PERALES De Puerto Rico.

2

TOMÁS ¿Qué tal, Alberto?
ALBERTO Regular. ¿Y tú?
TOMÁS Bien. ¿Qué hay de nuevo?
ALBERTO Nada.

3

SEÑOR VARGAS Buenas tardes, señora Wong. ¿Cómo está usted?
SEÑORA WONG Muy bien, gracias. ¿Y usted, señor Vargas?
SEÑOR VARGAS Bien, gracias.
SEÑORA WONG Hasta mañana, señor Vargas. Saludos a la señora Vargas.
SEÑOR VARGAS Adiós.

In Spanish, people can be addressed either formally or informally. Dialogues 1 and 3 are formal exchanges and use **usted** (*you*) forms. Dialogues 2, 4, and 5 are informal and use the familiar **tú** (*you*) form or other informal expressions. You will learn more about this in **Estructura 1.3.**

BERTA Hasta luego, Tere.
TERESA Chau, Berta. Nos vemos mañana.

CARMEN Buenas tardes. Me llamo Carmen. ¿Cómo te llamas tú?
ANTONIO Buenas tardes. Me llamo Antonio. Mucho gusto.
CARMEN El gusto es mío. ¿De dónde eres?
ANTONIO Soy de los Estados Unidos, de California.

Práctica

1 **Escuchar** 🎧 Listen to each question or statement, then choose the correct response.

1. a. Muy bien, gracias.   b. Me llamo Graciela.
2. a. Lo siento.   b. Mucho gusto.
3. a. Soy de Puerto Rico.   b. No muy bien.
4. a. No hay de qué.   b. Regular.
5. a. Mucho gusto.   b. Hasta pronto.
6. a. Nada.   b. Igualmente.
7. a. Me llamo Guillermo Montero.   b. Muy bien, gracias.
8. a. Buenas tardes. ¿Cómo estás?   b. El gusto es mío.
9. a. Saludos a la Sra. Ramírez.   b. Encantada.
10. a. Adiós.   b. Regular.

2 **Identificar** 🎧 You will hear a series of expressions. Identify the expression (**a**, **b**, **c**, or **d**) that does not belong in each series.

1. ____   3. ____
2. ____   4. ____

3 **Escoger** For each expression, write another word or phrase that expresses a similar idea.

> **modelo**
> ¿Cómo estás? ¿Qué tal?

1. De nada. *No hay de qué*   4. Te presento a Antonio.
2. Encantado.   5. Hasta la vista. *Hasta pronto*
3. Adiós.   6. Mucho gusto.

4 **Ordenar** Work with a partner to put this scrambled conversation in order. Then act it out.

—Muy bien, gracias. Soy Rosabel.
—Soy de México. ¿Y tú?
—Mucho gusto, Rosabel.
—Hola. Me llamo Carlos. ¿Cómo estás?
—Soy de Argentina.
—Igualmente. ¿De dónde eres, Carlos?

CARLOS _____
ROSABEL _____
CARLOS _____
ROSABEL _____
CARLOS _____
ROSABEL _____

5 **Completar** Work with a partner to complete these dialogues.

modelo

Estudiante 1: ¿Cómo estás?
Estudiante 2: Muy bien, gracias.

1. **Estudiante 1:** _____
   Estudiante 2: Buenos días. ¿Qué tal?
2. **Estudiante 1:** Cómo se llamo?
   Estudiante 2: Me llamo Carmen Sánchez.
3. **Estudiante 1:** De dónde eres
   Estudiante 2: De Canadá.
4. **Estudiante 1:** Te presento a Marisol.
   Estudiante 2: _____

5. **Estudiante 1:** Gracias.
   Estudiante 2: De Nada
6. **Estudiante 1:** _____
   Estudiante 2: Regular.
7. **Estudiante 1:** Gracias
   Estudiante 2: Nada.
8. **Estudiante 1:** ¡Hasta la vista!
   Estudiante 2: _____

6 **Cambiar** Work with a partner and correct the second part of each conversation to make it logical.

modelo

Estudiante 1: ¿Qué tal?
Estudiante 2: ~~No hay de qué.~~ Bien. ¿Y tú?

1. **Estudiante 1:** Hasta mañana, señora Ramírez. Saludos al señor Ramírez.
   Estudiante 2: *Muy bien, gracias.*
2. **Estudiante 1:** ¿Qué hay de nuevo, Alberto?
   Estudiante 2: *Sí, me llamo Alberto. ¿Cómo te llamas tú?*
3. **Estudiante 1:** Gracias, Tomás.
   Estudiante 2: *Regular. ¿Y tú?*
4. **Estudiante 1:** Miguel, ésta es la señorita Perales.
   Estudiante 2: *No hay de qué, señorita.*
5. **Estudiante 1:** ¿De dónde eres, Antonio?
   Estudiante 2: *Muy bien, gracias. ¿Y tú?*
6. **Estudiante 1:** ¿Cómo se llama usted?
   Estudiante 2: *El gusto es mío.*
7. **Estudiante 1:** ¿Qué pasa?
   Estudiante 2: *Hasta luego, Alicia.*
8. **Estudiante 1:** Buenas tardes, señor. ¿Cómo está usted?
   Estudiante 2: *Soy de Puerto Rico.*

¡LENGUA VIVA!

The titles **señor, señora,** and **señorita** are abbreviated **Sr., Sra.,** and **Srta.** Note that these abbreviations are capitalized, while the titles themselves are not.

• • •

There is no Spanish equivalent for the English title *Ms.;* women are addressed as **señora** or **señorita**.

 Practice more at **vhlcentral.com.**

Comunicación

7   **Diálogos** With a partner, complete and act out these conversations.

Conversación 1

—Hola. Me llamo Teresa. ¿Cómo te llamas tú?

—_____

—Soy de Puerto Rico. ¿Y tú?

—_____

Conversación 2

—_____

—Muy bien, gracias. ¿Y usted, señora López?

—_____

—Hasta luego, señora. Saludos al señor López.

—_____

Conversación 3

—_____

—Regular. ¿Y tú?

—_____

—Nada.

8   **Conversaciones** This is the first day of class. Write four short conversations based on what the people in this scene would say.

9   **Situaciones** In groups of three, write and act out these situations.

1. On your way out of class on the first day of school, you strike up a conversation with the two students who were sitting next to you. You find out each student's name and where he or she is from before you say goodbye and go to your next class.
2. At the next class you meet up with a friend and find out how he or she is doing. As you are talking, your friend Elena enters. Introduce her to your friend.
3. As you're leaving the bookstore, you meet your parents' friends Mrs. Sánchez and Mr. Rodríguez. You greet them and ask how each person is. As you say goodbye, you send greetings to Mrs. Rodríguez.
4. Make up and act out a real-life situation that you and your classmates can role-play with the language you've learned.

Bienvenida, Marissa

Marissa llega a México para pasar un año con la familia Díaz.

PERSONAJES

 MARISSA

 SRA. DÍAZ

 Video: *Fotonovela*
Record and Compare

MARISSA ¿Usted es de Cuba?

SRA. DÍAZ Sí, de La Habana. Y Roberto es de Mérida. Tú eres de Wisconsin, ¿verdad?

MARISSA Sí, de Appleton, Wisconsin.

MARISSA ¿Quiénes son los dos chicos de las fotos? ¿Jimena y Felipe?

SRA. DÍAZ Sí. Ellos son estudiantes.

DON DIEGO ¿Cómo está usted hoy, señora Carolina?

SRA. DÍAZ Muy bien, gracias. ¿Y usted?

DON DIEGO Bien, gracias.

DON DIEGO Buenas tardes, señora. Señorita, bienvenida a la Ciudad de México.

MARISSA ¡Muchas gracias!

SRA. DÍAZ Ahí hay dos maletas. Son de Marissa.

DON DIEGO Con permiso.

MARISSA ¿Cómo se llama usted?

DON DIEGO Yo soy Diego. Mucho gusto.

MARISSA El gusto es mío, don Diego.

 DON DIEGO
 SR. DÍAZ
 FELIPE
 JIMENA

SR. DÍAZ ¿Qué hora es?

FELIPE Son las cuatro y veinticinco.

SRA. DÍAZ Marissa, te presento a Roberto, mi esposo.

SR. DÍAZ Bienvenida, Marissa.

MARISSA Gracias, señor Díaz.

JIMENA ¿Qué hay en esta cosa?

MARISSA Bueno, a ver, hay tres cuadernos, un mapa... ¡Y un diccionario!

JIMENA ¿Cómo se dice mediodía en inglés?

FELIPE "Noon".

FELIPE Estás en México, ¿verdad?

MARISSA ¿Sí?

FELIPE Nosotros somos tu diccionario.

recursos
VM pp. 195–196
vhlcentral.com Lección 1

Expresiones útiles

Identifying yourself and others

¿Cómo se llama usted?
What's your name?
Yo soy Diego, el portero. Mucho gusto.
I'm Diego, the doorman. Nice to meet you.
¿Cómo te llamas?
What's your name?
Me llamo Marissa.
My name is Marissa.
¿Quién es...? / ¿Quiénes son...?
Who is...? / Who are...?
Es mi esposo.
He's my husband.
Tú eres..., ¿verdad?/¿cierto?/¿no?
You are..., right?

Identifying objects

¿Qué hay en esta cosa?
What's in this thing?
Bueno, a ver, aquí hay tres cuadernos...
Well, let's see, here are three notebooks...
Oye/Oiga, ¿cómo se dice *suitcase* en español?
Hey, how do you say suitcase in Spanish?
Se dice *maleta*.
You say maleta.

Saying what time it is

¿Qué hora es?
What time is it?
Es la una. / Son las dos.
It's one o'clock. / It's two o'clock.
Son las cuatro y veinticinco.
It's four twenty-five.

Polite expressions

Con permiso.
Pardon me; Excuse me. (to request permission)
Perdón.
Pardon me; Excuse me. (to get someone's attention or excuse yourself)
¡Bienvenido/a! *Welcome!*

¿Qué pasó?

1 **¿Cierto o falso?** Indicate if each statement is **cierto** or **falso**. Then correct the false statements.

	Cierto	Falso
1. La Sra. Díaz es de Caracas.	○	○
2. El Sr. Díaz es de Mérida.	○	○
3. Marissa es de Los Ángeles, California.	○	○
4. Jimena y Felipe son profesores.	○	○
5. Las dos maletas son de Jimena.	○	○
6. El Sr. Díaz pregunta "¿qué hora es?".	○	○
7. Hay un diccionario en la mochila (*backpack*) de Marissa.	○	○

2 **Identificar** Indicate which person would make each statement. One name will be used twice.

1. Son las cuatro y veinticinco, papá.
2. Roberto es mi esposo.
3. Yo soy de Wisconsin, ¿de dónde es usted?
4. ¿Qué hay de nuevo, doña Carolina?
5. Yo soy de Cuba.
6. ¿Qué hay en la mochila, Marissa?

MARISSA   **FELIPE**   **SRA. DÍAZ**

DON DIEGO   **JIMENA**

> **¡LENGUA VIVA!**
>
> In Spanish-speaking countries, **don** and **doña** are used with first names to show respect: **don Diego, doña Carolina.** Note that these titles, like **señor** and **señora**, are not capitalized.

3 **Completar** Complete the conversation between Don Diego and Marissa.

DON DIEGO   Hola, (1)_____.

MARISSA   Hola, señor. ¿Cómo se (2)_____ usted?

DON DIEGO   Yo me llamo Diego, ¿y (3)_____?

MARISSA   Yo me llamo Marissa. (4)_____.

DON DIEGO   (5)_____, señorita Marissa.

MARISSA   Nos (6)_____, don Diego.

DON DIEGO   Hasta (7)_____, señorita Marissa.

4 **Conversar** Imagine that you are chatting with a traveler you just met at the airport. With a partner, prepare a conversation using these cues.

Estudiante 1	Estudiante 2
Say "good afternoon" to your partner and ask for his or her name.	→ Say hello and what your name is. Then ask what your partner's name is.
Say what your name is and that you are glad to meet your partner.	→ Say that the pleasure is yours.
Ask how your partner is.	→ Say that you're doing well, thank you.
Ask where your partner is from.	→ Say where you're from.
Say it's one o'clock and say goodbye.	→ Say goodbye.

Practice more at **vhlcentral.com.**

Pronunciación

Audio: Concepts, Activities Record & Compare

The Spanish alphabet

The Spanish and English alphabets are almost identical, with a few exceptions. For example, the Spanish letter **ñ (eñe)** doesn't occur in the English alphabet. Furthermore, the letters **k (ka)** and **w (doble ve)** are used only in words of foreign origin. Examine the chart below to find other differences.

¡LENGUA VIVA!

Note that **ch** and **ll** are digraphs, or two letters that together produce one sound. Conventionally they are considered part of the alphabet, but **ch** and **ll** do not have their own entries when placing words in alphabetical order, as in a glossary.

Letra	Nombre(s)	Ejemplos		Letra	Nombre(s)	Ejemplos
a	a	adiós		m	eme	mapa
b	be	bien, problema		n	ene	nacionalidad
c	ce	cosa, cero		ñ	eñe	mañana
ch	che	chico		o	o	once
d	de	diario, nada		p	pe	profesor
e	e	estudiante		q	cu	qué
f	efe	foto		r	ere	regular, señora
g	ge	gracias, Gerardo, regular		s	ese	señor
h	hache	hola		t	te	tú
i	i	igualmente		u	u	usted
j	jota	Javier		v	ve	vista, nuevo
k	ka, ca	kilómetro		w	doble ve	*walkman*
l	ele	lápiz		x	equis	existir, México
ll	elle	llave		y	i griega, ye	yo
				z	zeta, ceta	zona

El alfabeto Repeat the Spanish alphabet and example words after your instructor.

Práctica Spell these words aloud in Spanish.

1. nada
2. maleta
3. quince
4. muy
5. hombre
6. por favor
7. San Fernando
8. Estados Unidos
9. Puerto Rico
10. España
11. Javier
12. Ecuador
13. Maite
14. gracias
15. Nueva York

AYUDA

The letter combination **rr** produces a strong trilled sound which does not have an English equivalent. English speakers commonly make this sound when imitating the sound of a motor. This sound occurs with the **rr** between vowels and with the **r** at the beginning of a word: **puertorriqueño, terrible, Roberto**, etc. See **Lección 7,** p. 217 for more information.

Refranes Read these sayings aloud.

Ver es creer.[1]

En boca cerrada no entran moscas.[2]

1 *Seeing is believing.* 2 *Silence is golden.*

recursos

LM p. 2

vhlcentral.com Lección 1

S Additional Reading
Video: *Flash cultura*

Saludos y besos en los países hispanos

In Spanish-speaking countries, kissing on the cheek is a customary way to greet friends and family members. Even when people are introduced for the first time, it is common for them to kiss, particularly in non-business settings. Whereas North Americans maintain considerable personal space when greeting, Spaniards and Latin Americans tend to decrease their personal space and give one or two kisses (besos) on the cheek, sometimes accompanied by a handshake or a hug. In formal business settings, where associates do not know one another on a personal level, a simple handshake is appropriate.

Greeting someone with a **beso** varies according to gender and region. Men generally greet each other with a hug or warm handshake, with the exception of Argentina, where male friends and relatives lightly kiss on the cheek. Greetings between men and women, and between women, generally include kissing, but can differ depending on the country and context. In Spain, it is customary to give **dos besos,** starting with the right cheek first. In Latin American countries, including Mexico, Costa Rica, Colombia, and Chile, a greeting consists of a single "air kiss" on the right cheek. Peruvians also "air kiss," but

strangers will simply shake hands. In Colombia, female acquaintances tend to simply pat each other on the right forearm or shoulder.

Tendencias

País	Beso	País	Beso
Argentina	💋	España	💋💋
Bolivia	🚫	México	💋
Chile	💋	Paraguay	💋💋
Colombia	💋	Puerto Rico	💋
El Salvador	💋	Venezuela	💋/💋💋

ACTIVIDADES

1 **¿Cierto o falso?** Indicate whether these statements are true (**cierto**) or false (**falso**). Correct the false statements.

1. Hispanic people use less personal space when greeting than in the U.S.

2. Men never greet with a kiss in Spanish-speaking countries.

3. Shaking hands is not appropriate for a business setting in Latin America.

4. Spaniards greet with one kiss on the right cheek.

5. In Mexico, people greet with an "air kiss."

6. Gender can play a role in the type of greeting given.

7. If two women acquaintances meet in Colombia, they should exchange two kisses on the cheek.

8. In Peru, a man and a woman meeting for the first time would probably greet each other with an "air kiss."

EL MUNDO HISPANO

Parejas y amigos famosos

Here are some famous couples and friends from the Spanish-speaking world.

- **Jennifer López** y **Marc Anthony** (Estados Unidos/Puerto Rico) Both singers, the couple married in **2004**, and often perform together. They both starred in the **2007** film *El Cantante*.

- **Gael García Bernal** (México) y **Diego Luna** (México) These lifelong friends became famous when they starred in the 2001 Mexican film *Y tu mamá también*. They continue to work together on projects, such as the 2008 film, *Rudo y Cursi*.

- **Salma Hayek** (México) y **Penélope Cruz** (España) These two close friends developed their acting skills in their countries of origin before meeting in Hollywood.

PERFIL

La plaza principal

In the Spanish-speaking world, public space is treasured. Small city and town life revolves around the **plaza principal.** Often surrounded by cathedrals or municipal buildings like the **ayuntamiento** (*city hall*), the pedestrian **plaza** is designated as a central meeting place for family and friends. During warmer months, when outdoor cafés usually line the **plaza**, it is a popular spot to have a leisurely cup of coffee, chat, and people

La Plaza Mayor de Salamanca

watch. Many town festivals, or **ferias**, also take place in this space. One of the most famous town squares is the **Plaza Mayor** in the university town of Salamanca, Spain. Students gather underneath its famous clock tower to meet up with friends or simply take a coffee break.

La Plaza de Armas, Lima, Perú

Conexión Internet

What are the **plazas principales** in large cities such as Mexico City and Caracas?

Go to **vhlcentral.com** to find more cultural information related to this **Cultura** section.

ACTIVIDADES

2 **Comprensión** Answer these questions.

1. What are two types of buildings found on the **plaza principal**?
2. What two types of events or activities are common at a **plaza principal?**
3. How would Diego Luna greet his friends?
4. Would Salma Hayek and Jennifer López greet each other with one kiss or two?

3 **Saludos** Role-play these greetings with a partner. Include a verbal greeting as well as a kiss or handshake, as appropriate.

1. friends in Mexico
2. business associates at a conference in Chile
3. friends meeting in Madrid's Plaza Mayor
4. Peruvians meeting for the first time
5. relatives in Argentina

 Practice more at **vhlcentral.com.**

recursos

VM pp. 267–268

vhlcentral.com Lección 1

1.1 Nouns and articles **Ⓢ** Tutorial

Spanish nouns

ANTE TODO A noun is a word used to identify people, animals, places, things, or ideas. Unlike English, all Spanish nouns, even those that refer to non-living things, have gender; that is, they are considered either masculine or feminine. As in English, nouns in Spanish also have number, meaning that they are either singular or plural.

Nouns that refer to living things

Masculine nouns		Feminine nouns	
el hombre	*the man*	**la mujer**	*the woman*
ending in –o		*ending in –a*	
el chico	*the boy*	**la chica**	*the girl*
el pasajero	*the (male) passenger*	**la pasajera**	*the (female) passenger*
ending in –or		*ending in –ora*	
el conductor	*the (male) driver*	**la conductora**	*the (female) driver*
el profesor	*the (male) teacher*	**la profesora**	*the (female) teacher*
ending in –ista		*ending in –ista*	
el turista	*the (male) tourist*	**la turista**	*the (female) tourist*

▶ Generally, nouns that refer to males, like **el hombre**, are masculine, while nouns that refer to females, like **la mujer**, are feminine.

▶ Many nouns that refer to male beings end in **–o** or **–or**. Their corresponding feminine forms end in **–a** and **–ora**, respectively.

el conductor

la profesora

▶ The masculine and feminine forms of nouns that end in **–ista**, like **turista**, are the same, so gender is indicated by the article **el** (masculine) or **la** (feminine). Some other nouns have identical masculine and feminine forms.

el joven
the youth; the young man

la joven
the youth; the young woman

el estudiante
the (male) student

la estudiante
the (female) student

Nouns that refer to non-living things

Masculine nouns

ending in –o

el cuaderno	the notebook
el diario	the diary
el diccionario	the dictionary
el número	the number
el video	the video

ending in –ma

| el problema | the problem |
| el programa | the program |

ending in –s

| el autobús | the bus |
| el país | the country |

Feminine nouns

ending in –a

la computadora	the computer
la cosa	the thing
la escuela	the school
la maleta	the suitcase
la palabra	the word

ending in –ción

| la lección | the lesson |
| la conversación | the conversation |

ending in –dad

| la nacionalidad | the nationality |
| la comunidad | the community |

¡LENGUA VIVA!

The Spanish word for *video* can be pronounced with the stress on the **i** or the **e**. For that reason, you might see the word written with or without an accent: **video** or **vídeo**.

▶ As shown above, certain noun endings are strongly associated with a specific gender, so you can use them to determine if a noun is masculine or feminine.

▶ Because the gender of nouns that refer to non-living things cannot be determined by foolproof rules, you should memorize the gender of each noun you learn. It is helpful to learn each noun with its corresponding article, **el** for masculine and **la** for feminine.

▶ Another reason to memorize the gender of every noun is that there are common exceptions to the rules of gender. For example, **el mapa** (*map*) and **el día** (*day*) end in **–a**, but are masculine. **La mano** (*hand*) ends in **–o**, but is feminine.

Plural of nouns

▶ To form the plural, add **–s** to nouns that end in a vowel. For nouns that end in a consonant, add **–es**. For nouns that end in **z,** change the **z** to **c**, then add **–es**.

el chico ⟶ los chicos	la nacionalidad ⟶ las nacionalidades
el diario ⟶ los diarios	el país ⟶ los países
el problema ⟶ los problemas	el lápiz (*pencil*) ⟶ los lápices

▶ In general, when a singular noun has an accent mark on the last syllable, the accent is dropped from the plural form.

la lección ⟶ las lecciones   el autobús ⟶ los autobuses

▶ Use the masculine plural form to refer to a group that includes both males and females.

1 pasajero + 2 pasajeras = 3 pasajeros   2 chicos + 2 chicas = 4 chicos

CONSULTA

You will learn more about accent marks in **Lección 4, Pronunciación,** p. 115.

Spanish articles

ANTE TODO As you know, English often uses definite articles (*the*) and indefinite articles (*a, an*) before nouns. Spanish also has definite and indefinite articles. Unlike English, Spanish articles vary in form because they agree in gender and number with the nouns they modify.

Definite articles

▶ Spanish has four forms that are equivalent to the English definite article *the*. Use definite articles to refer to specific nouns.

Masculine		Feminine	
SINGULAR	PLURAL	SINGULAR	PLURAL
el diccionario	**los** diccionarios	**la** computadora	**las** computadoras
the dictionary	*the dictionaries*	*the computer*	*the computers*

Indefinite articles

▶ Spanish has four forms that are equivalent to the English indefinite article, which according to context may mean *a, an,* or *some.* Use indefinite articles to refer to unspecified persons or things.

Masculine		Feminine	
SINGULAR	PLURAL	SINGULAR	PLURAL
un pasajero	**unos** pasajeros	**una** fotografía	**unas** fotografías
a (one) passenger	*some passengers*	*a (one) photograph*	*some photographs*

¡INTÉNTALO! Provide a definite article for each noun in the first column and an indefinite article for each noun in the second column.

¿el, la, los o las?

1. ___la___ chica
2. ___el___ chico
3. ___la___ maleta — *suitcase*
4. ___los___ cuadernos
5. ___el___ lápiz — *lápices*
6. ___las___ mujeres

¿un, una, unos o unas?

1. ___un___ autobús
2. ___unos___ escuelas
3. ___una___ computadora
4. ___unos___ hombres
5. ___una___ señora
6. ___unos___ lápices

Práctica

1

¿Singular o plural? If the word is singular, make it plural. If it is plural, make it singular.

1. el número *S*
2. un diario *S*
3. la estudiante *S*
4. el conductor *S*
5. el país *SP*
6. las cosas *P*
7. unos turistas *P*
8. las nacionalidades *P*

9. unas computadoras *P*
10. los problemas *P*
11. una fotografía *SP*
12. los profesores *PP*
13. unas señoritas
14. el hombre *S*
15. la maleta *S*
16. la señora *S*

2 **Identificar** For each drawing, provide the noun with its corresponding definite and indefinite articles.

modelo
las maletas, unas maletas

1. _la computadora_ 2. _los cuadernos_

3. _____ 4. _el chico_ 5. _la escuela_

6. _____ 7. _los autobuses_ 8. _el cuaderno_

Comunicación

3 **Charadas** In groups, play a game of charades. Individually, think of two nouns for each charade, for example, a boy using a computer (**un chico**; **una computadora**). The first person to guess correctly acts out the next charade.

 Practice more at **vhlcentral.com**.

1.2 Numbers 0–30 (S) Tutorial

Los números 0 a 30

0	cero	11	once	21	veintiuno
1	uno	12	doce	22	veintidós
2	dos	13	trece	23	veintitrés
3	tres	14	catorce	24	veinticuatro
4	cuatro	15	quince	25	veinticinco
5	cinco	16	dieciséis	26	veintiséis
6	seis	17	diecisiete	27	veintisiete
7	siete	18	dieciocho	28	veintiocho
8	ocho	19	diecinueve	29	veintinueve
9	nueve	20	veinte	30	treinta
10	diez				

AYUDA

Though it is less common, the numbers 16 through 29 (except 20) can also be written as three words: **diez y seis, diez y siete...**

▶ The number **uno** (*one*) and numbers ending in **–uno**, such as **veintiuno**, have more than one form. Before masculine nouns, **uno** shortens to **un**. Before feminine nouns, **uno** changes to **una**.

un hombre ⟶ veinti**ún** hombres   **una** mujer ⟶ veinti**una** mujeres

▶ **¡Atención!** The forms **uno** and **veintiuno** are used when counting (**uno, dos, tres... veinte, veintiuno, veintidós...**). They are also used when the number *follows* a noun, even if the noun is feminine: **la lección uno**.

▶ To ask *how many people* or *things* there are, use **cuántos** before masculine nouns and **cuántas** before feminine nouns.

▶ The Spanish equivalent of both *there is* and *there are* is **hay**. Use **¿Hay...?** to ask *Is there...?* or *Are there...?* Use **no hay** to express *there is not* or *there are not*.

—**¿Cuántos** estudiantes **hay**?
How many students are there?

—**Hay** seis estudiantes en la foto.
There are six students in the photo.

—**¿Hay** chicos en la fotografía?
Are there guys in the picture?

—**Hay** tres chicas y **no hay** chicos.
There are three girls, and there are no guys.

¡INTÉNTALO!   Provide the Spanish words for these numbers.

1. **7** _____
2. **16** _____
3. **29** _____
4. **1** _____
5. **0** _____
6. **15** _____
7. **21** _____
8. **9** _____
9. **23** _____
10. **11** _____
11. **30** _____
12. **4** _____
13. **12** _____
14. **28** _____
15. **14** _____
16. **10** _____

recursos

WB
p. 4

LM
p. 4

(S)
vhlcentral.com
Lección 1

Práctica

1   **Contar** Following the pattern, write out the missing numbers in Spanish.

1. 1, 3, 5, ..., 29
2. 2, 4, 6, ..., 30
3. 3, 6, 9, ..., 30
4. 30, 28, 26, ..., 0
5. 30, 25, 20, ..., 0
6. 28, 24, 20, ..., 0

2   **Resolver** Solve these math problems with a partner.

modelo

5 + 3 =
Estudiante 1: cinco más tres son...
Estudiante 2: ocho

AYUDA

+	→	**más**
−	→	**menos**
=	→	**son**

1. **2 + 15 =**
2. **20 − 1 =**
3. **5 + 7 =**
4. **18 + 12 =**
5. **3 + 22 =**
6. **6 − 3 =**
7. **11 + 12 =**
8. **7 − 2 =**
9. **8 + 5 =**
10. **23 − 14 =**

3   **¿Cuántos hay?** How many persons or things are there in these drawings?

modelo

Hay tres maletas.

1. lápices de colores

2. _____

Chicos

3. _____

4. autobús

5. _____

Chicas

6. _____

7. _____

8. _____

Comunicación

4

En la clase With a classmate, take turns asking and answering these questions about your classroom.

1. ¿Cuántos estudiantes hay?
2. ¿Cuántos profesores hay?
3. ¿Hay una computadora?
4. ¿Hay una maleta?
5. ¿Cuántos mapas hay?

6. ¿Cuántos lápices hay?
7. ¿Hay cuadernos?
8. ¿Cuántos diccionarios hay?
9. ¿Hay hombres?
10. ¿Cuántas mujeres hay?

5

Preguntas With a classmate, take turns asking and answering questions about the drawing. Talk about:

1. how many children there are
2. how many women there are
3. if there are some photographs
4. if there is a boy
5. how many notebooks there are

6. if there is a bus
7. if there are tourists
8. how many pencils there are
9. if there is a man
10. how many computers there are

 Practice more at **vhlcentral.com.**

1.3 # Present tense of **ser** Tutorial

Subject pronouns

ANTE TODO In order to use verbs, you will need to learn about subject pronouns. A subject pronoun replaces the name or title of a person or thing and acts as the subject of a verb. In both Spanish and English, subject pronouns are divided into three groups: first person, second person, and third person.

Subject pronouns				
	SINGULAR		**PLURAL**	
FIRST PERSON	**yo**	*I*	**nosotros**	*we* (masculine)
			nosotras	*we* (feminine)
SECOND PERSON	**tú**	*you* (familiar)	**vosotros**	*you* (masc., fam.)
	usted (Ud.)	*you* (formal)	**vosotras**	*you* (fem., fam.)
			ustedes (Uds.)	*you* (form.)
THIRD PERSON	**él**	*he*	**ellos**	*they* (masc.)
	ella	*she*	**ellas**	*they* (fem.)

¡LENGUA VIVA!

In Latin America, **ustedes** is used as the plural for both **tú** and **usted**. In Spain, however, **vosotros** and **vosotras** are used as the plural of **tú**, and **ustedes** is used only as the plural of **usted**.

• • •

Usted and **ustedes** are abbreviated as **Ud.** and **Uds.**, or occasionally as **Vd.** and **Vds.**

▶ Spanish has two subject pronouns that mean *you* (singular). Use **tú** when addressing a friend, a family member, or a child you know well. Use **usted** to address a person with whom you have a formal or more distant relationship, such as a superior at work, a professor, or an older person.

Tú eres de Canadá, ¿verdad, David?
You are from Canada, right, David?

¿**Usted** es la profesora de español?
Are you the Spanish professor?

▶ The masculine plural forms **nosotros**, **vosotros**, and **ellos** refer to a group of males or to a group of males and females. The feminine plural forms **nosotras**, **vosotras**, and **ellas** can refer only to groups made up exclusively of females.

nosotros, vosotros, ellos

nosotros, vosotros, ellos

nosotras, vosotras, ellas

▶ There is no Spanish equivalent of the English subject pronoun *it*. Generally *it* is not expressed in Spanish.

Es un problema.
It's a problem.

Es una computadora.
It's a computer.

The present tense of ser

ANTE TODO In **Contextos** and **Fotonovela**, you have already used several present-tense forms of **ser** (*to be*) to identify yourself and others, and to talk about where you and others are from. **Ser** is an irregular verb; its forms do not follow the regular patterns that most verbs follow. You need to memorize the forms, which appear in this chart.

The verb ser (*to be*)		
SINGULAR FORMS		
yo	**soy**	*I am*
tú	**eres**	*you are* (fam.)
Ud./él/ella	**es**	*you are* (form.); *he/she is*
PLURAL FORMS		
nosotros/as	**somos**	*we are*
vosotros/as	**sois**	*you are* (fam.)
Uds./ellos/ellas	**son**	*you are* (form.); *they are*

Uses of *ser*

▶ Use **ser** to identify people and things.

—¿Quién **es** él?
Who is he?

—**Es** Felipe Díaz Velázquez.
He's Felipe Díaz Velázquez.

—¿Qué **es**?
What is it?

—**Es** un mapa de España.
It's a map of Spain.

Es Marissa.

Es una maleta.

▶ **Ser** also expresses possession, with the preposition **de**. There is no Spanish equivalent of the English construction [*noun*] + *'s* (*Maru's*). In its place, Spanish uses [*noun*] + **de** + [*owner*].

—¿**De** quién **es**?
Whose is it?

—**Es** el diario **de** Maru.
It's Maru's diary.

—¿**De** quién **son**?
Whose are they?

—**Son** los lápices **de** la chica.
They are the girl's pencils.

▶ When **de** is followed by the article **el**, the two combine to form the contraction **del**. **De** does *not* contract with **la**, **las**, or **los**.

—**Es** la computadora **del** conductor.
It's the driver's computer.

—**Son** las maletas **del** chico.
They are the boy's suitcases.

¡LENGUA VIVA!

Some geographic locations can be referred to either with or without a definite article: **Soy de Estados Unidos./Soy de los Estados Unidos.**

• • •

Sometimes a definite article is a part of a proper name, as in **El Salvador, El Paso,** and **Los Ángeles.** In these cases, **de** and **el** do not contract: **Soy de El Salvador.**

▶ **Ser** also uses the preposition **de** to express origin.

¿De dónde eres?

Yo soy de Wisconsin.

¿De dónde es usted?

Yo soy de Cuba.

—¿**De** dónde **es** Juan Carlos?
Where is Juan Carlos from?

—Es **de** Argentina.
He's from Argentina.

—¿**De** dónde **es** Maru?
Where is Maru from?

—**Es de** Costa Rica.
She's from Costa Rica.

▶ Use **ser** to express profession or occupation.

Don Francisco **es conductor**.
Don Francisco is a driver.

Yo **soy estudiante**.
I am a student.

CONSULTA

You will learn more about adjectives in **Estructura 3.1,** pp. 80–82.

▶ Unlike English, Spanish does not use the indefinite article (**un, una**) after **ser** when referring to professions, unless accompanied by an adjective or other description.

Marta **es** profesora.
Marta is a teacher.

Marta **es una** profesora excelente.
Marta is an excellent teacher.

NOTA CULTURAL

Created in 1999, LAN Perú is an affiliate of the Chilean-based LAN Airlines, one of the largest carriers in South America. LAN Perú operates out of Lima, offering domestic flights and international service to select major cities in the Americas and Spain.

Somos Perú

LanPerú

recursos

WB
pp. 5–6

LM
p. 5

Ⓢ
vhlcentral.com
Lección 1

¡INTÉNTALO! Provide the correct subject pronouns and the present forms of **ser**.

1. Gabriel ___él___ ___es___
2. Juan y yo _____ _____
3. Óscar y Flora _____ _____
4. Adriana _____ _____
5. las turistas _____ _____
6. el chico _____ _____
7. los conductores _____ _____
8. los señores Ruiz _____ _____

Práctica

1 Pronombres What subject pronouns would you use to (a) talk *to* these people directly and (b) talk *about* them to others?

> **modelo**
>
> un joven   tú, él

1. una chica
2. el presidente de México
3. tres chicas y un chico

4. un estudiante
5. la señora Ochoa
6. dos profesoras

2 Identidad y origen With a partner, take turns asking and answering these questions about the people indicated: **¿Quién es?/¿Quiénes son?** and **¿De dónde es?/¿De dónde son?**

> **modelo**
>
> Selena Gomez (Estados Unidos)
> **Estudiante 1:** ¿Quién es?   **Estudiante 1:** ¿De dónde es?
> **Estudiante 2:** Es Selena Gomez.   **Estudiante 2:** Es de los Estados Unidos.

1. Enrique Iglesias (España)

2. Robinson Canó (República Dominicana)

3. Rebecca Lobo y Martin Sheen (Estados Unidos)

4. Carlos Santana y Salma Hayek (México)

5. Shakira (Colombia)

6. Antonio Banderas y Penélope Cruz (España)

7. Taylor Swift y Demi Lovato (Estados Unidos)

8. Daisy Fuentes (Cuba)

3 ¿Qué es? Ask your partner what each object is and to whom it belongs.

> **modelo**
>
> **Estudiante 1:** ¿Qué es?   **Estudiante 1:** ¿De quién es?
> **Estudiante 2:** Es un diccionario.   **Estudiante 2:** Es del profesor Núñez.

1.   2.   3.   4.

Comunicación

4

Preguntas Using the items in the word bank, ask your partner questions about the ad.
Be imaginative in your responses.

¿Cuántas?	¿De dónde?	¿Qué?
¿Cuántos?	¿De quién?	¿Quién?

SOMOS ECOTURISTA, S.A.
Los autobuses oficiales de la Ruta Maya

- 25 autobuses en total
- 30 conductores del área
- pasajeros internacionales
- mapas de la región

¡Todos a bordo!

5

¿Quién es? In small groups, take turns pretending to be a famous person from a Spanish-speaking country (such as Spain, Mexico, Puerto Rico, Cuba, or the United States). Use the list of professions to think of people from a variety of backgrounds. Your partners will ask you questions and try to guess who you are.

actor *actor*	cantante *singer*	escritor(a) *writer*
actriz *actress*	deportista *athlete*	músico/a *musician*

NOTA CULTURAL

John Leguizamo was born in Bogotá, Colombia. John is best known for his work as an actor and comedian. He has appeared in movies such as *Moulin Rouge* and *The Happening.* Here are some other Hispanic celebrities: Laura Esquivel (writer from Mexico), Andy García (actor from Cuba), and Don Omar (singer from Puerto Rico).

modelo

Estudiante 3: *¿Eres de Puerto Rico?*
Estudiante 1: *No. Soy de Colombia.*
Estudiante 2: *¿Eres hombre?*
Estudiante 1: *Sí. Soy hombre.*
Estudiante 3: *¿Eres escritor?*
Estudiante 1: *No. Soy actor.*
Estudiante 2: *¿Eres John Leguizamo?*
Estudiante 1: *¡Sí! ¡Sí!*

 Practice more at **vhlcentral.com.**

1.4 # Telling time Tutorial

ANTE TODO   In both English and Spanish, the verb *to be* (**ser**) and numbers are used to tell time.

▶ To ask what time it is, use **¿Qué hora es?** When telling time, use **es + la** with **una** and **son + las** with all other hours.

Es la una.

Son las dos.

Son las seis.

▶ As in English, you express time in Spanish from the hour to the half-hour by adding minutes.

Son las cuatro **y cinco**.

Son las once **y veinte**.

▶ You may use either **y cuarto** or **y quince** to express fifteen minutes or quarter past the hour. For thirty minutes or half past the hour, you may use either **y media** or **y treinta**.

Es la una
y cuarto.

Son las nueve
y quince.

Son las doce
y media.

Son las siete
y treinta.

▶ You express time from the half-hour to the hour in Spanish by subtracting minutes or a portion of an hour from the next hour.

Es la una
menos cuarto.

Son las tres
menos quince.

Son las ocho
menos veinte.

Son las tres
menos diez.

▶ To ask at what time a particular event takes place, use the phrase **¿A qué hora (…)?**
To state at what time something takes place, use the construction **a la(s)** + *time*.

¿A qué hora es la clase de biología?   La clase es **a las dos.**
(At) what time is biology class?   *The class is at two o'clock.*

¿A qué hora es la fiesta?   **A las ocho.**
(At) what time is the party?   *At eight.*

▶ Here are some useful words and phrases associated with telling time.

Son las ocho en punto.
It's 8 o'clock on the dot/sharp.

Es **el mediodía.**
It's noon.

Es **la medianoche.**
It's midnight.

Son las nueve de la mañana.
It's 9 a.m./in the morning.

Son las cuatro y cuarto de la tarde.
It's 4:15 p.m./in the afternoon.

Son las diez y media de la noche.
It's 10:30 p.m./at night.

¿Qué hora es?

Son las cuatro
menos diez.

¿Qué hora es?

Son las cuatro
y veinticinco.

¡INTÉNTALO!   Practice telling time by completing these sentences.

1. (1:00 a.m.) Es la _____*una*_____ de la mañana.
2. (2:50 a.m.) Son las tres _____ diez de la mañana.
3. (4:15 p.m.) Son las cuatro y _____ de la tarde.
4. (8:30 p.m.) Son las ocho y _____ de la noche.
5. (9:15 a.m.) Son las nueve y quince de la _____.
6. (12:00 p.m.) Es el _____.
7. (6:00 a.m.) Son las seis de la _____.
8. (4:05 p.m.) Son las cuatro y cinco de la _____.
9. (12:00 a.m.) Es la _____.
10. (3:45 a.m.) Son las cuatro menos _____ de la mañana.
11. (2:15 a.m.) Son las _____ y cuarto de la mañana.
12. (1:25 p.m.) Es la una y _____ de la tarde.
13. (6:50 a.m.) Son las _____ menos diez de la mañana.
14. (10:40 p.m.) Son las once menos veinte de la _____.

Práctica

1   **Ordenar**   Put these times in order, from the earliest to the latest.

a. Son las dos de la tarde.
b. Son las once de la mañana.
c. Son las siete y media de la noche.

d. Son las seis menos cuarto de la tarde.
e. Son las dos menos diez de la tarde.
f. Son las ocho y veintidós de la mañana.

2   **¿Qué hora es?**   Give the times shown on each clock or watch.

Son las cuatro y cuarto/quince de la tarde.

p.m.   p.m.   p.m.   a.m.

1. _____ 2. _____ 3. _____ 4. _____ 5. _____

a.m.   a.m.   p.m.

6. _____ 7. _____ 8. _____ 9. _____ 10. _____

3   **¿A qué hora?**   Ask your partner at what time these events take place. Your partner will answer according to the cues provided.

modelo

la clase de matemáticas (2:30 p.m.)
Estudiante 1: ¿A qué hora es la clase de matemáticas?
Estudiante 2: Es a las dos y media de la tarde.

1. el programa *Las cuatro amigas* (11:30 a.m.)
2. el drama *La casa de Bernarda Alba* (7:00 p.m.)
3. el programa *Las computadoras* (8:30 a.m.)
4. la clase de español (10:30 a.m.)
5. la clase de biología (9:40 a.m.)
6. la clase de historia (10:50 a.m.)
7. el partido (*game*) de béisbol (5:15 p.m.)
8. el partido de tenis (12:45 p.m.)
9. el partido de baloncesto (*basketball*) (7:45 p.m.)

 Practice more at **vhlcentral.com.**

NOTA CULTURAL

Many Spanish-speaking countries use both the 12-hour clock and the 24-hour clock (that is, military time). The 24-hour clock is commonly used in written form on signs and schedules. For example, 1 p.m. is **13h**, 2 p.m. is **14h** and so on.

NOTA CULTURAL

La casa de Bernarda Alba is a famous play by Spanish poet and playwright **Federico García Lorca** (1898–1936). Lorca was one of the most famous writers of the 20th century and a close friend of Spain's most talented artists, including the painter Salvador Dalí and the filmmaker Luis Buñuel.

Comunicación

4

En la televisión With a partner, take turns asking questions about these television listings.

> **modelo**
>
> **Estudiante 1:** ¿A qué hora es el documental *Las computadoras?*
> **Estudiante 2:** Es a las nueve en punto de la noche.

TV Hoy – Programación

11:00 am Telenovela: *La casa de la familia Díaz*	**5:00 pm** Telenovela: *Tres mujeres*
12:00 pm Película: *El cóndor* (drama)	**6:00 pm** Noticias
2:00 pm Telenovela: *Dos mujeres y dos hombres*	**7:00 pm** Especial musical: *Música folklórica de México*
3:00 pm Programa juvenil: *Fiesta*	**7:30 pm** La naturaleza: *Jardín secreto*
3:30 pm Telenovela: *¡Sí, sí, sí!*	**8:00 pm** Noticiero: *Veinticuatro horas*
4:00 pm Telenovela: *El diario de la Sra. González*	**9:00 pm** Documental: *Las computadoras*

5

Preguntas With a partner, answer these questions based on your own knowledge.

1. Son las tres de la tarde en Nueva York. ¿Qué hora es en Los Ángeles?

2. Son las ocho y media en Chicago. ¿Qué hora es en Miami?

3. Son las dos menos cinco en San Francisco. ¿Qué hora es en San Antonio?

4. ¿A qué hora es el programa *Saturday Night Live?*; ¿A qué hora es el programa *American Idol?*

6

Más preguntas Using the questions in the previous activity as a model, make up four questions of your own. Then get together with a classmate and take turns asking and answering each other's questions.

Síntesis

7

Situación With a partner, play the roles of a journalism student interviewing a visiting literature professor (**profesor(a) de literatura**) from Venezuela. Be prepared to act out the conversation for your classmates.

Estudiante	**Profesor(a) de literatura**
Ask the professor his/her name.	→ Ask the student his/her name.
Ask the professor what time his/her literature class is.	→ Ask the student where he/she is from.
Ask how many students are in his/her class.	→ Ask to whom the notebook belongs.
Say thank you and goodbye.	→ Say thank you and you are pleased to meet him/her.

Recapitulación

S Concepts Diagnostics

Review the grammar concepts you have learned in this lesson by completing these activities.

1 **Completar** Complete the charts according to the models. **14 pts.**

Masculino	Femenino
el chico	la chica
	la profesora
	la amiga
el señor	
	la pasajera
el estudiante	
	la turista
el joven	

Singular	Plural
una cosa	unas cosas
un libro	
	unas clases
una lección	
un conductor	
	unos países
	unos lápices
un problema	

2 **En la clase** Complete each conversation with the correct word. **11 pts.**

 César   Beatriz

CÉSAR ¿(1) _____ (Cuántos/Cuántas) chicas hay en la (2) _____ (maleta/clase)?

BEATRIZ Hay (3) _____ (catorce/cuatro) [*14*] chicas.

CÉSAR Y, ¿(4) _____ (cuántos/cuántas) chicos hay?

BEATRIZ Hay (5) _____ (tres/trece) [*13*] chicos.

CÉSAR Entonces (*Then*), en total hay (6) _____ (veintiséis/veintisiete) (7) _____ (estudiantes/chicas) en la clase.

 Ariana   Daniel

ARIANA ¿Tienes (*Do you have*) (8) _____ (un/una) diccionario?

DANIEL No, pero (*but*) aquí (9) _____ (es/hay) uno.

ARIANA ¿De quién (10) _____ (son/es)?

DANIEL (11) _____ (Son/Es) de Carlos.

RESUMEN GRAMATICAL

1.1 **Nouns and articles** *pp. 12–14*

Gender of nouns

Nouns that refer to living things

	Masculine		Feminine
-o	el chico	-a	la chica
-or	el profesor	-ora	la profesora
-ista	el turista	-ista	la turista

Nouns that refer to non-living things

	Masculine		Feminine
-o	el libro	-a	la cosa
-ma	el programa	-ción	la lección
-s	el autobús	-dad	la nacionalidad

Plural of nouns

▶ ending in vowel + -*s*   la chica → las chicas

▶ ending in consonant + -*es*   el señor → los señores

   (-z → -ces   un lápiz → unos lápices)

▶ Definite articles: el, la, los, las

▶ Indefinite articles: un, una, unos, unas

1.2 **Numbers 0–30** *p. 16*

0	cero	8	ocho	16	dieciséis
1	uno	9	nueve	17	diecisiete
2	dos	10	diez	18	dieciocho
3	tres	11	once	19	diecinueve
4	cuatro	12	doce	20	veinte
5	cinco	13	trece	21	veintiuno
6	seis	14	catorce	22	veintidós
7	siete	15	quince	30	treinta

1.3 **Present tense of *ser*** *pp. 19–21*

yo	soy	nosotros/as	somos
tú	eres	vosotros/as	sois
Ud./él/ella	es	Uds./ellos/ellas	son

3 **Presentaciones** Complete this conversation with the correct form of the verb **ser**. `6 pts.`

JUAN ¡Hola! Me llamo Juan. (1) _____ estudiante en la clase de español.

DANIELA ¡Hola! Mucho gusto. Yo (2) _____ Daniela y ella (3) _____ Mónica. ¿De dónde (4) _____ (tú), Juan?

JUAN De California. Y ustedes, ¿de dónde (5) _____ ?

MÓNICA Nosotras (6) _____ de Florida.

1.4 **Telling time** *pp. 24–25*	
Es la **una**.	*It's 1:00.*
Son las **dos**.	*It's 2:00.*
Son las tres y diez.	*It's 3:10.*
Es la una y cuarto/quince.	*It's 1:15.*
Son las siete y media/treinta.	*It's 7:30.*
Es la una menos cuarto/quince.	*It's 12:45.*
Son las once menos veinte.	*It's 10:40.*
Es el mediodía.	*It's noon.*
Es la medianoche.	*It's midnight.*

4 **¿Qué hora es?** Write out in words the following times, indicating whether it's morning, noon, afternoon, or night. `10 pts.`

1. It's 12:00 p.m.

_____

2. It's 7:05 a.m.

_____

3. It's 9:35 p.m.

_____

4. It's 5:15 p.m.

_____

5. It's 1:30 p.m.

_____

5 **¡Hola!** Write five sentences introducing yourself and talking about your classes. You may want to include: your name, where you are from, who your Spanish teacher is, the time of your Spanish class, how many students are in the class, etc. `9 pts.`

_____

_____

_____

_____

6 **Canción** Use the two appropriate words from the list to complete this children's song. `2 EXTRA points!`

cinco	cuántas	cuatro	media	quiénes

" ¿ _____ patas° tiene un gato°? Una, dos, tres y _____ . "

patas *legs* tiene un gato *does a cat have*

Practice more at **vhlcentral.com**.

Lectura

Antes de leer

Estrategia
Recognizing cognates

As you learned earlier in this lesson, cognates are words that share similar meanings and spellings in two or more languages. When reading in Spanish, it's helpful to look for cognates and use them to guess the meaning of what you're reading. But watch out for false cognates. For example, **librería** means *bookstore*, not *library*, and **embarazada** means *pregnant*, not *embarrassed*. Look at this list of Spanish words, paying special attention to prefixes and suffixes. Can you guess the meaning of each word?

importante	oportunidad
farmacia	**cultura**
inteligente	**activo**
dentista	sociología
decisión	**espectacular**
televisión	restaurante
médico	policía

Examinar el texto

Glance quickly at the reading selection and guess what type of document it is. Explain your answer.

Cognados

Read the document and make a list of the cognates you find. Guess their English equivalents, then compare your answers with those of a classmate.

Joaquín Salvador Lavado nació (*was born*) en Argentina en 1932 (mil novecientos treinta y dos). Su nombre profesional es **Quino**. Es muy popular en Latinoamérica, Europa y Canadá por sus tiras cómicas (*comic strips*). Mafalda es su serie más famosa. La protagonista, Mafalda, es una chica muy inteligente de seis años (*years*). La tira cómica ilustra las aventuras de ella y su grupo de amigos. Las anécdotas de Mafalda y los chicos también presentan temas (*themes*) importantes como la paz (*peace*) y los derechos humanos (*human rights*).

Después de leer
Preguntas ✏️🔊

Answer these questions.

1. What is Joaquín Salvador Lavado's pen name?

2. What is Mafalda like?

3. Where is Mafalda in panel 1? What is she doing?

4. What happens to the sheep in panel 3? Why?

5. Why does Mafalda wake up?

6. What number corresponds to the sheep in panel 5?

7. In panel 6, what is Mafalda doing? How do you know?

© Joaquín Salvador Lavado (QUINO) Toda Mafalda – Ediciones de La Flor, 1993

Los animales

This comic strip uses a device called onomatopoeia: a word that represents the sound that it stands for. Did you know that many common instances of onomatopoeia are different from language to language? The noise a sheep makes in English is *baaaah*, but in Mafalda's language it is **béeeee**. Do you think you can match these animals with their Spanish sounds? First, practice saying aloud each animal sound in group B. Then, match each animal with its sound in Spanish. If you need help remembering the sounds the alphabet makes in Spanish, see p. 9.

A

 1. ___ **gato**

 2. ___ **perro**

 3. ___ **vacas**

 4. ___ **gallo**

 5. ___ **rana**

 6. ___ **pato**

 7. ___ **cerdo**

B

a. kikirikí   b. muuu   c. croac   d. guau

e. cuac cuac   f. miau   g. oinc

Video: *Panorama cultural*
Interactive map

Estados Unidos

El país en cifras°

▸ **Población°** de los EE.UU.: 310 millones
▸ **Población de origen hispano:** 49 millones
▸ **País de origen de hispanos en los EE.UU.:**

3,5% Cuba
9,4% otros
9,1% Puerto Rico
13,5% Centroamérica y Suramérica
64,5% México

SOURCE: U.S. Census Bureau

▸ **Estados con la mayor° población hispana:**

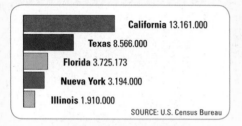

California 13.161.000
Texas 8.566.000
Florida 3.725.173
Nueva York 3.194.000
Illinois 1.910.000

SOURCE: U.S. Census Bureau

Canadá

El país en cifras

▸ **Población de Canadá:** 34 millones
▸ **Población de origen hispano:** 700.000
▸ **País de origen de hispanos en Canadá:**

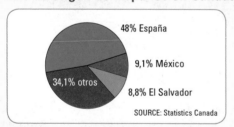

48% España
9,1% México
8,8% El Salvador
34,1% otros

SOURCE: Statistics Canada

▸ **Ciudades° con la mayor población hispana:**
Montreal, Toronto, Vancouver

en cifras *by the numbers* Población *Population* mayor *largest*
Ciudades *Cities* creció *grew* más *more* cada *every* niños *children*
Se estima *It is estimated* va a ser *it is going to be*

recursos

| WB pp. 9–10 | VM pp. 225–226 | vhlcentral.com Lección 1 |

Mission District, en San Francisco

AK   HI

CANADÁ

Vancouver   • Calgary

Ottawa   • Montr

Toronto •   • Nueva York

San Francisco
Las Vegas   Chicago •
Los Ángeles   EE.UU.
San Diego
                 Washington, D.C.

San Antonio •

Océano Atlántico

MÉXICO

Miami

Golfo de México

El Álamo, en San Antonio, Texas

Mar Caribe

¡Increíble pero cierto!

La población hispana en los EE.UU. creció° un 3,2% entre los años 2007 (dos mil siete) y 2008 (dos mil ocho) (1,5 millones de personas más°). Hoy, uno de cada° cinco niños° en los EE.UU. es de origen hispano. Se estima° que en el año 2021 va a ser° uno de cada tres.

SOURCE: U.S. Census Bureau and The Associated Press

Comida • **La comida mexicana**

La comida° mexicana es muy popular en los Estados Unidos. Los tacos, las enchiladas, las quesadillas y los frijoles frecuentemente forman parte de las comidas de muchos norteamericanos. También° son populares las variaciones de la comida mexicana en los Estados Unidos: el tex-mex y el cali-mex.

Lugares • **La Pequeña Habana**

La Pequeña Habana° es un barrio° de Miami, Florida, donde viven° muchos cubanoamericanos. Es un lugar° donde se encuentran° las costumbres° de la cultura cubana, los aromas y sabores° de su comida y la música salsa. La Pequeña Habana es una parte de Cuba en los Estados Unidos.

Costumbres • **Desfile puertorriqueño**

Cada junio, desde° 1951 (mil novecientos cincuenta y uno), los puertorriqueños celebran su cultura con un desfile° en Nueva York. Es un gran espectáculo con carrozas° y música salsa, merengue y hip-hop. Muchos espectadores llevan° la bandera° de Puerto Rico en su ropa° o pintada en la cara°.

Comunidad • **Hispanos en Canadá**

En Canadá viven° muchos hispanos. Toronto y Montreal son las ciudades° con mayor° población hispana. Muchos de ellos tienen estudios universitarios° y hablan° una de las lenguas° oficiales: inglés o francés°. Los hispanos participan activamente en la vida cotidiana° y profesional de Canadá.

 ¿Qué aprendiste? Completa las frases con la información adecuada (*appropriate*).

1. Hay _____ de personas de origen hispano en los Estados Unidos.

2. Los cuatro estados con las poblaciones hispanas más grandes son (en orden) _____, Texas, Florida y _____.

3. Toronto, Montreal y _____ son las ciudades con más población hispana de Canadá.

4. Las quesadillas y las enchiladas son platos (*dishes*) _____.

5. La Pequeña _____ es un barrio de Miami.

6. En Miami hay muchas personas de origen _____.

7. Cada junio se celebra en Nueva York un gran desfile para personas de origen _____.

8. Muchos hispanos en Canadá hablan _____ o francés.

 Conexión Internet Investiga estos temas en **vhlcentral.com.**

Practice more at **vhlcentral.com.**

1. Haz (*Make*) una lista de seis hispanos célebres de los EE.UU. o Canadá. Explica (*Explain*) por qué (*why*) son célebres.

2. Escoge (*Choose*) seis lugares en los Estados Unidos con nombres hispanos e investiga sobre el origen y el significado (*meaning*) de cada nombre.

....

comida *food* También *Also* La Pequeña Habana *Little Havana* barrio *neighborhood* viven *live* lugar *place* se encuentran *are found*
costumbres *customs* sabores *flavors* Cada junio desde *Each June since* desfile *parade* con carrozas *with floats* llevan *wear* bandera *flag*
ropa *clothing* cara *face* viven *live* ciudades *cities* mayor *most* tienen estudios universitarios *have a degree* hablan *speak* lenguas *languages*
inglés o francés *English or French* vida cotidiana *daily life*

Saludos

Hola.	Hello; Hi.
Buenos días.	Good morning.
Buenas tardes.	Good afternoon.
Buenas noches.	Good evening; Good night.

Despedidas

Adiós.	Goodbye.
Nos vemos.	See you.
Hasta luego.	See you later.
Hasta la vista.	See you later.
Hasta pronto.	See you soon.
Hasta mañana.	See you tomorrow.
Saludos a...	Greetings to…
Chau.	Bye.

¿Cómo está?

¿Cómo está usted?	How are you? (form.)
¿Cómo estás?	How are you? (fam.)
¿Qué hay de nuevo?	What's new?
¿Qué pasa?	What's happening?; What's going on?
¿Qué tal?	How are you?; How is it going?
(Muy) bien, gracias.	(Very) well, thanks.
Nada.	Nothing.
No muy bien.	Not very well.
Regular.	So-so; OK.

Expresiones de cortesía

Con permiso.	Pardon me; Excuse me.
De nada.	You're welcome.
Lo siento.	I'm sorry.
(Muchas) gracias.	Thank you (very much); Thanks (a lot).
No hay de qué.	You're welcome.
Perdón.	Pardon me; Excuse me.
por favor	please

Títulos

señor (Sr.); don	Mr.; sir
señora (Sra.); doña	Mrs.; ma'am
señorita (Srta.)	Miss

Presentaciones

¿Cómo se llama usted?	What's your name? (form.)
¿Cómo te llamas?	What's your name? (fam.)
Me llamo...	My name is…
¿Y usted?	And you? (form.)
¿Y tú?	And you? (fam.)
Mucho gusto.	Pleased to meet you.
El gusto es mío.	The pleasure is mine.
Encantado/a.	Delighted; Pleased to meet you.
Igualmente.	Likewise.
Éste/Ésta es...	This is…
Le presento a...	I would like to introduce you to (name). (form.)
Te presento a...	I would like to introduce you to (name). (fam.)
el nombre	name

¿De dónde es?

¿De dónde es usted?	Where are you from? (form.)
¿De dónde eres?	Where are you from? (fam.)
Soy de...	I'm from…

Palabras adicionales

¿cuánto(s)/a(s)?	how much/many?
¿de quién...?	whose…? (sing.)
¿de quiénes...?	whose…? (plural)
(no) hay	there is (not); there are (not)

Países

Argentina	Argentina
Costa Rica	Costa Rica
Cuba	Cuba
Ecuador	Ecuador
España	Spain
Estados Unidos (EE.UU.)	United States
México	Mexico
Puerto Rico	Puerto Rico

Sustantivo

el autobús	bus
la capital	capital city
el chico	boy
la chica	girl
la computadora	computer
la comunidad	community
el/la conductor(a)	driver
la conversación	conversation
la cosa	thing
el cuaderno	notebook
el día	day
el diario	diary
el diccionario	dictionary
la escue`a	school
el/la estudiante	student
la foto(grafía)	photograph
el hombre	man
el/la joven	youth; young person
el lápiz	pencil
la lección	lesson
la maleta	suitcase
la mano	hand
el mapa	map
la mujer	woman
la nacionalidad	nationality
el número	number
el país	country
la palabra	word
el/la pasajero/a	passenger
el problema	problem
el/la profesor(a)	teacher
el programa	program
el/la turista	tourist
el video	video

Verbo

ser	to be

Numbers 0–30	See page 16.
Telling time	See pages 24–25.
Expresiones útiles	See page 7.

  Audio: Vocabulary

En la universidad

2

Communicative Goals

You will learn how to:

- Talk about your classes and school life
- Discuss everyday activities
- Ask questions in Spanish
- Describe the location of people and things

A PRIMERA VISTA
- ¿Hay dos chicos en la foto?
- ¿Hay tres cuadernos o siete?
- ¿Son turistas o estudiantes?
- ¿Qué hora es, la una de la mañana o de la tarde?

En la universidad

Más vocabulario

la biblioteca	*library*
la cafetería	*cafeteria*
la casa	*house; home*
el estadio	*stadium*
el laboratorio	*laboratory*
la librería	*bookstore*
la residencia estudiantil	*dormitory*
la universidad	*university; college*
el/la compañero/a de clase	*classmate*
el/la compañero/a de cuarto	*roommate*
la clase	*class*
el curso	*course*
la especialización	*major*
el examen	*test; exam*
el horario	*schedule*
la prueba	*test; quiz*
el semestre	*semester*
la tarea	*homework*
el trimestre	*trimester; quarter*
la administración de empresas	*business administration*
el arte	*art*
la biología	*biology*
las ciencias	*sciences*
la computación	*computer science*
la contabilidad	*accounting*
la economía	*economics*
el español	*Spanish*
la física	*physics*
la geografía	*geography*
la música	*music*

Variación léxica

pluma ⟷ bolígrafo
pizarra ⟷ tablero (*Col.*)

el reloj

la ventana

la puerta

la profesora

el estudiante

la mesa

la calculadora

el libro

la pluma

el mapa

la pizarra

LAS MATERIAS | **COURSES**
la historia | *history*
las humanidades | *humanities*
el inglés | *English*
las lenguas extranjeras | *foreign languages*
la literatura | *literature*
las matemáticas | *mathematics*
el periodismo | *journalism*
la psicología | *psychology*
la química | *chemistry*
la sociología | *sociology*

el papel

el borrador

la tiza

la papelera

el escritorio

la mochila

la estudiante

la silla

Práctica

1

Escuchar 🎧 Listen to Professor Morales talk about her Spanish classroom, then check the items she mentions.

puerta ○   tiza ○   plumas ○
ventanas ○   escritorios ○   mochilas ○
pizarra ○   sillas ○   papel ○
borrador ○   libros ○   reloj ○

2

Identificar 🎧 You will hear a series of words. Write each one in the appropriate category.

Personas	Lugares	Materias
_____	_____	_____
_____	_____	_____
_____	_____	_____

3

Emparejar Match each question with its most logical response. **¡Ojo!** (*Careful!*) One response will not be used.

1. ¿Qué clase es?
2. ¿Quiénes son?
3. ¿Quién es?
4. ¿De dónde es?
5. ¿A qué hora es la clase de inglés?
6. ¿Cuántos estudiantes hay?

a. Hay veinticinco.
b. Es un reloj.
c. Es de Perú.
d. Es la clase de química.
e. Es el señor Bastos.
f. Es a las nueve en punto.
g. Son los profesores.

4

Identificar Identify the word that does not belong in each group.

1. examen • casa • tarea • prueba
2. economía • matemáticas • biblioteca • contabilidad
3. pizarra • tiza • borrador • librería
4. lápiz • cafetería • papel • cuaderno
5. veinte • diez • pluma • treinta
6. conductor • laboratorio • autobús • pasajero

5

¿Qué clase es? Name the class associated with the subject matter.

> **modelo**
> los elementos, los átomos   *Es la clase de química.*

1. Abraham Lincoln, Winston Churchill
2. Picasso, Leonardo da Vinci
3. Freud, Jung
4. África, el océano Pacífico
5. la cultura de España, verbos
6. Hemingway, Shakespeare
7. geometría, calculadora

Los días de la semana

¿Qué día es hoy (today)?

Hoy es martes.

¿Cuándo (When) es el examen?

Es el viernes.

septiembre

lunes	martes	miércoles	jueves	viernes	sábado	domingo
	1	2	3	4	5	6
7	8	9	10			

¡LENGUA VIVA!

The days of the week are never capitalized in Spanish.

• • •

Monday is considered the first day of the week in Spanish-speaking countries.

CONSULTA

Note that September in Spanish is **septiembre**. For all of the months of the year, go to **Contextos, Lección 5,** p. 142.

---

6   **¿Qué día es hoy?** Complete each statement with the correct day of the week.

1. Hoy es martes. Mañana es _____. Ayer fue (*Yesterday was*) _____.
2. Ayer fue sábado. Mañana es _____. Hoy es _____.
3. Mañana es viernes. Hoy es _____. Ayer fue _____.
4. Ayer fue domingo. Hoy es _____. Mañana es _____.
5. Hoy es jueves. Ayer fue _____. Mañana es _____.
6. Mañana es lunes. Hoy es _____. Ayer fue _____.

---

7   **Analogías** Use these words to complete the analogies. Some words will not be used.

arte	día	martes	pizarra
biblioteca	domingo	matemáticas	profesor
catorce	estudiante	mujer	reloj

1. maleta ⟷ pasajero ⊜ mochila ⟷ _____
2. chico ⟷ chica ⊜ hombre ⟷ _____
3. pluma ⟷ papel ⊜ tiza ⟷ _____
4. inglés ⟷ lengua ⊜ miércoles ⟷ _____
5. papel ⟷ cuaderno ⊜ libro ⟷ _____
6. quince ⟷ dieciséis ⊜ lunes ⟷ _____
7. Cervantes ⟷ literatura ⊜ Dalí ⟷ _____
8. autobús ⟷ conductor ⊜ clase ⟷ _____
9. los EE.UU. ⟷ mapa ⊜ hora ⟷ _____
10. veinte ⟷ veintitrés ⊜ jueves ⟷ _____

Practice more at **vhlcentral.com.**

Comunicación

8 **Horario** Choose three courses from the chart to create your own class schedule, then discuss it with a classmate.

¡ATENCIÓN!

Use **el** + [*day of the week*] when an activity occurs on a specific day and **los** + [*day of the week*] when an activity occurs regularly.

El lunes tengo un examen.
*On **Monday** I have an exam.*

Los lunes y miércoles tomo biología.
*On **Mondays and Wednesdays** I take biology.*

• • •

Except for **sábados** and **domingos,** the singular and plural forms for days of the week are the same.

materia	horas	días	profesor(a)
historia	9–10	lunes, miércoles	Prof. Ordóñez
biología	12–1	lunes, jueves	Profa. Dávila
periodismo	2–3	martes, jueves	Profa. Quiñones
matemáticas	2–3	miércoles, jueves	Prof. Jiménez
arte	12–1:30	lunes, miércoles	Prof. Molina

modelo

Estudiante 1: Tomo (*I take*) biología los lunes y jueves, de 12 a 1, con (*with*) la profesora Dávila.

Estudiante 2: ¿Sí? Yo no tomo biología. Yo tomo arte los lunes y miércoles, de 12 a 1:30, con el profesor Molina.

9 **Memoria** How well do you know your Spanish classroom? Take a good look around and then close your eyes. Your partner will ask you questions about the classroom, using these words and other vocabulary. Each person should answer six questions and switch roles every three questions.

escritorio	mapa	pizarra	reloj
estudiante	mesa	profesor(a)	ventana
libro	mochila	puerta	silla

modelo

Estudiante 1: ¿Cuántas ventanas hay?

Estudiante 2: Hay cuatro ventanas.

10 **Nuevos amigos** During the first week of class, you meet a new student in the cafeteria. With a partner, prepare a conversation using these cues. Then act it out for the class.

Estudiante 1	**Estudiante 2**
Greet your new acquaintance.	Introduce yourself.
Find out about him or her.	Tell him or her about yourself.
Ask about your partner's class schedule.	Compare your schedule to your partner's.
Say nice to meet you and goodbye.	Say nice to meet you and goodbye.

¿Qué estudias?

Felipe, Marissa, Juan Carlos y Miguel visitan Chapultepec
y hablan de las clases.

Video: *Fotonovela*
Record and Compare

FELIPE Dos boletos, por favor.

EMPLEADO Dos boletos son
64 pesos.

FELIPE Aquí están 100 pesos.

EMPLEADO 100 menos 64 son
36 pesos de cambio.

MIGUEL Marissa, hablas muy bien
el español... ¿Y dónde está
tu diccionario?

MARISSA En casa de los Díaz.
Felipe necesita practicar inglés.

MIGUEL ¡Ay, Maru! Chicos, nos
vemos más tarde.

FELIPE Ésta es la Ciudad
de México.

FELIPE Oye, Marissa, ¿cuántas
clases tomas?

MARISSA Tomo cuatro clases:
español, historia, literatura y
también geografía. Me gusta
mucho la cultura mexicana.

FELIPE Juan Carlos, ¿quién enseña
la clase de química este semestre?

JUAN CARLOS El profesor Morales.
Ah, ¿por qué tomo química
y computación?

FELIPE Porque te gusta la tarea.

JUAN CARLOS   **MIGUEL**   **EMPLEADO**   **MARU**

FELIPE Los lunes y los miércoles, economía a las 2:30. Tú tomas computación los martes en la tarde, y química, a ver... Los lunes, los miércoles y los viernes ¿a las 10? ¡Uf!

FELIPE Y Miguel, ¿cuándo regresa?

JUAN CARLOS Hoy estudia con Maru.

MARISSA ¿Quién es Maru?

MIGUEL ¿Hablas con tu mamá?

MARU Mamá habla. Yo escucho. Es la 1:30.

MIGUEL Ay, lo siento. Juan Carlos y Felipe...

MARU Ay, Felipe.

MARU Y ahora, ¿adónde? ¿A la biblioteca?

MIGUEL Sí, pero primero a la librería. Necesito comprar unos libros.

recursos

VM pp. 197–198

vhlcentral.com Lección 2

Expresiones útiles

Talking about classes

¿Cuántas clases tomas?
How many classes are you taking?
Tomo cuatro clases.
I'm taking four classes.
Mi especialización es en arqueología.
My major is archeology.
Este año, espero sacar buenas notas y, por supuesto, viajar por el país.
This year, I hope / I'm hoping to get good grades. And, of course, travel through the country.

Talking about likes/dislikes

Me gusta mucho la cultura mexicana.
I like Mexican culture a lot.
Me gustan las ciencias ambientales.
I like environmental science.
Me gusta dibujar.
I like to draw.
¿Te gusta este lugar?
Do you like this place?

Paying for tickets

Dos boletos, por favor.
Two tickets, please.
Dos boletos son sesenta y cuatro pesos.
Two tickets are sixty-four pesos.
Aquí están cien pesos.
Here's a hundred pesos.
Son treinta y seis pesos de cambio.
That's thirty-six pesos change.

Talking about location and direction

¿Dónde está tu diccionario?
Where is your dictionary?
Está en casa de los Díaz.
It's at the Díaz's house.
Y ahora, ¿adónde? ¿A la biblioteca?
And now, where to? To the library?
Sí, pero primero a la librería.
Está al lado.
Yes, but first to the bookstore.
It's next door.

¿Qué pasó?

1

Escoger Choose the answer that best completes each sentence.

1. Marissa toma (*is taking*) _____ en la universidad.
   a. español, psicología, economía y música   b. historia, inglés, sociología y periodismo
   c. español, historia, literatura y geografía

2. El profesor Morales enseña (*teaches*) _____.
   a. química   b. matemáticas   c. historia

3. Juan Carlos toma química _____.
   a. los miércoles, jueves y viernes   b. los lunes, miércoles y viernes
   c. los lunes, martes y jueves

4. Miguel necesita ir a (*needs to go to*) _____.
   a. la biblioteca   b. la residencia estudiantil   c. la librería

2

Identificar Indicate which person would make each statement. The names may be used more than once.

1. ¿Maru es compañera de ustedes? _____
2. Mi mamá habla mucho. _____
3. El profesor Morales enseña la clase de química este semestre. _____
4. Mi diccionario está en casa de Felipe y Jimena. _____
5. Necesito estudiar con Maru. _____
6. Yo tomo clase de computación los martes por la tarde. _____

MARU

JUAN CARLOS   MARISSA

MIGUEL

NOTA CULTURAL

Maru is a shortened version of the name **María Eugenia**. Other popular "combination names" in Spanish are **Juanjo (Juan José)** and **Maite (María Teresa)**.

3

Completar These sentences are similar to things said in the **Fotonovela**. Complete each sentence with the correct word(s).

Castillo de Chapultepec	estudiar	miércoles
clase	inglés	tarea

1. Marissa, éste es el _____.
2. Felipe tiene (*has*) el diccionario porque (*because*) necesita practicar _____.
3. A Juan Carlos le gusta mucho la _____.
4. Hay clase de economía los lunes y _____.
5. Miguel está con Maru para _____.

NOTA CULTURAL

The **Castillo de Chapultepec** is one of Mexico City's most historic landmarks. Constructed in 1785, it was the residence of emperors and presidents. It has been open to the public since 1944 and now houses the National Museum of History.

4

Preguntas personales Interview a classmate about his/her university life.

1. ¿Qué clases tomas en la universidad?
2. ¿Qué clases tomas los martes?
3. ¿Qué clases tomas los viernes?
4. ¿En qué clase hay más chicos?
5. ¿En qué clase hay más chicas?
6. ¿Te gusta la clase de español?

 Practice more at **vhlcentral.com**.

Pronunciación   Audio: Concepts, Activities Record & Compare

Spanish vowels

a   **e**   **i**   **o**   **u**

Spanish vowels are never silent; they are always pronounced in a short, crisp way without the glide sounds used in English.

Álex	**clase**	**nada**	**encantada**

The letter **a** is pronounced like the *a* in *father*, but shorter.

el	**ene**	**mesa**	**elefante**

The letter **e** is pronounced like the *e* in *they*, but shorter.

Inés	**chica**	**tiza**	**señorita**

The letter **i** sounds like the *ee* in *beet*, but shorter.

hola	**con**	**libro**	**don Francisco**

The letter **o** is pronounced like the *o* in *tone*, but shorter.

uno	**regular**	**saludos**	**gusto**

The letter **u** sounds like the *oo* in *room*, but shorter.

Práctica Practice the vowels by saying the names of these places in Spain.

1. Madrid
2. Alicante
3. Tenerife
4. Toledo
5. Barcelona
6. Granada
7. Burgos
8. La Coruña

Oraciones Read the sentences aloud, focusing on the vowels.

1. Hola. Me llamo Ramiro Morgado.
2. Estudio arte en la Universidad de Salamanca.
3. Tomo también literatura y contabilidad.
4. Ay, tengo clase en cinco minutos. ¡Nos vemos!

Refranes Practice the vowels by reading these sayings aloud.

AYUDA

Although **hay** and **ay** are pronounced identically, they do not have the same meaning. As you learned in **Lección 1**, **hay** is a verb form that means *there is/are*. **Hay veinte libros.** (*There are twenty books.*) ¡**Ay!** is an exclamation expressing pain, shock, or affliction: *Oh!; Oh, dear!*

Cada loco con su tema.[2]

Del dicho al hecho hay un gran trecho.[1]

1 *Easier said than done.*
2 *To each his own.*

recursos

LM
p. 8

vhlcentral.com
Lección 2

S Additional Reading
Video: *Flash cultura*

EN DETALLE

La elección de una
carrera universitaria

Since higher education in the Spanish-speaking world is heavily state-subsidized, tuition is almost free. As a result, public universities see large enrollments. Spanish and Latin American students generally choose their **carrera universitaria** (major) when they're eighteen—which is either the year they enter the university or the year before. In order to enroll, all students must complete a high school degree, known as the **bachillerato**. In countries like Bolivia, Mexico, and Peru, the last year of high school (**colegio***) tends to be specialized in an area of study, such as the arts or natural sciences.

Universidad Central de Venezuela en Caracas

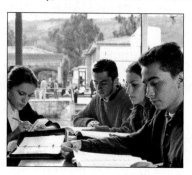

Students then choose their major according to their area of specialization. Similarly, university-bound students in Argentina follow the **polimodal** track during the last three years of high school. **Polimodal** refers to exposure to various disciplines, such as business, social sciences, or design. Based on this coursework, Argentine students choose their **carrera**. Finally, in Spain, students choose their major according to the score they receive on the **prueba de aptitud** (skills test or entrance exam).

University graduates receive a **licenciatura**, or bachelor's degree. In Argentina and Chile, a **licenciatura** takes four to six years to complete,

and may be considered equivalent to a master's degree. In Peru and Venezuela, a bachelor's degree is a five-year process. Spanish and Colombian **licenciaturas** take four to five years, although some fields, such as medicine, require six or more.

> **Estudiantes hispanos en los EE.UU.**
>
> In the 2004–05 academic year, over 13,000 Mexican students (2.3% of all international students) studied at U.S. universities. Colombians were the second-largest Spanish-speaking group, with over 7,000 students.

*¡Ojo! El colegio is a false cognate. In most countries, it means *high school*, but in some regions it refers to an elementary school. All undergraduate study takes place at la **universidad**.

ACTIVIDADES

1 **¿Cierto o falso?** Indicate whether these statements are **cierto** or **falso**. Correct the false statements.

1. Students in Spanish-speaking countries must pay large amounts of money toward their college tuition.

2. **Carrera** refers to any undergraduate or graduate program that students enroll in to obtain a professional degree.

3. After studying at a **colegio**, students receive their **bachillerato**.

4. Undergraduates study at a **colegio** or an **universidad**.

5. In Latin America and Spain, students usually choose their majors in their second year at the university.

6. The **polimodal** system helps students choose their university major.

7. In Mexico, the **bachillerato** involves specialized study.

8. In Spain, majors depend on entrance exam scores.

9. Venezuelans complete a **licenciatura** in five years.

10. According to statistics, Colombians constitute the third-largest Latin American group studying at U.S. universities.

ASÍ SE DICE

Clases y exámenes

aprobar	to pass
la asignatura (Esp.)	la clase, la materia
la clase anual	year-long course
el examen parcial	midterm exam
la facultad	department, school
la investigación	research
el profesorado	faculty
reprobar; suspender (Esp.)	to fail
sacar buenas/ malas notas	to get good/ bad grades
tomar apuntes	to take notes

EL MUNDO HISPANO

Las universidades hispanas

It is not uncommon for universities in Spain and Latin America to have extremely large student body populations.

- **Universidad de Buenos Aires** (Argentina)
  325.000 estudiantes

- **Universidad Autónoma de Santo Domingo** (República Dominicana)
  180.000 estudiantes

- **Universidad Complutense de Madrid** (España)
  86.200 estudiantes

- **Universidad Central de Venezuela** (Venezuela)
  62.600 estudiantes

PERFIL

La Universidad de Salamanca

The University of Salamanca, established in 1218, is the oldest university in Spain. It is located in Salamanca, one of the most spectacular Renaissance cities in Europe. Salamanca is nicknamed **La Ciudad Dorada** (*The Golden City*) for the golden glow of its famous sandstone buildings, and it was declared a UNESCO World Heritage Site in 1968.

Salamanca is a true college town, as its prosperity and city life depend and revolve around the university population. Over 38,000 students from all over Spain, as well as abroad, come to study here each year. The school offers over 250 academic programs, as well as renowned Spanish courses for foreign students. To walk through the university's historic grounds is to follow the footsteps of immortal writers like Miguel de Cervantes and Miguel de Unamuno.

Conexión Internet

To which **facultad** does your major belong in Spain or Latin America?

Go to **vhlcentral.com** to find more cultural information related to this **Cultura** section.

ACTIVIDADES

2 **Comprensión** Complete these sentences.

1. The University of Salamanca was established in the year _____.

2. A _____ is a year-long course.

3. Salamanca is called _____.

4. Over 300,000 students attend the _____.

5. An _____ occurs about halfway through a course.

3 **La universidad en cifras** With a partner, research a Spanish or Latin American university online and find five statistics about that institution (for instance, the total enrollment, majors offered, year it was founded, etc.). Using the information you found, create a dialogue between a prospective student and a university representative. Present your dialogue to the class.

recursos

VM pp. 269–270

vhlcentral.com Lección 2

 Practice more at **vhlcentral.com.**

2.1 Present tense of -ar verbs Tutorial

ANTE TODO In order to talk about activities, you need to use verbs. Verbs express actions or states of being. In English and Spanish, the infinitive is the base form of the verb. In English, the infinitive is preceded by the word *to*: *to study*, *to be*. The infinitive in Spanish is a one-word form and can be recognized by its endings: **-ar**, **-er**, or **-ir**.

-ar verb		*-er* verb		*-ir* verb	
estudiar	*to study*	**comer**	*to eat*	**escribir**	*to write*

▶ In this lesson, you will learn the forms of regular **-ar** verbs.

The verb estudiar (*to study*)

SINGULAR FORMS			
	yo	estudi**o**	*I study*
	tú	estudi**as**	*you* (fam.) *study*
	Ud./él/ella	estudi**a**	*you* (form.) *study; he/she studies*

PLURAL FORMS			
	nosotros/as	estudi**amos**	*we study*
	vosotros/as	estudi**áis**	*you* (fam.) *study*
	Uds./ellos/ellas	estudi**an**	*you* (form.) *study; they study*

> Juan Carlos estudia ciencias ambientales.

> Y tú, ¿qué estudias, Miguel?

▶ To create the forms of most regular verbs in Spanish, drop the infinitive endings (**-ar**, **-er**, **-ir**). You then add to the stem the endings that correspond to the different subject pronouns. This diagram will help you visualize verb conjugation.

Conjugation of *-ar* verbs

INFINITIVE	VERB STEM	CONJUGATED FORM
estudi**ar**	estudi-	yo estudi**o**
bail**ar**	bail-	tú bail**as**
trabaj**ar**	trabaj-	nosotros trabaj**amos**

✠ LEARN ✠

Common -ar verbs

bailar	to dance	**estudiar**	to study
buscar	to look for	**explicar**	to explain
caminar	to walk	**hablar**	to talk; to speak
cantar	to sing	**llegar**	to arrive
cenar	to have dinner	**llevar**	to carry
comprar	to buy	**mirar**	to look (at); to watch
contestar	to answer	**necesitar (+ inf.)**	to need
conversar	to converse, to chat	**practicar**	to practice
desayunar	to have breakfast	**preguntar**	to ask (a question)
descansar	to rest	**preparar**	to prepare
desear (+ inf.)	to desire; to wish	**regresar**	to return
dibujar	to draw	**terminar**	to end; to finish
enseñar	to teach	**tomar**	to take; to drink
escuchar	to listen (to)	**trabajar**	to work
esperar (+ inf.)	to wait (for); to hope	**viajar**	to travel

▶ **¡Atención!** Unless referring to a person, the Spanish verbs **buscar**, **escuchar**, **esperar**, and **mirar** do not need to be followed by prepositions as they do in English.

Busco la tarea.
I'm looking for the homework.

Escucho la música.
I'm listening to the music.

Espero el autobús.
I'm waiting for the bus.

Miro la pizarra.
I'm looking at the blackboard.

COMPARE & CONTRAST

English uses three sets of forms to talk about the present: (1) the simple present (*Paco works*), (2) the present progressive (*Paco is working*), and (3) the emphatic present (*Paco does work*). In Spanish, the simple present can be used in all three cases.

Paco **trabaja** en la cafetería.
— 1. *Paco works in the cafeteria.*
— 2. *Paco is working in the cafeteria.*
— 3. *Paco does work in the cafeteria.*

In Spanish and English, the present tense is also sometimes used to express future action.

Marina **viaja** a Madrid mañana.
— 1. *Marina travels to Madrid tomorrow.*
— 2. *Marina will travel to Madrid tomorrow.*
— 3. *Marina is traveling to Madrid tomorrow.*

▶ When two verbs are used together with no change of subject, the second verb is generally in the infinitive. To make a sentence negative in Spanish, the word **no** is placed before the conjugated verb. In this case, **no** means *not*.

Deseo hablar con el señor Díaz.
I want to speak with Mr. Díaz.

Alicia **no** desea bailar ahora.
Alicia doesn't want to dance now.

▶ Spanish speakers often omit subject pronouns because the verb endings indicate who the subject is. In Spanish, subject pronouns are used for emphasis, clarification, or contrast.

—¿Qué enseñan?
What do they teach?

—**Ella** enseña arte y **él** enseña física.
She teaches art, and he teaches physics.

—¿Quién desea trabajar hoy?
Who wants to work today?

—**Yo** no deseo trabajar hoy.
I don't want to work today.

The verb gustar

▶ To express your likes and dislikes, use the expression **(no) me gusta** + **el/la** + [*singular noun*] or **(no) me gustan** + **los/las** + [*plural noun*]. Note: You may use the phrase **a mí** for emphasis, but never the subject pronoun **yo**.

Me gusta la música clásica.
I like classical music.

Me gustan las clases de español y biología.
I like Spanish and biology classes.

A mí me gustan las artes.
I like the arts.

A mí no me gusta el programa.
I don't like the program.

▶ To talk about what you like and don't like to do, use **(no) me gusta** + [*infinitive(s)*]. Note that the singular **gusta** is always used, even with more than one infinitive.

No me gusta viajar en autobús.
I don't like to travel by bus.

Me gusta cantar y **bailar.**
I like to sing and dance.

▶ To ask a classmate about likes and dislikes, use the pronoun **te** instead of **me**. Note: You may use **a ti** for emphasis, but never the subject pronoun **tú**.

—**¿Te gusta la geografía?**
Do you like geography?

—**Sí, me gusta. Y a ti, ¿te gusta el inglés?**
Yes, I like it. And you, do you like English?

▶ You can use this same structure to talk about other people by using the pronouns **nos**, **le**, and **les**. Unless your instructor tells you otherwise, only the **me** and **te** forms will appear on test materials until **Lección 7**.

Nos gusta dibujar. (nosotros)
We like to draw.

Nos gustan las clases de español e inglés. (nosotros)
We like Spanish class and English class.

No le gusta trabajar. (usted, él, ella)
You don't like to work.
He/She doesn't like to work.

Les gusta el arte. (ustedes, ellos, ellas)
You like art.
They like art.

¡INTÉNTALO!   Provide the present tense forms of these verbs. The first items have been done for you.

hablar

1. Yo ___hablo___ español.
2. Ellos _____ español.
3. Inés _____ español.
4. Nosotras _____ español.
5. Tú _____ español.

gustar

1. ___Me gusta___ el café. (a mí)
2. ¿_____ las clases? (a ti)
3. No _____ el café. (a ti)
4. No _____ las clases. (a mí)
5. No _____ el café. (a mí)

Práctica

1 **Completar** Complete the conversation with the appropriate forms of the verbs in parentheses.

JUAN ¡Hola, Linda! ¿Qué tal las clases?

LINDA Bien. (1)_____ (Tomar) tres clases… química, biología y computación. Y tú, ¿cuántas clases (2)_____ (tomar)?

JUAN (3)_____ (Tomar) tres también… biología, arte y literatura. El doctor Cárdenas (4)_____ (enseñar) la clase de biología.

LINDA ¿Ah, sí? Lily, Alberto y yo (5)_____ (tomar) biología a las diez con la profesora Garza.

JUAN ¿(6)_____ (Estudiar) mucho ustedes?

LINDA Sí, porque hay muchos exámenes. Alberto y yo (7)_____ (necesitar) estudiar dos horas todos los días (*every day*).

2 **Oraciones** Form sentences using the words provided. Remember to conjugate the verbs and add any other necessary words.

1. ustedes / practicar / vocabulario
2. ¿preparar (tú) / tarea?
3. clase de español / terminar / once
4. ¿qué / buscar / ustedes?
5. (nosotros) buscar / pluma
6. (yo) comprar / calculadora

3 **Gustos** Read what these people do. Then use the information in parentheses to tell what they like.

> **modelo**
> Yo enseño en la universidad. (las clases)   *Me gustan las clases.*

1. Tú deseas mirar cuadros (*paintings*) de Picasso. (el arte)
2. Soy estudiante de economía. (estudiar)
3. Tú estudias italiano y español. (las lenguas extranjeras)
4. No descansas los sábados. (cantar y bailar)
5. Busco una computadora. (la computación)

4 **Actividades** Get together with a classmate and take turns asking each other if you do these activities. Which activities does your partner like? Which do you both like?

> **modelo**
> tomar el autobús
> **Estudiante 1:** *¿Tomas el autobús?*
> **Estudiante 2:** *Sí, tomo el autobús, pero (but) no me gusta./ No, no tomo el autobús.*

bailar merengue	escuchar música rock	practicar el español
cantar bien	estudiar física	trabajar en la universidad
dibujar en clase	mirar la televisión	viajar a Europa

Comunicación

5 **Describir** With a partner, describe what you see in the pictures using the given verbs. Also ask your partner whether or not he/she likes one of the activities.

> **modelo**
> enseñar
> La profesora enseña química. ¿Te gusta la química?

1. caminar, hablar, llevar

2. buscar, descansar, estudiar

3. dibujar, cantar, escuchar

4. llevar, tomar, viajar

6 **Charadas** In groups of three, play a game of charades using the verbs in the word bank. For example, if someone is studying, you say "**Estudias.**" The first person to guess correctly acts out the next charade.

bailar	cantar	descansar	enseñar	mirar
caminar	conversar	dibujar	escuchar	preguntar

Síntesis

7 **Conversación** Get together with a classmate and pretend that you are friends who have not seen each other on campus for a few days. Have a conversation in which you catch up on things. Mention how you're feeling, what classes you're taking, what days and times you have classes, and which classes you like and don't like.

 Practice more at **vhlcentral.com**.

2.2 Forming questions in Spanish Tutorial

ANTE TODO There are three basic ways to ask questions in Spanish. Can you guess what they are by looking at the photos and photo captions on this page?

> Te gusta mucho la tarea, ¿no?

> ¿Hablas con tu mamá?

> ¿Quién es Maru?

▶ One way to form a question is to raise the pitch of your voice at the end of a declarative sentence. When writing any question in Spanish, be sure to use an upside down question mark (**¿**) at the beginning and a regular question mark (**?**) at the end of the sentence.

Statement	**Question**
Ustedes trabajan los sábados.	¿Ustedes trabajan los sábados?
You work on Saturdays.	*Do you work on Saturdays?*
Carlota busca un mapa.	¿Carlota busca un mapa?
Carlota is looking for a map.	*Is Carlota looking for a map?*

▶ You can also form a question by inverting the order of the subject and the verb of a declarative statement. The subject may even be placed at the end of the sentence.

Statement	**Question**
SUBJECT VERB	VERB SUBJECT
Ustedes trabajan los sábados.	¿**Trabajan ustedes** los sábados?
You work on Saturdays.	*Do you work on Saturdays?*
SUBJECT VERB	VERB SUBJECT
Carlota regresa a las seis.	¿**Regresa** a las seis **Carlota**?
Carlota returns at six.	*Does Carlota return at six?*

▶ Questions can also be formed by adding the tags **¿no?** or **¿verdad?** at the end of a statement.

Statement	**Question**
Ustedes trabajan los sábados.	Ustedes trabajan los sábados, **¿no?**
You work on Saturdays.	*You work on Saturdays, don't you?*
Carlota regresa a las seis.	Carlota regresa a las seis, **¿verdad?**
Carlota returns at six.	*Carlota returns at six, right?*

Question words

Interrogative words			
¿Adónde?	*Where (to)?*	**¿De dónde?**	*From where?*
¿Cómo?	*How?*	**¿Dónde?**	*Where?*
¿Cuál?, ¿Cuáles?	*Which?; Which one(s)?*	**¿Por qué?**	*Why?*
¿Cuándo?	*When?*	**¿Qué?**	*What?; Which?*
¿Cuánto/a?	*How much?*	**¿Quién?**	*Who?*
¿Cuántos/as?	*How many?*	**¿Quiénes?**	*Who (plural)?*

CONSULTA

You will learn more about the difference between **qué** and **cuál** in **Estructura 9.3**, p. 292.

▶ To ask a question that requires more than a *yes* or *no* answer, use an interrogative word.

¿Cuál de ellos estudia en la biblioteca?
Which of them studies in the library?

¿Adónde caminamos?
Where are we walking?

¿Cuántos estudiantes hablan español?
How many students speak Spanish?

¿Por qué necesitas hablar con ella?
Why do you need to talk to her?

¿Dónde trabaja Ricardo?
Where does Ricardo work?

¿Quién enseña la clase de arte?
Who teaches the art class?

¿Qué clases tomas?
What classes are you taking?

¿Cuánta tarea hay?
How much homework is there?

▶ When pronouncing this type of question, the pitch of your voice falls at the end of the sentence.

¿Cómo llegas a clase?
How do you get to class?

¿Por qué necesitas estudiar?
Why do you need to study?

▶ Notice the difference between **¿por qué?**, which is written as two words and has an accent, and **porque**, which is written as one word without an accent.

¿Por qué estudias español?
Why do you study Spanish?

¡Porque es divertido!
Because it's fun!

▶ In Spanish **no** can mean both *no* and *not*. Therefore, when answering a yes/no question in the negative, you need to use **no** twice.

¿Caminan a la universidad?
Do you walk to the university?

No, no caminamos a la universidad.
No, we do not walk to the university.

 Make questions out of these statements. Use the intonation method in column 1 and the tag **¿no?** method in column 2.

Statement	Intonation	Tag questions
1. Hablas inglés.	¿Hablas inglés?	Hablas inglés, ¿no?
2. Trabajamos mañana.		
3. Ustedes desean bailar.		
4. Raúl estudia mucho.		
5. Enseño a las nueve.		
6. Luz mira la televisión.		

Práctica

1 **Preguntas** Change these sentences into questions by inverting the word order.

> **modelo**
>
> Ernesto habla con su compañero de clase.
> *¿Habla Ernesto con su compañero de clase? /*
> *¿Habla con su compañero de clase Ernesto?*

1. La profesora Cruz prepara la prueba.

2. Sandra y yo necesitamos estudiar.

3. Los chicos practican el vocabulario.

4. Jaime termina la tarea.

5. Tú trabajas en la biblioteca.

2 **Completar** Irene and Manolo are chatting in the library. Complete their conversation with the appropriate questions.

IRENE Hola, Manolo. (1)_____

MANOLO Bien, gracias. (2)_____

IRENE Muy bien. (3)_____

MANOLO Son las nueve.

IRENE (4)_____

MANOLO Estudio historia.

IRENE (5)_____

MANOLO Porque hay un examen mañana.

IRENE (6)_____

MANOLO Sí, me gusta mucho la clase.

IRENE (7)_____

MANOLO El profesor Padilla enseña la clase.

IRENE (8)_____

MANOLO No, no tomo psicología este (*this*) semestre.

IRENE (9)_____

MANOLO Regreso a la residencia a las once.

IRENE (10)_____

MANOLO No, no deseo tomar una soda. ¡Deseo estudiar!

3 **Dos profesores** In pairs, create a dialogue, similar to the one in **Actividad 2**, between Professor Padilla and his colleague Professor Martínez. Use question words.

> **modelo**
>
> **Prof. Padilla:** *¿Qué enseñas este semestre?*
> **Prof. Martínez:** *Enseño dos cursos de sociología.*

Comunicación

4

Encuesta Your instructor will give you a worksheet. Change the categories in the first column into questions, then use them to survey your classmates. Find at least one person for each category. Be prepared to report the results of your survey to the class.

5

Un juego In groups of four or five, play a game (**un juego**) of Jeopardy®. Each person has to write two clues. Then take turns reading the clues and guessing the questions. The person who guesses correctly reads the next clue.

> **Es algo que...**   **Es un lugar donde...**   **Es una persona que...**
> *It's something that...*   *It's a place where...*   *It's a person that...*

> **modelo**
>
> **Estudiante 1:** Es un lugar donde estudiamos.
> **Estudiante 2:** ¿Qué es la biblioteca?
>
> **Estudiante 1:** Es algo que escuchamos.
> **Estudiante 2:** ¿Qué es la música?
>
> **Estudiante 1:** Es un director de España.
> **Estudiante 2:** ¿Quién es Pedro Almodóvar?

6

El nuevo estudiante In pairs, imagine you are a transfer student and today is your first day of Spanish class. Ask your partner questions to find out all you can about the class, your classmates, and the university. Then switch roles.

> **modelo**
>
> **Estudiante 1:** Hola, me llamo Samuel. ¿Cómo te llamas?
> **Estudiante 2:** Me llamo Laura.
> **Estudiante 1:** ¿Quiénes son ellos?
> **Estudiante 2:** Son Melanie y Lucas.
> **Estudiante 1:** Y él, ¿de dónde es?
> **Estudiante 2:** Es de California.
> **Estudiante 1:** En la universidad hay cursos de ciencias, ¿verdad?
> **Estudiante 2:** Sí, hay clases de biología, química y física.
> **Estudiante 1:** ¿Cuántos exámenes hay en esta clase?
> **Estudiante 2:** Hay dos.

Síntesis

7

Entrevista Imagine that you are a reporter for the school newspaper. Write five questions about student life at your school and use them to interview two classmates. Be prepared to report your findings to the class.

2.3 Present tense of estar Tutorial

ANTE TODO In **Lección 1**, you learned how to conjugate and use the verb **ser** *(to be)*. You will now learn a second verb which means *to be*, the verb **estar**. Although **estar** ends in **-ar**, it does not follow the pattern of regular **-ar** verbs. The **yo** form (**estoy**) is irregular. Also, all forms have an accented **á** except the **yo** and **nosotros/as** forms.

CONSULTA

To review the forms of **ser**, see **Estructura 1.3**, pp. 19–21.

The verb estar (to be)

SINGULAR FORMS	yo	est**oy**	*I am*
	tú	est**ás**	*you* (fam.) *are*
	Ud./él/ella	est**á**	*you* (form.) *are; he/she is*
PLURAL FORMS	nosotros/as	est**amos**	*we are*
	vosotros/as	est**áis**	*you* (fam.) *are*
	Uds./ellos/ellas	est**án**	*you* (form.) *are; they are*

¡Estamos en Perú!

María está en la biblioteca.

COMPARE & CONTRAST

Compare the uses of the verb **estar** to those of the verb **ser**.

AYUDA

Use **la casa** to express *the house*, but **en casa** to express *at home*.

CONSULTA

To learn more about the difference between **ser** and **estar**, see **Estructura 5.3**, pp. 158–159.

Uses of *estar*

Location
Estoy en casa.
I am at home.

Marissa **está** al lado de Felipe.
Marissa is next to Felipe.

Health
Juan Carlos **está** enfermo hoy.
Juan Carlos is sick today.

Well-being
—¿Cómo **estás**, Jimena?
How are you, Jimena?

—**Estoy** muy bien, gracias.
I'm very well, thank you.

Uses of *ser*

Identity
Hola, **soy** Maru.
Hello, I'm Maru.

Occupation
Soy estudiante.
I'm a student.

Origin
—¿**Eres** de México?
Are you from Mexico?

—Sí, **soy** de México.
Yes, I'm from Mexico.

Telling time
Son las cuatro.
It's four o'clock.

▶ **Estar** is often used with certain prepositions to describe the location of a person or an object.

Prepositions often used with estar

al lado de	*next to; beside*	**delante de**	*in front of*
a la derecha de	*to the right of*	**detrás de**	*behind*
a la izquierda de	*to the left of*	**en**	*in; on*
allá	*over there*	**encima de**	*on top of*
allí	*there*	**entre**	*between; among*
cerca de	*near*	**lejos de**	*far from*
con	*with*	**sin**	*without*
debajo de	*below*	**sobre**	*on; over*

La tiza **está al lado de** la pluma.
The chalk is next to the pen.

Los libros **están encima del** escritorio.
The books are on top of the desk.

El laboratorio **está cerca de** la clase.
The lab is near the classroom.

Maribel **está delante de** José.
Maribel is in front of José.

La maleta **está allí**.
The suitcase is there.

El estadio no **está lejos de** la librería.
The stadium isn't far from the bookstore.

El mapa **está entre** la pizarra y la puerta.
The map is between the blackboard and the door.

Los estudiantes **están en** la clase.
The students are in class.

La calculadora **está sobre** la mesa.
The calculator is on the table.

Los turistas **están allá**.
The tourists are over there.

Hoy estudia con Maru.

La biblioteca está al lado de la librería.

¡INTÉNTALO!   Provide the present tense forms of **estar**.

1. Ustedes <u>están</u> en la clase.
2. José _____ en la biblioteca.
3. Yo _____ bien, gracias.
4. Nosotras _____ en la cafetería.
5. Tú _____ en el laboratorio.
6. Elena _____ en la librería.
7. Ellas _____ en la clase.

8. Ana y yo _____ en la clase.
9. ¿Cómo _____ usted?
10. Javier y Maribel _____ en el estadio.
11. Nosotros _____ en la cafetería.
12. Yo _____ en el laboratorio.
13. Carmen y María _____ enfermas.
14. Tú _____ en la clase.

Práctica

1

Completar Daniela has just returned home from the library. Complete this conversation with the appropriate forms of **ser** or **estar**.

MAMÁ   Hola, Daniela. ¿Cómo (1)_____?

▶ **DANIELA**   Hola, mamá. (2)_____ bien. ¿Dónde (3)_____ papá?
             ¡Ya (*Already*) (4)_____ las ocho de la noche!

MAMÁ   No (5)_____ aquí. (6)_____ en la oficina.

DANIELA   Y Andrés y Margarita, ¿dónde (7)_____ ellos?

MAMÁ   (8)_____ en el restaurante La Palma con Martín.

DANIELA   ¿Quién (9)_____ Martín?

MAMÁ   (10)_____ un compañero de clase. (11)_____ de México.

DANIELA   Ah. Y el restaurante La Palma, ¿dónde (12)_____?

MAMÁ   (13)_____ cerca de la Plaza Mayor, en San Modesto.

DANIELA   Gracias, mamá. Voy (*I'm going*) al restaurante. ¡Hasta pronto!

2

Escoger Choose the preposition that best completes each sentence.

1. La pluma está (encima de / detrás de) la mesa.
2. La ventana está (a la izquierda de / debajo de) la puerta.
3. La pizarra está (debajo de / delante de) los estudiantes.
4. Las sillas están (encima de / detrás de) los escritorios.
5. Los estudiantes llevan los libros (en / sobre) la mochila.
6. La biblioteca está (sobre / al lado de) la residencia estudiantil.
7. España está (cerca de / lejos de) Puerto Rico.
8. México está (cerca de / lejos de) los Estados Unidos.
9. Felipe trabaja (con / en) Ricardo en la cafetería.

3

La librería Imagine that you are in the school bookstore and can't find various items. Ask the clerk (your partner) the location of five items in the drawing. Then switch roles.

▶ **modelo**
Estudiante 1: ¿Dónde están los diccionarios?
Estudiante 2: Los diccionarios están debajo de los libros de literatura.

 Practice more at **vhlcentral.com**.

Comunicación

4

¿Dónde estás...? Get together with a partner and take turns asking each other where you normally are at these times.

> **modelo**
>
> lunes / 10:00 a.m.
>
> **Estudiante 1:** ¿Dónde estás los lunes a las diez de la mañana?
>
> **Estudiante 2:** Estoy en la clase de español.

1. sábados / 6:00 a.m.
2. miércoles / 9:15 a.m.
3. lunes / 11:10 a.m.
4. jueves / 12:30 a.m.

5. viernes / 2:25 p.m.
6. martes / 3:50 p.m.
7. jueves / 5:45 p.m.
8. miércoles / 8:20 p.m.

5

La ciudad universitaria You are an exchange student at a Spanish university. Tell a classmate which buildings you are looking for and ask for their location relative to where you are.

> **modelo**
>
> **Estudiante 1:** ¿Está lejos la Facultad de Medicina?
>
> **Estudiante 2:** No, está cerca. Está a la izquierda de la Facultad de Administración de Empresas.

Síntesis

6

Entrevista In groups of three, ask each other these questions.

1. ¿Cómo estás?
2. ¿Dónde tomas la clase de inglés/periodismo/física/computación?
3. ¿Dónde está tu (*your*) compañero/a de cuarto ahora?
4. ¿Cuántos estudiantes hay en tu clase de historia/literatura/química/matemáticas?
5. ¿Quién(es) no está(n) en la clase hoy?
6. ¿A qué hora terminan tus clases los lunes?
7. ¿Estudias mucho?
8. ¿Cuántas horas estudias para (*for*) una prueba?

2.4 Numbers 31 and higher Tutorial

 You have already learned numbers 0–30. Now you will learn the rest of the numbers.

Numbers 31–100

▶ Numbers 31–99 follow the same basic pattern as 21–29.

	Numbers 31–100				
31	treinta y uno	40	cuarenta	50	cincuenta
32	treinta y dos	41	cuarenta y uno	51	cincuenta y uno
33	treinta y tres	42	cuarenta y dos	52	cincuenta y dos
34	treinta y cuatro	43	cuarenta y tres	60	sesenta
35	treinta y cinco	44	cuarenta y cuatro	63	sesenta y tres
36	treinta y seis	45	cuarenta y cinco	64	sesenta y cuatro
37	treinta y siete	46	cuarenta y seis	70	setenta
38	treinta y ocho	47	cuarenta y siete	80	ochenta
39	treinta y nueve	48	cuarenta y ocho	90	noventa
		49	cuarenta y nueve	100	cien, ciento

▶ **Y** is used in most numbers from **31** through **99**. Unlike numbers 21–29, these numbers must be written as three separate words.

Hay **noventa y dos** exámenes.
There are ninety-two exams.

Hay **cuarenta y dos** estudiantes.
There are forty-two students.

Hay cuarenta y siete estudiantes en la clase de geografía.

Cien menos sesenta y cuatro son treinta y seis pesos de cambio.

▶ With numbers that end in **uno** (31, 41, etc.), **uno** becomes **un** before a masculine noun and **una** before a feminine noun.

Hay **treinta y un** chicos.
There are thirty-one guys.

Hay **treinta y una** chicas.
There are thirty-one girls.

▶ **Cien** is used before nouns and in counting. The words **un, una,** and **uno** are never used before **cien** in Spanish. Use **cientos** to say *hundreds*.

Hay **cien** libros y **cien** sillas.
There are one hundred books and one hundred chairs.

¿Cuántos libros hay? **Cientos.**
How many books are there? Hundreds.

Numbers 101 and higher

▶ As shown in the chart, Spanish uses a period to indicate thousands and millions, rather than a comma, as is used in English.

Numbers 101 and higher			
101	ciento uno	**1.000**	mil
200	doscientos/as	**1.100**	mil cien
300	trescientos/as	**2.000**	dos mil
400	cuatrocientos/as	**5.000**	cinco mil
500	quinientos/as	**100.000**	cien mil
600	seiscientos/as	**200.000**	doscientos/as mil
700	setecientos/as	**550.000**	quinientos/as cincuenta mil
800	ochocientos/as	**1.000.000**	un millón (de)
900	novecientos/as	**8.000.000**	ocho millones (de)

▶ Notice that you should use **ciento**, not **cien**, to count numbers over 100.

  110 = **ciento diez** 118 = **ciento dieciocho** 150 = **ciento cincuenta**

▶ The numbers 200 through 999 agree in gender with the nouns they modify.

324 plum**as**
trescient**as** veinticuatro plum**as**

3.505 libr**os**
tres mil quinient**os** cinco libr**os**

▶ The word **mil**, which can mean *a thousand* and *one thousand*, is not usually used in the plural form to refer to an exact number, but it can be used to express the idea of *a lot*, *many*, or *thousands*. **Cientos** can also be used to express *hundreds* in this manner.

¡Hay **miles** de personas en el estadio!
There are thousands of people in the stadium!

Hay **cientos** de libros en la biblioteca.
There are hundreds of books in the library!

▶ To express a complex number (including years), string together all of its components.

55.422 cincuenta y cinco mil cuatrocientos veintidós

 ¡INTÉNTALO! Write out the Spanish equivalent of each number.

1. **102** _____ *ciento dos*

2. **5.000.000** _____

3. **201** _____

4. **76** _____

5. **92** _____

6. **550.300** _____

7. **235** _____

8. **79** _____

9. **113** _____

10. **88** _____

11. **17.123** _____

12. **497** _____

Práctica y Comunicación

1 **Baloncesto** Provide these basketball scores in Spanish.

1. Ohio State 76, Michigan 65
2. Florida 92, Florida State 104
3. Stanford 83, UCLA 89
4. Purdue 81, Indiana 78
5. Princeton 67, Harvard 55
6. Duke 115, Virginia 121

2 **Completar** Following the pattern, write out the missing numbers in Spanish.

1. 50, 150, 250 ... 1.050
2. 5.000, 20.000, 35.000 ... 95.000
3. 100.000, 200.000, 300.000 ... 1.000.000
4. 100.000.000, 90.000.000, 80.000.000 ... 0

3 **Resolver** In pairs, take turns reading the math problems aloud for your partner to solve.

AYUDA

+	→	**más**
−	→	**menos**
=	→	**son**

modelo

200 + 300 =
Estudiante 1: Doscientos más trescientos son...
Estudiante 2: ...quinientos.

1. 1.000 + 753 =
2. 1.000.000 − 30.000 =
3. 10.000 + 555 =
4. 15 + 150 =
5. 100.000 + 205.000 =
6. 29.000 − 10.000 =

4 **Entrevista** Find out the telephone numbers and e-mail addresses of four classmates.

modelo

Estudiante 1: ¿Cuál es tu (your) número de teléfono?
Estudiante 2: Es el 635-19-51.
Estudiante 1: ¿Y tu dirección de correo electrónico?
Estudiante 2: Es a-Smith-arroba-pe-ele-punto-e-de-u. (asmith@pl.edu)

AYUDA

arroba *at* (@)
punto *dot* (.)

Síntesis

5 **¿A qué distancia...?** Your instructor will give you and a partner incomplete charts that indicate the distances between Madrid and various locations. Fill in the missing information on your chart by asking your partner questions.

modelo

Estudiante 1: ¿A qué distancia está Arganda del Rey?
Estudiante 2: Está a veintisiete kilómetros de Madrid.

 Practice more at **vhlcentral.com.**

Recapitulación

 Concepts Diagnostics

Review the grammar concepts you have learned in this lesson by completing these activities.

1 Completar Complete the chart with the correct verb forms. **12 pts.**

yo	tú	nosotros	ellas
compro			
	deseas		
		miramos	
			preguntan

2 Números Write these numbers in Spanish. **8 pts.**

modelo

645: seiscientos cuarenta y cinco

1. **49:** _____
2. **97:** _____
3. **113:** _____
4. **632:** _____
5. **1.781:** _____
6. **3.558:** _____
7. **1.006.015:** _____
8. **67.224.370:** _____

3 Preguntas Write questions for these answers. **12 pts.**

1. —¿_____ Patricia?
   —Patricia es de Colombia.
2. —¿_____ él?
   —Él es mi amigo (*friend*).
3. —¿_____ (tú)?
   —Hablo dos idiomas (*languages*).
4. —¿_____ (ustedes)?
   —Deseamos tomar café.
5. —¿_____?
   —Tomo biología porque me gustan las ciencias.
6. —¿_____?
   —Camilo descansa por las mañanas.

RESUMEN GRAMATICAL

2.1 Present tense of -ar verbs *pp. 46–48*

estudiar	
estudio	estudiamos
estudias	estudiáis
estudia	estudian

The verb gustar

(no) me gusta + el/la + [*singular noun*]

(no) me gustan + los/las + [*plural noun*]

(no) me gusta + [*infinitive(s)*]

Note: You may use **a mí** for emphasis, but never **yo**.

To ask a classmate about likes and dislikes, use **te** instead of **me**, but never **tú**.

¿Te gusta la historia?

2.2 Forming questions in Spanish *pp. 51–52*

▶ ¿Ustedes trabajan los sábados?

▶ ¿Trabajan ustedes los sábados?

▶ Ustedes trabajan los sábados, ¿verdad?/¿no?

Interrogative words		
¿Adónde?	¿Cuánto/a?	¿Por qué?
¿Cómo?	¿Cuántos/as?	¿Qué?
¿Cuál(es)?	¿De dónde?	¿Quién(es)?
¿Cuándo?	¿Dónde?	

2.3 Present tense of estar *pp. 55–56*

▶ estar: estoy, estás, está, estamos, estáis, están

2.4 Numbers 31 and higher *pp. 59–60*

31	treinta y uno	101	ciento uno
32	treinta y dos	200	doscientos/as
	(and so on)	500	quinientos/as
40	cuarenta	700	setecientos/as
50	cincuenta	900	novecientos/as
60	sesenta	1.000	mil
70	setenta	2.000	dos mil
80	ochenta	5.100	cinco mil cien
90	noventa	100.000	cien mil
100	cien, ciento	1.000.000	un millón (de)

4   **Al teléfono** Complete this telephone conversation with the correct forms of the verb **estar**.

`8 pts.`

MARÍA TERESA   Hola, señora López. (1) ¿_____ Elisa en casa?

SRA. LÓPEZ   Hola, ¿quién es?

MARÍA TERESA   Soy María Teresa. Elisa y yo (2) _____ en la misma (*same*) clase de literatura.

SRA. LÓPEZ   ¡Ah, María Teresa! ¿Cómo (3) _____?

MARÍA TERESA   (4) _____ muy bien, gracias. Y usted, ¿cómo (5) _____?

SRA. LÓPEZ   Bien, gracias. Pues, no, Elisa no (6) _____ en casa. Ella y su hermano (*her brother*) (7) _____ en la Biblioteca Cervantes.

MARÍA TERESA   ¿Cervantes?

SRA. LÓPEZ   Es la biblioteca que (8) _____ al lado del café Bambú.

MARÍA TERESA   ¡Ah, sí! Gracias, señora López.

SRA. LÓPEZ   Hasta luego, María Teresa.

5   **¿Qué te gusta?** Write a paragraph of at least five sentences stating what you like and don't like about your university. If possible, explain your likes and dislikes. `10 pts.`

Me gusta la clase de música porque no hay muchos exámenes. No me gusta cenar en la cafetería...

6   **Canción** Use the appropriate forms of the verb **gustar** to complete the beginning of a popular song by Manu Chao. `2 EXTRA points!`

“Me _____ los aviones°,
me gustas tú,
me _____ viajar,
me gustas tú,
me gusta la mañana,
me gustas tú.”

aviones *airplanes*

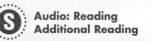
Lectura

Antes de leer

Estrategia

Predicting Content through Formats

Recognizing the format of a document can help you to predict its content. For instance, invitations, greeting cards, and classified ads follow an easily identifiable format, which usually gives you a general idea of the information they contain. Look at the text and identify it based on its format.

	lunes	martes	miércoles	jueves	viernes
8:30	biología		biología		biología
9:00		historia		historia	
9:30	inglés		inglés		inglés
10:00					
10:30					
11:00					
12:00					
12:30					
1:00					
2:00	arte		arte		arte

If you guessed that this is a page from a student's schedule, you are correct. You can now infer that the document contains information about a student's weekly schedule, including days, times, and activities.

Cognados

With a classmate, make a list of the cognates in the text and guess their English meanings. What do cognates reveal about the content of the document?

Examinar el texto

Look at the format of the document entitled *¡Español en Madrid!* What type of text is it? What information do you expect to find in this type of document?

 Practice more at **vhlcentral.com.**

¡ESPAÑOL EN MADRID!

UAM

Programa de Cursos Intensivos de Español
Universidad Autónoma de Madrid

Después de leer

Correspondencias

Provide the letter of each item in Column B that matches the words in Column A. Two items will not be used.

A	B

A
1. profesores
2. vivienda
3. Madrid
4. número de teléfono
5. Español 2B
6. número de fax

B
a. (34) 91 523 4500
b. (34) 91 524 0210
c. 23 junio–30 julio
d. capital cultural de Europa
e. 16 junio–22 julio
f. especializados en enseñar español como lengua extranjera
g. (34) 91 523 4623
h. familias españolas

Universidad Autónoma de Madrid

Madrid, la capital cultural de Europa, y la UAM te ofrecen cursos intensivos de verano° para aprender° español como nunca antes°.

Cursos	Empieza°	Termina
Español 1A	16 junio	22 julio
Español 1B	23 junio	30 julio
Español 1C	30 junio	10 agosto
Español 2A	16 junio	22 julio
Español 2B	23 junio	30 julio
Español 3A	16 junio	22 julio
Español 3B	23 junio	30 julio

¿Dónde?
En el campus de la UAM, edificio° de la Facultad de Filosofía y Letras.

¿Quiénes son los profesores?
Son todos hablantes nativos del español y catedráticos° de la UAM especializados en enseñar el español como lengua extranjera.

¿Qué niveles se ofrecen?
Se ofrecen tres niveles° básicos:
1. Español Elemental, A, B y C
2. Español Intermedio, A y B
3. Español Avanzado, A y B

Viviendas
Para estudiantes extranjeros se ofrece vivienda° con familias españolas.

¿Cuándo?
Este verano desde° el 16 de junio hasta el 10 de agosto. Los cursos tienen una duración de 6 semanas.

Información
Para mayor información, sirvan comunicarse con la siguiente° oficina:

Universidad Autónoma de Madrid
Programa de Español como Lengua Extranjera
Ctra. Colmenar Viejo, Km. 15, 28049 Madrid, España
Tel. (34) 91 523 4500, **Fax** (34) 91 523 4623
www.uam.es

---

verano *summer* aprender *to learn* nunca antes *never before* edificio *building* catedráticos *professors* niveles *levels* vivienda *housing* desde *from* Empieza *Begins* siguiente *following*

¿Cierto o falso?

Indicate whether each statement is **cierto** or **falso**. Then correct the false statements.

	Cierto	Falso
1. La Universidad Autónoma de Madrid ofrece (*offers*) cursos intensivos de italiano.	○	○
2. La lengua nativa de los profesores del programa es el inglés.	○	○
3. Los cursos de español son en la Facultad de Ciencias.	○	○
4. Los estudiantes pueden vivir (*can live*) con familias españolas.	○	○

	Cierto	Falso
5. La universidad que ofrece los cursos intensivos está en Salamanca.	○	○
6. Español 3B termina en agosto.	○	○
7. Si deseas información sobre (*about*) los cursos intensivos de español, es posible llamar al (34) 91 523 4500.	○	○
8. Español 1A empieza en julio.	○	○

España

El país en cifras

▶ **Área:** 504.750 km² (kilómetros cuadrados) o 194.884 millas cuadradas°, incluyendo las islas Baleares y las islas Canarias

▶ **Población:** 47.203.000

▶ **Capital:** Madrid—6.213.000

▶ **Ciudades° principales:** Barcelona—5.315.000, Valencia—832.000, Sevilla, Zaragoza

SOURCE: Population Division, UN Secretariat

▶ **Moneda°:** euro

▶ **Idiomas°:** español o castellano, catalán, gallego, valenciano, euskera

Gallego · Euskera · Catalán · Español · Valenciano

Regiones lingüísticas

Bandera de España

Españoles célebres

▶ **Miguel de Cervantes,** escritor° (1547–1616)
▶ **Pedro Almodóvar,** director de cine° (1949–)
▶ **Rosa Montero,** escritora y periodista° (1951–)
▶ **Fernando Alonso,** corredor de autos° (1981–)
▶ **Paz Vega,** actriz° (1976–)

millas cuadradas *square miles* Ciudades *Cities* Moneda *Currency*
Idiomas *Languages* escritor *writer* cine *film* periodista *reporter*
corredor de autos *race car driver* actriz *actress* pueblo *town*
Cada año *Every year* Durante todo un día *All day long*
se tiran *throw at each other* varias toneladas *many tons*

La Sagrada Familia en Barcelona

Plaza Mayor en Madrid

Mar Cantábrico

FRANCIA

La Coruña

San Sebastián · ANDORRA

Pirineos

Salamanca · Zaragoza · *Río Ebro* · Barcelona

PORTUGAL

ESPAÑA

★ Madrid · Valencia · Menorca · Mallorca

Ibiza · **Islas Baleares**

Sierra Nevada · Mar Mediterráneo

Sevilla

Estrecho de Gibraltar · Ceuta

Melilla

MARRUECOS

El baile flamenco

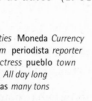

Islas Canarias
La Palma · Tenerife · Gran Canaria · Lanzarote · Fuerteventura · Gomera · Hierro

recursos

| WB pp. 21–22 | VM pp. 227–228 | (S) vhlcentral.com Lección 2 |

¡Increíble pero cierto!

En Buñol, un pueblo° de Valencia, la producción de tomates es un recurso económico muy importante. Cada año° se celebra el festival de *La Tomatina.* Durante todo un día°, miles de personas se tiran° tomates. Llegan turistas de todo el país, y se usan varias toneladas° de tomates.

Gastronomía • **José Andrés**

José Andrés es un chef español famoso internacionalmente°. Le gusta combinar platos° tradicionales de España con las técnicas de cocina más innovadoras°. Andrés vive° en Washington, DC, es dueño° de varios restaurantes en los EE.UU. y presenta° un programa en PBS (foto, izquierda). También° ha estado° en *Late Show with David Letterman* y *Top Chef*.

Cultura • **La diversidad**

La riqueza° cultural y lingüística de España refleja la combinación de las diversas culturas que han habitado° en su territorio durante siglos°. El español es la lengua oficial del país, pero también son oficiales el catalán, el gallego, el euskera y el valenciano.

Póster en catalán

Artes • **Velázquez y el Prado**

El Prado, en Madrid, es uno de los museos más famosos del mundo°. En el Prado hay pinturas° importantes de Botticelli, de El Greco y de los españoles Goya y Velázquez. *Las meninas* es la obra° más conocida° de Diego Velázquez, pintor° oficial de la corte real° durante el siglo° XVII.

Las meninas,
Diego Velázquez, 1656

Comida • **La paella**

La paella es uno de los platos más típicos de España. Siempre se prepara° con arroz° y azafrán°, pero hay diferentes recetas°. La paella valenciana, por ejemplo, es de pollo° y conejo°, y la paella marinera es de mariscos°.

La costa de Ibiza

¿Qué aprendiste? Completa las oraciones con la información adecuada.

1. El chef español _____ es muy famoso.
2. El arroz y el azafrán son ingredientes básicos de la _____.
3. El Prado está en _____.
4. José Andrés vive en _____.
5. El chef José Andrés tiene un _____ de televisión en PBS.
6. El gallego es una de las lenguas oficiales de _____.

Conexión Internet Investiga estos temas en **vhlcentral.com.**

Practice more at
vhlcentral.com.

1. Busca información sobre la Universidad de Salamanca u otra universidad española. ¿Qué cursos ofrece (*does it offer*)? ¿Ofrece tu universidad cursos similares?
2. Busca información sobre un español o una española célebre (por ejemplo, un[a] político/a, un actor, una actriz, un[a] artista). ¿De qué parte de España es y por qué es célebre?

internacionalmente *internationally* platos *dishes* más innovadoras *most innovative* vive *lives* dueño *owner* presenta *hosts* También *Also* ha estado *has been* riqueza *richness* han habitado *have lived* durante siglos *for centuries* mundo *world* pinturas *paintings* obra *work* más conocida *best-known* pintor *painter* corte real *royal court* siglo *century* Siempre se prepara *It is always prepared* arroz *rice* azafrán *saffron* recetas *recipes* pollo *chicken* conejo *rabbit* mariscos *seafood*

La clase y la universidad

el/la compañero/a de clase	classmate
el/la compañero/a de cuarto	roommate
el/la estudiante	student
el/la profesor(a)	teacher
el borrador	eraser
la calculadora	calculator
el escritorio	desk
el libro	book
el mapa	map
la mesa	table
la mochila	backpack
el papel	paper
la papelera	wastebasket
la pizarra	blackboard
la pluma	pen
la puerta	door
el reloj	clock; watch
la silla	seat
la tiza	chalk
la ventana	window
la biblioteca	library
la cafetería	cafeteria
la casa	house; home
el estadio	stadium
el laboratorio	laboratory
la librería	bookstore
la residencia estudiantil	dormitory
la universidad	university; college
la clase	class
el curso, la materia	course
la especialización	major
el examen	test; exam
el horario	schedule
la prueba	test; quiz
el semestre	semester
la tarea	homework
el trimestre	trimester; quarter

Las materias

la administración de empresas	business administration
la arqueología	archeology
el arte	art
la biología	biology
las ciencias	sciences
la computación	computer science
la contabilidad	accounting
la economía	economics
el español	Spanish
la física	physics
la geografía	geography
la historia	history
las humanidades	humanities
el inglés	English
las lenguas extranjeras	foreign languages
la literatura	literature
las matemáticas	mathematics
la música	music
el periodismo	journalism
la psicología	psychology
la química	chemistry
la sociología	sociology

Preposiciones

al lado de	next to; beside
a la derecha de	to the right of
a la izquierda de	to the left of
allá	over there
allí	there
cerca de	near
con	with
debajo de	below; under
delante de	in front of
detrás de	behind
en	in; on
encima de	on top of
entre	between; among
lejos de	far from
sin	without
sobre	on; over

Palabras adicionales

¿Adónde?	Where (to)?
ahora	now
¿Cuál?, ¿Cuáles?	Which?; Which one(s)?
¿Por qué?	Why?
porque	because

Verbos

bailar	to dance
buscar	to look for
caminar	to walk
cantar	to sing
cenar	to have dinner
comprar	to buy
contestar	to answer
conversar	to converse, to chat
desayunar	to have breakfast
descansar	to rest
desear	to wish; to desire
dibujar	to draw
enseñar	to teach
escuchar la radio/música	to listen (to) the radio/music
esperar (+ *inf.*)	to wait (for); to hope
estar	to be
estudiar	to study
explicar	to explain
gustar	to like
hablar	to talk; to speak
llegar	to arrive
llevar	to carry
mirar	to look (at); to watch
necesitar (+ *inf.*)	to need
practicar	to practice
preguntar	to ask (a question)
preparar	to prepare
regresar	to return
terminar	to end; to finish
tomar	to take; to drink
trabajar	to work
viajar	to travel

Los días de la semana

¿Cuándo?	When?
¿Qué día es hoy?	What day is it?
Hoy es…	Today is…
la semana	week
lunes	Monday
martes	Tuesday
miércoles	Wednesday
jueves	Thursday
viernes	Friday
sábado	Saturday
domingo	Sunday

Numbers 31 and higher	See pages 59–60.
Expresiones útiles	See page 41.

Audio: Vocabulary

La familia

3

A PRIMERA VISTA
- ¿Cuántos chicos hay en la foto?
- ¿Hay una mujer a la izquierda? ¿Y a la derecha?
- ¿Hay una cosa en la mano de la mujer?
- ¿Conversan ellos? ¿Trabajan? ¿Viajan?
- ¿Están lejos de su casa?

La familia

Más vocabulario

los abuelos	grandparents
el/la bisabuelo/a	great-grandfather/ great-grandmother
el/la gemelo/a	twin
el/la hermanastro/a	stepbrother/stepsister
el/la hijastro/a	stepson/stepdaughter
la madrastra	stepmother
el medio hermano/ la media hermana	half-brother/ half-sister
el padrastro	stepfather
los padres	parents
los parientes	relatives
el/la cuñado/a	brother-in-law/ sister-in-law
la nuera	daughter-in-law
el/la suegro/a	father-in-law/ mother-in-law
el yerno	son-in-law
el/la amigo/a	friend
el apellido	last name; surname
la gente	people
el/la muchacho/a	boy/girl
el/la niño/a	child
el/la novio/a	boyfriend/girlfriend
la persona	person
el/la artista	artist
el/la ingeniero/a	engineer
el/la doctor(a), el/la médico/a	doctor; physician
el/la periodista	journalist
el/la programador(a)	computer programmer

Variación léxica

madre ⟷ mamá, mami (*colloquial*)
padre ⟷ papá, papi (*colloquial*)
muchacho/a ⟷ chico/a

recursos

| WB pp. 23–24 | LM p. 13 | vhlcentral.com Lección 3 |

La familia de José Miguel Pérez Santoro

Juan Santoro Sánchez

mi abuelo (*my grandfather*)

Ernesto Santoro González

mi tío (*uncle*)
hijo (*son*) **de Juan y Socorro**

Marina Gutiérrez de Santoro

mi tía (*aunt*)
esposa (*wife*) **de Ernesto**

Silvia Socorro Santoro Gutiérrez

mi prima (*cousin*)
hija (*daughter*) **de Ernesto y Marina**

Héctor Manuel Santoro Gutiérrez

mi primo (*cousin*)
nieto (*grandson*) **de Juan y Socorro**

Carmen Santoro Gutiérrez

mi prima
hija de Ernesto y Marina

¡LENGUA VIVA!

In Spanish-speaking countries, it is common for people to go by both their first name and middle name, such as **José Miguel** or **Juan Carlos.** You will learn more about names and naming conventions on p. 78.

Socorro González de Santoro

mi abuela (*my grandmother*)

Mirta Santoro de Pérez

mi madre (*mother*)
hija de Juan y Socorro

Rubén Ernesto Pérez Gómez

mi padre (*father*)
esposo de mi madre

José Miguel Pérez Santoro

hijo de Rubén y de Mirta

Beatriz Alicia Pérez de Morales

mi hermana (*sister*)

Felipe Morales Zapata

esposo (*husband*) de Beatriz Alicia

Víctor Miguel Morales Pérez

mi sobrino (*nephew*)
hermano (*brother*) de Anita

Anita Morales Pérez

mi sobrina (*niece*)
nieta (*granddaughter*) de mis padres

los hijos (*children*) de Beatriz Alicia y de Felipe

Práctica

1 **Escuchar** Listen to each statement made by José Miguel Pérez Santoro, then indicate whether it is **cierto** or **falso**, based on his family tree.

	Cierto	Falso		Cierto	Falso
1.	○	○	6.	○	○
2.	○	○	7.	○	○
3.	○	○	8.	○	○
4.	○	○	9.	○	○
5.	○	○	10.	○	○

2 **Personas** Indicate each word that you hear mentioned in the narration.

1. _____ cuñado   4. _____ niño   7. _____ ingeniera
2. _____ tía   5. _____ esposo   8. _____ primo
3. _____ periodista   6. _____ abuelos

3 **Emparejar** Provide the letter of the phrase that matches each description. Two items will not be used.

1. Mi hermano programa las computadoras.
2. Son los padres de mi esposo.
3. Son los hijos de mis (*my*) tíos.
4. Mi tía trabaja en un hospital.
5. Es el hijo de mi madrastra y el hijastro de mi padre.
6. Es el esposo de mi hija.
7. Es el hijo de mi hermana.
8. Mi primo dibuja y pinta mucho.
9. Mi hermanastra enseña en la universidad.
10. Mi padre trabaja con planos (*blueprints*).

a. Es médica.
b. Es mi hermanastro.
c. Es programador.
d. Es ingeniero.
e. Son mis suegros.
f. Es mi novio.
g. Es mi padrastro.
h. Son mis primos.
i. Es artista.
j. Es profesora.
k. Es mi sobrino.
l. Es mi yerno.

4 **Definiciones** Define these family terms in Spanish.

> **modelo**
> hijastro *Es el hijo de mi esposo/a, pero no es mi hijo.*

1. abuela   5. suegra
2. bisabuelo   6. cuñado
3. tío   7. nietos
4. primas   8. medio hermano

5   **Escoger** Complete the description of each photo using words you have learned in **Contextos**.

1. La _____ de Sara es grande.

2. Héctor y Lupita son _____.

3. Maira Díaz es _____.

4. Rubén habla con su _____.

5. Los dos _____ están en el parque.

6. Irene es _____.

7. Elena Vargas Soto es _____.

8. Don Manuel es el _____ de Martín.

 Practice more at **vhlcentral.com.**

Comunicación

6 **Una familia** With a classmate, identify the members in the family tree by asking questions about how each family member is related to Graciela Vargas García.

> **modelo**
>
> **Estudiante 1:** ¿Quién es Beatriz Pardo de Vargas?
> **Estudiante 2:** Es la abuela de Graciela.

CONSULTA

To see the cities where these family members live, look at the map in **Panorama** on p. 104.

David Vargas Olmedo — de Quito

Beatriz Pardo de Vargas — de Ibarra

Carlos Antonio López Ríos — de Cuenca

Lupe Vargas de López — de Quito

Juan Vargas Pardo — de Quito

María Susana García de Vargas — de Guayaquil

Ernesto López Vargas — de Loja

Ramón Vargas García — de Machala

Graciela Vargas García — de Machala

Now take turns asking each other these questions. Then invent three original questions.

1. ¿Cómo se llama el primo de Graciela?
2. ¿Cómo se llama la hija de David y de Beatriz?
3. ¿De dónde es María Susana?
4. ¿De dónde son Ramón y Graciela?
5. ¿Cómo se llama el yerno de David y de Beatriz?
6. ¿De dónde es Carlos Antonio?
7. ¿De dónde es Ernesto?
8. ¿Cuáles son los apellidos del sobrino de Lupe?

7 **Preguntas personales** With a classmate, take turns asking each other these questions.

1. ¿Cuántas personas hay en tu familia?
2. ¿Cómo se llaman tus padres? ¿De dónde son? ¿Dónde trabajan?
3. ¿Cuántos hermanos tienes? ¿Cómo se llaman? ¿Dónde estudian o trabajan?
4. ¿Cuántos primos tienes? ¿Cuáles son los apellidos de ellos? ¿Cuántos son niños y cuántos son adultos? ¿Hay más chicos o más chicas en tu familia?
5. ¿Eres tío/a? ¿Cómo se llaman tus sobrinos/as? ¿Dónde estudian o trabajan?
6. ¿Quién es tu pariente favorito?
7. ¿Tienes novio/a? ¿Tienes esposo/a? ¿Cómo se llama?

AYUDA

tu *your* (sing.)
tus *your* (plural)
mi *my* (sing.)
mis *my* (plural)
tienes *you have*
tengo *I have*

Un domingo en familia

Marissa pasa el día en Xochimilco con la familia Díaz.

PERSONAJES

 FELIPE

 TÍA NAYELI

S Video: *Fotonovela*
Record and Compare

JIMENA Hola, tía Nayeli.

TÍA NAYELI ¡Hola, Jimena! ¿Cómo estás?

JIMENA Bien, gracias. Y, ¿dónde están mis primas?

TÍA NAYELI No sé. ¿Dónde están mis hijas? ¡Ah!

MARISSA ¡Qué bonitas son tus hijas! Y ¡qué simpáticas!

MARISSA La verdad, mi familia es pequeña.

SRA. DÍAZ ¿Pequeña? Yo soy hija única. Bueno, y ¿qué más? ¿Tienes novio?

MARISSA No. Tengo mala suerte con los novios.

FELIPE Soy guapo y delgado.

JIMENA Ay, ¡por favor! Eres gordo, antipático y muy feo.

TÍO RAMÓN ¿Tienes una familia grande, Marissa?

MARISSA Tengo dos hermanos mayores, Zack y Jennifer, y un hermano menor, Adam.

MARISSA Tía Nayeli, ¿cuántos años tienen tus hijas?

TÍA NAYELI Marta tiene ocho años y Valentina doce.

JIMENA

MARTA

VALENTINA

SRA. DÍAZ

TÍO RAMÓN

SR. DÍAZ

MARISSA

SRA. DÍAZ Chicas, ¿compartimos una trajinera?

MARISSA ¡Claro que sí! ¡Qué bonitas son!

SRA. DÍAZ ¿Vienes, Jimena?

JIMENA No, gracias. Tengo que leer.

MARISSA Me gusta mucho este sitio. Tengo ganas de visitar otros lugares en México.

SRA. DÍAZ ¡Debes viajar a Mérida!

TÍA NAYELI ¡Sí, con tus amigos! Debes visitar a Ana María, la hermana de Roberto y de Ramón.

(*La Sra. Díaz habla por teléfono con la tía Ana María.*)

SRA. DÍAZ ¡Qué bien! Excelente. Sí, la próxima semana. Muchísimas gracias.

MARISSA ¡Gracias, Sra. Díaz!

SRA. DÍAZ Tía Ana María.

MARISSA Tía Ana María.

SRA. DÍAZ ¡Un beso, chau!

MARISSA *Bye!*

recursos

VM
pp. 199–200

vhlcentral.com
Lección 3

Expresiones útiles

Talking about your family

¿Tienes una familia grande?
Do you have a big family?
Tengo dos hermanos mayores y un hermano menor.
I have two older siblings and a younger brother.
La verdad, mi familia es pequeña.
The truth is, my family is small.
¿Pequeña? Yo soy hija única.
Small? I'm an only child.

Describing people

¡Qué bonitas son tus hijas!
Y ¡qué simpáticas!
Your daughters are so pretty!
And so nice!
Soy guapo y delgado.
I'm handsome and slim.
¡Por favor! Eres gordo, antipático y muy feo.
Please! You're fat, unpleasant, and very ugly.

Talking about plans

¿Compartimos una trajinera?
Shall we share a trajinera*?*
¡Claro que sí! ¡Qué bonitas son!
Of course! They're so pretty!
¿Vienes, Jimena?
Are you coming, Jimena?
No, gracias. Tengo que leer.
No, thanks. I have to read.

Saying how old people are

¿Cuántos años tienen tus hijas?
How old are your daughters?
Marta tiene ocho años y Valentina doce.
Marta is eight and Valentina twelve.

Additional vocabulary

ensayo *essay*
pobrecito/a *poor thing*
próxima *next*
sitio *place*
todavía *still*
trajinera *type of barge*

¿Qué pasó?

1 ¿Cierto o falso? Indicate whether each sentence is **cierto** or **falso**. Correct the false statements.

	Cierto	Falso
1. Marissa dice que (*says that*) tiene una familia grande.	○	○
2. La Sra. Díaz tiene dos hermanos.	○	○
3. Marissa no tiene novio.	○	○
4. Valentina tiene veinte años.	○	○
5. Marissa comparte una trajinera con la Sra. Díaz y la tía Nayeli.	○	○
6. A Marissa le gusta mucho Xochimilco.	○	○

NOTA CULTURAL

Xochimilco is famous for its system of canals and **chinampas,** or artificial islands, which have been used for agricultural purposes since Pre-Hispanic times. In 1987, UNESCO declared **Xochimilco** a World Heritage Site.

2 **Identificar** Indicate which person would make each statement. The names may be used more than once. **¡Ojo!** One name will not be used.

1. Felipe es antipático y feo.
2. Mis hermanos se llaman Jennifer, Adam y Zack.
3. ¡Soy un joven muy guapo!
4. Mis hijas tienen ocho y doce años.
5. ¡Qué bonitas son las trajineras!
6. Ana María es la hermana de Ramón y Roberto.
7. No puedo (*I can't*) compartir una trajinera porque tengo que leer.
8. Tus hijas son bonitas y simpáticas, tía Nayeli.

SRA. DÍAZ   **JIMENA**

MARISSA   **FELIPE**

TÍA NAYELI

NOTA CULTURAL

Trajineras are large passenger barges that you can rent in **Xochimilco.** Each boat is named and decorated and has a table and chairs so passengers can picnic while they ride.

3 **Escribir** In pairs, choose Marissa, Sra. Díaz, or tía Nayeli and write a brief description of her family. Be creative!

MARISSA   **SRA. DÍAZ**   **TÍA NAYELI**

Marissa es de los EE.UU.   La Sra. Díaz es de Cuba.   La tía Nayeli es de México.
¿Cómo es su familia?   ¿Cómo es su familia?   ¿Cómo es su familia?

4 **Conversar** With a partner, use these questions to talk about your families.

1. ¿Cuántos años tienes?
2. ¿Tienes una familia grande?
3. ¿Tienes hermanos o hermanas?
4. ¿Cuántos años tiene tu abuelo (tu hermana, tu primo, etc.)?
5. ¿De dónde son tus padres?

AYUDA

Here are some expressions to help you talk about age.

Yo tengo… años.
I am… years old.
Mi abuelo tiene… años.
My grandfather is… years old.

Pronunciación

  Audio: Concepts, Activities Record & Compare

Diphthongs and linking

hermano	**niña**	**cuñado**

In Spanish, **a**, **e**, and **o** are considered strong vowels. The weak vowels are **i** and **u**.

ruido	**parientes**	**periodista**

A diphthong is a combination of two weak vowels or of a strong vowel and a weak vowel. Diphthongs are pronounced as a single syllable.

mi hijo   **una clase excelente**

Two identical vowel sounds that appear together are pronounced like one long vowel.

la abuela

con Natalia	**sus sobrinos**	**las sillas**

Two identical consonants together sound like a single consonant.

es ingeniera	**mis abuelos**	**sus hijos**

A consonant at the end of a word is linked with the vowel at the beginning of the next word.

mi hermano	**su esposa**	**nuestro amigo**

A vowel at the end of a word is linked with the vowel at the beginning of the next word.

Práctica Say these words aloud, focusing on the diphthongs.

1. historia
2. nieto
3. parientes
4. novia
5. residencia
6. prueba
7. puerta
8. ciencias
9. lenguas
10. estudiar
11. izquierda
12. ecuatoriano

Oraciones Read these sentences aloud to practice diphthongs and linking words.

1. Hola. Me llamo Anita Amaral. Soy del Ecuador.
2. Somos seis en mi familia.
3. Tengo dos hermanos y una hermana.
4. Mi papá es del Ecuador y mi mamá es de España.

Refranes Read these sayings aloud to practice diphthongs and linking sounds.

Cuando una puerta se cierra, otra se abre.[1]

Hablando del rey de Roma, por la puerta se asoma.[2]

1 When one door closes, another opens. 2 Speak of the devil and he will appear.

recursos

LM
p. 14

vhlcentral.com
Lección 3

S Additional Reading
Video: *Flash cultura*

EN DETALLE

¿Cómo te llamas?

In the Spanish-speaking world, it is common to have two last names: one paternal and one maternal. In some cases, the conjunctions **de** or **y** are used to connect the two. For example, in the name **Juan Martínez de Velasco**, *Martínez* is the paternal surname (**el apellido paterno**), and *Velasco* is the maternal surname (**el apellido materno**); **de** simply links the two. This convention of using two last names (**doble apellido**) is a European tradition that Spaniards brought to the Americas. It continues to be practiced in many countries, including Chile, Colombia, Mexico, Peru, and Venezuela. There are exceptions, however. In Argentina, the prevailing custom is for children to inherit only the father's last name.

When a woman marries in a country where two last names are used, legally she retains her two maiden surnames. However, socially she may take her husband's paternal surname in place of her inherited maternal surname. For example, **Mercedes Barcha**

Gabriel García Márquez   Mercedes Barcha Pardo

Rodrigo García Barcha

Pardo, wife of Colombian writer **Gabriel García Márquez,** might use the names **Mercedes Barcha García** or **Mercedes Barcha de García** in social situations (although officially her name remains **Mercedes Barcha Pardo**). Adopting a husband's last name for social purposes, though widespread, is only legally recognized in Ecuador and Peru.

Most parents do not break tradition upon naming their children; regardless of the surnames the mother uses, they use the father's first surname followed by the mother's first surname, as in the name **Rodrigo García Barcha.** However, one should note that both surnames come from the grandfathers, and therefore all **apellidos** are effectively paternal.

Hijos en la casa

In Spanish-speaking countries, family and society place very little pressure on young adults to live on their own (**independizarse**), and children often live with their parents well into their thirties. For example, about 60% of Spaniards under 34 years of age live at home with their parents. This delay in moving out is both cultural and economic—lack of job security or low wages coupled with a high cost of living may make it impractical for young adults to live independently before they marry.

ACTIVIDADES

1 **¿Cierto o falso?** Indicate whether these statements are **cierto** or **falso**. Correct the false statements.

1. Most Spanish-speaking people have three last names.

2. Hispanic last names generally consist of the paternal last name followed by the maternal last name.

3. It is common to see **de** or **y** used in a Hispanic last name.

4. Someone from Argentina would most likely have two last names.

5. Generally, married women legally retain two maiden surnames.

6. In social situations, a married woman often uses her husband's last name in place of her inherited paternal surname.

7. Adopting a husband's surname is only legally recognized in Peru and Ecuador.

8. Hispanic last names are effectively a combination of the maternal surnames from the previous generation.

ASÍ SE DICE

Familia y amigos

el/la bisnieto/a	*great-grandson/daughter*
el/la chamaco/a (Méx.); el/la chamo/a (Ven.); el/la chaval(a) (Esp.); el/la pibe/a (Arg.)	el/la muchacho/a
mi colega (Esp.); mi cuate (Méx.); mi parcero/a (Col.); mi pana (Ven., P. Rico, Rep. Dom.)	*my pal; my buddy*
la madrina	*godmother*
el padrino	*godfather*
el/la tatarabuelo/a	*great-great-grandfather/ great-great-grandmother*

EL MUNDO HISPANO

Las familias

Although worldwide population trends show a decrease in average family size, households in many Spanish-speaking countries are still larger than their U.S. counterparts.

- **México** 4,0 personas
- **Colombia** 3,9 personas
- **Argentina** 3,6 personas
- **Uruguay** 3,0 personas
- **España** 2,9 personas
- **Estados Unidos** 2,6 personas

PERFIL

La familia real española

Undoubtedly, Spain's most famous family is **la familia real** (*Royal*). In 1962, then prince **Juan Carlos de Borbón**, married Princess **Sofía** of Greece. Then, in the late 1970s, **el Rey** (*King*) **Juan Carlos** and **la Reina** (*Queen*) **Sofía** returned to Spain and helped transition the country to democracy after a forty-year dictatorship. The royal couple, who enjoys immense public support, has three children: las **infantas** (*Princesses*) **Elena** and **Cristina**, and a son, **el príncipe** (*Prince*) **Felipe**, whose official title is **el Príncipe de Asturias**. In 2004, Felipe married **Letizia Ortiz Rocasolano** (now **la Princesa de Asturias**), a journalist and TV presenter. The future king and queen have two daughters, **las infantas Leonor** (born in 2005) and **Sofía** (born in 2007).

Conexión Internet

What role do **padrinos** and **madrinas** have in today's Hispanic family?

Go to **vhlcentral.com** to find more cultural information related to this **Cultura** section.

ACTIVIDADES

2 **Comprensión** Complete these sentences.

1. Spain's royals were responsible for guiding in _____.
2. In Spanish, your godmother is called _____.
3. Princess Leonor is the _____ of Queen Sofía.
4. Uruguay's average household has _____ people.
5. If a Venezuelan calls you **mi pana**, you are that person's _____.

3 **Una familia famosa** Create a genealogical tree of a famous family, using photos or drawings labeled with names and ages. Present the family tree to a classmate and explain who the people are and their relationships to each other.

 Practice more at **vhlcentral.com**.

recursos

VM pp. 271–272

vhlcentral.com Lección 3

3.1 Descriptive adjectives Tutorial

ANTE TODO Adjectives are words that describe people, places, and things. In Spanish, descriptive adjectives are used with the verb **ser** to point out characteristics such as nationality, size, color, shape, personality, and appearance.

Forms and agreement of adjectives

COMPARE & CONTRAST

In English, the forms of descriptive adjectives do not change to reflect the gender (masculine/feminine) and number (singular/plural) of the noun or pronoun they describe.

*Juan is **nice**.*   *Elena is **nice**.*   *They are **nice**.*

In Spanish, the forms of descriptive adjectives agree in gender and/or number with the nouns or pronouns they describe.

Juan es simpátic**o**.   Elena es simpátic**a**.   Ellos son simpátic**os**.

▶ Adjectives that end in **-o** have four different forms. The feminine singular is formed by changing the **-o** to **-a**. The plural is formed by adding **-s** to the singular forms.

Masculine		Feminine	
SINGULAR	PLURAL	SINGULAR	PLURAL
el muchach**o** alt**o**	los muchach**os** alt**os**	la muchach**a** alt**a**	las muchach**as** alt**as**

¡Qué bonitas son tus hijas, tía Nayeli!

Felipe es gordo, antipático y muy feo.

▶ Adjectives that end in **-e** or a consonant have the same masculine and feminine forms.

Masculine		Feminine	
SINGULAR	PLURAL	SINGULAR	PLURAL
el chico inteligent**e**	los chicos inteligent**es**	la chica inteligent**e**	las chicas inteligent**es**
el examen difíci**l**	los exámenes difíci**les**	la clase difíci**l**	las clases difíci**les**

▶ Adjectives that end in **-or** are variable in both gender and number.

Masculine		Feminine	
SINGULAR	PLURAL	SINGULAR	PLURAL
el hombre trabajad**or**	los hombres trabajad**ores**	la mujer trabajad**ora**	las mujeres trabajad**oras**

▶ Use the masculine plural form to refer to groups that include males and females.

Manuel es alt**o**.   Lola es alt**a**.   Manuel y Lola son alt**os**.

Common adjectives

alto/a	tall	**gordo/a**	fat	**moreno/a**	brunet(te)
antipático/a	unpleasant	**grande**	big; large	**mucho/a**	much; many;
bajo/a	short (in	**guapo/a**	handsome;		a lot of
	height)		good-looking	**pelirrojo/a**	red-haired
bonito/a	pretty	**importante**	important	**pequeño/a**	small
bueno/a	good	**inteligente**	intelligent	**rubio/a**	blond(e)
delgado/a	thin; slender	**interesante**	interesting	**simpático/a**	nice; likeable
difícil	hard; difficult	**joven**	young	**tonto/a**	silly; foolish
fácil	easy	**malo/a**	bad	**trabajador(a)**	hard-working
feo/a	ugly	**mismo/a**	same	**viejo/a**	old

Adjectives of nationality

▶ Unlike in English, Spanish adjectives of nationality are **not** capitalized. Proper names of countries, however, are capitalized.

Some adjectives of nationality

alemán, alemana	German	**francés, francesa**	French
argentino/a	Argentine	**inglés, inglesa**	English
canadiense	Canadian	**italiano/a**	Italian
chino/a	Chinese	**japonés, japonesa**	Japanese
costarricense	Costa Rican	**mexicano/a**	Mexican
cubano/a	Cuban	**norteamericano/a**	(North) American
ecuatoriano/a	Ecuadorian	**puertorriqueño/a**	Puerto Rican
español(a)	Spanish	**ruso/a**	Russian
estadounidense	from the U.S.		

▶ Adjectives of nationality are formed like other descriptive adjectives. Those that end in **-o** change to **-a** when forming the feminine.

chin**o** ⟶ chin**a**   mexican**o** ⟶ mexican**a**

The plural is formed by adding an **-s** to the masculine or feminine form.

argentin**o** ⟶ argentin**os**   cuban**a** ⟶ cuban**as**

▶ Adjectives of nationality that end in **-e** have only two forms, singular and plural.

canadiens**e** ⟶ canadiens**es**   estadounidens**e** ⟶ estadounidens**es**

▶ To form the feminine of adjectives of nationality that end in a consonant, add **–a**.

alemá**n** ⟶ alema**na**   españo**l** ⟶ españo**la**
japoné**s** ⟶ japone**sa**   inglé**s** ⟶ ingle**sa**

Position of adjectives

▶ Descriptive adjectives and adjectives of nationality generally follow the nouns they modify.

El niño **rubio** es de España.
The blond boy is from Spain.

La mujer **española** habla inglés.
The Spanish woman speaks English.

▶ Unlike descriptive adjectives, adjectives of quantity precede the modified noun.

Hay **muchos** libros en la biblioteca.
There are many books in the library.

Hablo con **dos** turistas puertorriqueños.
I am talking with two Puerto Rican tourists.

▶ **Bueno/a** and **malo/a** can appear before or after a noun. When placed before a masculine singular noun, the forms are shortened: **bueno → buen; malo → mal**.

Joaquín es un **buen** amigo.
Joaquín es un amigo **bueno.** ⟶ *Joaquín is a good friend.*

Hoy es un **mal** día.
Hoy es un día **malo.** ⟶ *Today is a bad day.*

▶ When **grande** appears before a singular noun, it is shortened to **gran,** and the meaning of the word changes: **gran** = *great* and **grande** = *big, large*.

Don Francisco es un **gran** hombre.
Don Francisco is a great man.

La familia de Inés es **grande.**
Inés' family is large.

¡LENGUA VIVA!

Like **bueno** and **grande**, **santo** (*saint*) is also shortened before masculine nouns (unless they begin with **To-** or **Do-**): **San Francisco, San José,** (but: **Santo Tomás, Santo Domingo**). **Santa** is used with names of female saints: **Santa Bárbara, Santa Clara**.

¡INTÉNTALO! Provide the appropriate forms of the adjectives.

simpático
1. Mi hermano es ___simpático___.
2. La profesora Martínez es _____.
3. Rosa y Teresa son _____.
4. Nosotros somos _____.

alemán
1. Hans es ___alemán___.
2. Mis primas son _____.
3. Marcus y yo somos _____.
4. Mi tía es _____.

difícil
1. La química es ___difícil___.
2. El curso es _____.
3. Las pruebas son _____.
4. Los libros son _____.

guapo
1. Su esposo es ___guapo___.
2. Mis sobrinas son _____.
3. Los padres de ella son _____.
4. Marta es _____.

recursos

WB
pp. 25–26

LM
p. 15

vhlcentral.com
Lección 3

Práctica

1

Emparejar Find the words in column B that are the opposite of the words in column A. One word in B will not be used.

A	B
1. guapo	a. delgado
2. moreno	b. pequeño
3. alto	c. malo
4. gordo	d. feo
5. joven	e. viejo
6. grande	f. rubio
7. simpático	g. antipático
	h. bajo

Marcos

Jorge

2

Completar Indicate the nationalities of these people by selecting the correct adjectives and changing their forms when necessary.

1. Penélope Cruz es _____.
2. Carlos Fuentes es un gran escritor (*writer*) de México; es _____.
3. Ellen Page y Avril Lavigne son _____.
4. Giorgio Armani es un diseñador de modas (*fashion designer*) _____.
5. Daisy Fuentes es de La Habana, Cuba; ella es _____.
6. Emma Watson y Daniel Radcliffe son actores _____.
7. Heidi Klum y Boris Becker son _____.
8. Apolo Anton Ohno y Shaun White son _____.

3

Describir Look at the drawing and describe each family member using as many adjectives as possible.

Carlos Romero Sandoval

Josefina Barcos de Romero

Susana Romero Barcos

Tomás Romero Barcos

Alberto Romero Pereda

1. Susana Romero Barcos es _____.
2. Tomás Romero Barcos es _____.
3. Los dos hermanos son _____.
4. Josefina Barcos de Romero es _____.
5. Carlos Romero Sandoval es _____.
6. Alberto Romero Pereda es _____.
7. Tomás y su (*his*) padre son _____.
8. Susana y su (*her*) madre son _____.

 Practice more at **vhlcentral.com**.

Comunicación

4 ¿**Cómo es?** With a partner, take turns describing each item on the list. Tell your partner whether you agree (**Estoy de acuerdo**) or disagree (**No estoy de acuerdo**) with their descriptions.

> **modelo**
>
> San Francisco
> **Estudiante 1:** San Francisco es una ciudad (city) muy bonita.
> **Estudiante 2:** No estoy de acuerdo. Es muy fea.

1. Nueva York
2. Steve Carell
3. las canciones (songs) de Celine Dion
4. el presidente de los Estados Unidos
5. Steven Spielberg
6. la primera dama (first lady) de los Estados Unidos
7. el/la profesor(a) de español
8. las personas de Los Ángeles
9. las residencias de mi universidad
10. mi clase de español

AYUDA

Here are some tips to help you complete the descriptions:

- **Steve Carell es actor de cine y de televisión.**
- **Celine Dion es cantante.**
- **Steven Spielberg es director de cine.**

5 **Anuncio personal** Write a personal ad that describes yourself and your ideal boyfriend, girlfriend, or mate. Then compare your ad with a classmate's. How are you similar and how are you different? Are you looking for the same things in a romantic partner?

SOY ALTA, morena y bonita. Soy cubana, de Holguín. Estudio arte en la universidad. Busco un chico similar. Mi novio ideal es alto, moreno, inteligente y muy simpático.

AYUDA

casado/a	married
divorciado/a	divorced
soltero/a	single; unmarried

These words and others like them are presented in **Contextos, Lección 9**, p. 278.

Síntesis

6 **Diferencias** Your instructor will give you and a partner each a drawing of a family. Describe your version of the drawing to your partner in order to find at least five differences between your picture and your partner's.

> **modelo**
>
> **Estudiante 1:** Susana, la madre, es rubia.
> **Estudiante 2:** No, la madre es morena.

3.2 Possessive adjectives Ⓢ Tutorial

ANTE TODO Possessive adjectives, like descriptive adjectives, are words that are used to qualify people, places, or things. Possessive adjectives express the quality of ownership or possession.

Forms of possessive adjectives

SINGULAR FORMS	PLURAL FORMS	
mi	**mis**	*my*
tu	**tus**	*your* (fam.)
su	**sus**	*his, her, its, your* (form.)
nuestro/a	**nuestros/as**	*our*
vuestro/a	**vuestros/as**	*your* (fam.)
su	**sus**	*their, your* (form.)

COMPARE & CONTRAST

In English, possessive adjectives are invariable; that is, they do not agree in gender and number with the nouns they modify. Spanish possessive adjectives, however, do agree in number with the nouns they modify.

my cousin	*my cousins*	*my aunt*	*my aunts*
mi primo	**mis** primos	**mi** tía	**mis** tías

The forms **nuestro** and **vuestro** agree in both gender and number with the nouns they modify.

nuestr**o** prim**o**	nuestr**os** prim**os**	nuestr**a** tí**a**	nuestr**as** tí**as**

▶ Possessive adjectives are always placed before the nouns they modify.

—¿Está **tu novio** aquí?   —No, **mi novio** está en la biblioteca.
Is your boyfriend here?   *No, my boyfriend is in the library.*

▶ Because **su** and **sus** have multiple meanings (*your, his, her, their, its*), you can avoid confusion by using this construction instead: [*article*] + [*noun*] + **de** + [*subject pronoun*].

	los parientes **de él/ella**	*his/her relatives*
sus parientes ◀	los parientes **de Ud./Uds.**	*your relatives*
	los parientes **de ellos/ellas**	*their relatives*

AYUDA

Look at the context, focusing on nouns and pronouns, to help you determine the meaning of **su(s)**.

¡INTÉNTALO! Provide the appropriate form of each possessive adjective.

1. Es ____mi____ (*my*) libro.
2. _____ (*My*) familia es ecuatoriana.
3. ____ (*Your,* fam.) esposo es italiano.
4. _____ (*Our*) profesor es español.
5. Es _____ (*her*) reloj.
6. Es _____ (*your,* fam.) mochila.
7. Es _____ (*your,* form.) maleta.
8. _____ (*Their*) sobrina es alemana.

1. ____Sus____ (*Her*) primos son franceses.
2. _____ (*Our*) primos son canadienses.
3. Son _____ (*their*) lápices.
4. _____ (*Their*) nietos son japoneses.
5. Son _____ (*our*) plumas.
6. Son _____ (*my*) papeles.
7. _____ (*My*) amigas son inglesas.
8. Son _____ (*his*) cuadernos.

recursos

WB
pp. 27–28

LM
p. 16

Ⓢ
vhlcentral.com
Lección 3

Práctica

1 **La familia de Manolo** Complete each sentence with the correct possessive adjective from the options in parentheses. Use the subject of each sentence as a guide.

1. Me llamo Manolo, y _____ (nuestro, mi, sus) hermano es Federico.
2. _____ (Nuestra, Sus, Mis) madre Silvia es profesora y enseña química.
3. Ella admira a _____ (tu, nuestro, sus) estudiantes porque trabajan mucho.
4. Yo estudio en la misma universidad, pero no tomo clases con _____ (mi, nuestras, tus) madre.
5. Federico trabaja en una oficina con _____ (mis, tu, nuestro) padre.
6. _____ (Mi, Su, Tu) oficina está en el centro de la Ciudad de México.
7. Javier y Óscar son _____ (mis, mi, sus) tíos de Oaxaca.
8. ¿Y tú? ¿Cómo es _____ (mi, su, tu) familia?

AYUDA

Remember that possessive adjectives don't agree in number or gender with the owner of an item; they always agree with the item(s) being possessed.

2 **Clarificar** Clarify each sentence with a prepositional phrase. Follow the model.

> **modelo**
>
> Su hermana es muy bonita. (ella)
> *La hermana de ella es muy bonita.*

1. Su casa es muy grande. (ellos) _____
2. ¿Cómo se llama su hermano? (ellas) _____
3. Sus padres trabajan en el centro. (ella) _____
4. Sus abuelos son muy simpáticos. (él) _____
5. Maribel es su prima. (ella) _____
6. Su primo lee los libros. (ellos) _____

3 **¿Dónde está?** With a partner, imagine that you can't remember where you put some of the belongings you see in the pictures. Your partner will help you by reminding you where your things are. Take turns playing each role.

CONSULTA

For a list of useful prepositions, refer to the table *Prepositions often used with* **estar**, in **Estructura 2.3**, p. 56.

> **modelo**
>
> **Estudiante 1:** *¿Dónde está mi mochila?*
> **Estudiante 2:** *Tu mochila está encima del escritorio.*

1.

2.

3.

4.

5.

6.

Practice more at **vhlcentral.com**.

Comunicación

4

Describir With a partner, describe the people and places listed below. Make note of any similarities and be prepared to share them with the class.

> **modelo**
>
> la biblioteca de su universidad
> *La biblioteca de nuestra universidad es muy grande. Hay muchos libros en la biblioteca. Mis amigos y yo estudiamos en la biblioteca.*

1. tu profesor favorito
2. tu profesora favorita
3. su clase de español
4. la librería de su universidad
5. tus padres
6. tus abuelos
7. tu mejor (*best*) amigo
8. tu mejor amiga
9. su universidad
10. tu país de origen

5

Una familia famosa Assume the identity of a member of a famous family, real or fictional (the Hiltons, Cyruses, Simpsons, Clintons, Beckhams, Jolie-Pitts, etc.) and write a description of "your" family. Be sure not to use any names! Then, in small groups, take turns reading the descriptions aloud. The other group members may ask follow-up questions to help them identify the famous person.

> **modelo**
>
> **Estudiante 1:** *Hay cuatro personas en mi familia. Mi padre es delgado y muy trabajador. Su trabajo (job) es importante; él viaja mucho. Mi madre es guapa e inteligente. Tengo una hermana mayor. Ella y yo estudiamos en una escuela privada. Nuestra casa está en la capital.*
> **Estudiante 2:** *¿Son ustedes de la capital?*
> **Estudiante 1:** *No, somos de Chicago.*
> **Estudiante 3:** *¿Eres Sasha Obama?*
> **Estudiante 1:** *Sí.*

Síntesis

6

Describe a tu familia Get together with two classmates and describe your family to them in several sentences (**Mi padre es alto y moreno. Mi madre es delgada y muy bonita. Mis hermanos son...**). They will work together to try to repeat your description (**Su padre es alto y moreno. Su madre...**). If they forget any details, they can ask you questions (**¿Es alto tu hermano?**). Alternate roles until all of you have described your families.

3.3   Present tense of -er and -ir verbs   Tutorial

ANTE TODO   In **Lección 2,** you learned how to form the present tense of regular -**ar** verbs. You also learned about the importance of verb forms, which change to show who is performing the action. The chart below shows the forms from two other important groups, -**er** verbs and -**ir** verbs.

CONSULTA

To review the conjugation of -**ar** verbs, see **Estructura 2.1,** p. 46.

Present tense of -er and -ir verbs		
	comer *(to eat)*	**escrib**ir *(to write)*
SINGULAR FORMS		
yo	com**o**	escrib**o**
tú	com**es**	escrib**es**
Ud./él/ella	com**e**	escrib**e**
PLURAL FORMS		
nosotros/as	com**emos**	escrib**imos**
vosotros/as	com**éis**	escrib**ís**
Uds./ellos/ellas	com**en**	escrib**en**

▶ -**Er** and -**ir** verbs have very similar endings. Study the preceding chart to detect the patterns that make it easier for you to use them to communicate in Spanish.

Felipe y su tío comen.

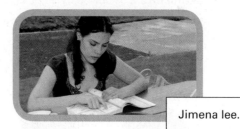

Jimena lee.

AYUDA

Here are some tips on learning Spanish verbs:

1) Learn to identify the verb's stem, to which all endings attach.

2) Memorize the endings that go with each verb and verb tense.

3) As often as possible, practice using different forms of each verb in speech and writing.

4) Devote extra time to learning irregular verbs, such as **ser** and **estar**.

▶ Like -**ar** verbs, the **yo** forms of -**er** and -**ir** verbs end in -**o.**

     Yo com**o**.   Yo escrib**o**.

▶ Except for the **yo** form, all of the verb endings for -**er** verbs begin with -**e.**

-**es**	-**emos**	-**en**
-**e**	-**éis**	

▶ -**Er** and -**ir** verbs have the exact same endings, except in the **nosotros/as** and **vosotros/as** forms.

     nosotros ◀ com**emos**   vosotros ◀ com**éis**
                  escrib**imos**   escrib**ís**

Common -er and -ir verbs

-er verbs		-ir verbs	
aprender (a + *inf*.)	to learn	**abrir**	to open
beber	to drink	**asistir (a)**	to attend
comer	to eat	**compartir**	to share
comprender	to understand	**decidir (+ *inf*.)**	to decide
correr	to run	**describir**	to describe
creer (en)	to believe (in)	**escribir**	to write
deber (+ *inf*.)	should; must; ought to	**recibir**	to receive
leer	to read	**vivir**	to live

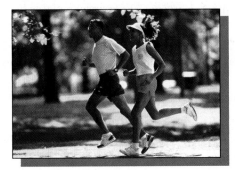

Ellos **corren** en el parque.

Él **escribe** una carta.

¡INTÉNTALO! Provide the appropriate present tense forms of these verbs.

correr

1. Graciela ___corre___.
2. Tú _CORRES_.
3. Yo _Curro_.
4. Sara y Ana _Corren_.
5. Usted _Corre_.
6. Ustedes _Corren_.
7. La gente _Corren_.
8. Marcos y yo _Corremos_.

abrir

1. Ellos ___abren___ la puerta.
2. Carolina _____ la maleta.
3. Yo _____ las ventanas.
4. Nosotras _____ los libros.
5. Usted _____ el cuaderno.
6. Tú _____ la ventana.
7. Ustedes _____ las maletas.
8. Los muchachos _____ los cuadernos.

aprender

1. Él ___aprende___ español.
2. Maribel y yo _____ inglés.
3. Tú _____ japonés.
4. Tú y tu hermanastra _____ francés.
5. Mi hijo _____ chino.
6. Yo _____ alemán.
7. Usted _____ inglés.
8. Nosotros _____ italiano.

Práctica

1 **Completar** Complete Susana's sentences about her family with the correct forms of the verbs in parentheses. One of the verbs will remain in the infinitive.

1. Mi familia y yo _Vive_ (vivir) en Mérida, Yucatán.
2. Tengo muchos libros. Me gusta _leo_ (leer).
3. Mi hermano Alfredo es muy inteligente. Alfredo _asiste_ (asistir) a clases los lunes, miércoles y viernes.
4. Los martes y jueves Alfredo y yo _corremos_ (correr) en el Parque del Centenario.
5. Mis padres _corren_ (comer) mucha lasaña los domingos y se quedan dormidos (*they fall asleep*).
6. Yo _creo_ (creer) que (*that*) mis padres deben comer menos (*less*).

2 **Oraciones** Juan is talking about what he and his friends do after school. Form complete sentences by adding any other necessary elements.

> yo / correr / amigos / lunes y miércoles
> *Yo corro con mis amigos los lunes y miércoles.*

1. Manuela / asistir / clase / yoga
2. Eugenio / abrir / correo electrónico (*e-mail*)
3. Isabel y yo / leer / biblioteca
4. Sofía y Roberto / aprender / hablar / inglés
5. tú / comer / cafetería / universidad
6. mi novia y yo / compartir / libro de historia

3 **Consejos** Mario and his family are spending a year abroad to learn Japanese. In pairs, use the words below to say what he and/or his family members are doing or should do to adjust to life in Japan. Then, create one more sentence using a verb not on the list.

> **modelo**
> recibir libros / deber practicar japonés
> **Estudiante 1:** *Mario y su esposa reciben muchos libros en japonés.*
> **Estudiante 2:** *Los hijos deben practicar japonés.*

aprender japonés	decidir explorar el país
asistir a clases	escribir listas de palabras en japonés
beber sake	leer novelas japonesas
deber comer cosas nuevas	vivir con una familia japonesa
¿?	¿?

Comunicación

4

Entrevista In pairs, use these questions to interview each other. Be prepared to report the results of your interviews to the class.

1. ¿Dónde comes al mediodía? ¿Comes mucho?
   [handwritten: Where Comes at Noon] [handwritten: Comes much]
2. ¿Cuándo asistes a tus clases?
   [handwritten: When attending classes] [handwritten: Yo asisto a tus clases en Lunes, m, mijl.]
3. ¿Cuál es tu clase favorita? ¿Por qué?
   [handwritten: Which is fav. Class] [handwritten: why] [handwritten: Mi favorita clase es MAN.]
4. ¿Dónde vives?
   [handwritten: Where do you live] [handwritten: Yo vivo en Queens.]
5. ¿Con quién vives?
   [handwritten: Whom do you live] [handwritten: Yo vivo con mi familia.]
6. ¿Qué cursos debes tomar el próximo (*next*) semestre?
   [handwritten: What courses should you take Next Semestre?] [handwritten: Yo tomo Cis el proximo semestre]
7. ¿Lees el periódico (*newspaper*)? ¿Qué periódico lees y cuándo?
   [handwritten: Read the Newspaper Reading, & when?] [handwritten: Si, yo leo el periodico diego E. day.]
8. ¿Recibes muchos mensajes de texto (*text messages*)? ¿De quién(es)?
   [handwritten: Recibes many] [handwritten: Who is]
9. ¿Escribes poemas?
   [handwritten: Write poems] [handwritten: NO, No escribo poemas]
10. ¿Crees en fantasmas (*ghosts*)?
    [handwritten: Believe in] [handwritten: NO, NO creo en fantasmas.]

5

¿Acción o descripción? In small groups, take turns choosing a verb from the list. Then choose to act out the verb or give a description. The other members of the group will say what you are doing. Be creative!

abrir (un libro, una puerta, una mochila)

aprender (a bailar, a hablar francés, a dibujar)

asistir (a una clase de yoga, a un concierto de rock, a una clase interesante)

beber (agua, Coca-Cola)

comer (pasta, un sándwich, pizza)

compartir (un libro, un sándwich)

correr (en el parque, en un maratón)

escribir (una composición, un mensaje de texto [*text message*], con lápiz)

leer (una carta [*letter*] de amor, un mensaje electrónico [*e-mail message*], un periódico [*newspaper*])

recibir un regalo (*gift*)

¿?

modelo

Estudiante 1: (*pantomimes typing a keyboard*)
Estudiante 2: ¿Escribes un mensaje electrónico? *[handwritten: → Text messages]*
Estudiante 1: Sí.

modelo

Estudiante 1: Soy estudiante y tomo muchas clases. Vivo en Roma. *[handwritten: live]*
Estudiante 2: ¿Comes pasta?
Estudiante 1: No, no como pasta.
Estudiante 3: ¿Aprendes a hablar italiano?
Estudiante 1: ¡Sí!

Síntesis

6

Horario Your instructor will give you and a partner incomplete versions of Alicia's schedule. Fill in the missing information on the schedule by talking to your partner. Be prepared to reconstruct Alicia's complete schedule with the class.

3.4 Present tense of **tener** and **venir** Tutorial

ANTE TODO   The verbs **tener** (*to have*) and **venir** (*to come*) are among the most frequently used in Spanish. Because most of their forms are irregular, you will have to learn each one individually.

The verbs **tener** and **venir**		
	tener	**ven**ir
SINGULAR FORMS		
yo	ten**go**	ven**go**
tú	tien**es**	vien**es**
Ud./él/ella	tien**e**	vien**e**
PLURAL FORMS		
nosotros/as	ten**emos**	ven**imos**
vosotros/as	ten**éis**	ven**ís**
Uds./ellos/ellas	tien**en**	vien**en**

▶ The endings are the same as those of regular **-er** and **-ir** verbs, except for the **yo** forms, which are irregular: **tengo, vengo.**

▶ In the **tú, Ud.,** and **Uds.** forms, the **e** of the stem changes to **ie,** as shown below.

INFINITIVE	VERB STEM	VERB FORM
tener ⟶	ten- ⟶	tú t**ie**nes
		Ud./él/ella t**ie**ne
		Uds./ellos/ellas t**ie**nen
venir ⟶	ven- ⟶	tú v**ie**nes
		Ud./él/ella v**ie**ne
		Uds./ellos/ellas v**ie**nen

¿Tienes una familia grande, Marissa?

No, tengo una familia pequeña.

▶ Only the **nosotros** and **vosotros** forms are regular. Compare them to the forms of **comer** and **escribir** that you learned on page 88.

	tener	comer	venir	escribir
nosotros/as	ten**emos**	com**emos**	ven**imos**	escrib**imos**
vosotros/as	ten**éis**	com**éis**	ven**ís**	escrib**ís**

▶ In certain idiomatic or set expressions in Spanish, you use the construction **tener** + [*noun*] to express *to be* + [*adjective*]. This chart contains a list of the most common expressions with **tener**.

Expressions with tener

tener... años	*to be... years old*	**tener (mucha) prisa**	*to be in a (big) hurry*
tener (mucho) calor	*to be (very) hot*	**tener razón**	*to be right*
tener (mucho) cuidado	*to be (very) careful*	**no tener razón**	*to be wrong*
tener (mucho) frío	*to be (very) cold*	**tener (mucha) sed**	*to be (very) thirsty*
tener (mucha) hambre	*to be (very) hungry*	**tener (mucho) sueño**	*to be (very) sleepy*
tener (mucho) miedo (de)	*to be (very) afraid/ scared (of)*	**tener (mucha) suerte**	*to be (very) lucky*

—¿**Tienen** hambre ustedes?　　　　—Sí, y **tenemos** sed también.
Are you hungry?　　　　　　　　　　*Yes, and we're thirsty, too.*

▶ To express an obligation, use **tener que** (*to have to*) + [*infinitive*].

—¿Qué **tienes que** estudiar hoy?　　—**Tengo que** estudiar biología.
What do you have to study today?　　*I have to study biology.*

▶ To ask people if they feel like doing something, use **tener ganas de** (*to feel like*) + [*infinitive*].

—¿**Tienes ganas de** comer?　　　　—No, **tengo ganas de** dormir.
Do you feel like eating?　　　　　　*No, I feel like sleeping.*

MIciudad.com

Usted tiene que visitarnos.

 ¡INTÉNTALO!　　Provide the appropriate forms of **tener** and **venir**.

tener
1. Ellos ___tienen___ dos hermanos.
2. Yo _____ una hermana.
3. El artista _____ tres primos.
4. Nosotros _____ diez tíos.
5. Eva y Diana _____ un sobrino.
6. Usted _____ cinco nietos.
7. Tú _____ dos hermanastras.
8. Ustedes _____ cuatro hijos.
9. Ella _____ una hija.

venir
1. Mis padres ___vienen___ de México.
2. Tú _____ de España.
3. Nosotras _____ de Cuba.
4. Pepe _____ de Italia.
5. Yo _____ de Francia.
6. Ustedes _____ de Canadá.
7. Alfonso y yo _____ de Portugal.
8. Ellos _____ de Alemania.
9. Usted _____ de Venezuela.

Práctica

1 **Emparejar** Find the expression in column B that best matches an item in column A. Then, come up with a new item that corresponds with the leftover expression in column B.

A	B
1. el Polo Norte	a. tener calor
2. una sauna	b. tener sed
3. la comida salada (*salty food*)	c. tener frío
4. una persona muy inteligente	d. tener razón
5. un abuelo	e. tener ganas de
6. una dieta	f. tener hambre
	g. tener 75 años

2 **Completar** Complete the sentences with the correct forms of **tener** or **venir**.

1. Hoy nosotros _____ una reunión familiar (*family reunion*).
2. Yo _____ en autobús de la Universidad de Quito.
3. Todos mis parientes _____, excepto mi tío Manolo y su esposa.
4. Ellos no _____ ganas de venir porque viven en Portoviejo.
5. Mi prima Susana y su novio no _____ hasta las ocho porque ella _____ que trabajar.
6. En las fiestas, mi hermana siempre (*always*) _____ muy tarde (*late*).
7. Nosotros _____ mucha suerte porque las reuniones son divertidas (*fun*).
8. Mi madre cree que mis sobrinos son muy simpáticos. Creo que ella _____ razón.

3 **Describir** Describe what these people are doing or feeling using an expression with **tener**.

1. _el es corres_

2. _Ella es ejercico_

3. _Ella es ?_

4. _Ellos Comespizza_

5. _Ustedes esperan un autobús y Usted R mucho frio_

6. _El es beber agua_

Comunicación

4

¿Sí o no? Indicate whether these statements apply to you by checking either **Sí** or **No**.

	Sí	No
1. Mi padre tiene 50 años.	○	○
2. Mis amigos vienen a mi casa todos los días (*every day*).	○	○
3. Vengo a la universidad los martes.	○	○
4. Tengo hambre.	○	○
5. Tengo dos computadoras.	○	○
6. Tengo sed.	○	○
7. Tengo que estudiar los domingos.	○	○
8. Tengo una familia grande.	○	○

Now interview a classmate by transforming each statement into a question. Be prepared to report the results of your interview to the class.

> **modelo**
>
> **Estudiante 1:** ¿Tiene tu padre 50 años?
> **Estudiante 2:** No, no tiene 50 años. Tiene 65.

5

Preguntas Get together with a classmate and ask each other these questions.

1. ¿Tienes que estudiar hoy?
2. ¿Cuántos años tienes? ¿Y tus hermanos/as?
3. ¿Cuándo vienes a la clase de español?
4. ¿Cuándo vienen tus amigos a tu casa, apartamento o residencia estudiantil?
5. ¿De qué tienes miedo? ¿Por qué?
6. ¿Qué tienes ganas de hacer esta noche (*tonight*)?

6

Conversación Use an expression with **tener** to hint at what's on your mind. Your partner will ask questions to find out why you feel that way. If your partner cannot guess what's on your mind after three attempts, tell him/her. Then switch roles.

> **modelo**
>
> **Estudiante 1:** Tengo miedo.
> **Estudiante 2:** ¿Tienes que hablar en público?
> **Estudiante 1:** No.
> **Estudiante 2:** ¿Tienes un examen hoy?
> **Estudiante 1:** Sí, y no tengo tiempo para estudiar.

Síntesis

7

Minidrama Act out this situation with a partner: you are introducing your boyfriend/girlfriend to your extended family. To avoid any surprises before you go, talk about who is coming and what each family member is like. Switch roles.

Recapitulación

 Concepts
Diagnostics

Review the grammar concepts you have learned in this lesson
by completing these activities.

1 Adjetivos Complete each phrase with the appropriate adjective from the
list. Make all necessary changes. **6 pts.**

| antipático | interesante | mexicano |
| difícil | joven | moreno |

1. Mi tía es _____. Vive en Guadalajara.
2. Mi primo no es rubio, es _____.
3. Mi novio cree que la clase no es fácil; es _____.
4. Los libros son _____; me gustan mucho.
5. Mis hermanos son _____; no tienen muchos amigos.
6. Las gemelas tienen quince años. Son _____.

2 Completar For each set of sentences, provide the appropriate form of
the verb **tener** and the possessive adjective. Follow the model. **12 pts.**

modelo
Él tiene un libro. Es su libro.

1. Esteban y Julio _____ una tía. Es _____ tía.
2. Yo _____ muchos amigos. Son _____ amigos.
3. Tú _____ tres primas. Son _____ primas.
4. María y tú _____ un hermano. Es _____ hermano.
5. Nosotras _____ unas mochilas. Son _____ mochilas.
6. Usted _____ dos sobrinos. Son _____ sobrinos.

3 Oraciones Arrange the words in the correct order to form complete
logical sentences. **¡Ojo!** Don't forget to conjugate the verbs. **10 pts.**

1. libros / unos / tener / interesantes / tú / muy
   _____
2. dos / leer / fáciles / compañera / tu / lecciones
   _____
3. mi / francés / ser / amigo / buen / Hugo
   _____
4. ser / simpáticas / dos / personas / nosotras
   _____
5. a / clases / menores / mismas / sus / asisitir / hermanos / las

---

RESUMEN GRAMATICAL

3.1 Descriptive adjectives *pp. 80–82*

Forms and agreement of adjectives

Masculine		Feminine	
Singular	Plural	Singular	Plural
alto	altos	alta	altas
inteligente	inteligentes	inteligente	inteligentes
trabajador	trabajadores	trabajadora	trabajadoras

► Descriptive adjectives follow the noun:
  el chico rubio
► Adjectives of nationality also follow the noun:
  la mujer española
► Adjectives of quantity precede the noun:
  muchos libros, dos turistas
► When placed before a singular masculine noun,
  these adjectives are shortened.
  bueno → buen   malo → mal
► When placed before a singular noun, **grande** is
  shortened to **gran**.

3.2 Possessive adjectives *p. 85*

Singular		Plural	
mi	nuestro/a	mis	nuestros/as
tu	vuestro/a	tus	vuestros/as
su	su	sus	sus

3.3 Present tense of -er and -ir verbs *pp. 88–89*

comer		escribir	
como	comemos	escribo	escribimos
comes	coméis	escribes	escribís
come	comen	escribe	escriben

3.4 Present tense of tener and venir *pp. 92–93*

tener		venir	
tengo	tenemos	vengo	venimos
tienes	tenéis	vienes	venís
tiene	tienen	viene	vienen

4 Carta Complete this letter with the appropriate forms of the verbs in the word list. Not all verbs will be used. `10 pts.`

abrir	correr	recibir
asistir	creer	tener
compartir	escribir	venir
comprender	leer	vivir

Hola, Ángel:

¿Qué tal? (Yo) (1) _____ esta carta (this letter) en la biblioteca. Todos los días (2) _____ aquí y (3) _____ un buen libro. Yo (4) _____ que es importante leer por diversión. Mi compañero de apartamento no (5) _____ por qué me gusta leer. Él sólo (6) _____ los libros de texto. Pero nosotros (7) _____ unos intereses. Por ejemplo, los dos somos atléticos; por las mañanas nosotros (8) _____. También nos gustan las ciencias; por las tardes (9) _____ a nuestra clase de biología. Y tú, ¿cómo estás? ¿(Tú) (10) _____ mucho trabajo (work)?

5 Su familia Write a brief description of a friend's family. Describe the family members using vocabulary and structures from this lesson. Write at least five sentences. `12 pts.`

> **modelo**
> La familia de mi amiga Gabriela es grande. Ella tiene tres hermanos y una hermana. Su hermana mayor es periodista...

6 Proverbio Complete this proverb with the correct forms of the verbs in parentheses. `2 EXTRA points!`

66 Dos andares° _____ (tener) el dinero°,
_____ (venir) despacio°
y se va° ligero°. 99

andares *speeds* dinero *money* despacio *slowly*
se va *it leaves* ligero *quickly*

Lectura

Antes de leer

As you read in Spanish, you'll often come across words you haven't learned. You can guess what they mean by looking at the surrounding words and sentences. Look at the following text and guess what **tía abuela** means, based on the context.

> ¡Hola, Claudia!
>
> ¿Qué hay de nuevo?
>
> ¿Sabes qué? Ayer fui a ver a mi tía abuela, la hermana de mi abuela. Tiene 85 años, pero es muy independiente. Vive en un apartamento en Quito con su prima Lorena, quien también tiene 85 años.

If you guessed *great-aunt*, you are correct, and you can conclude from this word and the format clues that this is a letter about someone's visit with his or her great-aunt.

Examinar el texto

Quickly read through the paragraphs and find two or three words you don't know. Using the context as your guide, guess what these words mean. Then glance at the paragraphs where these words appear and try to predict what the paragraphs are about.

Examinar el formato

Look at the format of the reading. What clues do the captions, photos, and layout give you about its content?

Gente ... Las familias

1. Me llamo Armando y tengo setenta años, pero no me considero viejo. Tengo seis nietas y un nieto. Vivo con mi hija y tengo la oportunidad de pasar mucho tiempo con ella y con mi nieto. Por las tardes salgo a pasear° por el parque con él y por la noche le leo cuentos°.

Armando. Tiene seis nietas y un nieto.

2. Mi prima Victoria y yo nos llevamos muy bien. Estudiamos juntas° en la universidad y compartimos un apartamento. Ella es muy inteligente y me ayuda° con los estudios. Además°, es muy simpática y generosa. Si necesito cualquier° cosa, ¡ella me la compra!

Diana. Vive con su prima.

3. Me llamo Ramona y soy paraguaya, aunque° ahora vivo en los Estados Unidos. Tengo tres hijos, uno de nueve años, uno de doce y el mayor de quince. Es difícil a veces, pero mi esposo y yo tratamos° de ayudarlos y comprenderlos siempre°.

Ramona. Sus hijos son muy importantes para ella.

4. Tengo mucha suerte. Aunque mis padres están divorciados, tengo una familia muy unida. Tengo dos hermanos y dos hermanas. Me gusta hablar y salir a fiestas con ellos. Ahora tengo novio en la universidad y él no conoce a mis hermanos. ¡Espero que se lleven bien!

Ana María. Su familia es muy unida.

5. Antes quería° tener hermanos, pero ya no° es tan importante. Ser hijo único tiene muchas ventajas°: no tengo que compartir mis cosas con hermanos, no hay discusiones° y, como soy nieto único también, ¡mis abuelos piensan° que soy perfecto!

Fernando. Es hijo único.

6. Como soy joven todavía°, no tengo ni esposa ni hijos. Pero tengo un sobrino, el hijo de mi hermano, que es muy especial para mí. Se llama Benjamín y tiene diez años. Es un muchacho muy simpático. Siempre tiene hambre y por lo tanto vamos° frecuentemente a comer hamburguesas. Nos gusta también ir al cine° a ver películas de acción.
Hablamos de todo. ¡Creo que ser tío es mejor que ser padre!

Santiago. Cree que ser tío es divertido.

salgo a pasear *I go take a walk* cuentos *stories* juntas *together*
me ayuda *she helps me* Además *Besides* cualquier *any* aunque *although*
tratamos *we try* siempre *always* quería *I wanted* ya no *no longer*
ventajas *advantages* discusiones *arguments* piensan *think* todavía *still*
vamos *we go* ir al cine *to go to the movies*

Después de leer

Emparejar

Glance at the paragraphs and see how the words and phrases in column A are used in context. Then find their definitions in column B.

A	B
1. me la compra	a. the oldest
2. nos llevamos bien	b. movies
3. no conoce	c. the youngest
4. películas	d. buys it for me
5. mejor que	e. borrows it from me
6. el mayor	f. we see each other
	g. doesn't know
	h. we get along
	i. portraits
	j. better than

Seleccionar

Choose the sentence that best summarizes each paragraph.

1. Párrafo 1
   a. Me gusta mucho ser abuelo.
   b. No hablo mucho con mi nieto.
   c. No tengo nietos.
2. Párrafo 2
   a. Mi prima es antipática.
   b. Mi prima no es muy trabajadora.
   c. Mi prima y yo somos muy buenas amigas.
3. Párrafo 3
   a. Tener hijos es un gran sacrificio, pero es muy bonito también.
   b. No comprendo a mis hijos.
   c. Mi esposo y yo no tenemos hijos.
4. Párrafo 4
   a. No hablo mucho con mis hermanos.
   b. Comparto mis cosas con mis hermanos.
   c. Mis hermanos y yo somos como (*like*) amigos.
5. Párrafo 5
   a. Me gusta ser hijo único.
   b. Tengo hermanos y hermanas.
   c. Vivo con mis abuelos.
6. Párrafo 6
   a. Mi sobrino tiene diez años.
   b. Me gusta mucho ser tío.
   c. Mi esposa y yo no tenemos hijos.

Escritura

Estrategia

Using idea maps

How do you organize ideas for a first draft? Often, organizing ideas is the most challenging part of the process. Idea maps are useful for organizing pertinent information. Here is an example of an idea map you can use:

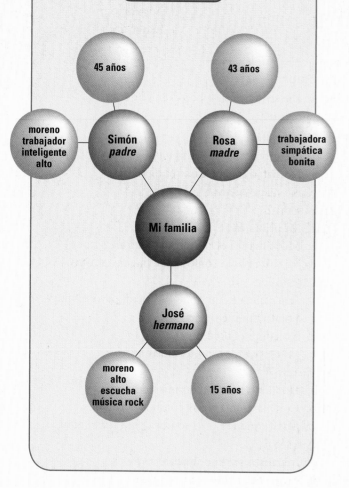

MAPA DE IDEAS

- 45 años
- 43 años
- moreno trabajador inteligente alto
- Simón *padre*
- Rosa *madre*
- trabajadora simpática bonita
- Mi familia
- José *hermano*
- moreno alto escucha música rock
- 15 años

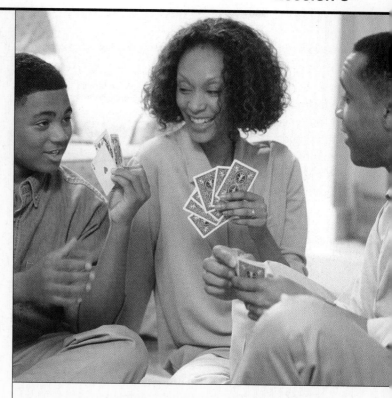

Tema

Escribir un mensaje electrónico

A friend you met in a chat room for Spanish speakers wants to know about your family. Using some of the verbs and adjectives you have learned in this lesson, write a brief e-mail describing your family or an imaginary family, including:

- ▶ Names and relationships
- ▶ Physical characteristics
- ▶ Hobbies and interests

Here are some useful expressions for writing an e-mail or letter in Spanish:

Salutations	
Estimado/a Julio/Julia:	*Dear Julio/Julia,*
Querido/a Miguel/Ana María:	*Dear Miguel/Ana María,*

Closings	
Un abrazo,	*A hug,*
Abrazos,	*Hugs,*
Cariños,	*Much love,*
¡Hasta pronto!	*See you soon!*
¡Hasta la próxima semana!	*See you next week!*

Escuchar Audio: Activities

Estrategia

**Asking for repetition/
Replaying the recording**

Sometimes it is difficult to understand
what people say, especially in a noisy
environment. During a conversation,
you can ask someone to repeat by saying
¿Cómo? (*What?*) or **¿Perdón?** (*Pardon
me?*). In class, you can ask your teacher to
repeat by saying **Repita, por favor** (*Repeat,
please*). If you don't understand a recorded
activity, you can simply replay it.

To help you practice this strategy, you will
listen to a short paragraph. Ask your professor
to repeat it or replay the recording, and then
summarize what you heard.

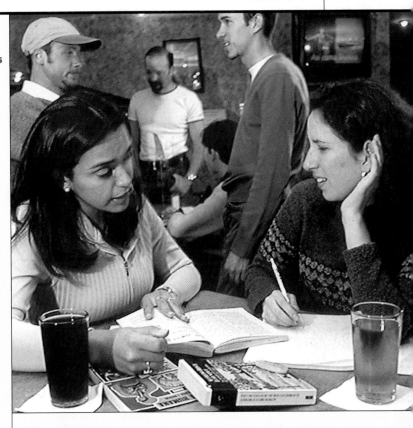

Preparación

Based on the photograph, where do you think
Cristina and Laura are? What do you think Laura
is saying to Cristina?

Ahora escucha

Now you are going to hear Laura and Cristina's
conversation. Use **R** to indicate which adjectives
describe Cristina's boyfriend, Rafael. Use **E** for
adjectives that describe Laura's boyfriend, Esteban.
Some adjectives will not be used.

____ rubio   ____ interesante

____ feo   ____ antipático

____ alto   ____ inteligente

____ trabajador   ____ moreno

____ un poco gordo ____ viejo

Comprensión

Identificar

Which person would make each statement: Cristina or Laura?

	Cristina	Laura
1. Mi novio habla sólo de fútbol y de béisbol.	○	○
2. Tengo un novio muy interesante y simpático.	○	○
3. Mi novio es alto y moreno.	○	○
4. Mi novio trabaja mucho.	○	○
5. Mi amiga no tiene buena suerte con los muchachos.	○	○
6. El novio de mi amiga es un poco gordo, pero guapo.	○	○

¿Cierto o falso?

Indicate whether each sentence is **cierto** or **falso**, then
correct the false statements.

	Cierto	Falso
1. Esteban es un chico interesante y simpático.	○	○
2. Laura tiene mala suerte con los chicos.	○	○
3. Rafael es muy interesante.	○	○
4. Laura y su novio hablan de muchas cosas.	○	○

 Practice more at **vhlcentral.com.**

En pantalla

Anuncio

Christmas is not celebrated in winter everywhere. During the cold-weather months in North America, it's summer in the Southern Hemisphere. In Chile, for example, summer starts in December and lasts until March. Summer vacation coincides with these months, since almost all academic calendars run from early March to late December.

Vocabulario útil

quería	I wanted	**aprovecha**	take advantage of
pedirte	to ask you	**nuestras**	our
te preocupa	it worries you	**ofertas**	deals, sales
ahorrar	to save (money)	**calidad**	quality
Navidad	Christmas	**no cuesta**	doesn't cost

¿Qué hay?

For each item, write **sí** if it appears in the TV clip or **no** if it does not.

_____ 1. papelera   _____ 5. diccionario

_____ 2. lápiz   _____ 6. cuaderno

_____ 3. mesa   _____ 7. tiza

_____ 4. computadora   _____ 8. ventana

¿Qué quieres?

Write a list of things that you want for your next birthday. Then read it to the class so they know what to get you. Use as much Spanish as you can.

> **Lista de cumpleaños°**
>
> Quiero°...

Viejito Pascuero°...

¿Cómo se escribe *mountain bike*?

M... O...

 Video: TV Clip

 Practice more at **vhlcentral.com**.

cumpleaños *birthday* Quiero *I want* Viejito Pascuero *Santa Claus (Chile)*

Cortometraje

In the Spanish-speaking world, grandparents play an important role in the nuclear family. Even in the U.S., where retirement communities and nursing homes abound, in Latino families, members of the older generation often live with their adult children and grandchildren. This living situation is seen to bring benefits—financial, emotional, and logistical—that improve the quality of life for everyone involved. It also facilitates passing on family history and culture. In this short film, for example, the grandmother lives with her grandson, Beto.

Preparación

1. Have you or has anyone you know ever experienced something supernatural? What happened?
2. Does any of the new vocabulary in either of the lists in the next column apply to this situation? Why?

Después de ver

Choose the correct answer for each question.

1. ¿Qué hace (*is she doing*) la abuela?
   a. Prepara tortillas.
   b. Come tortillas.
2. ¿Quién escucha una canción?
   a. la abuela
   b. el nieto
3. ¿Quién se aparece en la tortilla?
   a. el nieto
   b. el abuelo
4. ¿Qué tiene el nieto?
   a. sed
   b. hambre
5. ¿Cómo reacciona la abuela?
   a. Está furiosa.
   b. Tiene miedo.

 ### Conversar

Choose one of the characters and write a description of him or her. Use as many adjectives as you can and mention the person's likes and dislikes. Be creative! Then, in pairs, read your description to a partner.

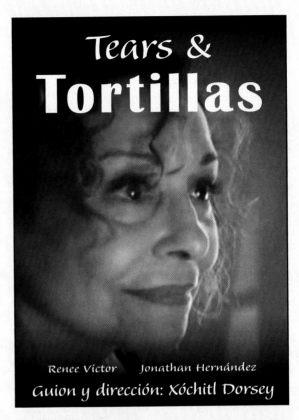

Tears & **Tortillas**

Renee Víctor   Jonathan Hernández

Guion y dirección: Xóchitl Dorsey

Expresiones útiles	
abuelita	*Grandma*
la canción	*song*
¿Me llamaste?	*Did you call me?*

Para hablar del corto	
cocinar	*to cook*
el espíritu	*spirit*
los frijoles	*beans*
la lágrima	*tear*
el milagro	*miracle*
romántico/a	*romantic*
se aparece en	*appears in*
supersticioso/a	*superstitious*

 Video: Short Film

 Practice more at **vhlcentral.com.**

Ecuador

El país en cifras

▶ **Área:** 283.560 km^2 (109.483 millas^2),
*incluyendo las islas Galápagos,
aproximadamente el área de Colorado*

▶ **Población:** 14.596.000

▶ **Capital:** Quito — 2.035.000

▶ **Ciudades° principales:**
Guayaquil — 2.941.000, Cuenca, Machala,
Portoviejo

SOURCE: Population Division, UN Secretariat

▶ **Moneda:** dólar estadounidense

▶ **Idiomas:** español (oficial), quichua

*La lengua oficial de Ecuador es el
español, pero también se hablan°
otras° lenguas en el país.
Aproximadamente unos
4.000.000 de ecuatorianos
hablan lenguas indígenas;
la mayoría° de ellos habla
quichua. El quichua es el
dialecto ecuatoriano del
quechua, la lengua de los incas.*

Muchos indígenas de Ecuador hablan quichua.

Bandera de Ecuador

Ecuatorianos célebres

▶ **Francisco Eugenio De Santa Cruz y Espejo,**
médico, periodista y patriota (1747–1795)

▶ **Juan León Mera,** novelista (1832–1894)

▶ **Eduardo Kingman,** pintor° (1913–1998)

▶ **Rosalía Arteaga,** abogada°, política y
ex vicepresidenta (1956–)

Ciudades *cities* se hablan *are spoken* otras *other* mayoría *majority*
pintor *painter* abogada *lawyer* sur *south* mundo *world* pies *feet*
dos veces más alto que *twice as tall as*

Las islas
Galápagos

ESTADOS UNIDOS
OCÉANO PACÍFICO
OCÉANO ATLÁNTICO
ECUADOR
AMÉRICA DEL SUR

COLOMBIA

Indígenas del Amazonas

Río Esmeraldas

• Ibarra

Quito ☆

Volcán Cotopaxi

Río Napo

Portoviejo

Volcán Tungurahua

Río Pastaza

Río Daule

Cordillera de los Andes

Guayaquil

Volcán Chimborazo

Océano Pacífico

Cuenca

Machala

La ciudad de Quito y la Cordillera de los Andes

• Loja

PERÚ

Catedral de Guayaquil

recursos

WB pp. 33–34	VM pp. 229–230	vhlcentral.com Lección 3

¡Increíble pero cierto!

El volcán Cotopaxi, situado a unos 60 kilómetros
al sur° de Quito, es considerado el volcán activo
más alto del mundo°. Tiene una altura de 5.897
metros (19.340 pies°). Es dos veces más alto que°
el monte Santa Elena (2.550 metros o 9.215 pies)
en el estado de Washington.

Lugares • Las islas Galápagos

Muchas personas vienen de lejos a visitar las islas Galápagos porque son un verdadero tesoro° ecológico. Aquí Charles Darwin estudió° las especies que inspiraron° sus ideas sobre la evolución. Como las Galápagos están lejos del continente, sus plantas y animales son únicos. Las islas son famosas por sus tortugas° gigantes.

Artes • Oswaldo Guayasamín

Oswaldo Guayasamín fue° uno de los artistas latinoamericanos más famosos del mundo. Fue escultor° y muralista. Su expresivo estilo viene del cubismo y sus temas preferidos son la injusticia y la pobreza° sufridas° por los indígenas de su país.

Madre y niño en azul, 1986, Oswaldo Guayasamín

Deportes • El *trekking*

El sistema montañoso de los Andes cruza° y divide Ecuador en varias regiones. La Sierra, que tiene volcanes, grandes valles y una variedad increíble de plantas y animales, es perfecta para el *trekking.* Muchos turistas visitan Ecuador cada° año para hacer° *trekking* y escalar montañas°.

Lugares • Latitud 0

Hay un monumento en Ecuador, a unos 22 kilómetros (14 millas) de Quito, donde los visitantes están en el hemisferio norte y el hemisferio sur a la vez°. Este monumento se llama la Mitad del Mundo° y es un destino turístico muy popular.

Explosión del volcán Tungurahua en 1999

 ¿Qué aprendiste? Completa las oraciones con la información correcta.

1. La ciudad más grande (*biggest*) de Ecuador es _____.
2. La capital de Ecuador es _____.
3. Unos 4.000.000 de ecuatorianos hablan _____.
4. Darwin estudió el proceso de la evolución en _____.
5. Dos temas del arte de _____ son la pobreza y la _____.
6. Un monumento muy popular es _____.
7. La Sierra es un lugar perfecto para el _____.
8. El volcán _____ es el volcán activo más alto del mundo.

Conexión Internet Investiga estos temas en **vhlcentral.com.**

 Practice more at **vhlcentral.com.**

1. Busca información sobre una ciudad de Ecuador. ¿Te gustaría (*Would you like*) visitar la ciudad? ¿Por qué?
2. Haz una lista de tres animales o plantas que viven sólo en las islas Galápagos. ¿Dónde hay animales o plantas similares?

verdadero tesoro *true treasure* **estudió** *studied* **inspiraron** *inspired* **tortugas** *tortoises* **fue** *was* **escultor** *sculptor* **pobreza** *poverty* **sufridas** *suffered* **cruza** *crosses* **cada** *every* **hacer** *to do* **escalar montañas** *to climb mountains* **a la vez** *at the same time* **Mitad del Mundo** *Equatorial Line Monument (lit. Midpoint of the World)*

La familia

el/la abuelo/a	grandfather/ grandmother
los abuelos	grandparents
el apellido	last name; surname
el/la bisabuelo/a	great-grandfather/ great-grandmother
el/la cuñado/a	brother-in-law/ sister-in-law
el/la esposo/a	husband; wife; spouse
la familia	family
el/la gemelo/a	twin
el/la hermanastro/a	stepbrother/ stepsister
el/la hermano/a	brother/sister
el/la hijastro/a	stepson/ stepdaughter
el/la hijo/a	son/daughter
los hijos	children
la madrastra	stepmother
la madre	mother
el/la medio/a hermano/a	half-brother/ half-sister
el/la nieto/a	grandson/ granddaughter
la nuera	daughter-in-law
el padrastro	stepfather
el padre	father
los padres	parents
los parientes	relatives
el/la primo/a	cousin
el/la sobrino/a	nephew/niece
el/la suegro/a	father-in-law/ mother-in-law
el/la tío/a	uncle/aunt
el yerno	son-in-law

Otras personas

el/la amigo/a	friend
la gente	people
el/la muchacho/a	boy/girl
el/la niño/a	child
el/la novio/a	boyfriend/girlfriend
la persona	person

Profesiones

el/la artista	artist
el/la doctor(a), el/la médico/a	doctor; physician
el/la ingeniero/a	engineer
el/la periodista	journalist
el/la programador(a)	computer programmer

Adjetivos

alto/a	tall
antipático/a	unpleasant
bajo/a	short (in height)
bonito/a	pretty
buen, bueno/a	good
delgado/a	thin; slender
difícil	difficult; hard
fácil	easy
feo/a	ugly
gordo/a	fat
gran, grande	big; large
guapo/a	handsome; good-looking
importante	important
inteligente	intelligent
interesante	interesting
joven (sing.), jóvenes (pl.)	young
mal, malo/a	bad
mismo/a	same
moreno/a	brunet(te)
mucho/a	much; many; a lot of
pelirrojo/a	red-haired
pequeño/a	small
rubio/a	blond(e)
simpático/a	nice; likeable
tonto/a	silly; foolish
trabajador(a)	hard-working
viejo/a	old

Nacionalidades

alemán, alemana	German
argentino/a	Argentine
canadiense	Canadian
chino/a	Chinese
costarricense	Costa Rican
cubano/a	Cuban
ecuatoriano/a	Ecuadorian
español(a)	Spanish
estadounidense	from the U.S.
francés, francesa	French
inglés, inglesa	English
italiano/a	Italian
japonés, japonesa	Japanese
mexicano/a	Mexican
norteamericano/a	(North) American
puertorriqueño/a	Puerto Rican
ruso/a	Russian

Verbos

abrir	to open
aprender (a + *inf.*)	to learn
asistir (a)	to attend
beber	to drink
comer	to eat
compartir	to share
comprender	to understand
correr	to run
creer (en)	to believe (in)
deber (+ *inf.*)	should; must; ought to
decidir (+ *inf.*)	to decide
describir	to describe
escribir	to write
leer	to read
recibir	to receive
tener	to have
venir	to come
vivir	to live

Possessive adjectives	See page 85.
Expressions with *tener*	See page 93.
Expresiones útiles	See page 75.

Audio: Vocabulary

Los pasatiempos

Communicative Goals

You will learn how to:

- Talk about pastimes, weekend activities, and sports
- Make plans and invitations

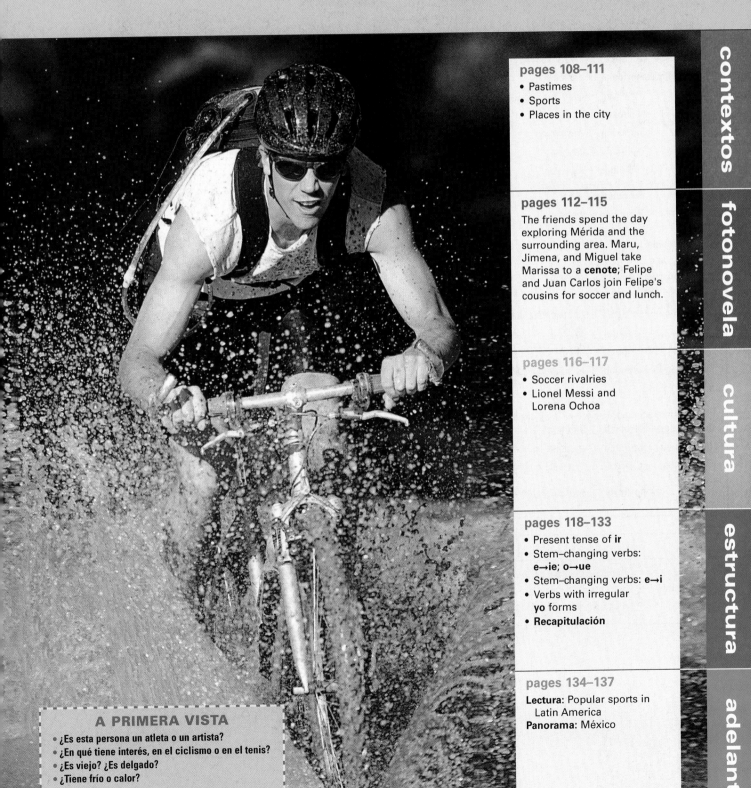

A PRIMERA VISTA

- ¿Es esta persona un atleta o un artista?
- ¿En qué tiene interés, en el ciclismo o en el tenis?
- ¿Es viejo? ¿Es delgado?
- ¿Tiene frío o calor?

Los pasatiempos

Más vocabulario

el béisbol	baseball
el ciclismo	cycling
el esquí (acuático)	(water) skiing
el fútbol americano	football
el golf	golf
el hockey	hockey
la natación	swimming
el tenis	tennis
el vóleibol	volleyball
el equipo	team
el parque	park
el partido	game; match
la plaza	city or town square
andar en patineta	to skateboard
bucear	to scuba dive
escalar montañas (*f., pl.*)	to climb mountains
esquiar	to ski
ganar	to win
ir de excursión	to go on a hike
practicar deportes (*m., pl.*)	to play sports
escribir una carta/ un mensaje electrónico	to write a letter/ an e-mail
leer correo electrónico	to read e-mail
leer una revista	to read a magazine
deportivo/a	sports-related

Variación léxica

piscina	⟷	pileta (*Arg.*); alberca (*Méx.*)
baloncesto	⟷	básquetbol (*Amér. L.*)
béisbol	⟷	pelota (*P. Rico, Rep. Dom.*)

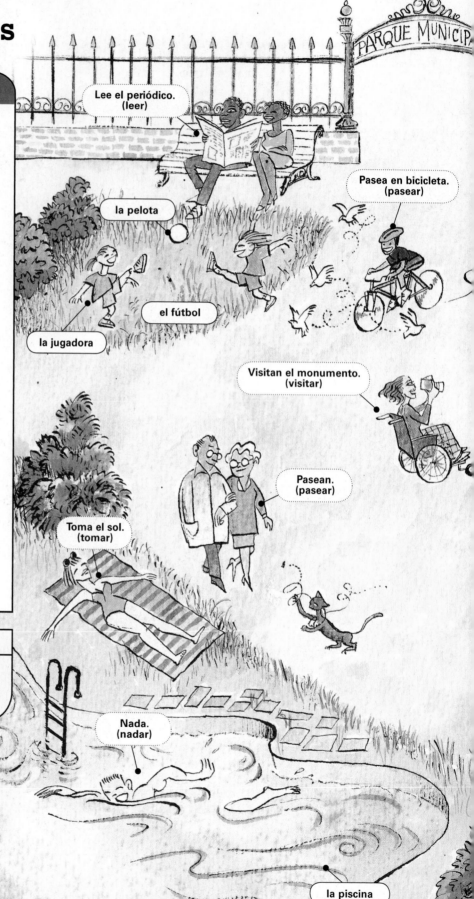

Lee el periódico. (leer)

Pasea en bicicleta. (pasear)

la pelota

el fútbol

la jugadora

Visitan el monumento. (visitar)

Pasean. (pasear)

Toma el sol. (tomar)

Nada. (nadar)

la piscina

PARQUE MUNICIPAL

Práctica

Patina en línea.
(patinar)

el jugador

el baloncesto

1 **Escuchar** 🎧 Indicate the letter of the activity in Column B that best corresponds to each statement you hear. Two items in Column B will not be used.

A   **B**

1. _____   a. leer correo electrónico
2. _____   b. tomar el sol
3. _____   c. pasear en bicicleta
4. _____   d. ir a un partido de fútbol americano
5. _____   e. escribir una carta
6. _____   f. practicar muchos deportes
                       g. nadar
                       h. ir de excursión

2 **Ordenar** 🎧 Order these activities according to what you hear in the narration.

_____ a. pasear en bicicleta   _____ d. tomar el sol
_____ b. nadar   _____ e. practicar deportes
_____ c. leer una revista   _____ f. patinar en línea

3 **¿Cierto o falso?** Indicate whether each statement is **cierto** or **falso** based on the illustration.

	Cierto	Falso
1. Un hombre nada en la piscina.	○	○
2. Un hombre lee una revista.	○	○
3. Un chico pasea en bicicleta.	○	○
4. Dos muchachos esquían.	○	○
5. Una mujer y dos niños visitan un monumento.	○	○
6. Un hombre bucea.	○	○
7. Hay un equipo de hockey.	○	○
8. Una mujer toma el sol.	○	○

4 **Clasificar** Fill in the chart below with as many terms from **Contextos** as you can.

Actividades	Deportes	Personas

el cine

el museo

el gimnasio

el restaurante

el café

En el centro

la diversión	fun activity; entertainment; recreation
el fin de semana	weekend
el pasatiempo	pastime; hobby
los ratos libres	spare (free) time
el videojuego	video game
la iglesia	church
el lugar	place
ver películas (f., pl.)	to watch movies
favorito/a	favorite

5 **Identificar** Identify the place where these activities would take place.

> **modelo**
>
> Esquiamos. *Es una montaña.*

1. Tomamos una limonada. *We take lemonade*
2. Vemos una película. *We see a film*
3. Nadamos y tomamos el sol. *We swim + sunbathe*
4. Hay muchos monumentos. *There are many monuments*
5. Comemos tacos y fajitas. *We eat Tacos & fajitas*
6. Miramos *look* pinturas (*paintings*) de Diego Rivera y Frida Kahlo.
7. Hay mucho tráfico. *There's much Traffic*
8. Practicamos deportes. *We practice Sports*

6 **Preguntar** Ask a classmate what he or she does in the places mentioned below. Your classmate will respond using verbs from the word bank.

> **modelo**
>
> una plaza
> **Estudiante 1:** ¿Qué haces (*do you do*) cuando estás en una plaza?
> **Estudiante 2:** Camino por la plaza y miro a las personas.

beber	escalar	mirar	practicar
caminar	escribir	nadar	tomar
correr	leer	patinar	visitar

1. una biblioteca
2. un estadio
3. una plaza
4. una piscina
5. las montañas
6. un parque
7. un café
8. un museo

 Practice more at **vhlcentral.com.**

Comunicación

7

Crucigrama Your instructor will give you and your partner an incomplete crossword puzzle. Yours has the words your partner needs and vice versa. In order to complete the puzzle, take turns giving each other clues, using definitions, examples, and phrases.

> **modelo**
>
> **2 horizontal:** Es un deporte que practicamos en la piscina. *swimming pool*
>
> **6 vertical:** Es un mensaje que escribimos con lápiz o con pluma.
> *pencil*

8

Entrevista In pairs, take turns asking and answering these questions.

1. ¿Hay un café cerca de la universidad? *close*
   ¿Dónde está? *where is?*
2. ¿Cuál es tu restaurante favorito?
3. ¿Te gusta viajar y visitar monumentos? *travel   vis*
   ¿Por qué? *why*
4. ¿Te gusta ir al cine los fines de semana? *weekends*
   go to the movies

5. ¿Cuáles son tus películas favoritas?
6. ¿Te gusta practicar deportes? *sports Si, No gusto*
7. ¿Cuáles son tus deportes favoritos? *mi favorito deporte*
   ¿Por qué? *Soy muy bueno en eso. Le pecTono*
8. ¿Cuáles son tus pasatiempos favoritos? *hobbies*
   Mi, pasaTiempo favoriTo es la lectura.

CONSULTA

To review expressions with **gustar**, see **Estructura 2.1**, p. 48.

9

Conversación Using the words and expressions provided, work with a partner to prepare a short conversation about pastimes.

> *In what he*   *W/Whom*
> ¿a qué hora?   ¿con quién(es)?   ¿dónde? *where*
> ¿cómo? *As*   ¿cuándo? *when*   ¿qué? *what*

> **modelo**
>
> **Estudiante 1:** ¿Cuándo patinas en línea?
> **Estudiante 2:** Patino en línea los domingos. Y tú, ¿patinas en línea?
> **Estudiante 1:** No, no me gusta patinar en línea. Me gusta practicar el béisbol.

10

Pasatiempos In pairs, tell each other what pastimes three of your friends and family members enjoy. Be prepared to share with the class any pastimes you noticed they have in common.

> **modelo**
>
> **Estudiante 1:** Mi hermana pasea mucho en bicicleta, pero mis padres practican la natación. Mi hermano no nada, pero visita muchos museos.
> **Estudiante 2:** Mi primo lee muchas revistas, pero no practica muchos deportes. Mis tíos esquían y practican el golf...

Fútbol, cenotes y mole

Maru, Miguel, Jimena y Marissa visitan un cenote, mientras
Felipe y Juan Carlos van a un partido de fútbol.

PERSONAJES MIGUEL PABLO

Video: *Fotonovela*
Record and Compare

MIGUEL Buenos días a todos.

TÍA ANA MARÍA Hola Miguel.
Maru, ¿qué van a hacer hoy?

MARU Miguel y yo vamos a
llevar a Marissa a un cenote.

MARISSA ¿No vamos a nadar?
¿Qué es un cenote?

MIGUEL Sí, sí vamos a nadar.
Un cenote... difícil de
explicar. Es una piscina
natural en un hueco profundo.

MARU ¡Ya vas a ver! Seguro
que te va a gustar.

(*unos minutos después*)

EDUARDO Hay un partido de fútbol
en el parque. ¿Quieren ir conmigo?

PABLO Y conmigo. Si no consigo
más jugadores, nuestro equipo
va a perder.

ANA MARÍA Marissa, ¿qué
te gusta hacer? ¿Escalar
montañas? ¿Ir de excursión?

MARISSA Sí, me gusta ir de
excursión y practicar el esquí
acuático. Y usted, ¿qué prefiere
hacer en sus ratos libres?

PABLO Mi mamá tiene muchos
pasatiempos y actividades.

EDUARDO Sí. Ella nada y juega
al tenis y al golf.

PABLO Va al cine y a los museos.

ANA MARÍA Sí, salgo mucho los
fines de semana.

FELIPE ¿Recuerdas el restaurante
del mole?

EDUARDO ¿Qué restaurante?

JIMENA El mole de mi tía
Ana María es mi favorito.

MARU Chicos, ya es hora. ¡Vamos!

ANA MARÍA　 **MARU**　 **MARISSA**　 **EDUARDO**　 **FELIPE**　 **JUAN CARLOS**　 **JIMENA**　**DON GUILLERMO**

(*más tarde, en el parque*)

PABLO No puede ser. ¡Cinco a uno!

FELIPE ¡Vamos a jugar! Si perdemos, compramos el almuerzo. Y si ganamos...

EDUARDO ¡Empezamos!

(*mientras tanto, en el cenote*)

MARISSA ¿Hay muchos cenotes en México?

MIGUEL Sólo en la península de Yucatán.

MARISSA ¡Vamos a nadar!

(*Los chicos visitan a don Guillermo, un vendedor de paletas heladas.*)

JUAN CARLOS Don Guillermo, ¿dónde podemos conseguir un buen mole?

FELIPE Eduardo y Pablo van a pagar el almuerzo. Y yo voy a pedir un montón de comida.

FELIPE Sí, éste es el restaurante. Recuerdo la comida.

EDUARDO Oye, Pablo... No tengo...

PABLO No te preocupes, hermanito.

FELIPE ¿Qué buscas? (*muestra la cartera de Pablo*) ¿Esto?

Expresiones útiles

Making invitations

Hay un partido de fútbol en el parque. ¿Quieren ir conmigo?
There's a soccer game in the park. Do you want to come with me?

¡Yo puedo jugar!
I can play!

Mmm... no quiero.
Hmm... I don't want to.

Lo siento, pero no puedo.
I'm sorry, but I can't.

¡Vamos a nadar!
Let's go swimming!

Sí, vamos.
Yes, let's go.

Making plans

¿Qué van a hacer hoy?
What are you going to do today?

Vamos a llevar a Marissa a un cenote.
We are taking Marissa to a cenote.

Vamos a comprar unas paletas heladas.
We're going to buy some popsicles.

Vamos a jugar. Si perdemos, compramos el almuerzo.
Let's play. If we lose, we'll buy lunch.

Talking about pastimes

¿Qué te gusta hacer? ¿Escalar montañas? ¿Ir de excursión?
What do you like to do? Mountain climbing? Hiking?

Sí, me gusta ir de excursión y practicar esquí acuático.
Yes, I like hiking and water skiing.

Y usted, ¿qué prefiere hacer en sus ratos libres?
And you, what do you like to do in your free time?

Salgo mucho los fines de semana.
I go out a lot on the weekends.

Voy al cine y a los museos.
I go to the movies and to museums.

Additional vocabulary

la cartera *wallet*　　**el hueco** *hole*
un montón de *a lot of*

recursos

VM
pp. 201–202

vhlcentral.com
Lección 4

¿Qué pasó?

1

Escoger Choose the answer that best completes each sentence.

1. Marissa, Maru y Miguel desean _____.
   a. nadar   b. correr por el parque   c. leer el periódico

2. A Marissa le gusta _____.
   a. el tenis   b. el vóleibol   c. ir de excursión y practicar esquí acuático

3. A la tía Ana María le gusta _____.
   a. jugar al hockey   b. nadar y jugar al tenis y al golf   c. hacer ciclismo

4. Pablo y Eduardo pierden el partido de _____.
   a. fútbol   b. béisbol   c. baloncesto

5. Juan Carlos y Felipe desean _____.
   a. patinar   b. esquiar   c. comer mole

NOTA CULTURAL

Mole is a typical sauce in Mexican cuisine. It is made from pumpkin seeds, chile, and chocolate, and it is usually served with chicken, beef, or pork. To learn more about **mole**, go to page 252.

2

Identificar Identify the person who would make each statement.

1. A mí me gusta nadar, pero no sé qué es un cenote. _____
2. Mamá va al cine y al museo en sus ratos libres. _____
3. Yo voy a pedir mucha comida. _____
4. ¿Quieren ir a jugar al fútbol con nosotros en el parque? _____
5. Me gusta salir los fines de semana. _____

MARISSA

FELIPE

EDUARDO

PABLO

TÍA ANA MARÍA

NOTA CULTURAL

Cenotes are deep, freshwater sinkholes found in caves throughout the Yucatán peninsula. They were formed in prehistoric times by the erosion and collapse of cave walls. The Mayan civilization considered the **cenotes** sacred, and performed rituals there. Today, they are popular destinations for swimming and diving.

3

Preguntas Answer the questions using the information from the **Fotonovela**.

1. ¿Qué van a hacer Miguel y Maru?

2. ¿Adónde van Felipe y Juan Carlos mientras sus amigos van al cenote?

3. ¿Quién gana el partido de fútbol?

4. ¿Quiénes van al cenote con Maru y Miguel?

4

Conversación With a partner, prepare a conversation in which you talk about pastimes and invite each other to do some activity together. Use these expressions and also look at **Expresiones útiles** on the previous page.

¿A qué hora?	¿Dónde? *Where?*	Nos vemos a las siete.
(At) What time?	No puedo porque...	*See you at seven.*
contigo *with you*	*I can't because...*	

▶ ¿Eres aficionado/a a...?   ▶ ¿Por qué no...?   ▶ ¿Qué vas a hacer
▶ ¿Te gusta...?   ▶ ¿Quieres... conmigo?   esta noche?

Practice more at **vhlcentral.com.**

Pronunciación

Audio: Concepts, Activities Record & Compare

Word stress and accent marks

| pe-**lí**-cu-la | e-di-**fi**-cio | **ver** | **yo** |

Every Spanish syllable contains at least one vowel. When two vowels are joined in the same syllable they form a **diphthong***. A **monosyllable** is a word formed by a single syllable.

| bi-blio-**te**-ca | vi-si-**tar** | **par**-que | **fút**-bol |

The syllable of a Spanish word that is pronounced most emphatically is the "stressed" syllable.

| pe-**lo**-ta | pis-**ci**-na | **ra**-tos | **ha**-blan |

Words that end in **n**, **s**, or a **vowel** are usually stressed on the next to last syllable.

| na-ta-**ción** | pa-**pá** | in-**glés** | Jo-**sé** |

If words that end in **n**, **s**, or a **vowel** are stressed on the last syllable, they must carry an accent mark on the stressed syllable.

| **bai**-lar | es-pa-**ñol** | u-ni-ver-si-**dad** | tra-ba-ja-**dor** |

Words that do *not* end in **n**, **s**, or a **vowel** are usually stressed on the last syllable.

| **béis**-bol | **lá**-piz | **ár**-bol | **Gó**-mez |

If words that do *not* end in **n**, **s**, or a **vowel** are stressed on the next to last syllable, they must carry an accent mark on the stressed syllable.

The two vowels that form a diphthong are either both weak or one is weak and the other is strong.

En la unión está la fuerza.[2]

Práctica Pronounce each word, stressing the correct syllable. Then give the word stress rule for each word.

1. profesor	4. Mazatlán	7. niños	10. México
2. Puebla	5. examen	8. Guadalajara	11. están
3. ¿Cuántos?	6. ¿Cómo?	9. programador	12. geografía

Oraciones Read the conversation aloud to practice word stress.

MARINA Hola, Carlos. ¿Qué tal?

CARLOS Bien. Oye, ¿a qué hora es el partido de fútbol?

MARINA Creo que es a las siete.

CARLOS ¿Quieres ir?

MARINA Lo siento, pero no puedo. Tengo que estudiar biología.

Quien ríe de último, ríe mejor.[1]

Refranes Read these sayings aloud to practice word stress.

1 He who laughs last, laughs best.
2 United we stand.

Real Madrid y Barça: rivalidad total

Soccer in Spain is a force to be reckoned with, and no two teams draw more attention than **Real Madrid** and the **Fútbol Club Barcelona**. Whether the venue is Madrid's **Santiago Bernabéu** or Barcelona's **Camp Nou**, the two cities shut down for the showdown, paralyzed by **fútbol** fever. A ticket to the actual game is always the hottest ticket in town.

The rivalry between **Real Madrid** and **Barça** is about more than soccer. As the two biggest, most powerful cities in Spain, Barcelona and Madrid are constantly compared to one another and have a natural rivalry. There is also a political component to the dynamic. Barcelona, with its distinct language and culture, has long struggled for increased autonomy from Madrid's centralized government. Under Francisco Franco's rule (1939–1975), when repression of the Catalan identity was at its height, a game between **Real Madrid** and **FC Barcelona** was wrapped up with all the symbolism of the regime versus the resistance, even though both teams suffered casualties in Spain's civil war and the subsequent Franco dictatorship.

Although the dictatorship is far behind, the momentum of all those decades of competition still transforms both cities into a frenzied, tense panic leading up to the game. Once the final score is announced, one of those cities is transformed again, this time into the best party in the country.

Rivalidades del fútbol

Argentina: Boca Juniors vs River Plate
México: Águilas del América vs Chivas del Guadalajara
Chile: Colo Colo vs Universidad de Chile
Guatemala: Comunicaciones vs Municipal
Uruguay: Peñarol vs Nacional
Colombia: Millonarios vs Independiente Santa Fe

ACTIVIDADES

1   **¿Cierto o falso?** Indicate whether each statement is **cierto** or **falso**. Correct the false statements.

1. People from Spain don't like soccer.
2. Madrid and Barcelona are the most important cities in Spain.
3. Santiago Bernabéu is a stadium in Barcelona.
4. The rivalry between Real Madrid and FC Barcelona is not only in soccer.
5. Barcelona has resisted Madrid's centralized government.
6. Only the FC Barcelona team was affected by the civil war.
7. During Franco's regime, the Catalan culture thrived.
8. There are many famous rivalries between soccer teams in the Spanish-speaking world.
9. River Plate is a popular team from Argentina.
10. Comunicaciones and Peñarol are famous rivals in Guatemala.

ASÍ SE DICE

Los deportes

el/la árbitro/a	referee
el/la atleta	athlete
la bola; el balón	la pelota
el campeón/ la campeona	champion
la carrera	race
competir	to compete
empatar	to draw; to tie
la medalla	medal
el/la mejor	the best
mundial	worldwide
el torneo	tournament

EL MUNDO HISPANO

Atletas importantes

World-renowned Hispanic athletes:

• **Rafael Nadal** (España) is one of the best tennis players in the world. His medals include six Grand Slam singles titles and the 2008 Olympic gold medal in singles.

• **Dayron Robles** (Cuba), an Olympic champion hurdler, holds the world record in the 110-meter hurdles.

• **Carolina Ruiz Castillo** (España), an alpine skier, competed in the 2006 and 2010 Olympics.

• **Paola Milagros Espinosa Sánchez** (México) has made two Olympic appearances (2004, 2008) in diving. She and her partner, Tatiana Ortiz, took home the bronze medal in 2008.

PERFIL

Lionel Messi y Lorena Ochoa

Lionel Andrés Messi is considered one of the best soccer players of his generation. Born in 1987 in Argentina, Messi suffered a hormone deficiency that conflicted with his athletic dreams. He moved to Spain as a teenager and, at just 17, played his first game for the team **Fútbol Club Barcelona**. He is now the highest-paid player in the Spanish league.

Mexican golfer **Lorena Ochoa**, born in 1981, took up the sport at the age of five and won her first national event two years later. Winner of the LPGA Tour Player of the Year award every year from 2006-2009, Ochoa was ranked number one worldwide among female golfers when she retired in 2010.

Conexión Internet

¿Qué deportes son populares en los países hispanos?

Go to **vhlcentral.com** to find more cultural information related to this **Cultura** section.

ACTIVIDADES

2 **Comprensión** Write the name of the athlete described in each sentence.

1. Es un jugador de fútbol de Argentina. _____

2. Es una chica que practica el golf. _____

3. Es una chica española a la que le gusta esquiar. _____

4. Es una chica mexicana que practica un deporte en la piscina. _____

3 **¿Quién es?** Write a short paragraph describing an athlete that you like, but do not mention their name. What do they look like? What sport do they play? Where do they live? Read your description to the class to see if they can guess who they are.

 Practice more at **vhlcentral.com**.

recursos

VM pp. 273–274

vhlcentral.com Lección 4

4.1 Present tense of **ir** Tutorial

ANTE TODO The verb **ir** (*to go*) is irregular in the present tense. Note that, except for the **yo** form (**voy**) and the lack of a written accent on the **vosotros** form (**vais**), the endings are the same as those for regular present tense -**ar** verbs.

The verb ir (*to go*)

Singular forms		Plural forms	
yo	**voy**	nosotros/as	**vamos**
tú	**vas**	vosotros/as	**vais**
Ud./él/ella	**va** *he/she*	Uds./ellos/ellas	**van** *They*

▶ **Ir** is often used with the preposition **a** (*to*). If **a** is followed by the definite article **el**, they combine to form the contraction **al**. If **a** is followed by the other definite articles (**la, las, los**), there is no contraction.

> a + el = al

> Voy **al** parque con Juan.
> *I'm going to the park with Juan.*

> Mis amigos van **a las** montañas.
> *My friends are going to the mountains.*

CONSULTA

To review the contraction **de** + **el**, see **Estructura 1.3**, pp. 20–21.

▶ The construction **ir a** + [*infinitive*] is used to talk about actions that are going to happen in the future. It is equivalent to the English *to be going* + [*infinitive*].

> **Va a leer** el periódico.
> *He is going to read the newspaper.*

> **Van a pasear** por el pueblo.
> *They are going to walk around town.*

AYUDA

When asking a question that contains a form of the verb **ir**, remember to use **adónde**:

¿Adónde vas?
(To) Where are you going?

¡Voy a ir con ellos!

Ella va al cine y a los museos.

▶ **Vamos a** + [*infinitive*] can also express the idea of *let's (do something)*.

> **Vamos a** pasear.
> *Let's take a stroll.*

> ¡**Vamos a** ver!
> *Let's see!*

recursos

WB
pp. 39–40

LM
p. 21

S
vhlcentral.com
Lección 4

¡INTÉNTALO! Provide the present tense forms of **ir**.

1. Ellos ___van___.
2. Yo _____.
3. Tu novio _____.
4. Adela _____.
5. Mi prima y yo _____.
6. Tú _____.
7. Ustedes _____.
8. Nosotros _____.
9. Usted _____.
10. Nosotras _____.
11. Miguel _____.
12. Ellas _____.

Práctica Practice more at vhlcentral.com.

1 **¿Adónde van?** Everyone in your neighborhood is dashing off to various places. Say where they are going.

1. la señora Castillo / el centro
2. las hermanas Gómez / la piscina
3. tu tío y tu papá / el partido de fútbol
4. yo / el Museo de Arte Moderno
5. nosotros / el restaurante Miramar

2 **¿Qué van a hacer?** These sentences describe what several students in a college hiking club are doing today. Use **ir a** + [*infinitive*] to say that they are also going to do the same activities tomorrow.

> **modelo**
> Martín y Rodolfo nadan en la piscina.
> *Van a nadar en la piscina mañana también.*

1. Sara lee una revista.
2. Yo practico deportes.
3. Ustedes van de excursión.
4. El presidente del club patina.
5. Tú tomas el sol.
6. Paseamos con nuestros amigos.

3 **Preguntas** With a partner, take turns asking and answering questions about where the people are going and what they are going to do there.

> **modelo**
> **Estudiante 1:** ¿Adónde va Estela?
> **Estudiante 2:** Va a la Librería Sol.
> **Estudiante 1:** Va a comprar un libro.

Estela

1. Álex y Miguel

2. mi amigo

3. tú

4. los estudiantes

5. profesora Torres

6. ustedes

Comunicación

4

Situaciones Work with a partner and say where you and your friends go in these situations.

1. Cuando deseo descansar…
2. Cuando mi novio/a tiene que estudiar…
3. Si mis compañeros de clase necesitan practicar el español…
4. Si deseo hablar con mis amigos…
5. Cuando tengo dinero (*money*)…
6. Cuando mis amigos y yo tenemos hambre…
7. En mis ratos libres…
8. Cuando mis amigos desean esquiar…
9. Si estoy de vacaciones…
10. Si tengo ganas de leer…

5

Encuesta Your instructor will give you a worksheet. Walk around the class and ask your classmates if they are going to do these activities today. Find one person to answer **Sí** and one to answer **No** for each item and note their names on the worksheet in the appropriate column. Be prepared to report your findings to the class.

> **modelo**
> **Tú:** ¿Vas a leer el periódico hoy?
> **Ana:** Sí, voy a leer el periódico hoy.
> **Luis:** No, no voy a leer el periódico hoy.

Actividades	Sí	No
1. comer en un restaurante chino		
2. leer el periódico		
3. escribir un mensaje electrónico	Ana	Luis
4. correr 20 kilómetros		
5. ver una película de terror		
6. pasear en bicicleta		

6

Entrevista Talk to two classmates in order to find out where they are going and what they are going to do on their next vacation.

> **modelo**
> **Estudiante 1:** ¿Adónde vas de vacaciones (*on vacation*)?
> **Estudiante 2:** Voy a Guadalajara con mis amigos.
> **Estudiante 3:** ¿Y qué van a hacer (*to do*) ustedes en Guadalajara?
> **Estudiante 2:** Vamos a visitar unos monumentos y museos. ¿Y tú?

Síntesis

7

Planes Make a schedule of your activities for the weekend. Then, share with a partner.

▶ For each day, list at least three things you have to do.
▶ For each day, list at least two things you will do for fun.
▶ Tell a classmate what your weekend schedule is like. He or she will write down what you say.
▶ Switch roles to see if you have any plans in common.
▶ Take turns asking each other to participate in some of the activities you listed.

[4.2] Stem-changing verbs: (S) Tutorial e→ie, o→ue

CONSULTA

To review the present tense of regular -**ar** verbs, see **Estructura 2.1**, p. 46.

• • •

To review the present tense of regular -**er** and -**ir** verbs, see **Estructura 3.3**, p. 88.

ANTE TODO   Stem-changing verbs deviate from the normal pattern of regular verbs. When stem-changing verbs are conjugated, they have a vowel change in the last syllable of the stem.

INFINITIVE	VERB STEM	STEM CHANGE	CONJUGATED FORM
empezar	emp**ez**-	emp**iez**-	emp**ie**zo
volver	v**o**lv-	v**ue**lv-	v**ue**lvo

▶ In many verbs, such as **empezar** (*to begin*), the stem vowel changes from **e** to **ie**. Note that the **nosotros/as** and **vosotros/as** forms don't have a stem change.

The verb empezar (e:ie) (*to begin*)

Singular forms		Plural forms	
yo	emp**ie**zo	nosotros/as	empezamos
tú	emp**ie**zas	vosotros/as	empezáis
Ud./él/ella	emp**ie**za	Uds./ellos/ellas	emp**ie**zan

Los chicos empiezan a hablar de su visita al cenote.

Ellos vuelven a comer en el restaurante.

▶ In many other verbs, such as **volver** (*to return*), the stem vowel changes from **o** to **ue**. The **nosotros/as** and **vosotros/as** forms have no stem change.

The verb volver (o:ue) (*to return*)

Singular forms		Plural forms	
yo	v**ue**lvo	nosotros/as	volvemos
tú	v**ue**lves	vosotros/as	volvéis
Ud./él/ella	v**ue**lve	Uds./ellos/ellas	v**ue**lven

▶ To help you identify stem-changing verbs, they will appear as follows throughout the text:

empezar (e:ie), volver (o:ue)

Common stem-changing verbs

e:ie		o:ue	
cerrar	to close	**almorzar**	to have lunch
comenzar (a + *inf.*)	to begin	**contar**	to count; to tell
empezar (a + *inf.*)	to begin	**dormir**	to sleep
entender	to understand	**encontrar**	to find
pensar	to think	**mostrar**	to show
perder	to lose; to miss	**poder (+ *inf.*)**	to be able to; can
preferir (+ *inf.*)	to prefer	**recordar**	to remember
querer (+ *inf.*)	to want; to love	**volver**	to return

¡LENGUA VIVA!

The verb **perder** can mean *to lose* or *to miss*, in the sense of "to miss a train".

Siempre pierdo mis llaves.
I always lose my keys.

Es importante no perder el autobús.
It's important not to miss the bus.

▶ **Jugar** (*to play a sport or a game*) is the only Spanish verb that has a **u:ue** stem change. **Jugar** is followed by **a** + [*definite article*] when the name of a sport or game is mentioned.

Ella juega al tenis y al golf.

Los chicos juegan al fútbol.

▶ **Comenzar** and **empezar** require the preposition **a** when they are followed by an infinitive.

Comienzan a jugar a las siete.
They begin playing at seven.

Ana **empieza a** escribir una postal.
Ana is starting to write a postcard.

▶ **Pensar** + [*infinitive*] means *to plan* or *to intend to do something*. **Pensar en** means *to think about someone* or *something*.

¿Piensan ir al gimnasio?
Are you planning to go to the gym?

¿En qué **piensas**?
What are you thinking about?

¡INTÉNTALO! Provide the present tense forms of these verbs.

cerrar (e:ie)

1. Ustedes __cierran__.
2. Tú _____.
3. Nosotras _____.
4. Mi hermano _____.
5. Yo _____.
6. Usted _____.
7. Los chicos _____.
8. Ella _____.

dormir (o:ue)

1. Mi abuela no __duerme__.
2. Yo no _____.
3. Tú no _____.
4. Mis hijos no _____.
5. Usted no _____.
6. Nosotros no _____.
7. Él no _____.
8. Ustedes no _____.

recursos

WB
pp. 41–42

LM
p. 22

vhlcentral.com
Lección 4

Práctica

1

Completar Complete this conversation with the appropriate forms of the verbs. Then act it out with a partner.

PABLO Óscar, voy al centro ahora.

ÓSCAR ¿A qué hora (1)_____ (pensar) volver? El partido de fútbol (2)_____ (empezar) a las dos.

PABLO (3)_____ (Volver) a la una. (4)_____ (Querer) ver el partido.

ÓSCAR (5)¿_____ (Recordar) que (*that*) nuestro equipo es muy bueno? (6)¡ _____ (Poder) ganar!

PABLO No, (7)_____ (pensar) que va a (8)_____ (perder). Los jugadores de Guadalajara son salvajes (*wild*) cuando (9)_____ (jugar).

2

Preferencias With a partner, take turns asking and answering questions about what these people want to do, using the cues provided.

> **modelo**
>
> Guillermo: estudiar / pasear en bicicleta
> **Estudiante 1:** ¿Quiere estudiar Guillermo?
> **Estudiante 2:** No, prefiere pasear en bicicleta.

NOTA CULTURAL

Dominó (*Dominoes*) is a popular pastime throughout Colombia, Venezuela, Central America, and the Spanish-speaking countries of the Caribbean. It's played both socially and competitively by people of all ages.

1. tú: trabajar / dormir

▶ 2. ustedes: mirar la televisión / jugar al dominó

3. tus amigos: ir de excursión / descansar

4. tú: comer en la cafetería / ir a un restaurante

5. Elisa: ver una película / leer una revista

6. María y su hermana: tomar el sol / practicar el esquí acuático

3

Describir Use a verb from the list to describe what these people are doing.

almorzar	cerrar	contar	dormir	encontrar	mostrar

1. las niñas

2. yo

3. nosotros

4. tú

5. Pedro

6. Teresa

Practice more at **vhlcentral.com.**

Comunicación

4 **Frecuencia** In pairs, take turns using the verbs from the list and other stem-changing verbs you know to tell your partner which activities you do daily (**todos los días**), which you do once a month (**una vez al mes**), and which you do once a year (**una vez al año**). Record your partner's responses in the chart so that you can report back to the class.

> **modelo**
>
> **Estudiante 1:** Yo recuerdo a mi familia todos los días.
>
> **Estudiante 2:** Yo pierdo uno de mis libros una vez al año.

cerrar	perder
dormir	poder
empezar	preferir
encontrar	querer
jugar	recordar
¿?	¿?

todos los días	una vez al mes	una vez al año

5 **En la televisión** Read the television listings for Saturday. In pairs, write a conversation between two siblings arguing about what to watch. Be creative and be prepared to act out your conversation for the class.

> **modelo**
>
> **Hermano:** Podemos ver la Copa Mundial.
>
> **Hermana:** ¡No, no quiero ver la Copa Mundial! Prefiero ver...

	13:00	14:00	15:00	16:00	17:00	18:00	19:00	20:00	21:00	22:00	23:00
7	Copa Mundial (*World Cup*) de fútbol			República Deportiva		Campeonato (*Championship*) Mundial de Vóleibol: México-Argentina				Torneo de Natación	
8	Abierto (*Open*) Mexicano de Tenis: Santiago González (México) vs. Nicolás Almagro (España). Semifinales			Campeonato de baloncesto: Los Correcaminos de Tampico vs. los Santos de San Luis				Aficionados al buceo		Cozumel: Aventuras	
12	Yo soy Betty, la fea	Héroes		Hermanos y hermanas			Película: **Sin nombre**			Película: **El coronel no tiene quien le escriba**	
13	El padrastro		60 Minutos				El esquí acuático			Patinaje artístico	
17	Biografías: La artista Frida Kahlo			Música de la semana		Entrevista del día: Iker Casillas y su pasión por el fútbol			Cine de la noche: **Elsa y Fred**		

NOTA CULTURAL

Iker Casillas Fernández is a famous goalkeeper for **Real Madrid**. A native of Madrid, he is among the best goalkeepers of his generation.

Síntesis

6 **Situación** Your instructor will give you and your partner each a partially illustrated itinerary of a city tour. Complete the itineraries by asking each other questions using the verbs in the captions and vocabulary you have learned.

> **modelo**
>
> **Estudiante 1:** Por la mañana, empiezan en el café.
>
> **Estudiante 2:** Y luego...

(4.3) Stem-changing verbs: e→i Ⓢ Tutorial

ANTE TODO You've already seen that many verbs in Spanish change their stem vowel when conjugated. There is a third kind of stem-vowel change in some verbs, such as **pedir** (*to ask for; to request*). In these verbs, the stressed vowel in the stem changes from **e** to **i**, as shown in the diagram.

INFINITIVE	VERB STEM	STEM CHANGE	CONJUGATED FORM
pedir	p**e**d-	p**i**d-	p**i**do

▶ As with other stem-changing verbs you have learned, there is no stem change in the **nosotros/as** or **vosotros/as** forms in the present tense.

¡LENGUA VIVA!

As you learned in **Lección 2**, **preguntar** means *to ask a question*. **Pedir**, however, means *to ask for something*.

Ella me pregunta cuántos años tengo.
She asks me how old I am.

Él me pide ayuda.
He asks me for help.

The verb **pedir** (e:i) (*to ask for; to request*)

Singular forms		Plural forms	
yo	p**i**do	nosotros/as	pedimos
tú	p**i**des	vosotros/as	pedís
Ud./él/ella	p**i**de	Uds./ellos/ellas	p**i**den

▶ To help you identify verbs with the **e:i** stem change, they will appear as follows throughout the text:

pedir (e:i)

▶ These are the most common **e:i** stem-changing verbs:

conseguir	**decir**	**repetir**	**seguir**
to get; to obtain	*to say; to tell*	*to repeat*	*to follow; to continue; to keep (doing something)*

Pido favores cuando es necesario.
I ask for favors when it's necessary.

Javier **dice** la verdad.
Javier is telling the truth.

Sigue con su tarea.
He continues with his homework.

Consiguen ver buenas películas.
They get to see good movies.

▶ **¡Atención!** The verb **decir** is irregular in its **yo** form: **yo digo**.

▶ The **yo** forms of **seguir** and **conseguir** have a spelling change in addition to the stem change **e:i**.

Sigo su plan.
I'm following their plan.

Consigo novelas en la librería.
I get novels at the bookstore.

recursos

WB
pp. 43–44

LM
p. 23

Ⓢ
vhlcentral.com
Lección 4

 Provide the correct forms of the verbs.

repetir (e:i)	**decir (e:i)**	**seguir (e:i)**
1. Arturo y Eva _repiten_.	1. Yo _digo_.	1. Yo _sigo_.
2. Yo _____.	2. Él _____.	2. Nosotros _____.
3. Nosotros _____.	3. Tú _____.	3. Tú _____.
4. Julia _____.	4. Usted _____.	4. Los chicos _____.
5. Sofía y yo _____.	5. Ellas _____.	5. Usted _____.

Práctica

1 **Completar** Complete these sentences with the correct form of the verb provided.

1. Cuando mi familia pasea por la ciudad, mi madre siempre (*always*) va a un café y _____ (pedir) una soda.
2. Pero mi padre _____ (decir) que perdemos mucho tiempo. Tiene prisa por llegar al Bosque de Chapultepec.
3. Mi padre tiene suerte, porque él siempre _____ (conseguir) lo que (*that which*) desea.
4. Cuando llegamos al parque, mis hermanos y yo _____ (seguir) conversando (*talking*) con nuestros padres.
5. Mis padres siempre _____ (repetir) la misma cosa: "Nosotros tomamos el sol aquí sin ustedes".
6. Yo siempre _____ (pedir) permiso para volver a casa un poco más tarde porque me gusta mucho el parque.

2 **Combinar** Combine words from the two columns to create sentences about yourself and people you know.

A	B
yo	(no) pedir muchos favores
mi compañero/a de cuarto	nunca (*never*) pedir perdón
mi mejor (*best*) amigo/a	nunca seguir las instrucciones
mi familia	siempre seguir las instrucciones
mis amigos/as	conseguir libros en Internet
mis amigos/as y yo	repetir el vocabulario
mis padres	poder hablar dos lenguas
mi hermano/a	dormir hasta el mediodía
mi profesor(a) de español	siempre perder sus libros

3 **Opiniones** In pairs, take turns guessing how your partner completed the sentences from **Actividad 2**. If you guess incorrectly, your partner must supply the correct answer.

> **modelo**
> **Estudiante 1:** Creo que tus padres consiguen libros en Internet.
> **Estudiante 2:** ¡No! Mi hermana consigue libros en Internet.

4 **¿Quién?** Your instructor will give you a worksheet. Talk to your classmates until you find one person who does each of the activities. Use **e:ie**, **o:ue**, and **e:i** stem-changing verbs.

> **modelo**
> **Tú:** ¿Pides consejos con frecuencia?
> **Maira:** No, no pido consejos con frecuencia.
> **Tú:** ¿Pides consejos con frecuencia?
> **Lucas:** Sí, pido consejos con frecuencia.

 Practice more at **vhlcentral.com**.

Comunicación

5

Las películas Use these questions to interview a classmate.

1. ¿Prefieres las películas románticas, las películas de acción o las películas de terror? ¿Por qué?
2. ¿Dónde consigues información sobre (*about*) cine y televisión?
3. ¿Dónde consigues las entradas (*tickets*) para ver una película?
4. Para decidir qué películas vas a ver, ¿sigues las recomendaciones de los críticos de cine? ¿Qué dicen los críticos en general?
5. ¿Qué cines en tu comunidad muestran las mejores (*best*) películas?
6. ¿Vas a ver una película esta semana? ¿A qué hora empieza la película?

Síntesis

6

El cine In pairs, first scan the ad and jot down all the stem-changing verbs. Then answer the questions. Be prepared to share your answers with the class.

1. ¿Qué palabras indican que *Avatar* es una película dramática?
2. ¿Cómo son los dos personajes (*characters*) del póster? ¿Qué relación tienen?
3. ¿Te gustan las películas como ésta (*this one*)? ¿Por qué?
4. Describe tu película favorita con los verbos de la **Lección 4**.

Ganadora de tres premios Óscar

Cuando todas las puertas se cierran, siempre hay una oportunidad para volver a empezar.

Del productor y director de
Titanic y Terminator

Un mundo lejano puede desaparecer, su salvación está en las manos de un hombre que también puede perderlo todo... Incluso el amor.
¿Cuentan con él?

4.4 Verbs with irregular **yo** forms   **S** Tutorial

ANTE TODO   In Spanish, several verbs have irregular **yo** forms in the present tense. You have already seen three verbs with the **-go** ending in the **yo** form: **decir → digo**, **tener → tengo**, and **venir → vengo**.

▶ Here are some common expressions with **decir**.

decir la verdad
to tell the truth

decir mentiras
to tell lies

decir que
to say that

decir la respuesta
to say the answer

▶ The verb **hacer** is often used to ask questions about what someone does. Note that when answering, **hacer** is frequently replaced with another, more specific action verb.

	Verbs with irregular yo forms				
	hacer *(to do;* *to make)*	**poner** *(to put;* *to place)*	**salir** *(to leave)*	**suponer** *(to suppose)*	**traer** *(to bring)*
SINGULAR FORMS	**hago** haces hace	**pongo** pones pone	**salgo** sales sale	**supongo** supones supone	**traigo** traes trae
PLURAL FORMS	hacemos hacéis hacen	ponemos ponéis ponen	salimos salís salen	suponemos suponéis suponen	traemos traéis traen

Salgo mucho los fines de semana.

Yo no salgo, yo hago la tarea y veo películas en la televisión.

▶ **Poner** can also mean *to turn on* a household appliance.

Carlos **pone** la radio.
Carlos turns on the radio.

María **pone** la televisión.
María turns on the television.

▶ **Salir de** is used to indicate that someone is leaving a particular place.

Hoy **salgo del** hospital.
Today I leave the hospital.

Sale de la clase a las cuatro.
He leaves class at four.

> **Salir para** is used to indicate someone's destination.

Mañana **salgo para** México.
Tomorrow I leave for Mexico.

Hoy **salen para** España.
Today they leave for Spain.

> **Salir con** means *to leave with someone* or *something*, or *to date someone*.

Alberto **sale con** su mochila.
Alberto is leaving with his backpack.

Margarita **sale con** Guillermo.
Margarita is going out with Guillermo.

The verbs **ver** and **oír**

> The verb **ver** (*to see*) has an irregular **yo** form. The other forms of **ver** are regular.

The verb ver (*to see*)			
Singular forms		**Plural forms**	
yo	**veo**	nosotros/as	vemos
tú	ves	vosotros/as	veis
Ud./él/ella	ve	Uds./ellos/ellas	ven

> The verb **oír** (*to hear*) has an irregular **yo** form and the spelling change **i:y** in the **tú, usted, él, ella, ustedes, ellos,** and **ellas** forms. The **nosotros/as** and **vosotros/as** forms have an accent mark.

The verb oír (*to hear*)			
Singular forms		**Plural forms**	
yo	**oigo**	nosotros/as	oímos
tú	o**y**es	vosotros/as	oís
Ud./él/ella	o**y**e	Uds./ellos/ellas	o**y**en

> While most commonly translated as *to hear*, **oír** is also used in contexts where the verb *to listen* would be used in English.

Oigo a unas personas en la otra sala.
I hear some people in the other room.

¿**Oyes** la radio por la mañana?
Do you listen to the radio in the morning?

¡INTÉNTALO!   Provide the appropriate forms of these verbs.

1. salir   Isabel ___sale___.   Nosotros _____.   Yo _____.
2. ver   Yo _____.   Uds. _____.   Tú _____.
3. poner   Rita y yo _____.   Yo _____.   Los niños _____.
4. hacer   Yo _____.   Tú _____.   Ud. _____.
5. oír   Él _____.   Nosotros _____.   Yo _____.
6. traer   Ellas _____.   Yo _____.   Tú _____.
7. suponer   Yo _____.   Mi amigo _____.   Nosotras _____.

Práctica

1 **Completar** Complete this conversation with the appropriate forms of the verbs. Then act it out with a partner.

ERNESTO David, ¿qué (1)_____ (hacer) hoy?

DAVID Ahora estudio biología, pero esta noche (2)_____ (salir) con Luisa. Vamos al cine. Los críticos (3)_____ (decir) que la nueva (*new*) película de Almodóvar es buena.

ERNESTO ¿Y Diana? ¿Qué (4)_____ (hacer) ella?

DAVID (5)_____ (Salir) a comer con sus padres.

ERNESTO ¿Qué (6)_____ (hacer) Andrés y Javier?

DAVID Tienen que (7)_____ (hacer) las maletas. (8)_____ (Salir) para Monterrey mañana.

ERNESTO Pues, ¿qué (9)_____ (hacer) yo?

DAVID Yo (10)_____ (suponer) que puedes estudiar o (11)_____ (ver) la televisión.

ERNESTO No quiero estudiar. Mejor (12)_____ (poner) la televisión. Mi programa favorito empieza en unos minutos.

2 **Oraciones** Form sentences using the cues provided and verbs from **Estructura 4.4**.

> **modelo**
>
> tú / _____ / cosas / en / su lugar / antes de (*before*) / salir
> *Tú pones las cosas en su lugar antes de salir.*

1. mis amigos / _____ / conmigo / centro
2. tú / _____ / mentiras / pero / yo _____ / verdad
3. Alberto / _____ / música del café Pasatiempos
4. yo / no / _____ / muchas películas
5. domingo / nosotros / _____ / mucha / tarea
6. si / yo / _____ / que / yo / querer / ir / cine / mis amigos / ir / también

3 **Describir** Use the verbs from **Estructura 4.4** to describe what these people are doing.

1. Fernán

2. los aficionados

3. yo

4. nosotros

5. la señora Vargas

6. el estudiante

 Practice more at **vhlcentral.com**.

Comunicación

4

Tu rutina In pairs, take turns asking each other these questions.

1. ¿Qué traes a clase?
2. ¿Quiénes traen un diccionario a clase? ¿Por qué traen un diccionario?
3. ¿A qué hora sales de tu residencia estudiantil o de tu casa por la mañana? ¿A qué hora sale tu compañero/a de cuarto?
4. ¿Dónde pones tus libros cuando regresas de clase? ¿Siempre (*Always*) pones tus cosas en su lugar?
5. ¿Qué prefieres hacer, oír la radio o ver la televisión?
6. ¿Oyes música cuando estudias?
7. ¿Ves películas en casa o prefieres ir al cine?
8. ¿Haces mucha tarea los fines de semana?
9. ¿Sales con tus amigos los fines de semana? ¿A qué hora? ¿Qué hacen?
10. ¿Te gusta ver deportes en la televisión o prefieres ver otros programas? ¿Cuáles?

5

Charadas In groups, play a game of charades. Each person should think of two phrases containing the verbs **hacer, oír, poner, salir, traer,** or **ver**. The first person to guess correctly acts out the next charade.

6

Entrevista You are doing a market research report on lifestyles. Interview a classmate to find out when he or she goes out with these people and what they do for entertainment.

▶ los/las amigos/as
▶ el/la novio/a
▶ el/la esposo/a
▶ la familia

Síntesis

7

Situación Imagine that you are speaking with your roommate. With a partner, prepare a conversation using these cues.

Estudiante 1	Estudiante 2
Ask your partner what he or she is doing.	Tell your partner that you are watching TV.
Say what you suppose he or she is watching.	Say that you like the show _____. Ask if he or she wants to watch.
Say no, because you are going out with friends, and tell where you are going.	Say you think it's a good idea, and ask what your partner and his or her friends are doing there.
Say what you are going to do, and ask your partner whether he or she wants to come along.	Say no and tell your partner what you prefer to do.

Recapitulación

 Concepts Diagnostics

Review the grammar concepts you have learned in this lesson by completing these activities.

1 **Completar** Complete the chart with the correct verb forms. **15 pts.**

Infinitive	yo	nosotros/as	ellos/as
	vuelvo		
comenzar		**comenzamos**	
		hacemos	**hacen**
ir			
	juego		
repetir			**repiten**

2 **Un día típico** Complete the paragraph with the appropriate forms of the verbs in the word list. Not all verbs will be used. Some may be used more than once. **10 pts.**

almorzar	ir	salir
cerrar	jugar	seguir
empezar	mostrar	ver
hacer	querer	volver

¡Hola! Me llamo Cecilia y vivo en Puerto Vallarta, México. ¿Cómo es un día típico en mi vida (*life*)? Por la mañana bebo café con mis padres y juntos (*together*) (1)_____ las noticias (*news*) en la televisión. A las siete y media, (yo) (2)_____ de mi casa y tomo el autobús. Me gusta llegar temprano (*early*) a la universidad porque siempre (*always*) (3)_____ a mis amigos en la cafetería. Tomamos café y planeamos lo que (4)_____ hacer cada (*each*) día. A las ocho y cuarto, mi amiga Sandra y yo (5)_____ al laboratorio de lenguas. La clase de francés (6)_____ a las ocho y media. ¡Es mi clase favorita! A las doce y media (yo) (7)_____ en la cafetería con mis amigos. Después (*Afterwards*), yo (8)_____ con mis clases. Por las tardes, mis amigos (9)_____ a sus casas, pero yo (10)_____ al vóleibol con mi amigo Tomás.

RESUMEN GRAMATICAL

4.1 **Present tense of ir** *p. 118*

yo	voy	nos.	vamos
tú	vas	vos.	vais
él	va	ellas	van

▶ **ir a** + [*infinitive*] = *to be going* + [*infinitive*]

▶ **a + el = al**

▶ **vamos a** + [*infinitive*] = *let's* (*do something*)

4.2 **Stem-changing verbs e:ie, o:ue, u:ue** *pp. 121–122*

	empezar	volver	jugar
yo	empiezo	vuelvo	juego
tú	empiezas	vuelves	juegas
él	empieza	vuelve	juega
nos.	empezamos	volvemos	jugamos
vos.	empezáis	volvéis	jugáis
ellas	empiezan	vuelven	juegan

▶ Other e:ie verbs: **cerrar, comenzar, entender, pensar, perder, preferir, querer**

▶ Other o:ue verbs: **almorzar, contar, dormir, encontrar, mostrar, poder, recordar**

4.3 **Stem-changing verbs e:i** *p. 125*

		pedir		
yo	pido		nos.	pedimos
tú	pides		vos.	pedís
él	pide		ellas	piden

▶ Other e:i verbs: **conseguir, decir, repetir, seguir**

4.4 **Verbs with irregular yo forms** *pp. 128–129*

hacer	poner	salir	suponer	traer
hago	pongo	salgo	supongo	traigo

▶ **ver:** veo, ves, ve, vemos, veis, ven

▶ **oír:** oigo, oyes, oye, oímos, oís, oyen

3

Oraciones Arrange the cues provided in the correct order to form complete sentences. Make all necessary changes. **14 pts.**

1. tarea / los / hacer / sábados / nosotros / la

   _____

2. en / pizza / Andrés / una / restaurante / el / pedir

   _____

3. a / ? / museo / ir / ¿ / el / (tú)

   _____

4. de / oír / amigos / bien / los / no / Elena

   _____

5. libros / traer / yo / clase / mis / a

   _____

6. película / ver / en / Jorge y Carlos / pensar / cine / una / el

   _____

7. unos / escribir / Mariana / electrónicos / querer / mensajes

   _____

4

Escribir Write a short paragraph about what you do on a typical day. Use at least six of the verbs you have learned in this lesson. You can use the paragraph on the opposite page (**Actividad 2**) as a model. **11 pts.**

Un día típico

Hola, me llamo Julia y vivo en Vancouver, Canadá. Por la mañana, yo...

5

Rima Complete the rhyme with the appropriate forms of the correct verbs from the list. **2 EXTRA points!**

contar	poder
oír	suponer

66 Si no _____ dormir
y el sueño deseas,
lo vas a conseguir
si _____ ovejas°. 99

ovejas *sheep*

 Practice more at **vhlcentral.com**.

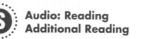
Lectura

Antes de leer

Estrategia
Predicting content from visuals

When you are reading in Spanish, be sure to look for visual clues that will orient you as to the content and purpose of what you are reading. Photos and illustrations, for example, will often give you a good idea of the main points that the reading covers. You may also encounter very helpful visuals that are used to summarize large amounts of data in a way that is easy to comprehend; these include bar graphs, pie charts, flow charts, lists of percentages, and other sorts of diagrams.

Examinar el texto

Take a quick look at the visual elements of the magazine article in order to generate a list of ideas about its content. Then compare your list with a classmate's. Are they the same or are they different? Discuss your lists and make any changes needed to produce a final list of ideas.

Contestar

Read the list of ideas you wrote in **Examinar el texto**, and look again at the visual elements of the magazine article. Then answer these questions:

1. Who is the woman in the photo, and what is her role?
2. What is the article about?
3. What is the subject of the pie chart?
4. What is the subject of the bar graph?

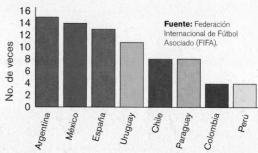

por María Úrsula Echevarría

El fútbol es el deporte más popular en el mundo° hispano, según° una encuesta° reciente realizada entre jóvenes universitarios. Mucha gente practica este deporte y tiene un equipo de fútbol favorito. Cada cuatro años se realiza la Copa Mundial°. Argentina y Uruguay han ganado° este campeonato° más de una vez°. Los aficionados siguen los partidos de fútbol en casa por tele y en muchos otros lugares como bares, restaurantes, estadios y clubes deportivos. Los jóvenes juegan al fútbol con sus amigos en parques y gimnasios.

Países hispanos en campeonatos mundiales de fútbol (1930–2010)

Fuente: Federación Internacional de Fútbol Asociado (FIFA).

Eje vertical: No. de veces — 0, 2, 4, 6, 8, 10, 12, 14, 16

Argentina, México, España, Uruguay, Chile, Paraguay, Colombia, Perú

Pero, por supuesto°, en los países de habla hispana también hay otros deportes populares. ¿Qué deporte sigue al fútbol en estos países? Bueno, ¡depende del país y de otros factores!

Después de leer

Evaluación y predicción

Which of the following sporting events would be most popular among the college students surveyed? Rate them from one (most popular) to five (least popular). Which would be the most popular at your college or university?

_____ 1. la Copa Mundial de Fútbol

_____ 2. los Juegos Olímpicos

_____ 3. el Campeonato de Wimbledon

_____ 4. la Serie Mundial de Béisbol

_____ 5. el Tour de Francia

No sólo el fútbol

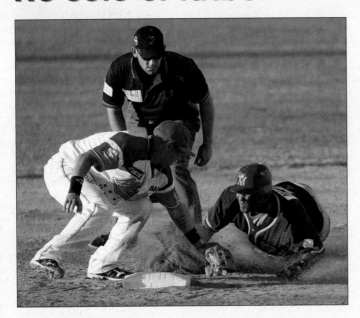

En Colombia, el béisbol también es muy popular después del fútbol, aunque° esto varía según la región del país. En la costa del norte de Colombia, el béisbol es una pasión. Y el ciclismo también es un deporte que los colombianos siguen con mucho interés.

Donde el béisbol es más popular

En los países del Caribe, el béisbol es el deporte predominante. Éste es el caso en Puerto Rico, Cuba y la República Dominicana. Los niños empiezan a jugar cuando son muy pequeños. En Puerto Rico y la República Dominicana, la gente también quiere participar en otros deportes, como el baloncesto, o ver los partidos en la tele. Y para los espectadores aficionados del Caribe, el boxeo es número dos.

Donde el fútbol es más popular

En México, el béisbol es el segundo° deporte más popular después° del fútbol. Pero en Argentina, después del fútbol, el rugby tiene mucha importancia. En Perú a la gente le gusta mucho ver partidos de vóleibol. ¿Y en España? Muchas personas prefieren el baloncesto, el tenis y el ciclismo.

Deportes más populares

Fútbol (69%)
Béisbol (10%)
Baloncesto (8%)
Ciclismo (4%)
Tenis (4%)
Boxeo (3%)
Vóleibol (2%)

---

mundo *world* según *according to* encuesta *survey* se realiza la Copa Mundial *the World Cup is held* han ganado *have won* campeonato *championship* más de una vez *more than once* por supuesto *of course* segundo *second* después *after* aunque *although*

¿Cierto o falso?

Indicate whether each sentence is **cierto** or **falso**, then correct the false statements.

	Cierto	Falso
1. El vóleibol es el segundo deporte más popular en México.	○	○
2. En España a la gente le gustan varios deportes como el baloncesto y el ciclismo.	○	○
3. En la costa del norte de Colombia, el tenis es una pasión.	○	○
4. En el Caribe, el deporte más popular es el béisbol.	○	○

Preguntas

Answer these questions in Spanish.

1. ¿Dónde ven el fútbol los aficionados? Y tú, ¿cómo ves tus deportes favoritos?
2. ¿Te gusta el fútbol? ¿Por qué?
3. ¿Miras la Copa Mundial en la televisión?
4. ¿Qué deportes miras en la televisión?
5. En tu opinión, ¿cuáles son los tres deportes más populares en tu universidad? ¿En tu comunidad? ¿En tu país?
6. ¿Practicas deportes en tus ratos libres?

Video: *Panorama cultural*
Interactive map

México

El país en cifras

▶ **Área:** 1.972.550 km^2
(761.603 millas^2), *casi*° *tres veces*°
el área de Texas
La situación geográfica de México,
al sur° *de los Estados Unidos, ha*
influido en° *la economía y la sociedad de los dos*
países. Una de las consecuencias es la emigración
de la población mexicana al país vecino°*. Hoy día,*
más de 30 millones de personas de ascendencia
mexicana viven en los Estados Unidos.

▶ **Población:** 115.528.000
▶ **Capital:** México, D.F. (y su área
metropolitana)—20.078.000
▶ **Ciudades principales:** Guadalajara
—4.648.000, Monterrey—4.118.000,
Puebla—2.460.000,
Ciudad Juárez—1.470.000
SOURCE: Population Division, UN Secretariat
▶ **Moneda:** peso mexicano
▶ **Idiomas:** español (oficial), náhuatl,
otras lenguas indígenas

Bandera de México

Mexicanos célebres
▶ **Benito Juárez,** héroe nacional (1806–1872)
▶ **Octavio Paz,** poeta (1914–1998)
▶ **Elena Poniatowska,** periodista y escritora
(1933–)
▶ **Julio César Chávez,** boxeador (1962–)

casi *almost* veces *times* sur *south* ha influido en *has influenced*
vecino *neighboring* se llenan de luz *get filled with light* flores *flowers*
Muertos *Dead* se ríen *laugh* muerte *death* lo cual se refleja *which is*
reflected calaveras de azúcar *sugar skulls* pan *bread* huesos *bones*

Cabo San Lucas

ESTADOS UNIDOS

Ciudad Juárez

Autorretrato con mono
(*Self-portrait with monkey*),
1938, Frida Kahlo

Golfo de California
Baja California

Río Grande
Río Bravo del Norte
Sierra Madre Oriental
Sierra Madre Occidental

ESTADOS UNIDOS
MÉXICO
OCÉANO
PACÍFICO
OCÉANO
ATLÁNTICO
AMÉRICA DEL SUR

Monterrey

Océano Pacífico

Puerto
Vallarta

Ciudad de
México

Guadalajara

Puebla

Acapulco

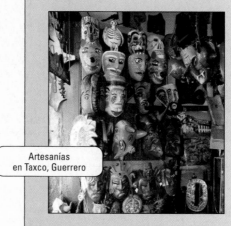
Artesanías
en Taxco, Guerrero

recursos

WB
pp. 47–48

VM
pp. 231–232

vhlcentral.com
Lección 4

Pirámide de Kukulcán
en Chichén Itzá

¡Increíble pero cierto!

Cada dos de noviembre los cementerios de
México se llenan de luz°, música y flores°. El Día
de Muertos° no es un evento triste; es una fiesta
en honor a las personas muertas. En ese día,
los mexicanos se ríen° de la muerte°, lo cual se
refleja° en detalles como las calaveras de azúcar°
y el pan° de muerto —pan en forma de huesos°.

Ciudades • México, D.F.

La Ciudad de México, fundada° en 1525, también se llama el D.F. o Distrito Federal. Muchos turistas e inmigrantes vienen a la ciudad porque es el centro cultural y económico del país. El crecimiento° de la población es de los más altos° del mundo. El D.F. tiene una población mayor que las de Nueva York, Madrid o París.

Artes • Diego Rivera y Frida Kahlo

Frida Kahlo y Diego Rivera eran° artistas mexicanos muy famosos. Se casaron° en 1929. Los dos se interesaron° en las condiciones sociales de la gente indígena de su país. Puedes ver algunas° de sus obras° en el Museo de Arte Moderno de la Ciudad de México.

Golfo
de México

Península
de Yucatán

Mérida

Bahía de
Campeche

Cancún

Veracruz

Istmo de
Tehuantepec

BELICE

GUATEMALA

Historia • Los aztecas

Los aztecas dominaron° en México del siglo° XIV al siglo XVI. Sus canales, puentes° y pirámides con templos religiosos eran muy importantes.

El fin del imperio azteca comenzó° con la llegada° de los españoles en 1519, pero la presencia azteca sigue hoy. La Ciudad de México está situada en la capital azteca de Tenochtitlán, y muchos turistas van a visitar sus ruinas.

Economía • La plata

México es el mayor productor de plata° del mundo°. Estados como Zacatecas y Durango tienen ciudades fundadas cerca de los más grandes yacimientos° de plata del país. Estas ciudades fueron° en la época colonial unas de las más ricas e importantes. Hoy en día, aún° conservan mucho de su encanto° y esplendor.

 ¿Qué aprendiste? Responde a cada pregunta con una oración completa.

1. ¿Qué lenguas hablan los mexicanos?

2. ¿Cómo es la población del D.F. en comparación con la de otras ciudades?

3. ¿En qué se interesaron Frida Kahlo y Diego Rivera?

4. Nombra algunas de las estructuras de la arquitectura azteca.

5. ¿Dónde está situada la capital de México?

6. ¿Qué estados de México tienen los mayores yacimientos de plata?

 Conexión Internet Investiga estos temas en **vhlcentral.com**.

Practice more at
vhlcentral.com.

1. Busca información sobre dos lugares de México. ¿Te gustaría (*Would you like*) vivir allí? ¿Por qué?

2. Busca información sobre dos artistas mexicanos. ¿Cómo se llaman sus obras más famosas?

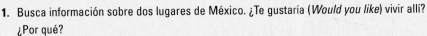

fundada *founded* crecimiento *growth* más altos *highest* eran *were* Se casaron *They got married* se interesaron *were interested in* algunas *some* obras *works* dominaron *dominated* siglo *century* puentes *bridges* comenzó *started* llegada *arrival* plata *silver* mundo *world* yacimientos *deposits* fueron *were* aún *still* encanto *charm*

Pasatiempos

andar en patineta	to skateboard
bucear	to scuba dive
escalar montañas (f., pl.)	to climb mountains
escribir una carta	to write a letter
escribir un mensaje electrónico	to write an e-mail
esquiar	to ski
ganar	to win
ir de excursión	to go on a hike
leer correo electrónico	to read e-mail
leer un periódico	to read a newspaper
leer una revista	to read a magazine
nadar	to swim
pasear	to take a walk; to stroll
pasear en bicicleta	to ride a bicycle
patinar (en línea)	to (inline) skate
practicar deportes (m., pl.)	to play sports
tomar el sol	to sunbathe
ver películas (f., pl.)	to watch movies
visitar monumentos (m., pl.)	to visit monuments
la diversión	fun activity; entertainment; recreation
el fin de semana	weekend
el pasatiempo	pastime; hobby
los ratos libres	spare (free) time
el videojuego	video game

Deportes

el baloncesto	basketball
el béisbol	baseball
el ciclismo	cycling
el equipo	team
el esquí (acuático)	(water) skiing
el fútbol	soccer
el fútbol americano	football
el golf	golf
el hockey	hockey
el/la jugador(a)	player
la natación	swimming
el partido	game; match
la pelota	ball
el tenis	tennis
el vóleibol	volleyball

Adjetivos

deportivo/a	sports-related
favorito/a	favorite

Lugares

el café	café
el centro	downtown
el cine	movie theater
el gimnasio	gymnasium
la iglesia	church
el lugar	place
el museo	museum
el parque	park
la piscina	swimming pool
la plaza	city or town square
el restaurante	restaurant

Verbos

almorzar (o:ue)	to have lunch
cerrar (e:ie)	to close
comenzar (e:ie)	to begin
conseguir (e:i)	to get; to obtain
contar (o:ue)	to count; to tell
decir (e:i)	to say; to tell
dormir (o:ue)	to sleep
empezar (e:ie)	to begin
encontrar (o:ue)	to find
entender (e:ie)	to understand
hacer	to do; to make
ir	to go
jugar (u:ue)	to play (a sport or a game)
mostrar (o:ue)	to show
oír	to hear
pedir (e:i)	to ask for; to request
pensar (e:ie)	to think
pensar (+ inf.)	to intend
pensar en	to think about
perder (e:ie)	to lose; to miss
poder (o:ue)	to be able to; can
poner	to put; to place
preferir (e:ie)	to prefer
querer (e:ie)	to want; to love
recordar (o:ue)	to remember
repetir (e:i)	to repeat
salir	to leave
seguir (e:i)	to follow; to continue
suponer	to suppose
traer	to bring
ver	to see
volver (o:ue)	to return

Decir expressions	See page 128.
Expresiones útiles	See page 113.

  Audio: Vocabulary

Las vacaciones

5

Communicative Goals

You will learn how to:

- **Discuss and plan a vacation**
- **Describe a hotel**
- **Talk about how you feel**
- **Talk about the seasons and the weather**

A PRIMERA VISTA
- ¿Están ellos en una montaña o en un museo?
- ¿Son viejos o jóvenes?
- ¿Pasean o ven una película? ¿Andan en patineta o van de excursión?
- ¿Es posible esquiar en este lugar?

Las vacaciones

Más vocabulario

la cama	bed
la habitación individual, doble	single, double room
el piso	floor (of a building)
la planta baja	ground floor
el campo	countryside
el paisaje	landscape
el equipaje	luggage
la estación de autobuses, del metro, de tren	bus, subway, train station
la llegada	arrival
el pasaje (de ida y vuelta)	(round-trip) ticket
la salida	departure; exit
la tabla de (wind)surf	surfboard/sailboard
acampar	to camp
estar de vacaciones	to be on vacation
hacer las maletas	to pack (one's suitcases)
hacer un viaje	to take a trip
hacer (wind)surf	to (wind)surf
ir de compras	to go shopping
ir de vacaciones	to go on vacation
ir en autobús (m.), auto(móvil) (m.), motocicleta (f.), taxi (m.)	to go by bus, car, motorcycle, taxi

Variación léxica

automóvil ←→ coche (*Esp.*), carro (*Amér. L.*)

autobús ←→ camión (*Méx.*), guagua (*Caribe*)

motocicleta ←→ moto (*coloquial*)

la agente de viajes

el pasaporte

Confirma una reservación. (confirmar)

En la agencia de viajes

la habitación

el ascensor

el empleado

la llave

la huésped

el botones

el huésped

En el hotel

Saca/Toma fotos.
(sacar, tomar)

BIENVENIDOS

el avión

viajero

la inspectora
de aduanas

En el aeropuerto

Pesca.
(pescar)

Monta a caballo.
(montar)

Va en barco.
(ir)

Juegan a las
cartas. (jugar)

el mar

la playa

En la playa

Práctica

1 **Escuchar** 🎧 Indicate who would probably make each statement you hear. Each answer is used twice.

a. el agente de viajes   1. _____   4. _____
b. la inspectora de aduanas   2. _____   5. _____
c. un empleado del hotel   3. _____   6. _____

2 **¿Cierto o falso?** 🎧 Mario and his wife, Natalia, are planning their next vacation with a travel agent. Indicate whether each statement is **cierto** or **falso** according to what you hear in the conversation.

	Cierto	Falso
1. Mario y Natalia están en Puerto Rico.	○	○
2. Ellos quieren hacer un viaje a Puerto Rico.	○	○
3. Natalia prefiere ir a la montaña.	○	○
4. Mario quiere pescar en Puerto Rico.	○	○
5. La agente de viajes va a confirmar la reservación.	○	○

3 **Escoger** Choose the best answer for each sentence.

1. Un huésped es una persona que _____.
   a. toma fotos   b. está en un hotel   c. pesca en el mar
2. Abrimos la puerta con _____.
   a. una llave   b. un caballo   c. una llegada
3. Enrique tiene _____ porque va a viajar a otro (*another*) país.
   a. un pasaporte   b. una foto   c. una llegada
4. Antes de (*Before*) ir de vacaciones, hay que _____.
   a. pescar   b. ir en tren   c. hacer las maletas
5. Nosotros vamos en _____ al aeropuerto.
   a. autobús   b. pasaje   c. viajero
6. Me gusta mucho ir al campo. El _____ es increíble.
   a. paisaje   b. pasaje   c. equipaje

4 **Analogías** Complete the analogies using the words below. Two words will not be used.

auto	huésped	mar	sacar
botones	llegada	pasaporte	tren

1. acampar → campo ⊖ pescar →
2. agencia de viajes → agente ⊖ hotel →
3. llave → habitación ⊖ pasaje →
4. estudiante → libro ⊖ turista →
5. aeropuerto → viajero ⊖ hotel →
6. maleta → hacer ⊖ foto →

Las estaciones y los meses del año

el invierno: diciembre, enero, febrero

la primavera: marzo, abril, mayo

el verano: junio, julio, agosto

el otoño: septiembre, octubre, noviembre

—¿Cuál es la fecha de hoy?
—Es el primero de octubre.
—Es el dos de marzo.
—Es el diez de noviembre.

What is today's date?
It's the first of October.
It's March 2nd.
It's November 10th.

El tiempo

—¿Qué tiempo hace?
—Hace buen/mal tiempo.

How's the weather?
The weather is good/bad.

Hace (mucho) calor.
It's (very) hot.

Hace (mucho) frío.
It's (very) cold.

Llueve. (llover o:ue)
It's raining.

Está lloviendo.
It's raining.

Nieva. (nevar e:ie)
It's snowing.

Está nevando.
It's snowing.

Más vocabulario

Está (muy) nublado.	*It's (very) cloudy.*
Hace fresco.	*It's cool.*
Hace (mucho) sol.	*It's (very) sunny.*
Hace (mucho) viento.	*It's (very) windy.*

5   **El Hotel Regis**   Label the floors of the hotel.

Números ordinales

primer (before a masculine singular noun), **primero/a**	first
segundo/a	second
tercer (before a masculine singular noun), **tercero/a**	third
cuarto/a	fourth
quinto/a	fifth
sexto/a	sixth
séptimo/a	seventh
octavo/a	eighth
noveno/a	ninth
décimo/a	tenth

a. _____ piso
b. _____ piso
c. _____ piso
d. _____ piso
e. _____ piso
f. _____ piso
g. _____ piso
h. _____ baja

6   **Contestar**   Look at the illustrations of the months and seasons on the previous page. In pairs, take turns asking each other these questions.

modelo

Estudiante 1: ¿Cuál es el primer mes de la primavera?
Estudiante 2: marzo

1. ¿Cuál es el primer mes del invierno?
2. ¿Cuál es el segundo mes de la primavera?
3. ¿Cuál es el tercer mes del otoño?
4. ¿Cuál es el primer mes del año?
5. ¿Cuál es el quinto mes del año?
6. ¿Cuál es el octavo mes del año?
7. ¿Cuál es el décimo mes del año?
8. ¿Cuál es el segundo mes del verano?
9. ¿Cuál es el tercer mes del invierno?
10. ¿Cuál es el sexto mes del año?

7   **Las estaciones**   Name the season that applies to the description.

1. Las clases terminan.
2. Vamos a la playa.
3. Acampamos.
4. Nieva mucho.
5. Las clases empiezan.
6. Hace mucho calor.
7. Llueve mucho.
8. Esquiamos.
9. el entrenamiento (*training*) de béisbol
10. el Día de Acción de Gracias (*Thanksgiving*)

8   **¿Cuál es la fecha?**   Give the dates for these holidays.

modelo

el día de San Valentín   14 de febrero

1. el día de San Patricio
2. el día de Halloween
3. el primer día de verano
4. el Año Nuevo
5. mi cumpleaños (*birthday*)
6. mi día de fiesta favorito

9 **Seleccionar** Paco is talking about his family and friends. Choose the word or phrase that best completes each sentence.

1. A mis padres les gusta ir a Yucatán porque (hace sol, nieva).
2. Mi primo de Kansas dice que durante (*during*) un tornado, hace mucho (sol, viento).
3. Mis amigos van a esquiar si (nieva, está nublado).
4. Tomo el sol cuando (hace calor, llueve).
5. Nosotros vamos a ver una película si hace (buen, mal) tiempo.
6. Mi hermana prefiere correr cuando (hace mucho calor, hace fresco).
7. Mis tíos van de excursión si hace (buen, mal) tiempo.
8. Mi padre no quiere jugar al golf si (hace fresco, llueve).
9. Cuando hace mucho (sol, frío) no salgo de casa y tomo chocolate caliente (*hot*).
10. Hoy mi sobrino va al parque porque (está lloviendo, hace buen tiempo).

10 **El clima** With a partner, take turns asking and answering questions about the weather and temperatures in these cities. Use the model as a guide.

> **modelo**
>
> **Estudiante 1:** ¿Qué tiempo hace hoy en Nueva York?
> **Estudiante 2:** Hace frío y hace viento.
> **Estudiante 1:** ¿Cuál es la temperatura máxima?
> **Estudiante 2:** Treinta y un grados (*degrees*).
> **Estudiante 1:** ¿Y la temperatura mínima?
> **Estudiante 2:** Diez grados.

soleado   lluvia   nieve   nublado   viento

Nueva York	Miami	Chicago	París	Madrid	Tokio
Máx. 31°	Máx. 84°	Máx. 23°	Máx. 38°	Máx. 42°	Máx. 49°
Mín. 10°	Mín. 62°	Mín. 5°	Mín. 26°	Mín. 27°	Mín. 34°

Montreal	México D.F.	Cozumel	Caracas	Quito	Buenos Aires
Máx. 18°	Máx. 76°	Máx. 91°	Máx. 80°	Máx. 60°	Máx. 85°
Mín. 2°	Mín. 41°	Mín. 73°	Mín. 72°	Mín. 51°	Mín. 59°

11 **Completar** Complete these sentences with your own ideas.

1. Cuando hace sol, yo…
2. Cuando llueve, mis amigos y yo…
3. Cuando hace calor, mi familia…
4. Cuando hace viento, la gente…
5. Cuando hace frío, yo…
6. Cuando hace mal tiempo, mis amigos…
7. Cuando nieva, muchas personas…
8. Cuando está nublado, mis amigos y yo…
9. Cuando hace fresco, mis padres…
10. Cuando hace buen tiempo, mis amigos…

Practice more at **vhlcentral.com.**

NOTA CULTURAL

In most Spanish-speaking countries, temperatures are given in degrees Celsius. Use these formulas to convert between **grados centígrados** and **grados Fahrenheit**.

degrees C. × 9 ÷ 5 + 32 = degrees F.

degrees F. - 32 × 5 ÷ 9 = degrees C.

CONSULTA

Calor and **frío** can apply to both weather and people. Use **hacer** to describe weather conditions or climate.

(**Hace frío en Santiago.** *It's cold in Santiago.*)

Use **tener** to refer to people.

(**El viajero tiene frío.** *The traveler is cold.*)

See **Estructura 3.4** p. 93.

Comunicación

12

Preguntas personales In pairs, ask each other these questions.

1. ¿Cuál es la fecha de hoy? ¿Qué estación es?
2. ¿Te gusta esta estación? ¿Por qué?
3. ¿Qué estación prefieres? ¿Por qué?
4. ¿Prefieres el mar o las montañas? ¿La playa o el campo? ¿Por qué?
5. Cuando haces un viaje, ¿qué te gusta hacer y ver?
6. ¿Piensas ir de vacaciones este verano? ¿Adónde quieres ir? ¿Por qué?
7. ¿Qué deseas ver y qué lugares quieres visitar?
8. ¿Cómo te gusta viajar? ¿En avión? ¿En motocicleta...?

13

Encuesta Your instructor will give you a worksheet. How does the weather affect what you do? Walk around the class and ask your classmates what they prefer or like to do in the weather conditions given. Note their responses on your worksheet. Make sure to personalize your survey by adding a few original questions to the list. Be prepared to report your findings to the class.

14

La reservación In pairs, imagine that one of you is a receptionist at a hotel and the other is a tourist calling to make a reservation. Read only the information that pertains to you. Then role-play the situation.

Turista

Vas a viajar a Yucatán con un amigo. Llegan a Cancún el 23 de febrero y necesitan una habitación con baño privado para cuatro noches. Ustedes quieren descansar y prefieren una habitación con vista (view) al mar. Averigua (Find out) toda la información que necesitas (el costo, cuántas camas, etc.) y decide si quieres hacer la reservación o no.

Empleado/a

Trabajas en la recepción del Hotel Oceanía en Cancún. Para el mes de febrero, sólo quedan (remain) dos habitaciones: una individual ($168/noche) en el primer piso y una doble ($134/noche) en el quinto piso que tiene descuento porque no hay ascensor. Todas las habitaciones tienen baño privado y vista (view) a la piscina.

15

Minidrama With two or three classmates, prepare a skit about people who are on vacation or are planning a vacation. The skit should take place in one of these locations.

- una agencia de viajes
- una casa
- un aeropuerto, una estación de tren/autobuses
- un hotel
- el campo o la playa

Síntesis

16

Un viaje You are planning a trip to Mexico and have many questions about your itinerary on which your partner, a travel agent, will advise you. Your instructor will give you and your partner each a sheet with different instructions for acting out the roles.

¡Vamos a la playa!

Los seis amigos hacen un viaje a la playa.

PERSONAJES   FELIPE   JUAN CARLOS

Video: *Fotonovela*
Record and Compare

TÍA ANA MARÍA ¿Están listos para su viaje a la playa?

TODOS Sí.

TÍA ANA MARÍA Excelente... ¡A la estación de autobuses!

MARU ¿Dónde está Miguel?

FELIPE Yo lo traigo.

FELIPE No está nada mal el hotel, ¿verdad? Limpio, cómodo... ¡Oye, Miguel! ¿Todavía estás enojado conmigo? (*a Juan Carlos*) Miguel está de mal humor. No me habla.

JUAN CARLOS ¿Todavía?

(*se escucha un grito de Miguel*)

FELIPE Ya está listo. Y tal vez enojado. Ahorita vamos.

EMPLEADO Bienvenidas. ¿En qué puedo servirles?

MARU Hola. Tenemos una reservación para seis personas para esta noche.

EMPLEADO ¿A nombre de quién?

JIMENA ¿Díaz? ¿López? No estoy segura.

EMPLEADO No encuentro su nombre. Ah, no, ahora sí lo veo, aquí está. Díaz. Dos habitaciones en el primer piso para seis huéspedes.

EMPLEADO Aquí están las llaves de sus habitaciones.

MARU Gracias. Una cosa más. Mi novio y yo queremos hacer windsurf, pero no tenemos tablas.

EMPLEADO El botones las puede conseguir para ustedes.

MARISSA

JIMENA

MARU

MIGUEL

MAITE FUENTES

ANA MARÍA

EMPLEADO

7

JUAN CARLOS ¿Qué hace este libro aquí? ¿Estás estudiando en la playa?

JIMENA Sí, es que tengo un examen la próxima semana.

8

JUAN CARLOS Ay, Jimena. ¡No! ¿Vamos a nadar?

JIMENA Bueno, como estudiar es tan aburrido y el tiempo está tan bonito...

MARISSA Yo estoy un poco cansada. ¿Y tú? ¿Por qué no estás nadando?

FELIPE Es por causa de Miguel.

9

10

MARISSA Hmm, estoy confundida.

FELIPE Esta mañana. ¡Sigue enojado conmigo!

MARISSA No puede seguir enojado tanto tiempo.

recursos

VM
pp. 203–204

vhlcentral.com
Lección 5

Expresiones útiles

Talking with hotel personnel

¿En qué puedo servirles?
How can I help you?
Tenemos una reservación.
We have a reservation.
¿A nombre de quién?
In whose name?
¿Quizás López? ¿Tal vez Díaz?
Maybe López? Maybe Díaz?
Ahora lo veo, aquí está. Díaz.
Now I see it. Here it is. Díaz.
Dos habitaciones en el primer piso para seis huéspedes.
Two rooms on the first floor for six guests.
Aquí están las llaves.
Here are the keys.

Describing a hotel

No está nada mal el hotel.
The hotel isn't bad at all.
Todo está tan limpio y cómodo.
Everything is so clean and comfortable.
Es excelente/estupendo/fabuloso/ fenomenal/increíble/magnífico/ maravilloso/perfecto.
It's excellent/stupendous/fabulous/ phenomenal/incredible/magnificent/ marvelous/perfect.

Talking about how you feel

Yo estoy un poco cansado/a.
I am a little tired.
Estoy confundido/a. *I'm confused.*
Todavía estoy/Sigo enojado/a contigo.
I'm still angry with you.

Additional vocabulary

afuera *outside*
agradable *pleasant*
el balde *bucket*
la crema de afeitar
shaving cream
entonces *so, then*
es igual *it's the same*
el frente (frío) *(cold) front*
el grito *scream*
la temporada *period of time*

¿Qué pasó?

1

Completar Complete these sentences with the correct term from the word bank.

aburrido	botones	la llave
el aeropuerto	la estación de autobuses	montar a caballo
amable	habitaciones	reservación

1. Los amigos van a _____ para ir a la playa.
2. La _____ del hotel está a nombre de los Díaz.
3. Los amigos tienen dos _____ para seis personas.
4. El _____ puede conseguir tablas de windsurf para Maru.
5. Jimena dice que estudiar en vacaciones es muy _____.

CONSULTA

The meaning of some adjectives, such as **aburrido,** changes depending on whether they are used with **ser** or **estar.** See **Estructura 5.3**, pp. 158–159.

2

Identificar Identify the person who would make each statement.

EMPLEADO **MARU** **TÍA ANA MARÍA** **FELIPE** **JUAN CARLOS**

1. No lo encuentro, ¿a nombre de quién está su reservación?
2. ¿Por qué estás estudiando en la playa? ¡Mejor vamos a nadar!
3. Nuestra reservación es para seis personas en dos habitaciones.
4. El hotel es limpio y cómodo, pero estoy triste porque Miguel no me habla.
5. Suban al autobús y ¡buen viaje a la playa!

3

Ordenar Place these events in the correct order.

_____ a. El empleado busca la reservación.
_____ b. Marissa dice que está confundida.
_____ c. Los amigos están listos para ir a la playa.
_____ d. El empleado da (*gives*) las llaves de las habitaciones a las chicas.
_____ e. Miguel grita (*screams*).

4

Conversar With a partner, use these cues to create a conversation between a hotel employee and a guest in Mexico.

Huésped	**Empleado/a**
Say hi to the employee and ask for your reservation.	→ Tell the guest that you can't find his/her reservation.
Tell the employee that the reservation is in your name.	→ Tell him/her that you found the reservation and that it's for a double room.
Tell the employee that the hotel is very clean and orderly.	→ Say that you agree with the guest, welcome him/her and give him/her the keys.
Ask the employee to call the bellhop to help you with your luggage.	→ Call the bellhop to help the guest with his/her luggage.

 Practice more at **vhlcentral.com.**

Pronunciación

(S) Audio: Concepts, Activities
Record & Compare

Spanish b and v

bueno	vóleibol	biblioteca	vivir

There is no difference in pronunciation between the Spanish letters **b** and **v**. However, each letter can be pronounced two different ways, depending on which letters appear next to them.

bonito	viajar	también	investigar

B and **v** are pronounced like the English hard *b* when they appear either as the first letter of a word, at the beginning of a phrase, or after **m** or **n**.

deber	novio	abril	cerveza

In all other positions, **b** and **v** have a softer pronunciation, which has no equivalent in English. Unlike the hard **b**, which is produced by tightly closing the lips and stopping the flow of air, the soft **b** is produced by keeping the lips slightly open.

bola	vela	Caribe	declive

In both pronunciations, there is no difference in sound between **b** and **v**. The English *v* sound, produced by friction between the upper teeth and lower lip, does not exist in Spanish. Instead, the soft **b** comes from friction between the two lips.

Verónica y su esposo cantan boleros.

When **b** or **v** begins a word, its pronunciation depends on the previous word. At the beginning of a phrase or after a word that ends in **m** or **n**, it is pronounced as a hard **b**.

Benito   es de Boquerón   pero vive   en Victoria.

Words that begin with **b** or **v** are pronounced with a soft **b** if they appear immediately after a word that ends in a vowel or any consonant other than **m** or **n**.

Práctica Read these words aloud to practice the **b** and the **v**.

1. hablamos	4. van	7. doble	10. nublado
2. trabajar	5. contabilidad	8. novia	11. llave
3. botones	6. bien	9. béisbol	12. invierno

No hay mal que por bien no venga.[1]

Hombre prevenido vale por dos.[2]

Oraciones Read these sentences aloud to practice the **b** and the **v**.

1. Vamos a Guaynabo en autobús.
2. Voy de vacaciones a la Isla Culebra.
3. Tengo una habitación individual en el octavo piso.
4. Víctor y Eva van en avión al Caribe.
5. La planta baja es bonita también.
6. ¿Qué vamos a ver en Bayamón?
7. Beatriz, la novia de Víctor, es de Arecibo, Puerto Rico.

Refranes Read these sayings aloud to practice the **b** and the **v**.

1 *Every cloud has a silver lining.*
2 *An ounce of prevention equals a pound of cure.*

recursos	
LM p. 26	vhlcentral.com Lección 5

EN DETALLE

Las cataratas del Iguazú

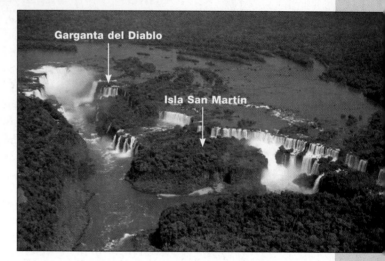

Garganta del Diablo

Isla San Martín

Imagine the impressive and majestic Niagara Falls, the most powerful waterfall in North America. Now, if you can, imagine a waterfall four times as wide and almost twice as tall that caused Eleanor Roosevelt to exclaim "Poor Niagara!" upon seeing it for the first time. Welcome to **las cataratas del Iguazú!**

Iguazú is located in Iguazú National Park, an area of subtropical jungle where Argentina meets Brazil. Its name comes from the indigenous Guaraní word for "great water." A UNESCO World Heritage Site, **las cataratas del Iguazú** span three kilometers and comprise 275 cascades split into two main sections by the San Martín Island. Most of the falls are about 82 meters (270 feet) high. The horseshoe-shaped cataract **Garganta del Diablo** (Devil's Throat) has the greatest water flow and is considered to be the most impressive; it also marks the border between Argentina and Brazil.

Each country offers different views and tourist options. Most visitors opt to use the numerous catwalks that are available on both sides; however, from the Argentinean side, tourists can get very close to the falls, whereas Brazil provides more panoramic views. If you don't mind getting wet, a jet boat tour is a good choice; those looking for wildlife—such as toucans, ocelots, butterflies, and jaguars—should head for San Martín Island. Brazil boasts less conventional ways to view the falls, such as helicopter rides and rappelling, while Argentina focuses on sustainability with its **Tren Ecológico de la Selva** (*Ecological Jungle Train*), an environmentally friendly way to reach the walkways.

No matter which way you choose to enjoy the falls, you are certain to be captivated.

Más cascadas° en Latinoamérica			
Nombre	**País**	**Altura°**	**Datos**
Salto Ángel	Venezuela	979 metros	la más alta° del mundo°
Catarata del Gocta	Perú	771 metros	descubierta° en 2006
Piedra Volada	México	453 metros	la más alta de México

cascadas *waterfalls* Altura *Height* más alta *tallest* mundo *world* descubierta *discovered*

ACTIVIDADES

1 **¿Cierto o falso?** Indicate whether these statements are **cierto** or **falso**. Correct the false statements.

1. Iguazú Falls is located on the border of Argentina and Brazil.
2. Niagara Falls is four times as wide as Iguazú Falls.
3. Iguazú Falls has a few cascades, each about 82 meters.
4. Tourists visiting Iguazú can see exotic wildlife.
5. *Iguazú* is the Guaraní word for "blue water."
6. You can access the walkways by taking the **Garganta del Diablo**.
7. It is possible for tourists to visit Iguazú Falls by air.
8. **Salto Ángel** is the tallest waterfall in the world.
9. There are no waterfalls in Mexico.
10. For the best views of Iguazú Falls, tourists should visit the Brazilian side.

ASÍ SE DICE

Viajes y turismo

el asiento del medio, del pasillo, de la ventanilla	center, aisle, window seat
el itinerario	itinerary
media pensión	breakfast and one meal included
el ómnibus (Arg., Perú)	el autobús
pensión completa	all meals included
el puente	long weekend (lit., bridge)

EL MUNDO HISPANO

Destinos populares

- **Las playas del Parque Nacional Manuel Antonio** (Costa Rica) ofrecen° la oportunidad de nadar y luego caminar por el bosque tropical°.

- **Teotihuacán** (México) Desde la época° de los aztecas, aquí se celebra el equinoccio de primavera en la Pirámide del Sol.

- **Puerto Chicama** (Perú), con sus olas° de cuatro kilómetros de largo°, es un destino para surfistas expertos.

- **Tikal** (Guatemala) Aquí puedes ver las maravillas de la selva° y ruinas de la civilización maya.

- **Las playas de Rincón** (Puerto Rico) son ideales para descansar y observar ballenas°.

ofrecen *offer* bosque tropical *rainforest*
Desde la época *Since the time* olas *waves*
de largo *in length* selva *jungle* ballenas *whales*

PERFIL

Punta del Este

One of South America's largest and most fashionable beach resort towns is Uruguay's **Punta del Este**, a narrow strip of land containing twenty miles of pristine beaches. Its peninsular shape gives it two very different seascapes. **La Playa Mansa**, facing the bay and therefore the more protected side, has calm waters. Here, people practice water sports like swimming, water skiing, windsurfing, and diving. **La Playa Brava**, facing the east, receives the Atlantic Ocean's powerful, wave-producing winds, making it popular for surfing, body boarding, and kite surfing. Besides the beaches, posh shopping, and world-famous nightlife, **Punta** offers its 600,000 yearly visitors yacht and fishing clubs, golf courses, and excursions to observe sea lions at the **Isla de Lobos** nature reserve.

Conexión Internet

¿Cuáles son los sitios más populares para el turismo en Puerto Rico?

Go to **vhlcentral.com** to find more cultural information related to this **Cultura** section.

ACTIVIDADES

2 **Comprensión** Complete the sentences.

1. En las playas de Rincón puedes ver _____.
2. Cerca de 600.000 turistas visitan _____ cada año.
3. En el avión pides un _____ si te gusta ver el paisaje.
4. En Punta del Este, la gente prefiere nadar en la Playa _____.
5. El _____ es un medio de transporte en Perú.

3 **De vacaciones** Spring break is coming up, and you want to go on a short vacation with some friends. Working in a small group, decide which of the locations featured on these pages best suits the group's likes and interests. Come to an agreement about how you will get there, where you prefer to stay and for how long, and what each of you will do during free time. Present your trip to the class.

recursos

| VM pp. 275–276 | vhlcentral.com Lección 5 |

 Practice more at **vhlcentral.com**.

5.1 Estar with conditions and emotions

ANTE TODO As you learned in **Lecciones 1** and **2**, the verb **estar** is used to talk about how you feel and to say where people, places, and things are located. **Estar** is also used with adjectives to talk about certain emotional and physical conditions.

CONSULTA

To review the present tense of **estar**, see **Estructura 2.3**, p. 55.

• • •

To review the present tense of **ser**, see **Estructura 1.3**, p. 20.

▶ Use **estar** with adjectives to describe the physical condition of places and things.

La habitación **está** sucia.
The room is dirty.

La puerta **está** cerrada.
The door is closed.

▶ Use **estar** with adjectives to describe how people feel, both mentally and physically.

Yo estoy cansada.

¿Están listos para su viaje?

▶ **¡Atención!** Two important expressions with **estar** that you can use to talk about conditions and emotions are **estar de buen humor** (*to be in a good mood*) and **estar de mal humor** (*to be in a bad mood*).

Adjectives that describe emotions and conditions

abierto/a	open	**contento/a**	happy; content	**listo/a**	ready
aburrido/a	bored	**desordenado/a**	disorderly	**nervioso/a**	nervous
alegre	happy; joyful	**enamorado/a (de)**	in love (with)	**ocupado/a**	busy
avergonzado/a	embarrassed			**ordenado/a**	orderly
cansado/a	tired	**enojado/a**	mad; angry	**preocupado/a (por)**	worried (about)
cerrado/a	closed	**equivocado/a**	wrong		
cómodo/a	comfortable	**feliz**	happy	**seguro/a**	sure
confundido/a	confused	**limpio/a**	clean	**sucio/a**	dirty
				triste	sad

¡INTÉNTALO! Provide the present tense forms of **estar**, and choose which adjective best completes the sentence.

1. La biblioteca _____está_____ (cerrada / nerviosa) los domingos por la noche. *cerrada*
2. Nosotros _____ muy (ocupados / equivocados) todos los lunes.
3. Ellas _____ (alegres / confundidas) porque tienen vacaciones.
4. Javier _____ (enamorado / ordenado) de Maribel.
5. Diana _____ (enojada / limpia) con su novio.
6. Yo _____ (nerviosa / abierta) por el viaje.
7. La habitación siempre _____ (ordenada / segura) cuando vienen sus padres.
8. Ustedes no comprenden; _están___ (equivocados / tristes).

recursos

WB
pp. 51–52

LM
p. 27

vhlcentral.com
Lección 5

Práctica y Comunicación

1 **¿Cómo están?** Complete Martín's statements about how he and other people are feeling. In the first blank, fill in the correct form of **estar**. In the second blank, fill in the adjective that best fits the context.

1. Yo ___estoy___ un poco ___nervioso___ porque tengo un examen mañana.
2. Mi hermana Patricia ___estas___ muy ___alegre___ porque mañana va a hacer una excursión al campo.
3. Mis hermanos Juan y José salen de la casa a las cinco de la mañana. Por la noche, siempre _____ muy _____.
4. Mi amigo Ramiro _____ ___enamorada___, su novia se llama Adela.
5. Mi papá y sus colegas ___estan___ muy _____ hoy. ¡Hay mucho trabajo!
6. Patricia y yo ___estamos___ un poco _____ por ellos porque trabajan mucho.
7. Mi amiga Mónica _____ un poco ___trist___ porque su <u>novio</u>— *boyfriend* no puede salir esta noche.
8. Esta clase no es muy interesante. ¿Tú ___estas aburrido___ también? —*also*

2 **Describir** Describe these people and places.

1. Anabela

2. Juan y Luisa

3. la habitación de Teresa

4. la habitación de César

3 **Situaciones** With a partner, use **estar** to talk about how you feel in these situations.

1. Cuando hace sol…
2. Cuando tomas un examen…
3. Cuando viajas en avión…
4. Cuando estás en la clase de español…
5. Cuando ves una película con tu actor/actriz favorito/a…

4 **En la tele** In small groups, imagine that you are a family that stars on a reality TV show. You are vacationing together, but the trip isn't going well for everyone. Write the script of a scene from the show and then act it out. Use at least six adjectives from the previous page and be creative!

modelo

Papá: ¿Por qué estás enojada, María Rosa? El hotel es muy bonito y las habitaciones están limpias.

Mamá: ¡Pero mira, Roberto! Las maletas de Elisa están abiertas y, como siempre, sus cosas están muy desordenadas.

 Practice more at **vhlcentral.com**.

5.2 The present progressive   Ⓢ Tutorial

ANTE TODO   Both Spanish and English use the present progressive, which consists of the present tense of the verb *to be* and the present participle of another verb (the *-ing* form in English).

Las chicas están hablando con el empleado del hotel.

¿Estás estudiando en la playa?

▶ Form the present progressive with the present tense of **estar** and a present participle.

FORM OF **ESTAR** + PRESENT PARTICIPLE		FORM OF **ESTAR** + PRESENT PARTICIPLE	
Estoy	**pescando.**	**Estamos**	**comiendo.**
I am	*fishing.*	*We are*	*eating.*

▶ The present participle of regular **-ar**, **-er**, and **-ir** verbs is formed as follows:

INFINITIVE	STEM	ENDING	PRESENT PARTICIPLE
hablar	habl-	**-ando**	habl**ando**
comer	com-	**-iendo**	com**iendo**
escribir	escrib-	**-iendo**	escrib**iendo**

▶ **¡Atención!** When the stem of an **-er** or **-ir** verb ends in a vowel, the present participle ends in **-yendo**.

INFINITIVE	STEM	ENDING	PRESENT PARTICIPLE
leer	le-	**-yendo**	le**yendo**
oír	o-	**-yendo**	o**yendo**
traer	tra-	**-yendo**	tra**yendo**

▶ **Ir**, **poder**, and **venir** have irregular present participles (**yendo**, **pudiendo**, **viniendo**). Several other verbs have irregular present participles that you will need to learn.

▶ **-Ir** stem-changing verbs have a stem change in the present participle.

-ir stem-changing verbs

e:ie in the present tense	e → i in the present participle
prefer**i**r	prefir**i**endo

e:i in the present tense	e → i in the present participle
consegu**i**r	consigu**i**endo

o:ue in the present tense	o → u in the present participle
dorm**i**r	d**u**rmiendo

The use of the present progressive is much more restricted in Spanish than in English. In Spanish, the present progressive is mainly used to emphasize that an action is in progress at the time of speaking.

Maru **está escuchando** música latina **ahora mismo**.	Felipe y su amigo **todavía están jugando** al fútbol.
Maru is listening to Latin music right now.	*Felipe and his friend are still playing soccer.*

In English, the present progressive is often used to talk about situations and actions that occur over an extended period of time or in the future. In Spanish, the simple present tense is often used instead.

Xavier **estudia** computación este semestre.	Marissa **sale** mañana para los Estados Unidos.
Xavier is studying computer science this semester.	*Marissa is leaving tomorrow for the United States.*

¿Está pensando en su futuro?
Nosotros, sí.

🏛 BANCO **CONGRESO** 🏛

Preparándolo para el mañana

¡INTÉNTALO!   Create complete sentences by putting the verbs in the present progressive.

1. mis amigos / descansar en la playa ___ *Mis amigos están descansando en la playa.*
2. nosotros / practicar deportes _____
3. Carmen / comer en casa _____
4. nuestro equipo / ganar el partido _____
5. yo / leer el periódico _____
6. él / pensar comprar una bicicleta _____
7. ustedes / jugar a las cartas _____
8. José y Francisco / dormir _____
9. Marisa / leer correo electrónico _____
10. yo / preparar sándwiches _____
11. Carlos / tomar fotos _____
12. ¿dormir / tú? _____

Práctica

1

Completar Alfredo's Spanish class is preparing to travel to Puerto Rico. Use the present progressive of the verb in parentheses to complete Alfredo's description of what everyone is doing.

1. Yo _investigo_ (estoy) (investigar) la situación política de la isla (*island*).
2. La esposa del profesor _haciendo_ está (hacer) las maletas.
3. Marta y José Luis _buscando_ (buscar) información sobre San Juan en Internet. están
4. Enrique y yo _leyendo_ (estamos) (leer) un correo electrónico de nuestro amigo puertorriqueño.
5. Javier _aprendiendo_ (aprender) mucho sobre la cultura puertorriqueña. está
6. Y tú _practicando_ (practicar) el español, ¿verdad? estás

2

¿Qué están haciendo? María and her friends are vacationing at a resort in San Juan, Puerto Rico. Complete her description of what everyone is doing right now.

CONSULTA

For more information about Puerto Rico, see **Panorama**, pp. 170–171.

1. Yo

2. Javier

3. Alejandro y Rebeca

4. Celia y yo

5. Samuel

6. Lorenzo

3

Personajes famosos Say what these celebrities are doing right now, using the cues provided.

AYUDA

Stephenie Meyer: **novelas**

Rachael Ray: **televisión, negocios** (*business*)

James Cameron: **cine**

Venus y Serena Williams: **tenis**

Jason Bay: **béisbol**

Nelly Furtado: **canciones**

Steve Nash: **baloncesto**

Las Rockettes de Nueva York: **baile**

modelo

Celine Dion

Celine Dion está cantando una canción ahora mismo.

A		B	
Stephenie Meyer	Nelly Furtado	bailar	hacer
Rachael Ray	Steve Nash	cantar	jugar
James Cameron	Las Rockettes de	correr	preparar
Venus y Serena	Nueva York	escribir	¿?
Williams	¿?	hablar	¿?
Jason Bay	¿?		

 Practice more at **vhlcentral.com**.

Comunicación

4

Preguntar With a partner, take turns asking each other what you are doing at these times.

> **modelo**
> 8:00 a.m.
> **Estudiante 1:** ¡Hola, Andrés! Son las ocho de la mañana. ¿Qué estás haciendo?
> **Estudiante 2:** Estoy desayunando.

1. 5:00 a.m.	3. 11:00 a.m.	5. 2:00 p.m.	7. 9:00 p.m.
2. 9:30 a.m.	4. 12:00 p.m.	6. 5:00 p.m.	8. 11:30 p.m.

5

Describir Work with a partner and use the present progressive to describe what is going on in this Spanish beach scene.

NOTA CULTURAL

Nearly 60 million tourists travel to Spain every year, many of them drawn by the warm climate and beautiful coasts. Tourists wanting a beach vacation go mostly to the **Costa del Sol** or the Balearic Islands, in the Mediterranean.

6

Conversar Imagine that you and a classmate are each babysitting a group of children. With a partner, prepare a telephone conversation using these cues. Be creative and add further comments.

Estudiante 1	**Estudiante 2**
Say hello and ask what the kids are doing.	Say hello and tell your partner that two of your kids are doing their homework. Then ask what the kids at his/her house are doing.
Tell your partner that two of your kids are running and dancing in the house.	Tell your partner that one of the kids is reading.
Tell your partner that you are tired and that two of your kids are watching TV and eating pizza.	Tell your partner that one of the kids is sleeping.
Tell your partner you have to go; the kids are playing soccer in the house.	Say goodbye and good luck (**¡Buena suerte!**).

Síntesis

7

¿Qué están haciendo? A group of classmates is traveling to San Juan, Puerto Rico for a week-long Spanish immersion program. In order for the participants to be on time for their flight, you and your partner must locate them. Your instructor will give you each a handout to help you complete this task.

5.3 **Ser** and **estar** Ⓢ Tutorial

ANTE TODO   You have already learned that **ser** and **estar** both mean *to be* but are used for different purposes. These charts summarize the key differences in usage between **ser** and **estar**.

Uses of ser

1. Nationality and place of origin	Juan Carlos **es** argentino. **Es** de Buenos Aires.
2. Profession or occupation	Adela **es** agente de viajes. Francisco **es** médico.
3. Characteristics of people and things . . .	José y Clara **son** simpáticos. El clima de Puerto Rico **es** agradable.
4. Generalizations	¡**Es** fabuloso viajar! **Es** difícil estudiar a la una de la mañana.
5. Possession	**Es** la pluma de Jimena. **Son** las llaves del señor Díaz.
6. What something is made of	La bicicleta **es** de metal. Los pasajes **son** de papel.
7. Time and date	Hoy **es** martes. **Son** las dos. Hoy **es** el primero de julio.
8. Where or when an event takes place . .	El partido **es** en el estadio Santa Fe. La conferencia **es** a las siete.

¡ATENCIÓN!

Ser de expresses not only origin (**Es de Buenos Aires.**) and possession (**Es la pluma de Maru.**), but also what material something is made of (**La bicicleta es de metal.**).

Ellos son mis amigos.

Miguel está enojado conmigo.

Uses of estar

1. Location or spatial relationships	El aeropuerto **está** lejos de la ciudad. Tu habitación **está** en el tercer piso.
2. Health	¿Cómo **estás**? **Estoy** bien, gracias.
3. Physical states and conditions	El profesor **está** ocupado. Las ventanas **están** abiertas.
4. Emotional states	Marissa **está** feliz hoy. **Estoy** muy enojado con Maru.
5. Certain weather expressions	**Está** lloviendo. **Está** nublado.
6. Ongoing actions (progressive tenses) . .	**Estamos** estudiando para un examen. Ana **está** leyendo una novela.

Ser and estar with adjectives

▶ With many descriptive adjectives, **ser** and **estar** can both be used, but the meaning will change.

Juan **es** delgado.
Juan is thin.

Ana **es** nerviosa.
Ana is a nervous person.

Juan **está** más delgado hoy.
Juan looks thinner today.

Ana **está** nerviosa por el examen.
Ana is nervous because of the exam.

▶ In the examples above, the statements with **ser** are general observations about the inherent qualities of Juan and Ana. The statements with **estar** describe conditions that are variable.

▶ Here are some adjectives that change in meaning when used with **ser** and **estar**.

With ser	With estar
El chico **es listo**.	El chico **está listo**.
The boy is smart.	*The boy is ready.*
La profesora **es mala**.	La profesora **está mala**.
The professor is bad.	*The professor is sick.*
Jaime **es aburrido**.	Jaime **está aburrido**.
Jaime is boring.	*Jaime is bored.*
Las peras **son verdes**.	Las peras **están verdes**.
Pears are green.	*The pears are not ripe.*
El gato **es muy vivo**.	El gato **está vivo**.
The cat is very lively.	*The cat is alive.*
Iván **es un hombre seguro**.	Iván no **está seguro**.
Iván is a confident man.	*Iván is not sure.*

¡ATENCIÓN!

When referring to objects, **ser seguro/a** means *to be safe*.
El puente es seguro.
The bridge is safe.

¡INTÉNTALO! Form complete sentences by using the correct form of **ser** or **estar** and making any other necessary changes.

1. Alejandra / cansado
   Alejandra está cansada.

2. ellos / pelirrojo
   _____

3. Carmen / alto
   _____

4. yo / la clase de español
   _____

5. película / a las once
   _____

6. hoy / viernes
   _____

7. nosotras / enojado
   _____

8. Antonio / médico
   _____

9. Romeo y Julieta / enamorado
   _____

10. libros / de Ana
   _____

11. Marisa y Juan / estudiando
   _____

12. partido de baloncesto / gimnasio
   _____

recursos

WB
pp. 54–55

LM
p. 29

Ⓢ
vhlcentral.com
Lección 5

Práctica

1 **¿Ser o estar?** Indicate whether each adjective takes **ser** or **estar**. ¡Ojo!
Three of them can take both verbs.

	ser	estar			ser	estar
1. delgada	○	○	5. seguro		○	○
2. canadiense	○	○	6. enojada		○	○
3. enamorado	○	○	7. importante		○	○
4. lista	○	○	8. avergonzada		○	○

2 **Completar** Complete this conversation with the appropriate forms of **ser** and **estar**.

EDUARDO ¡Hola, Ceci! ¿Cómo (1)_____?

CECILIA Hola, Eduardo. Bien, gracias. ¡Qué guapo (2)_____ hoy!

EDUARDO Gracias. (3)_____ muy amable. Oye, ¿qué (4)_____ haciendo?
(5)¿_____ ocupada?

CECILIA No, sólo le (6)_____ escribiendo una carta a mi prima Pilar.

EDUARDO ¿De dónde (7)_____ ella?

CECILIA Pilar (8)_____ de Ecuador. Su papá (9)_____ médico en Quito. Pero
ahora Pilar y su familia (10)_____ de vacaciones en Ponce, Puerto Rico.

EDUARDO Y... ¿cómo (11)_____ Pilar?

CECILIA (12)_____ muy lista. Y también (13)_____ alta, rubia y muy bonita.

3 **En el parque** With a partner, take turns describing the people in the drawing. Your descriptions
should answer the questions provided.

1. ¿Quiénes son?
2. ¿Dónde están?
3. ¿Cómo son?
4. ¿Cómo están?

5. ¿Qué están haciendo?
6. ¿Qué estación es?
7. ¿Qué tiempo hace?
8. ¿Quiénes están de vacaciones?

 Practice more at **vhlcentral.com**.

Comunicación

4

Describir With a classmate, take turns describing these people. Mention where they are from, what they are like, how they are feeling, and what they are doing right now.

> **modelo**
>
> tu compañero/a de cuarto
>
> Mi compañera de cuarto es de San Juan, Puerto Rico. Es muy inteligente. Está cansada pero está estudiando porque tiene un examen.

1. tu mejor (*best*) amigo/a
2. tu actor/actriz favorito/a
3. tu profesor(a) favorito/a
4. tu novio/a o esposo/a
5. tus abuelos
6. tus padres

5

Adivinar Get together with a partner and take turns describing a celebrity using these items as a guide. Don't mention the celebrity's name. Can your partner guess who you are describing?

- descripción física
- cómo está ahora
- origen
- dónde está ahora
- qué está haciendo ahora
- profesión u ocupación

6

En el aeropuerto In groups of three, take turns assuming the identity of a character from this drawing. Your partners will ask you questions using **ser** and **estar** until they figure out who you are.

> **modelo**
>
> **Estudiante 3:** ¿Dónde estás?
> **Estudiante 1:** Estoy cerca de la puerta.
> **Estudiante 2:** ¿Qué estás haciendo?
> **Estudiante 1:** Estoy escuchando a otra persona.
> **Estudiante 3:** ¿Eres uno de los pasajeros?
> **Estudiante 1:** No, soy empleado del aeropuerto.
> **Estudiante 2:** ¿Eres Camilo?

Síntesis

7

Conversación In pairs, imagine that you and your partner are two of the characters in the drawing in **Actividad 6**. After boarding, you are seated next to each other and strike up a conversation. Act out what you would say to your fellow passenger.

5.4 Direct object nouns and pronouns Tutorial

SUBJECT	VERB	DIRECT OBJECT NOUN
Juan Carlos y Jimena	están tomando	fotos.
Juan Carlos and Jimena	*are taking*	*photos.*

▶ A direct object noun receives the action of the verb directly and generally follows the verb. In the example above, the direct object noun answers the question *What are Juan Carlos and Jimena taking?*

▶ When a direct object noun in Spanish is a person or a pet, it is preceded by the word **a**. This is called the personal **a**; there is no English equivalent for this construction.

La señora Díaz visita **a** la doctora Salas.   La señora Díaz visita el café Delicias.
Mrs Díaz is visiting Dr. Salas.   *Mrs. Díaz is visiting the Delicias café.*

▶ In the first sentence above, the personal **a** is required because the direct object is a person. In the second sentence, the personal **a** is not required because the direct object is a place, not a person.

Miguel no me habla.

No tenemos tablas de windsurf.

El botones las puede conseguir para ustedes.

▶ Direct object pronouns are words that replace direct object nouns. Like English, Spanish uses a direct object pronoun to avoid repeating a noun already mentioned.

	DIRECT OBJECT		DIRECT OBJECT PRONOUN
Maribel hace	las maletas.	Maribel	las hace.
Felipe compra	el sombrero.	Felipe	lo compra.
Vicky tiene	la llave.	Vicky	la tiene.

Direct object pronouns

SINGULAR		PLURAL	
me	*me*	**nos**	*us*
te	*you* (fam.)	**os**	*you* (fam.)
lo	*you* (m., form.)	**los**	*you* (m., form.)
	him; it (m.)		*them* (m.)
la	*you* (f., form.)	**las**	*you* (f., form.)
	her; it (f.)		*them* (f.)

▶ In affirmative sentences, direct object pronouns generally appear before the conjugated verb. In negative sentences, the pronoun is placed between the word **no** and the verb.

Adela practica **el tenis**.
Adela **lo** practica.

Gabriela no tiene **las llaves**.
Gabriela **no las** tiene.

Carmen compra **los pasajes**.
Carmen **los** compra.

Diego no hace **las maletas**.
Diego **no las** hace.

▶ When the verb is an infinitive construction, such as **ir a** + [*infinitive*], the direct object pronoun can be placed before the conjugated form or attached to the infinitive.

Ellos van a escribir **unas postales**.
⟨ Ellos **las** van a escribir.
Ellos van a escribir**las**.

Lidia quiere ver **una película**.
⟨ Lidia **la** quiere ver.
Lidia quiere ver**la**.

▶ When the verb is in the present progressive, the direct object pronoun can be placed before the conjugated form or attached to the present participle. **¡Atención!** When a direct object pronoun is attached to the present participle, an accent mark is added to maintain the proper stress.

Gerardo está leyendo **la lección**.
⟨ Gerardo **la** está leyendo.
Gerardo está leyéndo**la**.

Toni está mirando **el partido**.
⟨ Toni **lo** está mirando.
Toni está mirándo**lo**.

CONSULTA

To learn more about accents, see **Lección 4, Pronunciación**, p. 115, **Lección 10, Ortografía**, p. 315, and **Lección 11, Ortografía**, p. 349.

¡INTÉNTALO! Choose the correct direct object pronoun for each sentence.

1. Tienes el libro de español. *c*
   a. La tienes.
   b. Los tienes.
   c. Lo tienes.
2. Voy a ver el partido de baloncesto.
   a. Voy a verlo.
   b. Voy a verte.
   c. Voy a vernos.
3. El artista quiere dibujar a Luisa y a su mamá.
   a. Quiere dibujarme.
   b. Quiere dibujarla.
   c. Quiere dibujarlas.
4. Marcos busca la llave.
   a. Me busca.
   b. La busca.
   c. Las busca.
5. Rita me lleva al aeropuerto y también lleva a Tomás.
   a. Nos lleva.
   b. Las lleva.
   c. Te lleva.
6. Puedo oír a Gerardo y a Miguel.
   a. Puedo oírte.
   b. Puedo oírlos.
   c. Puedo oírlo.
7. Quieren estudiar la gramática.
   a. Quieren estudiarnos.
   b. Quieren estudiarlo.
   c. Quieren estudiarla.
8. ¿Practicas los verbos irregulares?
   a. ¿Los practicas?
   b. ¿Las practicas?
   c. ¿Lo practicas?
9. Ignacio ve la película.
   a. La ve.
   b. Lo ve.
   c. Las ve.
10. Sandra va a invitar a Mario a la excursión. También me va a invitar a mí.
    a. Los va a invitar.
    b. Lo va a invitar.
    c. Nos va a invitar.

recursos

WB
p. 56

LM
p. 30

Ⓢ

vhlcentral.com
Lección 5

Práctica

1 **Simplificar** Professor Vega's class is planning a trip to Costa Rica. Describe their preparations by changing the direct object nouns into direct object pronouns.

> **modelo**
>
> La profesora Vega tiene su pasaporte.
> La profesora Vega lo tiene.

1. Gustavo y Héctor confirman las reservaciones.
2. Nosotros leemos los folletos (*brochures*).
3. Ana María estudia el mapa.
4. Yo aprendo los nombres de los monumentos de San José.
5. Alicia escucha a la profesora.
6. Miguel escribe las direcciones para ir al hotel.
7. Esteban busca el pasaje.
8. Nosotros planeamos una excursión.

¡LENGUA VIVA!

There are many Spanish words that correspond to *ticket*. **Billete** and **pasaje** usually refer to a ticket for travel, such as an airplane ticket. **Entrada** refers to a ticket to an event, such as a concert or a movie. **Boleto** can be used in either case.

2 **Vacaciones** Ramón is going to San Juan, Puerto Rico with his friends, Javier and Marcos. Express his thoughts more succinctly using direct object pronouns.

> **modelo**
>
> Quiero hacer una excursión.
> Quiero hacerla./La quiero hacer.

1. Voy a hacer mi maleta.
2. Necesitamos llevar los pasaportes.
3. Marcos está pidiendo el folleto turístico.
4. Javier debe llamar a sus padres.
5. Ellos desean visitar el Viejo San Juan.
6. Puedo llamar a Javier por la mañana.
7. Prefiero llevar mi cámara.
8. No queremos perder nuestras reservaciones de hotel.

NOTA CULTURAL

Puerto Rico is a U.S. territory, so people do not need travel documents when traveling to and from Puerto Rico from the U.S. mainland. However, everyone must meet all requirements for entering the U.S. when traveling directly to Puerto Rico from abroad.

3 **¿Quién?** The Garza family is preparing to go on a vacation to Puerto Rico. Based on the clues, answer the questions. Use direct object pronouns in your answers.

> **modelo**
>
> ¿Quién hace las reservaciones para el hotel? (el Sr. Garza)
> El Sr. Garza las hace.

1. ¿Quién compra los pasajes para el vuelo (*flight*)? (la Sra. Garza)

2. ¿Quién tiene que hacer las maletas de los niños? (María)

3. ¿Quiénes buscan los pasaportes? (Antonio y María)

4. ¿Quién va a confirmar las reservaciones de hotel? (la Sra. Garza)

5. ¿Quién busca la cámara? (María)

6. ¿Quién compra un mapa de Puerto Rico? (Antonio)

Practice more at **vhlcentral.com**.

Comunicación

4 **Entrevista** Take turns asking and answering these questions with a classmate. Be sure to use direct object pronouns in your responses.

1. ¿Ves mucho la televisión?
2. ¿Cuándo vas a ver tu programa favorito?
3. ¿Quién prepara la comida (*food*) en tu casa?
4. ¿Te visita mucho tu familia?
5. ¿Visitas mucho a tus abuelos?
6. ¿Nos entienden nuestros padres a nosotros?
7. ¿Cuándo ves a tus amigos/as?
8. ¿Cuándo te llaman tus amigos/as?

5 **Los pasajeros** Get together with a partner and take turns asking each other questions about the drawing. Use the word bank and direct object pronouns.

AYUDA

For travel-related vocabulary, see **Contextos**, pp. 140–141.

> **modelo**
>
> **Estudiante 1:** ¿Quién está leyendo el libro?
> **Estudiante 2:** Susana lo está leyendo./Susana está leyéndolo.

buscar	confirmar	escribir	leer	tener	vender
comprar	encontrar	escuchar	llevar	traer	¿?

Sra. Sánchez · Orlando · Sr. López

Marta · Sr. Sánchez · Susana · Miguelito

Síntesis

6 **Adivinanzas** In pairs, take turns describing a person, place, or thing for your partner to guess. Each of you should give at least five descriptions.

> **modelo**
>
> **Estudiante 1:** Lo uso para (*I use it to*) escribir en mi cuaderno.
> No es muy grande y tiene borrador. ¿Qué es?
> **Estudiante 2:** ¿Es un lápiz?
> **Estudiante 1:** ¡Sí!

Recapitulación

Concepts Diagnostics

Review the grammar concepts you have learned in this lesson by completing these activities.

1

Completar Complete the chart with the correct present participle of these verbs. **8 pts.**

Infinitive	Present participle	Infinitive	Present participle
hacer		estar	
acampar		ser	
tener		vivir	
venir		estudiar	

2

Vacaciones en París Complete this paragraph about Julia's trip to Paris with the correct form of **ser** or **estar**. **12 pts.**

Hoy (1) _____ (es/está) el 3 de julio y voy a París por tres semanas. (Yo) (2) _____ (Soy/Estoy) muy feliz porque voy a ver a mi mejor amiga. Ella (3) _____ (es/está) de Puerto Rico, pero ahora (4) _____ (es/está) viviendo en París. También (yo) (5) _____ (soy/estoy) un poco nerviosa porque (6) _____ (es/está) mi primer viaje a Francia. El vuelo (*flight*) (7) _____ (es/está) hoy por la tarde, pero ahora (8) _____ (es/está) lloviendo. Por eso (9) _____ (somos/estamos) preocupadas, porque probablemente el avión va a salir tarde. Mi equipaje ya (10) _____ (es/está) listo. (11) _____ (Es/Está) tarde y me tengo que ir. ¡Va a (12) _____ (ser/estar) un viaje fenomenal!

3

¿Qué hacen? Respond to these questions by indicating what people do with the items mentioned. Use direct object pronouns. **5 pts.**

modelo

¿Qué hacen ellos con la película? (ver)

La ven.

1. ¿Qué haces tú con el libro de viajes? (leer) _____
2. ¿Qué hacen los turistas en la ciudad? (explorar) _____
3. ¿Qué hace el botones con el equipaje? (llevar) _____
4. ¿Qué hace la agente con las reservaciones? (confirmar) _____
5. ¿Qué hacen ustedes con los pasaportes? (mostrar) _____

RESUMEN GRAMATICAL

5.1   Estar with conditions and emotions   *p. 152*

▶ Yo **est**oy aburrido/a, feliz, nervioso/a.

▶ El cuarto **est**á desordenado, limpio, ordenado.

▶ Estos libros **est**án abiertos, cerrados, sucios.

5.2   The present progressive   *pp. 154–155*

▶ The present progressive is formed with the present tense of **estar** plus the present participle.

Forming the present participle

infinitive	stem	ending	present participle
hablar	habl-	-ando	hablando
comer	com-	-iendo	comiendo
escribir	escrib-	-iendo	escribiendo

-ir stem-changing verbs

	infinitive	present participle
e:ie	preferir	**prefiriendo**
e:i	conseguir	**consiguiendo**
o:ue	dormir	**durmiendo**

▶ Irregular present participles: **yendo (ir), pudiendo (poder), viniendo (venir)**

5.3   Ser and estar   *pp. 158–159*

▶ Uses of **ser**: nationality, origin, profession or occupation, characteristics, generalizations, possession, what something is made of, time and date, time and place of events

▶ Uses of **estar**: location, health, physical states and conditions, emotional states, weather expressions, ongoing actions

▶ Many adjectives can be used with both **ser** and **estar**, but the meaning of the adjectives will change.

Juan **es** delgado.   Juan **está** más delgado hoy.
Juan is thin.   *Juan looks thinner today.*

4 **Opuestos** Complete these sentences with the appropriate form of the verb **estar** and an antonym for the underlined adjective. **5 pts.**

> modelo
>
> Mis respuestas están <u>bien</u>, pero las de Susana *están mal.*

1. Las tiendas están <u>abiertas</u>, pero la agencia de viajes _____ _____.
2. No me gustan las habitaciones <u>desordenadas</u>. Incluso (*Even*) mi habitación de hotel _____ _____.
3. Nosotras estamos <u>tristes</u> cuando trabajamos. Hoy comienzan las vacaciones y _____ _____.
4. En esta ciudad los autobuses están <u>sucios</u>, pero los taxis _____ _____.
5. —El avión sale a las 5:30, ¿verdad? —No, estás <u>confundida</u>. Yo _____ _____ de que el avión sale a las 5:00.

5.4 **Direct object nouns and pronouns** *pp. 162–163*

Direct object pronouns

Singular		Plural	
me	lo	nos	los
te	la	os	las

In affirmative sentences:
Adela practica el tenis. → Adela lo practica.

In negative sentences: Adela **no** lo practica.

With an infinitive:
Adela lo va a practicar./Adela va a practicarlo.

With the present progressive:
Adela lo está practicando./Adela está practicándolo.

---

5 **En la playa** Describe what these people are doing. Complete the sentences using the present progressive tense. **8 pts.**

1. El Sr. Camacho _____.
2. Felicia _____.
3. Leo _____.
4. Nosotros _____.

6 **Antes del viaje** Write a paragraph of at least six sentences describing the time right before you go on a trip. Say how you feel and what you are doing. You can use **Actividad 2** as a model. **12 pts.**

> modelo
>
> *Hoy es viernes, 27 de octubre. Estoy en mi habitación...*

7 **Refrán** Complete this Spanish saying by filling in the missing present participles. Refer to the translation and the drawing. **2 EXTRA points!**

¡LA CIUDAD ESTÁ MUY SUCIA!

66 Se consigue más
_____ que
_____. 99

(You can accomplish more by doing than by saying.)

Practice more at **vhlcentral.com.**

Lectura

Antes de leer

Estrategia
Scanning

Scanning involves glancing over a document in search of specific information. For example, you can scan a document to identify its format, to find cognates, to locate visual clues about the document's content, or to find specific facts. Scanning allows you to learn a great deal about a text without having to read it word for word.

Examinar el texto

Scan the reading selection for cognates and write down a few of them.

1. _____   4. _____
2. _____   5. _____
3. _____   6. _____

Based on the cognates you found, what do you think this document is about?

_____

Preguntas

Read these questions. Then scan the document again to look for answers.

1. What is the format of the reading selection?

   _____

2. Which place is the document about?

   _____

3. What are some of the visual cues this document provides? What do they tell you about the content of the document?

   _____

4. Who produced the document, and what do you think it is for?

   _____

Turismo ecológico en Puerto Rico

Hotel Vistahermosa
~ Lajas, Puerto Rico ~

- 40 habitaciones individuales
- 15 habitaciones dobles
- Teléfono/TV por cable/Internet

- Aire acondicionado
- Restaurante (Bar)
- Piscina
- Área de juegos
- Cajero automático°

El hotel está situado en Playa Grande, un pequeño pueblo de pescadores del mar Caribe. Es el lugar perfecto para el viajero que viene de vacaciones. Las playas son seguras y limpias, ideales para tomar el sol, descansar, tomar fotografías y nadar. Está abierto los 365 días del año. Hay una rebaja° especial para estudiantes universitarios.

DIRECCIÓN: Playa Grande 406, Lajas, PR 00667, cerca del Parque Nacional Foresta.

Cajero automático *ATM* rebaja *discount*

Atracciones cercanas

Playa Grande ¿Busca la playa perfecta? Playa Grande es la playa que está buscando. Usted puede pescar, sacar fotos, nadar y pasear en bicicleta. Playa Grande es un paraíso para el turista que quiere practicar deportes acuáticos. El lugar es bonito e interesante y usted va a tener muchas oportunidades para descansar y disfrutar en familia.

Valle Niebla Ir de excursión, tomar café, montar a caballo, caminar, hacer picnics. Más de cien lugares para acampar.

Bahía Fosforescente Sacar fotos, salidas de noche, excursión en barco. Una maravillosa experiencia llena de luz°.

Arrecifes de Coral Sacar fotos, bucear, explorar. Es un lugar único en el Caribe.

Playa Vieja Tomar el sol, pasear en bicicleta, jugar a las cartas, escuchar música. Ideal para la familia.

Parque Nacional Foresta Sacar fotos, visitar el Museo de Arte Nativo. Reserva Mundial de la Biosfera.

Santuario de las Aves Sacar fotos, observar aves°, seguir rutas de excursión.

llena de luz *full of light* **aves** *birds*

Después de leer

Listas
Which amenities of Hotel Vistahermosa would most interest these potential guests? Explain your choices.

1. dos padres con un hijo de seis años y una hija de ocho años

   _____

2. un hombre y una mujer en su luna de miel (*honeymoon*)

   _____

3. una persona en un viaje de negocios (*business trip*)

   _____

Conversaciones
With a partner, take turns asking each other these questions.

1. ¿Quieres visitar el Hotel Vistahermosa? ¿Por qué?
2. Tienes tiempo de visitar sólo tres de las atracciones turísticas que están cerca del hotel. ¿Cuáles vas a visitar? ¿Por qué?
3. ¿Qué prefieres hacer en Valle Niebla? ¿En Playa Vieja? ¿En el Parque Nacional Foresta?

Situaciones
You have just arrived at Hotel Vistahermosa. Your classmate is the concierge. Use the phrases below to express your interests and ask for suggestions about where to go.

1. montar a caballo
2. bucear
3. pasear en bicicleta
4. pescar
5. observar aves

Contestar
Answer these questions.

1. ¿Quieres visitar Puerto Rico? Explica tu respuesta.

   _____

2. ¿Adónde quieres ir de vacaciones el verano que viene? Explica tu respuesta.

   _____

Puerto Rico

El país en cifras

▸ **Área:** 8.959 km² (3.459 millas²)
menor° que el área de Connecticut
▸ **Población:** 4.074.000
Puerto Rico es una de las islas más densamente pobladas° del mundo. Más de la mitad de la población vive en San Juan, la capital.
▸ **Capital:** San Juan—2.763.000

SOURCE: Population Division, UN Secretariat

▸ **Ciudades principales:** Arecibo, Bayamón, Fajardo, Mayagüez, Ponce
▸ **Moneda:** dólar estadounidense
▸ **Idiomas:** español (oficial); inglés (oficial)
Aproximadamente la cuarta parte de la población puertorriqueña habla inglés, pero en las zonas turísticas este porcentaje es mucho más alto. El uso del inglés es obligatorio para documentos federales.

Bandera
de Puerto Rico

Puertorriqueños célebres

▸ **Raúl Juliá,** actor (1940–1994)
▸ **Roberto Clemente,** beisbolista (1934–1972)
▸ **Julia de Burgos,** escritora (1914–1953)
▸ **Benicio del Toro,** actor y productor (1967–)
▸ **Rosie Pérez,** actriz y bailarina (1964–)

menor *less* pobladas *populated* río subterráneo *underground river* más largo *longest* cuevas *caves* bóveda *vault* fortaleza *fort* caber *fit*

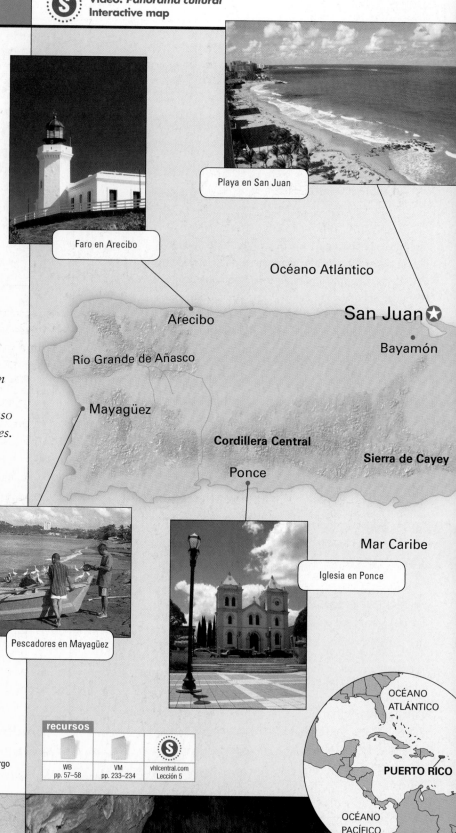

Playa en San Juan

Faro en Arecibo

Océano Atlántico

Arecibo

San Juan ✪

Bayamón

Río Grande de Añasco

Mayagüez

Cordillera Central

Sierra de Cayey

Ponce

Mar Caribe

Iglesia en Ponce

Pescadores en Mayagüez

recursos

WB
pp. 57–58

VM
pp. 233–234

S vhlcentral.com
Lección 5

OCÉANO
ATLÁNTICO

PUERTO RICO

OCÉANO
PACÍFICO

¡Increíble pero cierto!

El río Camuy es el tercer río subterráneo° más largo° del mundo y tiene el sistema de cuevas° más grande del hemisferio occidental. La Cueva de los Tres Pueblos es una gigantesca bóveda°, tan grande que toda la fortaleza° del Morro puede caber° en su interior.

Lugares • **El Morro**

El Morro es una fortaleza que se construyó para proteger° la bahía° de San Juan desde principios del siglo° XVI hasta principios del siglo XX. Hoy día muchos turistas visitan este lugar, convertido en un museo. Es el sitio más fotografiado de Puerto Rico. La arquitectura de la fortaleza es impresionante. Tiene misteriosos túneles, oscuras mazmorras° y vistas fabulosas de la bahía.

Artes • **Salsa**

La salsa, un estilo musical de origen puertorriqueño y cubano, nació° en el barrio latino de la ciudad de Nueva York. Dos de los músicos de salsa más famosos son Tito Puente y Willie Colón, los dos de Nueva York. Las estrellas° de la salsa en Puerto Rico son Felipe Rodríguez y Héctor Lavoe. Hoy en día, Puerto Rico es el centro internacional de este estilo musical. El Gran Combo de Puerto Rico es una de las orquestas de salsa más famosas del mundo°.

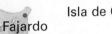

Isla de Culebra

Fajardo

Isla de Vieques

Ciencias • **El Observatorio de Arecibo**

El Observatorio de Arecibo tiene uno de los radiotelescopios más grandes del mundo. Gracias a este telescopio, los científicos° pueden estudiar las propiedades de la Tierra°, la Luna° y otros cuerpos celestes. También pueden analizar fenómenos celestiales como los quasares y pulsares, y detectar emisiones de radio de otras galaxias, en busca de inteligencia extraterrestre.

Historia • **Relación con los Estados Unidos**

Puerto Rico pasó a ser° parte de los Estados Unidos después de° la guerra° de 1898 y se hizo° un estado libre asociado en 1952. Los puertorriqueños, ciudadanos° estadounidenses desde° 1917, tienen representación política en el Congreso, pero no votan en las elecciones presidenciales y no pagan impuestos° federales. Hay un debate entre los puertorriqueños: ¿debe la isla seguir como estado libre asociado, hacerse un estado como los otros° o volverse° independiente?

¿Qué aprendiste? Responde a las preguntas con una oración completa.
1. ¿Cuál es la moneda de Puerto Rico?
2. ¿Qué idiomas se hablan (*are spoken*) en Puerto Rico?
3. ¿Cuál es el sitio más fotografiado de Puerto Rico?
4. ¿Qué es el Gran Combo?
5. ¿Qué hacen los científicos en el Observatorio de Arecibo?

Conexión Internet Investiga estos temas en **vhlcentral.com.**

Practice more at **vhlcentral.com.**

1. Describe a dos puertorriqueños famosos. ¿Cómo son? ¿Qué hacen? ¿Dónde viven? ¿Por qué son célebres?
2. Busca información sobre lugares en los que se puede hacer ecoturismo en Puerto Rico. Luego presenta un informe a la clase.

proteger *protect* bahía *bay* siglo *century* mazmorras *dungeons* nació *was born* estrellas *stars* mundo *world* científicos *scientists* Tierra *Earth* Luna *Moon* pasó a ser *became* después de *after* guerra *war* se hizo *became* ciudadanos *citizens* desde *since* pagan impuestos *pay taxes* otros *others* volverse *to become*

Los viajes y las vacaciones

acampar	to camp
confirmar una reservación	to confirm a reservation
estar de vacaciones (*f. pl.*)	to be on vacation
hacer las maletas	to pack (one's suitcases)
hacer un viaje	to take a trip
hacer (wind)surf	to (wind)surf
ir de compras (*f. pl.*)	to go shopping
ir de vacaciones	to go on vacation
ir en autobús (*m.*), auto(móvil) (*m.*), avión (*m.*), barco (*m.*), moto(cicleta) (*f.*), taxi (*m.*)	to go by bus, car, plane, boat, motorcycle, taxi
jugar a las cartas	to play cards
montar a caballo (*m.*)	to ride a horse
pescar	to fish
sacar/tomar fotos (*f. pl.*)	to take photos
el/la agente de viajes	travel agent
el/la inspector(a) de aduanas	customs inspector
el/la viajero/a	traveler
el aeropuerto	airport
la agencia de viajes	travel agency
el campo	countryside
el equipaje	luggage
la estación de autobuses, del metro, de tren	bus, subway, train station
la llegada	arrival
el mar	sea
el paisaje	landscape
el pasaje (de ida y vuelta)	(round-trip) ticket
el pasaporte	passport
la playa	beach
la salida	departure; exit
la tabla de (wind)surf	surfboard/sailboard

El hotel

el ascensor	elevator
el/la botones	bellhop
la cama	bed
el/la empleado/a	employee
la habitación individual, doble	single, double room
el hotel	hotel
el/la huésped	guest
la llave	key
el piso	floor (of a building)
la planta baja	ground floor

Adjetivos

abierto/a	open
aburrido/a	bored; boring
alegre	happy; joyful
amable	nice; friendly
avergonzado/a	embarrassed
cansado/a	tired
cerrado/a	closed
cómodo/a	comfortable
confundido/a	confused
contento/a	happy; content
desordenado/a	disorderly
enamorado/a (de)	in love (with)
enojado/a	mad; angry
equivocado/a	wrong
feliz	happy
limpio/a	clean
listo/a	ready; smart
nervioso/a	nervous
ocupado/a	busy
ordenado/a	orderly
preocupado/a (por)	worried (about)
seguro/a	sure; safe; confident
sucio/a	dirty
triste	sad

Los números ordinales

primer, primero/a	first
segundo/a	second
tercer, tercero/a	third
cuarto/a	fourth
quinto/a	fifth
sexto/a	sixth
séptimo/a	seventh
octavo/a	eighth
noveno/a	ninth
décimo/a	tenth

Palabras adicionales

ahora mismo	right now
el año	year
¿Cuál es la fecha (de hoy)?	What is the date (today)?
de buen/mal humor	in a good/bad mood
la estación	season
el mes	month
todavía	yet; still

Seasons, months, and dates	See page 142.
Weather expressions	See page 142.
Direct object pronouns	See page 162.
Expresiones útiles	See page 147.

  Audio: Vocabulary

¡De compras!

6

Communicative Goals

You will learn how to:

- **Talk about and describe clothing**
- **Express preferences in a store**
- **Negotiate and pay for items you buy**

A PRIMERA VISTA

- ¿Está comprando algo la chica?
- ¿Crees que busca una maleta o una blusa?
- ¿Está contenta o enojada?
- ¿Cómo es la chica?

¡De compras!

Más vocabulario

el abrigo	coat
los calcetines (el calcetín)	sock(s)
el cinturón	belt
las gafas (de sol)	(sun)glasses
los guantes	gloves
el impermeable	raincoat
la ropa	clothing; clothes
la ropa interior	underwear
las sandalias	sandals
el traje	suit
el vestido	dress
los zapatos de tenis	sneakers
el regalo	gift
el almacén	department store
el centro comercial	shopping mall
el mercado (al aire libre)	(open-air) market
el precio (fijo)	(fixed; set) price
la rebaja	sale
la tienda	shop; store
costar (o:ue)	to cost
gastar	to spend (money)
pagar	to pay
regatear	to bargain
vender	to sell
hacer juego (con)	to match (with)
llevar	to wear; to take
usar	to wear; to use

Variación léxica

calcetines	⟷	medias (Amér. L.)
cinturón	⟷	correa (Col., Venez.)
gafas/lentes	⟷	espejuelos (Cuba, P.R.), anteojos (Arg., Chile)
zapatos de tenis	⟷	zapatillas de deporte (Esp.), zapatillas (Arg., Perú)

recursos

WB pp. 59–60 | LM p. 31 | vhlcentral.com Lección 6

Práctica

el sombrero

Caballeros

un par de zapatos

los zapatos

la chaqueta

la caja

la cartera

la dependienta/la vendedora

la corbata

la tarjeta de crédito

los (blue)jeans

la bota

1 **Escuchar** Listen to Juanita and Vicente talk about what they're packing for their vacations. Indicate who is packing each item. If both are packing an item, write both names. If neither is packing an item, write an **X**.

1. abrigo _____
2. zapatos de tenis _____
3. impermeable _____
4. chaqueta _____
5. sandalias _____
6. bluejeans _____
7. gafas de sol _____
8. camisetas _____
9. traje de baño _____
10. botas _____
11. pantalones cortos _____
12. suéter _____

2 **¿Lógico o ilógico?** Listen to Guillermo and Ana talk about vacation destinations. Indicate whether each statement is **lógico** or **ilógico**.

1. _____   3. _____
2. _____   4. _____

3 **Completar** Anita is talking about going shopping. Complete each sentence with the correct word(s), adding definite or indefinite articles when necessary.

caja	medias	tarjeta de crédito
centro comercial	par	traje de baño
dependientas	ropa	vendedores

1. Hoy voy a ir de compras al _____.
2. Voy a ir a la tienda de ropa para mujeres. Siempre hay muchas rebajas y las _____ son muy simpáticas.
3. Necesito comprar _____ de zapatos.
4. Y tengo que comprar _____ porque el sábado voy a la playa con mis amigos.
5. También voy a comprar unas _____ para mi mamá.
6. Voy a pagar todo (*everything*) en _____.
7. Pero hoy no tengo dinero. Voy a tener que usar mi _____.
8. Mañana voy al mercado al aire libre. Me gusta regatear con los _____.

4 **Escoger** Choose the item in each group that does not belong.

1. almacén • centro comercial • mercado • sombrero
2. camisa • camiseta • blusa • botas
3. jeans • bolsa • falda • pantalones
4. abrigo • suéter • corbata • chaqueta
5. mercado • tienda • almacén • cartera
6. pagar • llevar • hacer juego (con) • usar
7. botas • sandalias • zapatos • traje
8. vender • regatear • ropa interior • gastar

Los colores

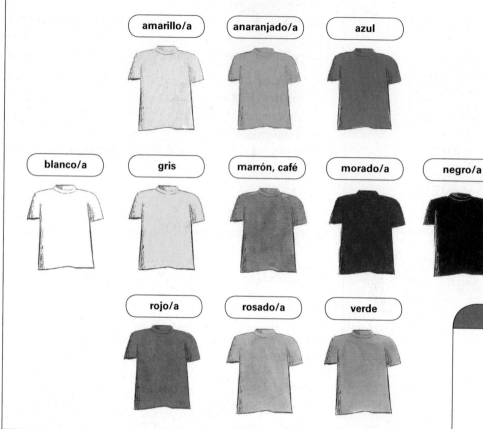

amarillo/a   anaranjado/a   azul

blanco/a   gris   marrón, café   morado/a   negro/a

rojo/a   rosado/a   verde

¡LENGUA VIVA!

The names of colors vary throughout the Spanish-speaking world. For example, in some countries, **anaranjado/a** may be referred to as **naranja, morado/a** as **púrpura,** and **rojo/a** as **colorado/a.**

Other terms that will prove helpful include **claro** (*light*) and **oscuro** (*dark*): **azul claro, azul oscuro.**

Adjetivos

barato/a	*cheap*
bueno/a	*good*
cada	*each*
caro/a	*expensive*
corto/a	*short (in length)*
elegante	*elegant*
hermoso/a	*beautiful*
largo/a	*long*
loco/a	*crazy*
nuevo/a	*new*
otro/a	*other; another*
pobre	*poor*
rico/a	*rich*

5   **Contrastes** Complete each phrase with the opposite of the underlined word.

1. una corbata <u>barata</u> • unas camisas...
2. unas vendedoras <u>malas</u> • unos dependientes...
3. un vestido <u>corto</u> • una falda...
4. un hombre muy <u>pobre</u> • una mujer muy...
5. una cartera <u>nueva</u> • un cinturón...
6. unos trajes <u>hermosos</u> • unos jeans...
7. un impermeable <u>caro</u> • unos suéteres...
8. unos calcetines <u>blancos</u> • unas medias...

CONSULTA

Like other adjectives you have seen, colors must agree in gender and number with the nouns they modify. Ex: **las camisas verdes, el vestido amarillo.** For a review of descriptive adjectives, see **Estructura 3.1,** pp. 80–81.

6   **Preguntas** Answer these questions with a classmate.

1. ¿De qué color es la rosa de Texas?
2. ¿De qué color es la bandera (*flag*) de Canadá?
3. ¿De qué color es la casa donde vive el presidente de los EE.UU.?
4. ¿De qué color es el océano Atlántico?
5. ¿De qué color es la nieve?
6. ¿De qué color es el café?
7. ¿De qué color es el dólar de los EE.UU.?
8. ¿De qué color es la cebra (*zebra*)?

Comunicación

7 **Las maletas** With a classmate, answer these questions about the drawings.

1. ¿Qué ropa hay al lado de la maleta de Carmela?

2. ¿Qué hay en la maleta?

3. ¿De qué color son las sandalias?

4. ¿Adónde va Carmela?

▶ 5. ¿Qué tiempo va a hacer?

6. ¿Qué hay al lado de la maleta de Pepe?

7. ¿Qué hay en la maleta?

8. ¿De qué color es el suéter?

▶ 9. ¿Qué va a hacer Pepe en Bariloche?

10. ¿Qué tiempo va a hacer?

CONSULTA

To review weather, see **Lección 5, Contextos,** p. 142.

NOTA CULTURAL

Bariloche is a popular resort for skiing in South America. Located in Argentina's Patagonia region, the town is also known for its chocolate factories and its beautiful lakes, mountains, and forests.

---

8 **El viaje** Get together with two classmates and imagine that the three of you are going on vacation. Pick a destination and then draw three suitcases. Write in each one what clothing each person is taking. Present your drawings to the rest of the class, answering these questions.

- ¿Adónde van?
- ¿Qué tiempo va a hacer allí?
- ¿Qué van a hacer allí?
- ¿Qué hay en sus maletas?
- ¿De qué color es la ropa que llevan?

---

9 **Preferencias** Take turns asking and answering these questions with a classmate.

1. ¿Adónde vas a comprar ropa? ¿Por qué?
2. ¿Qué tipo de ropa prefieres? ¿Por qué?
3. ¿Cuáles son tus colores favoritos?
4. En tu opinión, ¿es importante comprar ropa nueva frecuentemente? ¿Por qué?
5. ¿Gastas mucho dinero en ropa cada mes? ¿Buscas rebajas?
6. ¿Regateas cuando compras ropa? ¿Usas tarjetas de crédito?

En el mercado

Los chicos van de compras al mercado. ¿Quién hizo la mejor compra?

Video: *Fotonovela*
Record and Compare

MARISSA Oigan, vamos al mercado.

JUAN CARLOS ¡Sí! Los chicos en un equipo y las chicas en otro.

FELIPE Tenemos dos horas para ir de compras.

MARU Y don Guillermo decide quién gana.

JIMENA Esta falda azul es muy elegante.

MARISSA ¡Sí! Además, este color está de moda.

MARU Éste rojo es de algodón.

(*Las chicas encuentran unas bolsas.*)

VENDEDOR Ésta de rayas cuesta 190 pesos, ésta 120 pesos y ésta 220 pesos.

MARISSA ¿Me das aquella blusa rosada? Me parece que hace juego con esta falda, ¿no? ¿No tienen otras tallas?

JIMENA Sí, aquí. ¿Qué talla usas?

MARISSA Uso talla 4.

JIMENA La encontré. ¡Qué ropa más bonita!

(*En otra parte del mercado*)

FELIPE Juan Carlos compró una camisa de muy buena calidad.

MIGUEL (*a la vendedora*) ¿Puedo ver ésos, por favor?

VENDEDORA Sí, señor. Le doy un muy buen precio.

VENDEDOR Son 530 por las tres bolsas. Pero como ustedes son tan bonitas, son 500 pesos.

MARU Señor, no somos turistas ricas. Somos estudiantes pobres.

VENDEDOR Bueno, son 480 pesos.

MARISSA

JIMENA

MARU

MIGUEL

DON GUILLERMO

VENDEDORA

VENDEDOR

JUAN CARLOS Miren, mi nueva camisa. Elegante, ¿verdad?

FELIPE A ver, Juan Carlos... te queda bien.

MARU ¿Qué compraste?

MIGUEL Sólo esto.

MARU ¡Qué bonitos aretes! Gracias, mi amor.

JUAN CARLOS Y ustedes, ¿qué compraron?

JIMENA Bolsas.

MARU Acabamos de comprar tres bolsas por sólo 480 pesos. ¡Una ganga!

FELIPE Don Guillermo, usted tiene que decidir quién gana. ¿Los chicos o las chicas?

DON GUILLERMO El ganador es... Miguel. ¡Porque no compró nada para él, sino para su novia!

recursos

VM
pp. 205–206

Ⓢ
vhlcentral.com
Lección 6

Expresiones útiles

Talking about clothing

¡Qué ropa más bonita!
What nice clothing!
Esta falda azul es muy elegante.
This blue skirt is very elegant.
Está de moda.
It's in style.
Éste rojo es de algodón/lana.
This red one is cotton/wool.
Ésta de rayas/lunares/cuadros es de seda.
This striped / polka-dotted / plaid one is silk.
Es de muy buena calidad.
It's very good quality.
¿Qué talla usas/llevas?
What size do you wear?
Uso/Llevo talla 4.
I wear a size 4.
¿Qué número calza?
What size shoe do you wear?
Yo calzo siete.
I wear a size seven.

Negotiating a price

¿Cuánto cuesta?
How much does it cost?
Demasiado caro/a.
Too expensive.
Es una ganga.
It's a bargain.

Saying what you bought

¿Qué compraste?/¿Qué compró usted?
What did you buy?
Sólo compré esto.
I only bought this.
¡Qué bonitos aretes!
What beautiful earrings!
Y ustedes, ¿qué compraron?
And you guys, what did you buy?

Additional vocabulary

híjole *wow*

¿Qué pasó?

1 **¿Cierto o falso?** Indicate whether each sentence is **cierto** or **falso**. Correct the false statements.

	Cierto	Falso
1. Jimena dice que la falda azul no es elegante.	○	○
2. Juan Carlos compra una camisa.	○	○
3. Marissa dice que el azul es un color que está de moda.	○	○
4. Miguel compra unas sandalias para Maru.	○	○

NOTA CULTURAL

Las guayaberas are a popular men's shirt worn in hot climates. They are usually made of cotton, linen, or silk and decorated with pleats, pockets and sometimes embroidery. They can be worn instead of a jacket to formal occasions or as everyday clothing.

2 **Identificar** Provide the first initial of the person who would make each statement.

___ 1. ¿Te gusta cómo se me ven mis nuevos aretes?
___ 2. Juan Carlos compró una camisa de muy buena calidad.
___ 3. No podemos pagar 500, señor, eso es muy caro.
___ 4. Aquí tienen ropa de muchas tallas.
___ 5. Esta falda me gusta mucho, el color azul es muy elegante.
___ 6. Hay que darnos prisa, sólo tenemos dos horas para ir de compras.

MARU

FELIPE

JIMENA

3 **Completar** Answer the questions using the information in the **Fotonovela**.

1. ¿Qué talla es Marissa?
2. ¿Cuánto les pide el vendedor por las tres bolsas?
3. ¿Cuál es el precio que pagan las tres amigas por las bolsas?
4. ¿Qué dice Juan Carlos sobre su nueva camisa?
5. ¿Quién ganó al hacer las compras? ¿Por qué?

AYUDA

When discussing prices, it's important to keep in mind singular and plural forms of verbs.

La **camisa cuesta** diez dólares.

Las **botas cuestan** sesenta dólares.

El **precio** de las botas **es** sesenta dólares.

Los **precios** de la ropa **son** altos.

4 **Conversar** With a partner, role-play a conversation between a customer and a salesperson in an open-air market. Use these expressions and also look at **Expresiones útiles** on the previous page.

¿Qué desea?	Estoy buscando...	Prefiero el/la rojo/a.
What would you like?	*I'm looking for...*	*I prefer the red one.*

Cliente/a

Say good afternoon.

Explain that you are looking for a particular item of clothing.

Discuss colors and sizes.

Ask for the price and begin bargaining.

Settle on a price and purchase the item.

Vendedor(a)

Greet the customer and ask what he/she would like.

Show him/her some items and ask what he/she prefers.

Discuss colors and sizes.

Tell him/her a price. Negotiate a price.

Accept a price and say thank you.

Practice more at **vhlcentral.com**.

Pronunciación   Audio: Concepts, Activities Record & Compare

The consonants **d** and **t**

¿Dónde?	**ven**d**er**	**na**d**ar**	**ver**d**ad**

Like **b** and **v**, the Spanish **d** can also have a hard sound or a soft sound, depending on which letters appear next to it.

Don	**d**inero**	**tien**d**a**	**fal**d**a**

At the beginning of a phrase and after **n** or **l**, the letter **d** is pronounced with a hard sound. This sound is similar to the English *d* in *dog*, but a little softer and duller. The tongue should touch the back of the upper teeth, not the roof of the mouth.

med**ias**	**ver**d**e**	**vesti**d**o**	**hués**p**ed**

In all other positions, **d** has a soft sound. It is similar to the English *th* in *there*, but a little softer.

Don Diego no tiene el diccionario.

When **d** begins a word, its pronunciation depends on the previous word. At the beginning of a phrase or after a word that ends in **n** or **l**, it is pronounced as a hard **d**.

Doña Dolores es de la capital.

Words that begin with **d** are pronounced with a soft **d** if they appear immediately after a word that ends in a vowel or any consonant other than **n** or **l**.

traje**	**pan**t**alones**	**tar**j**e**t**a**	**t**ienda**

When pronouncing the Spanish **t**, the tongue should touch the back of the upper teeth, not the roof of the mouth. Unlike the English *t*, no air is expelled from the mouth.

Práctica Read these phrases aloud to practice the **d** and the **t**.

1. Hasta pronto.
2. De nada.
3. Mucho gusto.
4. Lo siento.
5. No hay de qué.
6. ¿De dónde es usted?
7. ¡Todos a bordo!
8. No puedo.
9. Es estupendo.
10. No tengo computadora.
11. ¿Cuándo vienen?
12. Son las tres y media.

Oraciones Read these sentences aloud to practice the **d** and the **t**.

1. Don Teodoro tiene una tienda en un almacén en La Habana.
2. Don Teodoro vende muchos trajes, vestidos y zapatos todos los días.
3. Un día un turista, Federico Machado, entra en la tienda para comprar un par de botas.
4. Federico regatea con don Teodoro y compra las botas y también un par de sandalias.

Refranes Read these sayings aloud to practice the **d** and the **t**.

En la variedad está el gusto.[1]

Aunque la mona se vista de seda, mona se queda.[2]

recursos

LM p. 32   vhlcentral.com Lección 6

1 *Variety is the spice of life.*
2 *You can't make a silk purse out of a sow's ear.*

(S) Additional Reading
Video: *Flash cultura*

Los mercados al aire libre

Mercados al aire libre are an integral part of commerce and culture in the Spanish-speaking world. Whether they take place daily or weekly, these markets are an important forum where tourists, locals, and vendors interact. People come to the marketplace to shop, socialize, taste local foods, and watch street performers. Wandering from one **puesto** (*stand*) to the next, one can browse fresh fruits and vegetables, clothing, CDs and DVDs, and **artesanías** (*crafts*). Some markets offer a mix of products, while others specialize in food, fashion, or used merchandise, such as antiques and books.

When shoppers see an item they like, they can bargain with the vendor. Friendly bargaining is an expected ritual and may result in a significantly lower price. When selling food, vendors may give the customer a little extra of what they purchase; this free addition is known as **la ñapa**.

Many open-air markets are also tourist attractions. The market in Otavalo, Ecuador, is world-famous and has taken place every Saturday since pre-Incan times. This market is well-known for the colorful textiles woven by the **otavaleños**, the indigenous people of the area. One can also find leather goods and wood carvings from nearby towns. Another popular market is **El Rastro**, held every Sunday in Madrid, Spain. Sellers set up **puestos** along the streets to display their wares, which range from local artwork and antiques to inexpensive clothing and electronics.

Mercado de Otavalo

Otros mercados famosos

Mercado	Lugar	Productos
Feria Artesanal de Recoleta	Buenos Aires, Argentina	artesanías
Mercado Central	Santiago, Chile	mariscos°, pescado°, frutas, verduras°
Tianguis Cultural del Chopo	Ciudad de México, México	ropa, música, revistas, libros, arte, artesanías
El mercado de Chichicastenango	Chichicastenango, Guatemala	frutas y verduras, flores°, cerámica, textiles

mariscos *seafood* pescado *fish* verduras *vegetables* flores *flowers*

ACTIVIDADES

1 **¿Cierto o falso?** Indicate whether these statements are **cierto** or **falso**. Correct the false statements.

1. Generally, open-air markets specialize in one type of goods.

2. Bargaining is commonplace at outdoor markets.

3. Only new goods can be found at open-air markets.

4. A Spaniard in search of antiques could search at **El Rastro**.

5. If you are in Guatemala and want to buy ceramics, you can go to Chichicastenango.

6. A **ñapa** is a tax on open-air market goods.

7. The **otavaleños** weave colorful textiles to sell on Saturdays.

8. Santiago's **Mercado Central** is known for books and music.

ASÍ SE DICE

La ropa

la chamarra (Méx.)	**la chaqueta**
de manga corta/larga	*short/long-sleeved*
los mahones (P. Rico);	**los bluejeans**
el pantalón de	
mezclilla (Méx.);	
los tejanos (Esp.);	
los vaqueros	
(Arg., Cuba, Esp., Uru.)	
la marca	*brand*
la playera (Méx.);	**la camiseta**
la remera (Arg.)	

EL MUNDO HISPANO

Diseñadores de moda

- **Adolfo Domínguez** (España) Su ropa tiene un estilo minimalista y práctico. Usa telas° naturales y cómodas en sus diseños.

- **Silvia Tcherassi** (Colombia) Los colores vivos y las líneas asimétricas de sus vestidos y trajes muestran influencias tropicales.

- **Óscar de la Renta** (República Dominicana) Diseña ropa opulenta para la mujer clásica.

- **Narciso Rodríguez** (EE.UU.) En sus diseños delicados y finos predominan los colores blanco y negro. Hizo° el vestido de boda° de Carolyn Bessette Kennedy.

telas *fabrics* Hizo *He made* de boda *wedding*

PERFIL

Carolina Herrera

In 1980, at the urging of some friends, **Carolina Herrera** created a fashion collection as a "test." The Venezuelan designer received such a favorable response that within one year she moved her family from Caracas to New York City and created her own label, Carolina Herrera, Ltd.

"I love elegance and intricacy, but whether it is in a piece of clothing or a fragrance, the intricacy must appear as simplicity," Herrera once stated. She quickly found that many sophisticated women agreed; from the start, her sleek and glamorous

designs have been in constant demand. Over the years, Herrera has grown her brand into a veritable fashion empire that encompasses her fashion and bridal collections, cosmetics, perfume, and accessories that are sold around the globe.

Conexión Internet

¿Qué marcas de ropa son populares en el mundo hispano?

Go to **vhlcentral.com** to find more cultural information related to this **Cultura** section.

ACTIVIDADES

2 **Comprensión** Complete these sentences.

1. Adolfo Domínguez usa telas _____ y _____ en su ropa.

2. Si hace fresco en el D.F., puedes llevar una _____.

3. La diseñadora _____ hace ropa, perfumes y más.

4. La ropa de _____ muestra influencias tropicales.

5. Los _____ son una ropa casual en Puerto Rico.

3 **Mi ropa favorita** Write a brief description of your favorite article of clothing. Mention what store it is from, the brand, colors, fabric, style, and any other information. Then get together with a small group, collect the descriptions, and take turns reading them aloud at random. Can the rest of the group guess whose favorite piece of clothing is being described?

recursos

 Practice more at **vhlcentral.com.**

VM pp. 277–278

vhlcentral.com Lección 6

6.1 Saber and conocer Tutorial

ANTE TODO Spanish has two verbs that mean *to know*: **saber** and **conocer**. They cannot be used interchangeably. Note the irregular **yo** forms.

The verbs saber and conocer

		saber *(to know)*	conocer *(to know)*
SINGULAR FORMS	yo	sé	conozco
	tú	sabes	conoces
	Ud./él/ella	sabe	conoce
PLURAL FORMS	nosotros/as	sabemos	conocemos
	vosotros/as	sabéis	conocéis
	Uds./ellos/ellas	saben	conocen

▶ **Saber** means *to know a fact or piece(s) of information* or *to know how to do something.*

> No **sé** tu número de teléfono.
> *I don't know your telephone number.*

> Mi hermana **sabe** hablar francés.
> *My sister knows how to speak French.*

▶ **Conocer** means *to know* or *be familiar/acquainted* with a person, place, or thing.

> ¿**Conoces** la ciudad de Nueva York?
> *Do you know New York City?*

> No **conozco** a tu amigo Esteban.
> *I don't know your friend Esteban.*

▶ When the direct object of **conocer** is a person or pet, the personal **a** is used.

> ¿Conoces La Habana?　　*but*　　¿Conoces **a** Celia Cruz?
> *Do you know Havana?*　　　　　*Do you know Celia Cruz?*　◀

▶ **¡Atención! Parecer** (*to seem*) and **ofrecer** (*to offer*) are conjugated like **conocer**.

▶ **¡Atención! Conducir** (*to drive*) and **traducir** (*to translate*) also have an irregular **yo** form, but since they are **-ir** verbs, they are conjugated differently from **conocer**.

conducir ▶	conduzco, conduces, conduce, conducimos, conducís, conducen
traducir ▶	traduzco, traduces, traduce, traducimos, traducís, traducen

NOTA CULTURAL

Cuban singer **Celia Cruz** (1924–2003), known as the "Queen of Salsa," recorded many albums over her long career. Adored by her fans, she was famous for her colorful and lively on-stage performances.

¡INTÉNTALO! Provide the appropriate forms of these verbs.

saber

1. José no ___*sabe*___ la hora.
2. Sara y yo _____ jugar al tenis.
3. ¿Por qué no _____ tú estos verbos?
4. Mis padres _____ hablar japonés.
5. Yo _____ a qué hora es la clase.
6. Usted no _____ dónde vivo.
7. Mi hermano no _____ nadar.
8. Nosotros _____ muchas cosas.

conocer

1. Usted y yo ___*conocemos*___ bien Miami.
2. ¿Tú _____ a mi amigo Manuel?
3. Sergio y Taydé _____ mi pueblo.
4. Emiliano _____ a mis padres.
5. Yo _____ muy bien el centro.
6. ¿Ustedes _____ la tienda Gigante?
7. Nosotras _____ una playa hermosa.
8. ¿Usted _____ a mi profesora?

recursos

WB
p. 61

LM
p. 33

vhlcentral.com
Lección 6

Práctica y Comunicación

1

Completar Indicate the correct verb for each sentence.

1. Mis hermanos (conocen/saben) conducir, pero yo no (sé/conozco).
2. —¿(Conocen/Saben) ustedes dónde está el estadio? —No, no lo (conocemos/sabemos).
3. —¿(Conoces/Sabes) a Lady Gaga? —Bueno, (sé/conozco) quién es, pero no la (conozco/sé).
4. Mi profesora (sabe/conoce) Cuba y también (conoce/sabe) bailar salsa.

2

Combinar Combine elements from each column to create sentences.

A	B	C
Shakira	(no) conocer	Conan O'Brien
los Yankees	(no) saber	cantar y bailar
el primer ministro		La Habana Vieja
de Canadá		muchas personas importantes
mis amigos y yo		hablar dos lenguas extranjeras
tú		jugar al béisbol

3

Preguntas In pairs, ask each other these questions. Answer with complete sentences.

1. ¿Conoces a un(a) cantante famoso/a? ¿Te gusta cómo canta?
2. En tu familia, ¿quién sabe cantar bien? ¿Tu opinión es objetiva?
3. Y tú, ¿conduces bien o mal? ¿Y tus amigos?
4. Si un(a) amigo/a no conduce muy bien, ¿le ofreces crítica constructiva?
5. ¿Cómo parece estar el/la profesor(a) hoy? ¿Y tus compañeros de clase?

4

Entrevista Jot down three things you know how to do, three people you know, and three places you are familiar with. Then, in a small group, find out what you have in common.

 modelo
> **Estudiante 1:** ¿Conocen ustedes a David Lomas?
> **Estudiante 2:** Sí, conozco a David. Vivimos en la misma residencia estudiantil.
> **Estudiante 3:** No, no lo conozco. ¿Cómo es?

5

Anuncio In groups, read the ad and answer these questions.

1. Busquen ejemplos de los verbos **saber** y **conocer**.
2. ¿Qué saben del Centro Comercial Málaga?
3. ¿Qué pueden hacer en el Centro Comercial Málaga?
4. ¿Conocen otros centros comerciales similares? ¿Cómo se llaman? ¿Dónde están?
5. ¿Conocen un centro comercial en otro país? ¿Cómo es?...

 Practice more at **vhlcentral.com.**

6.2 Indirect object pronouns Tutorial

ANTE TODO In **Lección 5**, you learned that a direct object receives the action of the verb directly. In contrast, an indirect object receives the action of the verb indirectly.

SUBJECT	I.O. PRONOUN	VERB	DIRECT OBJECT	INDIRECT OBJECT
Roberto	**le**	presta	cien pesos	**a Luisa**.
Roberto		*lends*	*100 pesos*	*to Luisa.*

An indirect object is a noun or pronoun that answers the question *to whom* or *for whom* an action is done. In the preceding example, the indirect object answers this question: **¿A quién le presta Roberto cien pesos?** *To whom does Roberto lend 100 pesos?*

Indirect object pronouns

Singular forms		Plural forms	
me	(to, for) *me*	**nos**	(to, for) *us*
te	(to, for) *you* (fam.)	**os**	(to, for) *you* (fam.)
le	(to, for) *you* (form.)	**les**	(to, for) *you* (form.)
	(to, for) *him; her*		(to, for) *them*

▶ **¡Atención!** The forms of indirect object pronouns for the first and second persons (**me, te, nos, os**) are the same as the direct object pronouns. Indirect object pronouns agree in number with the corresponding nouns, but not in gender.

Acabo de mostrarles que sí sabemos regatear.

Bueno, le doy un descuento.

Using indirect object pronouns

▶ Spanish speakers commonly use both an indirect object pronoun and the noun to which it refers in the same sentence. This is done to emphasize and clarify to whom the pronoun refers.

I.O. PRONOUN		INDIRECT OBJECT		I.O. PRONOUN		INDIRECT OBJECT
Ella **le** vende la ropa **a Elena**.				**Les** prestamos el dinero **a Inés y a Álex**.		

▶ Indirect object pronouns are also used without the indirect object noun when the person for whom the action is being done is known.

Ana **le** presta la falda **a Elena**.　　　　También **le** presta unos jeans.
Ana lends her skirt to Elena.　　　　*She also lends her a pair of jeans.*

▶ Indirect object pronouns are usually placed before the conjugated form of the verb. In negative sentences the pronoun is placed between **no** and the conjugated verb.

> Martín **me** compra un regalo.
> *Martín is buying me a gift.*

> Eva **no me** escribe cartas.
> *Eva doesn't write me letters.*

CONSULTA

For more information on accents, see **Lección 4, Pronunciación**, p. 115, **Lección 10, Ortografía**, p. 315, and **Lección 11, Ortografía**, p. 349.

▶ When a conjugated verb is followed by an infinitive or the present progressive, the indirect object pronoun may be placed before the conjugated verb or attached to the infinitive or present participle. **¡Atención!** When an indirect object pronoun is attached to a present participle, an accent mark is added to maintain the proper stress.

> Él no quiere **pagarte**./
> Él no **te** quiere pagar.
> *He does not want to pay you.*

> Él está **escribiéndole** una postal a ella./
> Él **le** está escribiendo una postal a ella.
> *He is writing a postcard to her.*

▶ Because the indirect object pronouns **le** and **les** have multiple meanings, Spanish speakers often clarify to whom the pronouns refer with the preposition **a** + [*pronoun*] or **a** + [*noun*].

UNCLARIFIED STATEMENTS	CLARIFIED STATEMENTS
Yo **le** compro un abrigo.	Yo **le** compro un abrigo **a usted/él/ella**.
Ella **le** describe un libro.	Ella **le** describe un libro **a Juan**.

UNCLARIFIED STATEMENTS	CLARIFIED STATEMENTS
Él **les** vende unos sombreros.	Él **les** vende unos sombreros **a ustedes/ellos/ellas**.
Ellos **les** hablan muy claro.	Ellos **les** hablan muy claro **a los clientes**.

▶ The irregular verbs **dar** (*to give*) and **decir** (*to say; to tell*) are often used with indirect object pronouns.

The verbs dar and decir

	Singular forms				Plural forms		
		dar	decir			dar	decir
yo		**doy**	**digo**	nosotros/as		**damos**	**decimos**
tú		**das**	**dices**	vosotros/as		**dais**	**decís**
Ud./él/ella		**da**	**dice**	Uds./ellos/ellas		**dan**	**dicen**

> **Me dan** una fiesta cada año.
> *They give (throw) me a party every year.*

> **Te digo** la verdad.
> *I'm telling you the truth.*

> Voy a **darle** consejos.
> *I'm going to give her advice.*

> No **les digo** mentiras a mis padres.
> *I don't tell lies to my parents.*

recursos

WB
pp. 62–63

LM
p. 34

S
vhlcentral.com
Lección 6

¡INTÉNTALO! Use the cues in parentheses to provide the correct indirect object pronoun for each sentence.

1. Juan ____le____ quiere dar un regalo. (*to Elena*)
2. María _____ prepara un café. (*for us*)
3. Beatriz y Felipe _____ escriben desde (*from*) Cuba. (*to me*)
4. Marta y yo _____ compramos unos guantes. (*for them*)
5. Los vendedores _____ venden ropa. (*to you, fam. sing.*)
6. La dependienta _____ muestra los guantes. (*to us*)

Práctica

1

Completar Fill in the blanks with the correct pronouns to complete Mónica's description of her family's holiday shopping.

1. Juan y yo _____ damos una blusa a nuestra hermana Gisela.
2. Mi tía _____ da a nosotros una mesa para la casa.
3. Gisela _____ da dos corbatas a su novio.
4. A mi mamá yo _____ doy un par de guantes negros.
5. A mi profesora _____ doy dos libros de José Martí.
6. Juan _____ da un regalo a mis padres.
7. Mis padres _____ dan un traje nuevo a mí.
8. Y a ti, yo _____ doy un regalo también. ¿Quieres verlo?

2

En La Habana Describe what happens on Pascual's trip to Cuba based on the cues provided.

1. ellos / cantar / canción / (mí)

2. él / comprar / libros / (sus hijos) / Plaza de Armas

3. yo / preparar el almuerzo (*lunch*) / (ti)

4. él / explicar cómo llegar / (conductor)

5. mi novia / sacar / foto / (nosotros)

6. el guía (*guide*) / mostrar / catedral de San Cristóbal / (ustedes)

3

Combinar Use an item from each column and an indirect object pronoun to create logical sentences.

> **modelo**
>
> Mis padres les dan regalos a mis primos.

A	B	C	D
yo	comprar	mensajes electrónicos	mí
el dependiente	dar	corbata	ustedes
el profesor Arce	decir	dinero en efectivo	clienta
la vendedora	escribir	tarea	novia
mis padres	explicar	problemas	primos
tú	pagar	regalos	ti
nosotros/as	prestar	ropa	nosotros
¿?	vender	¿?	¿?

Comunicación

4

Entrevista In pairs, take turns asking and answering for whom you do these activities. Use the model as a guide.

> cantar canciones de amor (*love songs*)   escribir mensajes electrónicos
>
> comprar ropa   mostrar fotos de un viaje
>
> dar una fiesta   pedir dinero
>
> decir mentiras   preparar comida (*food*) mexicana

> **modelo**
>
> escribir mensajes electrónicos
>
> **Estudiante 1:** ¿A quién le escribes mensajes electrónicos?
>
> **Estudiante 2:** Le escribo mensajes electrónicos a mi hermano.

5

¡Somos ricos! You and your classmates chipped in on a lottery ticket and you won! Now you want to spend money on your loved ones. In groups of three, discuss what each person is buying for family and friends.

> **modelo**
>
> **Estudiante 1:** Quiero comprarle un vestido de Carolina Herrera a mi madre.
>
> **Estudiante 2:** Y yo voy a darles un automóvil nuevo a mis padres.
>
> **Estudiante 3:** Voy a comprarles una casa a mis padres, pero a mis amigos no les voy a dar nada.

6

Entrevista Use these questions to interview a classmate.

1. ¿Qué tiendas, almacenes o centros comerciales prefieres?
2. ¿A quién le compras regalos cuando hay rebajas?
3. ¿A quién le prestas dinero cuando lo necesita?
4. Quiero ir de compras. ¿Cuánto dinero me puedes prestar?
5. ¿Te dan tus padres su tarjeta de crédito cuando vas de compras?

Síntesis

7

Minidrama In groups of three, take turns playing the roles of two shoppers and a clerk in a clothing store. The shoppers should talk about the articles of clothing they are looking for and for whom they are buying the clothes. The clerk should recommend several items based on the shoppers' descriptions. Use these expressions and also look at **Expresiones útiles** on page 179.

> **Me queda grande/pequeño.**   **¿Está en rebaja?**
> *It's big/small on me.*   *Is it on sale?*
>
> **¿Tiene otro color?**   **También estoy buscando...**
> *Do you have another color?*   *I'm also looking for...*

6.3 Preterite tense of regular verbs Tutorial

ANTE TODO   In order to talk about events in the past, Spanish uses two simple tenses: the preterite and the imperfect. In this lesson, you will learn how to form the preterite tense, which is used to express actions or states completed in the past.

Preterite of regular -ar, -er, and -ir verbs			
	-ar verbs **comprar**	**-er verbs** **vender**	**-ir verbs** **escribir**
SINGULAR FORMS			
yo	compr**é** *I bought*	vend**í** *I sold*	escrib**í** *I wrote*
tú	compr**aste**	vend**iste**	escrib**iste**
Ud./él/ella	compr**ó**	vend**ió**	escrib**ió**
PLURAL FORMS			
nosotros/as	compr**amos**	vend**imos**	escrib**imos**
vosotros/as	compr**asteis**	vend**isteis**	escrib**isteis**
Uds./ellos/ellas	compr**aron**	vend**ieron**	escrib**ieron**

▶ **¡Atención!** The **yo** and **Ud./él/ella** forms of all three conjugations have written accents on the last syllable to show that it is stressed.

▶ As the chart shows, the endings for regular **-er** and **-ir** verbs are identical in the preterite.

¿Qué compraste?

Compré estos aretes.

▶ Note that the **nosotros/as** forms of regular **-ar** and **-ir** verbs in the preterite are identical to the present tense forms. Context will help you determine which tense is being used.

En invierno **compramos** ropa.   Anoche **compramos** unos zapatos.
In the winter, we buy clothing.   *Last night we bought some shoes.*

▶ **-Ar** and **-er** verbs that have a stem change in the present tense are regular in the preterite. They do *not* have a stem change.

		PRESENT	PRETERITE
cerrar (e:ie)		La tienda **cierra** a las seis.	La tienda **cerró** a las seis.
volver (o:ue)		Carlitos **vuelve** tarde.	Carlitos **volvió** tarde.
jugar (u:ue)		Él **juega** al fútbol.	Él **jugó** al fútbol.

▶ **¡Atención!** **-Ir** verbs that have a stem change in the present tense also have a stem change in the preterite.

CONSULTA

There are a few high-frequency irregular verbs in the preterite. You will learn more about them in **Estructura 9.1**, p. 286.

CONSULTA

You will learn about stem-changing verbs in **Estructura 8.1**, p. 254.

▶ Verbs that end in **-car**, **-gar**, and **-zar** have a spelling change in the first person singular (**yo** form) in the preterite.

bus**car**	busc-	qu-	yo bus**qu**é
lle**gar**	lleg-	gu-	yo lle**gu**é
empe**zar**	empez-	c-	yo empe**c**é

▶ Except for the **yo** form, all other forms of **-car**, **-gar**, and **-zar** verbs are regular in the preterite.

▶ Three other verbs—**creer**, **leer**, and **oír**—have spelling changes in the preterite. The **i** of the verb endings of **creer**, **leer**, and **oír** carries an accent in the **yo**, **tú**, **nosotros/as**, and **vosotros/as** forms, and changes to **y** in the **Ud./él/ella** and **Uds./ellos/ellas** forms.

creer	cre-	creí, creíste, cre**y**ó, creímos, creísteis, cre**y**eron
leer	le-	leí, leíste, le**y**ó, leímos, leísteis, le**y**eron
oír	o-	oí, oíste, o**y**ó, oímos, oísteis, o**y**eron

▶ **Ver** is regular in the preterite, but none of its forms has an accent.

ver ⟶ vi, viste, vio, vimos, visteis, vieron

Words commonly used with the preterite

anoche	*last night*		**pasado/a (adj.)**	*last; past*
anteayer	*the day before yesterday*		**el año pasado**	*last year*
ayer	*yesterday*		**la semana pasada**	*last week*
de repente	*suddenly*		**una vez**	*once; one time*
desde... hasta...	*from... until...*		**dos veces**	*twice; two times*
			ya	*already*

Ayer llegué a Santiago de Cuba.
Yesterday I arrived in Santiago de Cuba.

Anoche oí un ruido extraño.
Last night I heard a strange noise.

▶ **Acabar de** + [*infinitive*] is used to say that something has just occurred. Note that **acabar** is in the present tense in this construction.

Acabo de comprar una falda.
I just bought a skirt.

Acabas de ir de compras.
You just went shopping.

¡INTÉNTALO!　Provide the appropriate preterite forms of the verbs.

	comer	salir	comenzar	leer
1. ellas	comieron	salieron	comenzaron	leyeron
2. tú	_____	_____	_____	_____
3. usted	_____	_____	_____	_____
4. nosotros	_____	_____	_____	_____
5. yo	_____	_____	_____	_____

Práctica

1

Completar Andrea is talking about what happened last weekend. Complete each sentence by choosing the correct verb and putting it in the preterite.

1. El viernes a las cuatro de la tarde, la profesora Mora _____
   (asistir, costar, usar) a una reunión (*meeting*) de profesores.
2. A la una, yo _____ (llegar, bucear, llevar) a la tienda con mis amigos.
3. Mis amigos y yo _____ (comprar, regatear, gastar) dos o tres cosas.
4. Yo _____ (costar, comprar, escribir) unos pantalones negros y mi amigo
   Mateo _____ (gastar, pasear, comprar) una camisa azul.
5. Después, nosotros _____ (llevar, vivir, comer) cerca de un mercado.
6. A las tres, Pepe _____ (hablar, pasear, nadar) con su novia por teléfono.
7. El sábado por la tarde, mi mamá _____ (escribir, beber, vivir) una carta.
8. El domingo mi tía _____ (decidir, salir, escribir) comprarme un traje.
9. A las cuatro de la tarde, mi tía _____ (beber, salir, encontrar) el traje y
   después nosotras _____ (acabar, ver, salir) una película.

2

Preguntas Imagine that you have a pesky friend who keeps asking you questions. Respond that you already did or have just done what he/she asks. Make sure you and your partner take turns playing the role of the pesky friend and responding to his/her questions.

> **modelo**
>
> leer la lección
> **Estudiante 1:** ¿Leíste la lección?
> **Estudiante 2:** Sí, ya la leí./Sí, acabo de leerla.

1. escribir el mensaje electrónico
2. lavar (*to wash*) la ropa
3. oír las noticias (*news*)
4. comprar pantalones cortos
5. practicar los verbos
6. pagar la cuenta (*bill*)
7. empezar la composición
8. ver la película *Diarios de motocicleta*

NOTA CULTURAL

Based on Ernesto "Che" Guevara's diaries, ***Diarios de motocicleta*** (2004) traces the road trip of Che (played by Gael García Bernal) with his friend Alberto Granado (played by Rodrigo de la Serna) through Argentina, Chile, Peru, Colombia, and Venezuela.

3

¿Cuándo? Use the time expressions from the word bank to talk about when you and others did the activities listed.

anoche	anteayer	el mes pasado	una vez
ayer	la semana pasada	el año pasado	dos veces

1. mi compañero/a de cuarto: llegar tarde a clase
2. mi mejor (*best*) amigo/a: salir con un(a) chico/a guapo/a
3. mis padres: ver una película
4. yo: llevar un traje/vestido
5. el presidente/primer ministro de mi país: asistir a una conferencia internacional
6. mis amigos y yo: comer en un restaurante
7. ¿?: comprar algo (*something*) bueno, bonito y barato

Comunicación

4

Ayer Jot down at what time you did these activities yesterday. Then get together with a classmate and find out at what time he or she did these activities. Be prepared to share your findings with the class.

1. desayunar
2. empezar la primera clase
3. almorzar

4. ver a un(a) amigo/a
5. salir de clase
6. volver a la residencia/casa

5

Las vacaciones Imagine that you took these photos on a vacation with friends. Get together with a partner and use the pictures to tell him or her about your trip.

6

El fin de semana Your instructor will give you and your partner different incomplete charts about what four employees at **Almacén Gigante** did last weekend. After you fill out the chart based on each other's information, you will fill out the final column about your partner.

Síntesis

7

Conversación Get together with a partner and have a conversation about what you did last week using verbs from the word bank. Don't forget to include school activities, shopping, and pastimes.

acampar	comer	gastar	tomar
asistir	comprar	hablar	trabajar
bailar	correr	jugar	vender
beber	escribir	leer	ver
buscar	estudiar	oír	viajar

(6.4) Demonstrative adjectives and pronouns

Demonstrative adjectives Tutorial

ANTE TODO   In Spanish, as in English, demonstrative adjectives are words that "demonstrate" or "point out" nouns. Demonstrative adjectives precede the nouns they modify and, like other Spanish adjectives you have studied, agree with them in gender and number. Observe these examples and then study the chart below.

esta camisa	**ese** vendedor	**aquellos** zapatos
this shirt	*that salesman*	*those shoes (over there)*

Demonstrative adjectives

Singular		Plural		
MASCULINE	FEMININE	MASCULINE	FEMININE	
este	esta	estos	estas	*this; these*
ese	esa	esos	esas	*that; those*
aquel	aquella	aquellos	aquellas	*that; those (over there)*

▶ There are three sets of demonstrative adjectives. To determine which one to use, you must establish the relationship between the speaker and the noun(s) being pointed out.

▶ The demonstrative adjectives **este**, **esta**, **estos**, and **estas** are used to point out nouns that are close to the speaker and the listener.

Me gustan estos zapatos.

▶ The demonstrative adjectives **ese**, **esa**, **esos**, and **esas** are used to point out nouns that are not close in space and time to the speaker. They may, however, be close to the listener.

Prefiero esos zapatos.

The demonstrative adjectives **aquel**, **aquella**, **aquellos**, and **aquellas** are used to point out nouns that are far away from the speaker and the listener.

Aquel auto es de mi hermana.

Demonstrative pronouns

Demonstrative pronouns are identical to their corresponding demonstrative adjectives, with the exception that they traditionally carry an accent mark on the stressed vowel. The **Real Academia** now requires this accent only for clarification but it is still commonly used.

Demonstrative pronouns			
Singular		Plural	
MASCULINE	FEMININE	MASCULINE	FEMININE
éste	ésta	éstos	éstas
ése	ésa	ésos	ésas
aquél	aquélla	aquéllos	aquéllas

—¿Quieres comprar **este suéter**?
Do you want to buy this sweater?

—¿Vas a leer **estas revistas**?
Are you going to read these magazines?

—No, no quiero **éste**. Quiero **ése**.
No, I don't want this one. I want that one.

—Sí, voy a leer **éstas**. También voy a leer **aquéllas**.
Yes, I'm going to read these. I'll also read those (over there).

▶ **¡Atención!** Like demonstrative adjectives, demonstrative pronouns agree in gender and number with the corresponding noun.

Este libro es de Pablito.　　　　**Éstos** son de Juana.

▶ There are three neuter demonstrative pronouns: **esto**, **eso**, and **aquello**. These forms refer to unidentified or unspecified nouns, situations, ideas, and concepts. They do not change in gender or number and never carry an accent mark.

—¿Qué es **esto**?
What's this?

—**Eso** es interesante.
That's interesting.

—**Aquello** es bonito.
That's pretty.

recursos

WB
pp. 66–68

LM
p. 36

vhlcentral.com
Lección 6

¡INTÉNTALO! Provide the correct form of the demonstrative adjective for these nouns.

1. la falda / este ___esta falda___
2. los estudiantes / este ___estos___
3. los países / aquel ___aquellos___
4. la ventana / ese ___esés___
5. los periodistas / ese ___esos___
6. el chico / aquel ___aquel___
7. las sandalias / este ___estas___
8. las chicas / aquel ___aquellas___

Práctica

1 **Cambiar** Make the singular sentences plural and the plural sentences singular.

> **modelo**
>
> Estas camisas son blancas.
> Esta camisa es blanca.

1. Aquellos sombreros son muy elegantes.
2. Ese abrigo es muy caro.
3. Estos cinturones son hermosos.
4. Esos precios son muy buenos.
5. Estas faldas son muy cortas.
6. ¿Quieres ir a aquel almacén?
7. Esas blusas son baratas.
8. Esta corbata hace juego con mi traje.

2 **Completar** Here are some things people might say while shopping. Complete the sentences with the correct demonstrative pronouns.

1. No me gustan esos zapatos. Voy a comprar _____. (*these*)
2. ¿Vas a comprar ese traje o _____? (*this one*)
3. Esta guayabera es bonita, pero prefiero _____. (*that one*)
4. Estas corbatas rojas son muy bonitas, pero _____ son fabulosas. (*those*)
5. Estos cinturones cuestan demasiado. Prefiero _____. (*those over there*)
6. ¿Te gustan esas botas o _____? (*these*)
7. Esa bolsa roja es bonita, pero prefiero _____. (*that one over there*)
8. No voy a comprar estas botas; voy a comprar _____. (*those over there*)
9. ¿Prefieres estos pantalones o _____? (*those*)
10. Me gusta este vestido, pero voy a comprar _____. (*that one*)
11. Me gusta ese almacén, pero _____ es mejor (*better*). (*that one over there*)
12. Esa blusa es bonita, pero cuesta demasiado. Voy a comprar _____. (*this one*)

3 **Describir** With your partner, look for two items in the classroom that are one of these colors: **amarillo, azul, blanco, marrón, negro, verde, rojo.** Take turns pointing them out to each other, first using demonstrative adjectives, and then demonstrative pronouns.

> **modelo**
>
> azul
> **Estudiante 1:** Esta silla es azul. Aquella mochila es azul.
> **Estudiante 2:** Ésta es azul. Aquélla es azul.

Now use demonstrative adjectives and pronouns to discuss the colors of your classmates' clothing. One of you can ask a question about an article of clothing, using the wrong color. Your partner will correct you and point out that color somewhere else in the room.

> **modelo**
>
> **Estudiante 1:** ¿Esa camisa es negra?
> **Estudiante 2:** No, ésa es azul. Aquélla es negra.

 Practice more at **vhlcentral.com.**

Comunicación

4

Conversación With a classmate, use demonstrative adjectives and pronouns to ask each other questions about the people around you. Use expressions from the word bank and/or your own ideas.

¿A qué hora…?   ¿Cuántos años tiene(n)…?

¿Cómo es/son…?   ¿De dónde es/son…?

¿Cómo se llama…?   ¿De quién es/son…?

¿Cuándo…?   ¿Qué clases toma(n)…?

modelo

Estudiante 1: *¿Cómo se llama esa chica?*
Estudiante 2: *Se llama Rebeca.*
Estudiante 1: *¿A qué hora llegó aquel chico a la clase?*
Estudiante 2: *A las nueve.*

5

En una tienda Imagine that you and a classmate are in Madrid shopping at Zara. Study the floor plan, then have a conversation about your surroundings. Use demonstrative adjectives and pronouns.

NOTA CULTURAL

Zara is an international clothing company based in Spain. Its innovative processes take a product from the design room to the manufacturing shelves in less than a month. This means that the merchandise is constantly changing to keep up with the most current trends.

modelo

Estudiante 1: *Me gusta este suéter azul.*
Estudiante 2: *Yo prefiero aquella chaqueta.*

Hombres — chaquetas — suéteres — camisas — pantalones cortos — pantalones — trajes de baño — botas — Estudiante 1

blusas — chaquetas — Mujeres — trajes de baño — pantalones cortos — zapatos — faldas — Estudiante 2

Síntesis

6

Diferencias Your instructor will give you and a partner each a drawing of a store. They are almost identical, but not quite. Use demonstrative adjectives and pronouns to find seven differences.

modelo

Estudiante 1: *Aquellas gafas de sol son feas, ¿verdad?*
Estudiante 2: *No. Aquellas gafas de sol son hermosas.*

Recapitulación

S Concepts
Diagnostics

Review the grammar concepts you have learned in this lesson by completing these activities.

1 **Completar** Complete the chart with the correct preterite or infinitive form of the verbs. **15 pts.**

Infinitive	yo	ella	ellos
			tomaron
		abrió	
comprender			
	leí		
pagar			

2 **En la tienda** Look at the drawing and complete the conversation with demonstrative adjectives and pronouns. **7 pts.**

CLIENTE Buenos días, señorita. Deseo comprar (1) _____ corbata.

VENDEDORA Muy bien, señor. ¿No le interesa mirar (2) _____ trajes que están allá? Hay unos que hacen juego con la corbata.

CLIENTE (3) _____ de allá son de lana, ¿no? Prefiero ver (4) _____ traje marrón que está detrás de usted.

VENDEDORA Estupendo. Como puede ver, es de seda. Cuesta seiscientos cincuenta dólares.

CLIENTE Ah... eh... no, creo que sólo voy a comprar la corbata, gracias.

VENDEDORA Bueno... si busca algo más económico, hay rebaja en (5) _____ sombreros. Cuestan sólo treinta dólares.

CLIENTE ¡Magnífico! Me gusta (6) _____, el blanco que está hasta arriba (*at the top*). Y quiero pagar todo con (7) _____ tarjeta.

VENDEDORA Sí, señor. Ahora mismo le traigo el sombrero.

RESUMEN GRAMATICAL

6.1 **Saber and conocer** *p. 184*

saber	conocer
sé	conozco
sabes	conoces
sabe	conoce
sabemos	conocemos
sabéis	conocéis
saben	conocen

► **saber** = to know facts/how to do something
► **conocer** = to know a person, place, or thing

6.2 **Indirect object pronouns** *pp. 186–187*

Indirect object pronouns

Singular	Plural
me	nos
te	os
le	les

► **dar** = doy, das, da, damos, dais, dan
► **decir (e:i)** = digo, dices, dice, decimos, decís, dicen

6.3 **Preterite tense of regular verbs** *pp. 190–191*

comprar	vender	escribir
compré	vendí	escribí
compraste	vendiste	escribiste
compró	vendió	escribió
compramos	vendimos	escribimos
comprasteis	vendisteis	escribisteis
compraron	vendieron	escribieron

Verbs with spelling changes in the preterite

► **-car:** buscar → yo busqué
► **-gar:** llegar → yo llegué
► **-zar:** empezar → yo empecé
► **creer:** creí, creíste, creyó, creímos, creísteis, creyeron
► **leer:** leí, leíste, leyó, leímos, leísteis, leyeron
► **oír:** oí, oíste, oyó, oímos, oísteis, oyeron
► **ver:** vi, viste, vio, vimos, visteis, vieron

6.4 **Demonstrative adjectives and pronouns** *pp. 194–195*

3 **¿Saber o conocer?** Complete each dialogue with the correct form of **saber** or **conocer**. **10 pts.**

1. —¿Qué _____ hacer tú?
   —(Yo) _____ jugar al fútbol.
2. —¿_____ tú esta tienda de ropa?
   —No, (yo) no la _____. ¿Es buena?
3. —¿Tus padres no _____ a tu novio?
   —No, ¡ellos no _____ que tengo novio!
4. —Mi compañero de cuarto todavía no me _____ bien.
   —Y tú, ¿lo quieres _____ a él?
5. —¿_____ ustedes dónde está el mercado?
   —No, nosotros no _____ bien esta ciudad.

Demonstrative adjectives

Singular		Plural	
Masc.	Fem.	Masc.	Fem.
este	esta	estos	estas
ese	esa	esos	esas
aquel	aquella	aquellos	aquellas

Demonstrative pronouns

Singular		Plural	
Masc.	Fem.	Masc.	Fem.
éste	ésta	éstos	éstas
ése	ésa	ésos	ésas
aquél	aquélla	aquéllos	aquéllas

4 **Oraciones** Form complete sentences using the information provided. Use indirect object pronouns and the present tense of the verbs. **10 pts.**

1. Javier / prestar / el abrigo / a Maripili

2. nosotros / vender / ropa / a los clientes

3. el vendedor / traer / las camisetas / a mis amigos y a mí

4. yo / querer dar / consejos / a ti

5. ¿tú / ir a comprar / un regalo / a mí?

5 **Mi última compra** Write a short paragraph describing the last time you went shopping. Use at least four verbs in the preterite tense. **8 pts.**

modelo
El viernes pasado, busqué unos zapatos en el centro comercial...

6 **Poema** Write the missing words to complete the excerpt from the poem *Romance sonámbulo* by Federico García Lorca. **2 EXTRA points!**

“Verde que _____ quiero verde.
Verde viento. Verdes ramas°.
El barco sobre la mar
y el caballo en la montaña, [...]
Verde que te quiero _____ (*green*).”

ramas *branches*

Lectura

Antes de leer

Estrategia
Skimming

Skimming involves quickly reading through a document to absorb its general meaning. This allows you to understand the main ideas without having to read word for word. When you skim a text, you might want to look at its title and subtitles. You might also want to read the first sentence of each paragraph.

Examinar el texto

Look at the format of the reading selection. How is it organized? What does the organization of the document tell you about its content?

Buscar cognados

Scan the reading selection to locate at least five cognates. Based on the cognates, what do you think the reading selection is about?

1. _____   4. _____
2. _____   5. _____
3. _____

The reading selection is about _____.

Impresiones generales

Now skim the reading selection to understand its general meaning. Jot down your impressions. What new information did you learn about the document by skimming it? Based on all the information you now have, answer these questions in Spanish.

1. Who created this document?
2. What is its purpose?
3. Who is its intended audience?

Corona

¡Corona tiene las ofertas más locas del verano!

La tienda más elegante de la ciudad con precios increíbles

Carteras
ELEGANCIA
Colores anaranjado, blanco, rosado y amarillo
Ahora: 15.000 pesos
50% de rebaja

Sandalias de playa
GINO
Números del 35 al 38
A sólo 12.000 pesos
50% de descuento

Faldas largas
ROPA BONITA
Algodón. De distintos colores
Talla mediana
Precio especial: 8.000 pesos

Blusas de seda
BAMBÚ
De cuadros y de lunares
Ahora: 21.000 pesos
40% de rebaja

Vestido de algodón
PANAMÁ
Colores blanco, azul y verde
Ahora: 18.000 pesos
30% de rebaja

Accesorios
BELLEZA
Cinturones, gafas de sol, sombreros, medias
Diversos estilos
Todos con un 40% de rebaja

Lunes a sábado de 9 a 21 horas.
Domingo de 10 a 14 horas.

¡Grandes rebajas!

Real° Liquidación°

¡La rebaja está de moda en Corona!

y con la tarjeta de crédito más conveniente del mercado.

**Chaquetas
CASINO**
Microfibra. Colores negro,
café y gris
Tallas: P, M, G, XG
Ahora: 22.500 pesos

**Zapatos
COLOR**
Italianos y franceses
Números del 40 al 45
A sólo 20.000 pesos

**Pantalones
OCÉANO**
Colores negro, gris y café
Ahora: 11.500 pesos
30% de rebaja

**Ropa interior
ATLÁNTICO**
Tallas: P, M, G
Colores blanco,
negro y gris
40% de rebaja

**Traje inglés
GALES**
Modelos originales
Ahora: 105.000 pesos
30% de rebaja

**Accesorios
GUAPO**
Gafas de sol, corbatas,
cinturones, calcetines
Diversos estilos
**Todos con un 40%
de rebaja**

Real *Royal* Liquidación *Clearance sale* caballeros *gentlemen*

Por la compra de 40.000 pesos, puede llevar un regalo gratis.

- Un hermoso cinturón de señora
- Un par de calcetines
- Una corbata de seda
- Una bolsa para la playa
- Una mochila
- Unas medias

Después de leer

Completar

Complete this paragraph about the reading selection with the correct forms of the words from the word bank.

almacén	hacer juego	tarjeta de crédito
caro	increíble	tienda
dinero	pantalones	verano
falda	rebaja	zapato

En este anuncio de periódico, el _____ Corona anuncia la liquidación de _____ con grandes _____. Con muy poco _____ usted puede conseguir ropa fina y elegante. Si no tiene dinero en efectivo, puede utilizar su _____ y pagar luego. Para el caballero con gustos refinados, hay _____ importados de París y Roma.
La señora elegante puede encontrar blusas de seda que _____ con todo tipo de _____ o _____. Los precios de esta liquidación son realmente _____.

¿Cierto o falso?

Indicate whether each statement is **cierto** or **falso**. Correct the false statements.

1. Hay sandalias de playa.
2. Las corbatas tienen una rebaja del 30%.
3. El almacén Corona tiene un departamento de zapatos.
4. Normalmente las sandalias cuestan 22.000 pesos.
5. Cuando gastas 30.000 pesos en la tienda, llevas un regalo gratis.
6. Tienen carteras amarillas.

Preguntas

In pairs, take turns asking and answering these questions.

1. Imagina que vas a ir a la tienda Corona. ¿Qué departamentos vas a visitar? ¿El departamento de ropa para señoras, el departamento de ropa para caballeros…?
2. ¿Qué vas a buscar en Corona?
3. ¿Hay tiendas similares a la tienda Corona en tu pueblo o ciudad? ¿Cómo se llaman? ¿Tienen muchas gangas?

Escritura

Estrategia

How to report an interview

There are several ways to prepare a written report about an interview. For example, you can transcribe the interview verbatim, you can simply summarize it, or you can summarize it but quote the speakers occasionally. In any event, the report should begin with an interesting title and a brief introduction, which may include the five Ws (*what, where, when, who, why*) and the H (*how*) of the interview. The report should end with an interesting conclusion. Note that when you transcribe dialogue in Spanish, you should pay careful attention to format and punctuation.

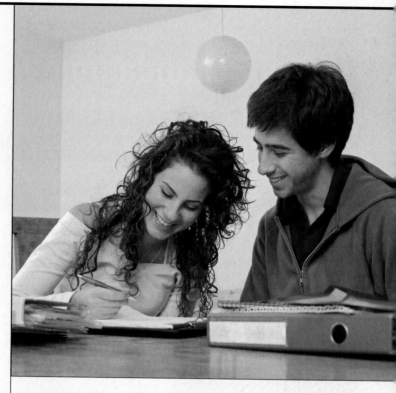

Writing dialogue in Spanish

- If you need to transcribe an interview verbatim, you can use speakers' names to indicate a change of speaker.

CARMELA	¿Qué compraste? ¿Encontraste muchas gangas?
ROBERTO	Sí, muchas. Compré un suéter, una camisa y dos corbatas. Y tú, ¿qué compraste?
CARMELA	Una blusa y una falda muy bonitas. ¿Cuánto costó tu camisa?
ROBERTO	Sólo diez dólares. ¿Cuánto costó tu blusa?
CARMELA	Veinte dólares.

- You can also use a dash (*raya*) to mark the beginning of each speaker's words.

  —¿Qué compraste?

  —Un suéter y una camisa muy bonitos. Y tú, ¿encontraste muchas gangas?

  —Sí... compré dos blusas, tres camisetas y un par de zapatos.

  —¡A ver!

Tema

Escribe un informe

Write a report for the school newspaper about an interview you conducted with a student about his or her shopping habits and clothing preferences. First, brainstorm a list of interview questions. Then conduct the interview using the questions below as a guide, but feel free to ask other questions as they occur to you.

Examples of questions:

▶ ¿Cuándo vas de compras?

▶ ¿Adónde vas de compras?

▶ ¿Con quién vas de compras?

▶ ¿Qué tiendas, almacenes o centros comerciales prefieres?

▶ ¿Compras ropa de catálogos o por Internet?

▶ ¿Prefieres comprar ropa cara o barata? ¿Por qué? ¿Te gusta buscar gangas?

▶ ¿Qué ropa llevas cuando vas a clase?

▶ ¿Qué ropa llevas cuando sales a bailar?

▶ ¿Qué ropa llevas cuando practicas un deporte?

▶ ¿Cuáles son tus colores favoritos? ¿Compras mucha ropa de esos colores?

▶ ¿Les das ropa a tu familia o a tus amigos/as?

Escuchar Audio: Activities

Estrategia

Listening for linguistic cues

You can enhance your listening comprehension by listening for specific linguistic cues. For example, if you listen for the endings of conjugated verbs, or for familiar constructions, such as **acabar de** + [*infinitive*] or **ir a** + [*infinitive*], you can find out whether an event already took place, is taking place now, or will take place in the future. Verb endings also give clues about who is participating in the action.

To practice listening for linguistic cues, you will now listen to four sentences. As you listen, note whether each sentence refers to a past, present, or future action. Also jot down the subject of each sentence.

Preparación

Based on the photograph, what do you think Marisol has recently done? What do you think Marisol and Alicia are talking about? What else can you guess about their conversation from the visual clues in the photograph?

Ahora escucha 🎧 🌐

Now you are going to hear Marisol and Alicia's conversation. Make a list of the clothing items that each person mentions. Then put a check mark after the item if the person actually purchased it.

Marisol	Alicia
1. _____	1. _____
2. _____	2. _____
3. _____	3. _____
4. _____	4. _____

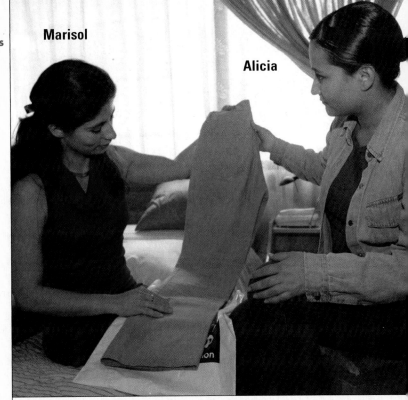

Marisol

Alicia

Comprensión

¿Cierto o falso? 🌐

Indicate whether each statement is **cierto** or **falso**. Then correct the false statements.

1. Marisol y Alicia acaban de ir de compras juntas (*together*).
2. Marisol va a comprar unos pantalones y una blusa mañana.
3. Marisol compró una blusa de cuadros.
4. Alicia compró unos zapatos nuevos hoy.
5. Alicia y Marisol van a ir al café.
6. Marisol gastó todo el dinero de la semana en ropa nueva.

Preguntas 🌐

Discuss the following questions with a classmate. Be sure to explain your answers.

1. ¿Crees que Alicia y Marisol son buenas amigas? ¿Por qué?
2. ¿Cuál de las dos estudiantes es más ahorradora (*frugal*)? ¿Por qué?
3. ¿Crees que a Alicia le gusta la ropa que Marisol compró?
4. ¿Crees que la moda es importante para Alicia? ¿Para Marisol? ¿Por qué?
5. ¿Es importante para ti estar a la moda? ¿Por qué?

 Practice more at **vhlcentral.com.**

En pantalla

Anuncio

Grocery stores in Mexico make one-stop shopping easy! Similar to the concept of a *Super-Walmart* in the U.S., most **supermercados°** in Mexico sell appliances, clothing, medicine, gardening supplies, electronics, and toys in addition to groceries. Large chains, like **Comercial Mexicana**, and smaller grocery stores alike typically sell a variety of products, allowing customers to satisfy all of their routine weekly shopping needs in one trip. Watch the **En pantalla** videoclip to see how one customer takes advantage of one-stop shopping at his local supermarket.

Vocabulario útil	
con lo que ahorré	*with what I saved*
corazón	*sweetheart*
de peluche	*stuffed (toy)*
dragón	*ragon*
¿Me lo compras?	*Would you buy it for me?*

Comprensión

Indicate whether each statement is **cierto** or **falso**.

	Cierto	Falso
1. El niño quiere un elefante de peluche.	O	O
2. La señora usa un vestido rojo.	O	O
3. El niño sigue a la señora hasta la caja.	O	O
4. La señora no es la mamá del niño.	O	O

Conversar

With a partner, use these cues to create a conversation in Spanish between two friends at a clothing store.

Estudiante 1: Would you buy me a(n)...?

Estudiante 2: No, because it costs...

Estudiante 1: Please! I always (**siempre**) buy you...

Estudiante 2: OK, I will buy you this... How much does it cost?

Estudiante 1: It's on sale! It only costs....

supermercados *supermarkets*

Comercial mexicana

¿Me lo compras?

No, corazón.

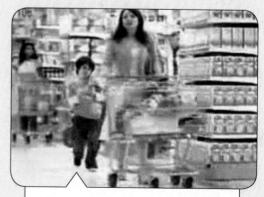

¿Me lo compras, me lo compras, me lo compras?

 Video: TV Clip

 Practice more at **vhlcentral.com**.

Cortometraje

The short film *Parking Lot* takes place in a parking lot in Bogotá, Colombia. A woman thinks she recognizes an old boyfriend named Santiago, but the man denies knowing her. Pay attention to the action, body language, and music. Which character is more believable? An incoming call on the man's cell phone introduces an additional piece to the puzzle.

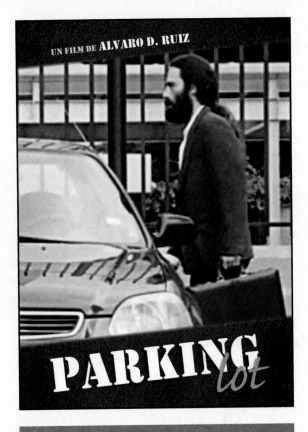

Preparación

Answer the following questions.

1. Piensa en alguien (*someone*) que no has visto (*you haven't seen*) en mucho tiempo. ¿Quién es? ¿Te gusta la idea de ver a esta persona? ¿Por qué?

2. ¿Sería (*Would it be*) fácil reconocer (*recognize*) a esta persona? Explica por qué.

3. ¿Crees que esta persona te reconocería a ti? ¿Por qué?

Después de ver

Place these events in chronological order.

_____ a. La mujer y el hombre se toman una foto con el teléfono celular.

_____ b. El hombre entra en el coche.

_____ c. El hombre habla por teléfono.

_____ d. La mujer le dice al hombre que está muy cambiado.

_____ e. La mujer le toma la mano al hombre.

Conversar

En parejas, supongan que el hombre del estacionamiento es Santiago, el ex novio de la mujer. Escriban una lista de las razones por las que él no admite quién es. Comparen su lista con la de otra pareja y hablen de sus ideas.

Expresiones útiles

¿En qué andas?	*What are you up to?*
lo que pasa es que	*what's happening is (that); the thing is (that)*
me está confundiendo (con)	*you're mistaking me for*
me hubiera encantado	*I would have loved*
qué pena	*what a shame*
te pareces muchísimo (a)	*you look a lot like*

Para hablar del corto

la barba	*beard*
el coche	*car*
la cola de caballo	*ponytail*
se encuentra con	*runs into*
el estacionamiento	*parking lot*
estar muy cambiado/a	*to look very different*
el (teléfono) celular	*cell phone*

 Video: Short Film

 Practice more at **vhlcentral.com.**

Cuba

El país en cifras

▶ **Área:** 110.860 km² (42.803 millas²), *aproximadamente el área de Pensilvania*
▶ **Población:** 11.213.000
▶ **Capital:** La Habana—2.100.000

La Habana Vieja fue declarada° Patrimonio° Cultural de la Humanidad por la UNESCO en 1982. Este distrito es uno de los lugares más fascinantes de Cuba. En La Plaza de Armas, se puede visitar el majestuoso Palacio de Capitanes Generales, que ahora es un museo. En la calle° Obispo, frecuentada por el autor Ernest Hemingway, hay hermosos cafés, clubes nocturnos y tiendas elegantes.

▶ **Ciudades principales:** Santiago de Cuba; Camagüey; Holguín; Guantánamo
SOURCE: Population Division, UN Secretariat
▶ **Moneda:** peso cubano
▶ **Idiomas:** español (oficial)

Bandera de Cuba

Cubanos célebres

▶ **Carlos Finlay,** doctor y científico (1833–1915)
▶ **José Martí,** político y poeta (1853–1895)
▶ **Fidel Castro,** ex primer ministro, ex comandante en jefe° de las fuerzas armadas (1926–)
▶ **Zoé Valdés,** escritora (1959–)
▶ **Ibrahim Ferrer,** músico (1927–2005)

fue declarada *was declared* Patrimonio *Heritage* calle *street* comandante en jefe *commander in chief* liviano *light* colibrí abeja *bee hummingbird* ave *bird* mundo *world* miden *measure* pesan *weigh*

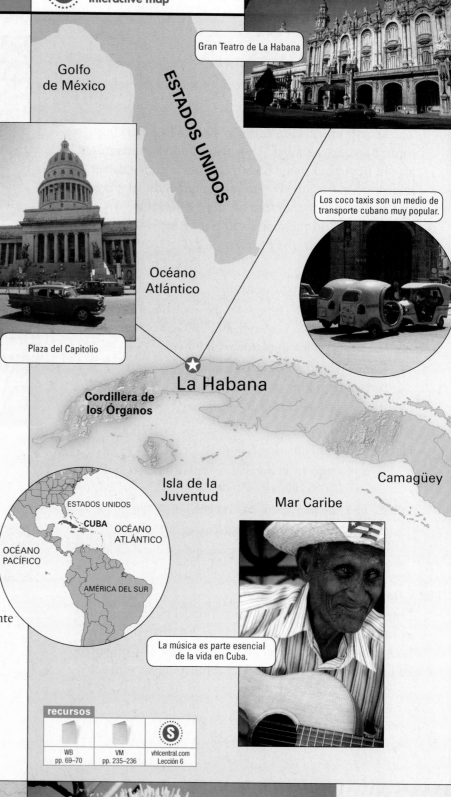

Gran Teatro de La Habana

Golfo de México

ESTADOS UNIDOS

Los coco taxis son un medio de transporte cubano muy popular.

Océano Atlántico

Plaza del Capitolio

La Habana

Cordillera de los Órganos

ESTADOS UNIDOS
CUBA
OCÉANO ATLÁNTICO
OCÉANO PACÍFICO
AMÉRICA DEL SUR

Isla de la Juventud

Mar Caribe

Camagüey

La música es parte esencial de la vida en Cuba.

recursos

WB pp. 69–70	VM pp. 235–236	vhlcentral.com Lección 6

¡Increíble pero cierto!

Pequeño y liviano°, el colibrí abeja° de Cuba es una de las más de 320 especies de colibrí y es también el ave° más pequeña del mundo°. Menores que muchos insectos, estas aves minúsculas miden° 5 centímetros y pesan° sólo 1,95 gramos.

Baile • **Ballet Nacional de Cuba**

La bailarina Alicia Alonso fundó el Ballet Nacional de Cuba en 1948, después de° convertirse en una estrella° internacional en el Ballet de Nueva York y en Broadway. El Ballet Nacional de Cuba es famoso en todo el mundo por su creatividad y perfección técnica.

Economía • **La caña de azúcar y el tabaco**

La caña de azúcar° es el producto agrícola° que más se cultiva en la isla y su exportación es muy importante para la economía del país. El tabaco, que se usa para fabricar los famosos puros° cubanos, es otro cultivo° de mucha importancia.

Gente • **Población**

La población cubana tiene raíces° muy heterogéneas. La inmigración a la isla fue determinante° desde la colonia hasta mediados° del siglo° XX. Los cubanos de hoy son descendientes de africanos, europeos, chinos y antillanos, entre otros.

Música • **Buena Vista Social Club**

En 1997 nace° el fenómeno musical conocido como *Buena Vista Social Club*. Este proyecto reúne° a un grupo de importantes músicos de Cuba, la mayoría ya mayores, con una larga trayectoria interpretando canciones clásicas del son° cubano. Ese mismo año ganaron un *Grammy*. Hoy en día estos músicos son conocidos en todo el mundo, y personas de todas las edades bailan al ritmo° de su música.

Holguín

Santiago de Cuba
Guantánamo

Sierra Maestra

 ¿Qué aprendiste? Responde a las preguntas con una oración completa.

1. ¿Qué autor está asociado con la Habana Vieja?
2. ¿Por qué es famoso el Ballet Nacional de Cuba?
3. ¿Cuáles son los dos cultivos más importantes para la economía cubana?
4. ¿Qué fabrican los cubanos con la planta del tabaco?
5. ¿De dónde son muchos de los inmigrantes que llegaron a Cuba?
6. ¿En qué año ganó un *Grammy* el disco *Buena Vista Social Club*?

 Conexión Internet Investiga estos temas en **vhlcentral.com**.

 Practice more at **vhlcentral.com**.

1. Busca información sobre un(a) cubano/a célebre. ¿Por qué es célebre? ¿Qué hace? ¿Todavía vive en Cuba?
2. Busca información sobre una de las ciudades principales de Cuba. ¿Qué atracciones hay en esta ciudad?

....

después de *after* **estrella** *star* **caña de azúcar** *sugar cane* **agrícola** *farming* **puros** *cigars* **cultivo** *crop* **raíces** *roots* **determinante** *deciding*
mediados *halfway through* **siglo** *century* **nace** *is born* **reúne** *gets together* **son** *Cuban musical genre* **ritmo** *rhythm*

La ropa

el abrigo	coat
los (blue)jeans	jeans
la blusa	blouse
la bolsa	purse; bag
la bota	boot
los calcetines (el calcetín)	sock(s)
la camisa	shirt
la camiseta	t-shirt
la cartera	wallet
la chaqueta	jacket
el cinturón	belt
la corbata	tie
la falda	skirt
las gafas (de sol)	(sun)glasses
los guantes	gloves
el impermeable	raincoat
las medias	pantyhose; stockings
los pantalones	pants
los pantalones cortos	shorts
la ropa	clothing; clothes
la ropa interior	underwear
las sandalias	sandals
el sombrero	hat
el suéter	sweater
el traje	suit
el traje de baño	bathing suit
el vestido	dress
los zapatos de tenis	sneakers

Verbos

conducir	to drive
conocer	to know; to be acquainted with
ofrecer	to offer
parecer	to seem
saber	to know; to know how
traducir	to translate

Ir de compras

el almacén	department store
la caja	cash register
el centro comercial	shopping mall
el/la cliente/a	customer
el/la dependiente/a	clerk
el dinero	money
(en) efectivo	cash
el mercado (al aire libre)	(open-air) market
un par (de zapatos)	a pair (of shoes)
el precio (fijo)	(fixed; set) price
la rebaja	sale
el regalo	gift
la tarjeta de crédito	credit card
la tienda	shop; store
el/la vendedor(a)	salesperson
costar (o:ue)	to cost
gastar	to spend (money)
hacer juego (con)	to match (with)
llevar	to wear; to take
pagar	to pay
regatear	to bargain
usar	to wear; to use
vender	to sell

Adjetivos

barato/a	cheap
bueno/a	good
cada	each
caro/a	expensive
corto/a	short (in length)
elegante	elegant
hermoso/a	beautiful
largo/a	long
loco/a	crazy
nuevo/a	new
otro/a	other; another
pobre	poor
rico/a	rich

Los colores

el color	color
amarillo/a	yellow
anaranjado/a	orange
azul	blue
blanco/a	white
gris	gray
marrón, café	brown
morado/a	purple
negro/a	black
rojo/a	red
rosado/a	pink
verde	green

Palabras adicionales

acabar de (+ inf.)	to have just done something
anoche	last night
anteayer	the day before yesterday
ayer	yesterday
de repente	suddenly
desde	from
dos veces	twice; two times
hasta	until
pasado/a (adj.)	last; past
el año pasado	last year
la semana pasada	last week
prestar	to lend; to loan
una vez	once; one time
ya	already

Indirect object pronouns	See page 186.
Demonstrative adjectives and pronouns	See page 194.
Expresiones útiles	See page 179.

  Audio: Vocabulary

La rutina diaria

7

Communicative Goals

You will learn how to:
- **Describe your daily routine**
- **Talk about personal hygiene**
- **Reassure someone**

A PRIMERA VISTA
- **¿Está él en casa o en una tienda?**
- **¿Está contento o enojado?**
- **¿Cómo es él?**
- **¿Qué colores hay en la foto?**

La rutina diaria

Más vocabulario

el baño, el cuarto de baño	bathroom
el inodoro	toilet
el jabón	soap
el despertador	alarm clock
el maquillaje	makeup
la rutina diaria	daily routine
bañarse	to bathe; to take a bath
cepillarse el pelo	to brush one's hair
dormirse (o:ue)	to go to sleep; to fall asleep
lavarse la cara	to wash one's face
levantarse	to get up
maquillarse	to put on makeup
antes (de)	before
después	afterwards; then
después (de)	after
durante	during
entonces	then
luego	then
más tarde	later
por la mañana	in the morning
por la noche	at night
por la tarde	in the afternoon; in the evening
por último	finally

Variación léxica

afeitarse ⟷ rasurarse (Méx., Amér. C.)
ducha ⟷ regadera (Col., Méx., Venez.)
ducharse ⟷ bañarse (Amér. L.)
pantuflas ⟷ chancletas (Méx., Col.); zapatillas (Esp.)

En la habitación por la mañana

En el baño por la mañana

Se peina.
(peinarse)

Se acuesta.
(acostarse)

En la habitación por la noche

Se lava las manos.
(lavarse las manos)

Se cepilla los dientes.
(cepillarse los dientes)

la toalla

las pantuflas

la pasta
de dientes

En el baño por la noche

Práctica

1 **Escuchar** 🎧 Escucha las oraciones e indica si cada oración es **cierta** o **falsa**, según el dibujo.

1. _____   6. _____
2. _____   7. _____
3. _____   8. _____
4. _____   9. _____
5. _____   10. _____

2 **Ordenar** 🎧 Escucha la rutina diaria de Marta. Después ordena los verbos según lo que escuchaste.

____ a. almorzar   ____ e. desayunar
____ b. ducharse   ____ f. dormirse
____ c. peinarse   ____ g. despertarse
____ d. ver la televisión ____ h. estudiar en la biblioteca

3 **Seleccionar** Selecciona la palabra que no está relacionada con cada grupo.

1. lavabo • toalla • despertador • jabón _____
2. manos • antes de • después de • por último _____
3. acostarse • jabón • despertarse • dormirse _____
4. espejo • lavabo • despertador • entonces _____
5. dormirse • toalla • vestirse • levantarse _____
6. pelo • cara • manos • inodoro _____
7. espejo • champú • jabón • pasta de dientes _____
8. maquillarse • vestirse • peinarse • dientes _____
9. baño • dormirse • despertador • acostarse _____
10. ducharse • luego • bañarse • lavarse _____

4 **Identificar** Con un(a) compañero/a, identifica las cosas que cada persona necesita. Sigue el modelo.

modelo
Jorge / lavarse la cara
Estudiante 1: ¿Qué necesita Jorge para lavarse la cara?
Estudiante 2: Necesita jabón y una toalla.

1. Mariana / maquillarse
2. Gerardo / despertarse
3. Celia / bañarse
4. Gabriel / ducharse
5. Roberto / afeitarse
6. Sonia / lavarse el pelo
7. Vanesa / lavarse las manos
8. Manuel / vestirse
9. Simón / acostarse
10. Daniela / cepillarse los dientes

5   **La rutina de Andrés** Ordena esta rutina de una manera lógica.

a. Se afeita después de cepillarse los dientes. _____

b. Se acuesta a las once y media de la noche. _____

c. Por último, se duerme. _____

d. Después de afeitarse, sale para las clases. _____

e. Asiste a todas sus clases y vuelve a su casa. _____

f. Andrés se despierta a las seis y media de la mañana. _____

g. Después de volver a casa, come un poco. Luego estudia en su habitación. _____

h. Se viste y entonces se cepilla los dientes. _____

i. Se cepilla los dientes antes de acostarse. _____

j. Se ducha antes de vestirse. _____

6   **La rutina diaria** Con un(a) compañero/a, mira los dibujos y describe lo que hacen Ángel y Lupe.

1.

2.

3.

4.

5.

6.

7.

8.

Comunicación

7

La farmacia Lee el anuncio y responde a las preguntas con un(a) compañero/a.

LA FARMACIA NUEVO SOL tiene todo
lo que necesitas para la vida diaria.

Esta semana tenemos
grandes rebajas.

Con poco dinero puedes comprar lo que necesitas para el
cuarto de baño ideal.

Para los hombres ofrecemos...
Excelentes cremas de afeitar
de Guapo y Máximo

Para las mujeres ofrecemos...
Nuevo maquillaje de Marisol y
jabones de baño Ilusiones y Belleza

Y para todos tenemos los mejores jabones, pastas
de dientes y cepillos de dientes.

¡Visita **LA FARMACIA NUEVO SOL**!
Tenemos los mejores precios. Visita nuestra tienda muy cerca de tu casa.

1. ¿Qué tipo de tienda es?

2. ¿Qué productos ofrecen para las mujeres?

3. ¿Qué productos ofrecen para los hombres?

4. Haz (*Make*) una lista de los verbos que asocias con los productos del anuncio.

5. ¿Dónde compras tus productos de higiene?

6. ¿Tienes una tienda favorita? ¿Cuál es?

8

Rutinas diarias Trabajen en parejas para describir la rutina diaria de dos o tres
de estas personas. Pueden usar palabras de la lista.

antes (de)	entonces	primero
después (de)	luego	tarde
durante el día	por último	temprano

Daniel Espinosa
(México, 1961) es un
famoso diseñador
de joyería (*jewelry*).
Su trabajo es
vanguardista (*avant-
garde*), arriesgado
(*risky*) e innovador.
Su material favorito
es la plata (*silver*).
Entre sus clientes
están Nelly Furtado,
Eva Longoria, Salma
Hayek, Lindsay Lohan
y Daisy Fuentes.

- un(a) profesor(a) de la universidad
- un(a) turista
- un hombre o una mujer de negocios (*businessman/woman*)
- un vigilante nocturno (*night watchman*)
- un(a) jubilado/a (*retired person*)
- el presidente/primer ministro de tu país
- un niño de cuatro años
- Daniel Espinosa

¡Necesito arreglarme!

Es viernes por la tarde y Marissa, Jimena y Felipe se preparan para salir.

PERSONAJES **MARISSA** **JIMENA**

S Video: *Fotonovela*
Record and Compare

MARISSA ¿Hola? ¿Está ocupado?

JIMENA Sí. Me estoy lavando la cara.

MARISSA Necesito usar el baño.

MARISSA Tengo que terminar de arreglarme. Voy al cine esta noche.

JIMENA Yo también tengo que salir. ¿Te importa si me maquillo primero? Me voy a encontrar con mi amiga Elena en una hora.

JIMENA No te preocupes, Marissa. Llegaste primero. Entonces, te arreglas el pelo y después me maquillo.

FELIPE ¿Y yo? Tengo crema de afeitar en la cara. No me voy a ir. Estoy aquí y aquí me quedo.

JIMENA ¡Felipe! ¿Qué estás haciendo?

FELIPE Me estoy afeitando. ¿Hay algún problema?

JIMENA ¡Siempre haces lo mismo!

FELIPE Pues, yo no vi a nadie aquí.

JIMENA ¿Por qué no te afeitaste por la mañana?

FELIPE Porque cada vez que quiero usar el baño, una de ustedes está aquí. O bañándose o maquillándose.

MARISSA Tú ganas. ¿Adónde vas a ir esta noche, Felipe?

FELIPE Juan Carlos y yo vamos a ir a un café en el centro. Siempre hay música en vivo. (*Se despide.*) Me siento guapísimo. Todavía me falta cambiarme la camisa.

FELIPE

MARISSA ¿Adónde vas esta noche?

JIMENA A la biblioteca.

MARISSA ¡Es viernes! ¡Nadie debe estudiar los viernes! Voy a ver una película de Pedro Almodóvar con unas amigas.

MARISSA ¿Por qué no vienen tú y Elena al cine con nosotras? Después, podemos ir a ese café y molestar a Felipe.

JIMENA No sé.

MARISSA ¿Cuándo fue la última vez que viste a Juan Carlos?

JIMENA Cuando fuimos a Mérida.

MARISSA A ti te gusta ese chico.

JIMENA No tengo idea de qué estás hablando. Si no te importa, nos vemos en el cine.

Expresiones útiles

Talking about getting ready

Necesito arreglarme.
I need to get ready.
Me estoy lavando la cara.
I'm washing my face.
¿Te importa si me maquillo primero?
Is it OK with you if I put on my makeup first?
Tú te arreglas el pelo y después yo me maquillo.
You fix your hair and then I'll put on my makeup.
Todavía me falta cambiarme la camisa.
I still have to change my shirt.

Reassuring someone

Tranquilo/a.
Relax.
No te preocupes.
Don't worry.

Talking about past actions

¿Cuándo fue la última vez que viste a Juan Carlos?
When was the last time you saw Juan Carlos?
Cuando fuimos a Mérida.
When we went to Mérida.

Talking about likes and dislikes

Me fascinan las películas de Almodóvar.
I love Almodóvar's movies.
Me encanta la música en vivo.
I love live music.
Me molesta compartir el baño.
It bothers me to share the bathroom.

Additional vocabulary

encontrarse con *to meet up with*
molestar *to bother*
nadie *no one*

recursos

VM pp. 207–208 | vhlcentral.com Lección 7

¿Qué pasó?

1   **¿Cierto o falso?** Indica si lo que dicen estas oraciones es **cierto** o **falso.** Corrige las oraciones falsas.

1. Marissa va a ver una película de Pedro Almodóvar con unas amigas.

2. Jimena se va a encontrar con Elena en dos horas.

3. Felipe se siente muy feo después de afeitarse.

4. Jimena quiere maquillarse.

5. Marissa quiere ir al café para molestar a Juan Carlos.

2   **Identificar** Identifica quién puede decir estas oraciones. Puedes usar cada nombre más de una vez.

1. No puedo usar el baño porque siempre están aquí, o bañándose o maquillándose. _____

2. Quiero arreglarme el pelo porque voy al cine esta noche. _____

3. Hoy voy a ir a la biblioteca. _____
4. ¡Necesito arreglarme! _____
5. Te gusta Juan Carlos. _____
6. ¿Por qué quieres afeitarte cuando estamos en el baño? _____

MARISSA

FELIPE

JIMENA

3   **Ordenar** Ordena correctamente los planes que tiene Marissa.

____ a. Voy al café.
____ b. Me arreglo el pelo.
____ c. Molesto a Felipe.
____ d. Me encuentro con unas amigas.
____ e. Entro al baño.
____ f. Voy al cine.

4   **En el baño** Trabajen en parejas para representar los papeles de dos compañeros/as de cuarto que deben usar el baño al mismo tiempo para hacer su rutina diaria. Usen las instrucciones como guía.

Estudiante 1	Estudiante 2
Di (*Say*) que quieres arreglarte porque vas a ir al cine.	Di (*Say*) que necesitas arreglarte porque te vas a encontrar con tus amigos/as.
Pregunta si puedes secarte el pelo.	Responde que no porque necesitas lavarte la cara.
Di que puede lavarse la cara, pero que después necesitas secarte el pelo.	Di que puede secarse el pelo, pero que después necesitas peinarte.

Pronunciación   Audio: Concepts, Activities Record & Compare

The consonant r

ropa	**rutina**	**rico**	**Ramón**

In Spanish, **r** has a strong trilled sound at the beginning of a word. No English words have a trill, but English speakers often produce a trill when they imitate the sound of a motor.

gustar	**durante**	**primero**	**crema**

In any other position, **r** has a weak sound similar to the English *tt* in *better* or the English *dd* in *ladder*. In contrast to English, the tongue touches the roof of the mouth behind the teeth.

pizarra	**corro**	**marrón**	**aburrido**

The letter combination **rr**, which only appears between vowels, always has a strong trilled sound.

caro	**carro**	**pero**	**perro**

Between vowels, the difference between the strong trilled **rr** and the weak **r** is very important, as a mispronunciation could lead to confusion between two different words.

Práctica Lee las palabras en voz alta, prestando (*paying*) atención a la pronunciación de la **r** y la **rr**.

1. Perú
2. Rosa
3. borrador
4. madre
5. comprar
6. favor
7. rubio
8. reloj
9. Arequipa
10. tarde
11. cerrar
12. despertador

Oraciones Lee las oraciones en voz alta, prestando atención a la pronunciación de la **r** y la **rr**.

1. Ramón Robles Ruiz es programador. Su esposa Rosaura es artista.
2. A Rosaura Robles le encanta regatear en el mercado.
3. Ramón nunca regatea... le aburre regatear.
4. Rosaura siempre compra cosas baratas.
5. Ramón no es rico, pero prefiere comprar cosas muy caras.
6. ¡El martes Ramón compró un carro nuevo!

Refranes Lee en voz alta los refranes, prestando atención a la **r** y a la **rr**.

Perro que ladra no muerde.[1]

No se ganó Zamora en una hora.[2]

1 A dog's bark is worse than its bite.
2 Rome wasn't built in a day.

recursos

LM p. 38

vhlcentral.com Lección 7

EN DETALLE

La siesta

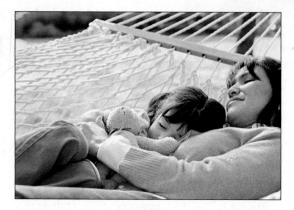

¿Sientes cansancio° después de comer?
¿Te cuesta° volver al trabajo° o a clase después
del almuerzo? Estas sensaciones son normales.
A muchas personas les gusta relajarse° después de
almorzar. Este momento de descanso es **la siesta**. La
siesta es popular en los países hispanos y viene de
una antigua costumbre° del área del Mediterráneo.
La palabra *siesta* viene del latín, es una forma
corta de decir "sexta hora". La sexta hora del día
es después del mediodía, el momento de más calor.
Debido al° calor y al cansancio, los habitantes
de España, Italia, Grecia y Portugal tienen la
costumbre de dormir la siesta desde hace° más
de° dos mil años. Los españoles y los portugueses
llevaron la costumbre a los países americanos.

Aunque hoy día esta costumbre está
desapareciendo en las grandes ciudades, la siesta
todavía es importante en la cultura hispana. En
pueblos pequeños, por ejemplo, muchas oficinas°
y tiendas tienen la costumbre de cerrar por dos o
tres horas después del mediodía. Los empleados

van a su casa, almuerzan con sus familias,
duermen la siesta o hacen actividades, como ir
al gimnasio, y luego regresan al trabajo entre las
2:30 y las 4:30 de la tarde.

Los estudios científicos explican que una
siesta corta después de almorzar ayuda° a trabajar
más y mejor° durante la tarde. Pero ¡cuidado! Esta
siesta debe durar° sólo entre veinte y cuarenta
minutos. Si dormimos más, entramos en la fase de
sueño profundo y es difícil despertarse.

Hoy, algunas empresas° de los EE.UU., Canadá,
Japón, Inglaterra y Alemania tienen salas° especiales
donde los empleados pueden dormir la siesta.

¿Dónde duermen la siesta?

En los lugares donde la siesta es una costumbre antigua, las
personas la duermen en su casa. En los países donde la siesta
es una costumbre nueva, la gente duerme en sus lugares de
trabajo o en centros de siesta.

■ Costumbre antigua
■ Costumbre nueva

Sientes cansancio *Do you feel tired* **Te cuesta** *Is it hard for you* **trabajo** *work*
relajarse *to relax* **antigua costumbre** *old custom* **Debido al** *Because (of)*
desde hace *for* **más de** *more than* **aunque** *although* **está desapareciendo** *is*
disappearing **oficinas** *offices* **ayuda** *helps* **mejor** *better* **durar** *last* **algunas**
empresas *some businesses* **salas** *rooms*

ACTIVIDADES

1 **¿Cierto o falso?** Indica si lo que dicen las oraciones es
cierto o **falso**. Corrige la información falsa.

1. La costumbre de la siesta empezó en Asia.

2. La palabra *siesta* está relacionada con la sexta hora del día.

3. Los españoles y los portugueses llevaron la costumbre de la
   siesta a Latinoamérica.

4. La siesta ayuda a trabajar más y mejor durante la tarde.

5. Los horarios de trabajo de las grandes ciudades hispanas son los
   mismos que los pueblos pequeños.

6. Una siesta larga siempre es mejor que una siesta corta.

7. En los Estados Unidos, los empleados de algunas empresas pueden
   dormir la siesta en el trabajo.

8. Es fácil despertar de un sueño profundo.

El cuidado personal

el aseo; el excusado; el servicio; el váter (Esp.)	el baño
el cortaúñas	*nail clippers*
el desodorante	*deodorant*
el enjuague bucal	*mouthwash*
el hilo dental/ la seda dental	*dental floss*
la máquina de afeitar/ de rasurar (Méx.)	*electric razor*

Costumbres especiales

- **México y El Salvador** Los vendedores pasan por las calles anunciando a gritos° su mercancía°: tanques de gas y flores° en México; pan y tortillas en El Salvador.

- **Costa Rica** Para encontrar las direcciones°, los costarricenses usan referencias a anécdotas, lugares o características geográficas. Por ejemplo: *200 metros norte de la iglesia Católica, frente al° supermercado Mi Mega.*

- **Argentina** En Tigre, una ciudad junto al Río° de la Plata, la gente usa barcos particulares°, barcos colectivos° y barcos-taxi para ir de una isla a otra. Todas las mañanas, un barco colectivo recoge° a los niños y los lleva a la escuela.

gritos *shouts* mercancía *merchandise* flores *flowers*
direcciones *addresses* frente al *opposite* río *river*
particulares *private* barcos colectivos *collective boats*
recoge *picks up*

El mate

El mate es una parte muy importante de la rutina diaria en muchos países. Es una bebida° muy similar al té que se consume en Argentina, Uruguay y Paraguay. Tradicionalmente se bebe caliente° con una *bombilla*° y en un recipiente° que también se llama *mate*. Por ser amarga, algunos le agregan° azúcar para suavizar su sabor°. El mate se puede tomar a cualquier° hora y en cualquier lugar, aunque en Argentina las personas prefieren sentarse en círculo e ir pasando el mate de mano en mano mientras° conversan. Los uruguayos, por otra parte, acostumbran llevar el agua° caliente para el mate en un termo°

bajo el brazo° y lo beben mientras caminan. Si ves a una persona con un termo bajo el brazo y un mate en la mano, ¡es casi seguro que es de Uruguay!

bebida *drink* caliente *hot* bombilla *straw (in Argentina)* recipiente *container* amarga *bitter* le agregan *add* suavizar su sabor *soften its flavor* cualquier *any* mientras *while* agua *water* termo *thermos* bajo el brazo *under their arm*

¿Qué costumbres son populares en los países hispanos?

Go to **vhlcentral.com** to find more cultural information related to this **Cultura** section.

2 **Comprensión** Completa las oraciones.

1. Uso _____ para limpiar (*to clean*) entre los dientes.
2. En _____ las personas compran pan y tortillas a los vendedores que pasan por la calle.
3. El _____ es una bebida similar al té.
4. Los uruguayos beben mate mientras _____.

3 **¿Qué costumbres tienes?** Escribe cuatro oraciones sobre una costumbre que compartes con tus amigos o con tu familia (por ejemplo: ir al cine, ir a eventos deportivos, leer, comer juntos, etc.). Explica qué haces, cuándo lo haces y con quién.

 Practice more at **vhlcentral.com**.

recursos

VM
pp. 279–280

vhlcentral.com
Lección 7

7.1 Reflexive verbs Ⓢ Tutorial

ANTE TODO A reflexive verb is used to indicate that the subject does something to or for himself or herself. In other words, it "reflects" the action of the verb back to the subject. Reflexive verbs always use reflexive pronouns.

SUBJECT   REFLEXIVE VERB

Joaquín   **se ducha** por la mañana.

myself/body (me)

The verb **lavarse** (*to wash oneself*)		
SINGULAR FORMS	yo **me lavo**	*I wash (myself)*
	tú **te lavas**	*you wash (yourself)*
	Ud. *Formally* **se lava**	*you wash (yourself)*
	él/ella **se lava**	*he/she washes (himself/herself)*
PLURAL FORMS	nosotros/as **nos lavamos**	*we wash (ourselves)*
	vosotros/as **os laváis**	*you wash (yourselves)*
	Uds. **se lavan**	*you wash (yourselves)*
	ellos/ellas **se lavan**	*they wash (themselves)*

▶ The pronoun **se** attached to an infinitive identifies the verb as reflexive: **lavarse.**

▶ When a reflexive verb is conjugated, the reflexive pronoun agrees with the subject.

Me afeito.   **Te despiertas** a las siete.

¿Te importa si me maquillo primero?

A las chicas les encanta maquillarse durante horas y horas.

▶ Like object pronouns, reflexive pronouns generally appear before a conjugated verb. With infinitives and present participles, they may be placed before the conjugated verb or attached to the infinitive or present participle.

Ellos **se** van a vestir.   **Nos** estamos lavando las manos.
Ellos van a vestir**se**.   Estamos lavándo**nos** las manos.
They are going to get dressed.   *We are washing our hands.*

▶ **¡Atención!** When a reflexive pronoun is attached to a present participle, an accent mark is added to maintain the original stress.

bañando → bañándo**se**   durmiendo → durmiéndo**se**

Common reflexive verbs

acordarse (de) (o:ue)	*to remember*	**llamarse**	*to be called;*
acostarse (o:ue)	*to go to bed*		*to be named*
afeitarse	*to shave*	**maquillarse**	*to put on makeup*
bañarse	*to bathe; to take a bath*	**peinarse**	*to comb one's hair*
cepillarse	*to brush*	**ponerse**	*to put on*
despedirse (de) (e:i)	*to say goodbye (to)*	**ponerse (+ adj.)**	*to become (+ adj.)*
despertarse (e:ie)	*to wake up*	**preocuparse (por)**	*to worry (about)*
dormirse (o:ue)	*to go to sleep;*	**probarse** (o:ue)	*to try on*
	to fall asleep	**quedarse**	*to stay; to remain*
ducharse	*to shower;*	**quitarse**	*to take off*
	to take a shower	**secarse**	*to dry (oneself)*
enojarse (con)	*to get angry (with)*	**sentarse** (e:ie)	*to sit down*
irse	*to go away; to leave*	**sentirse** (e:ie)	*to feel*
lavarse	*to wash (oneself)*	**vestirse** (e:i)	*to get dressed*
levantarse	*to get up*		

COMPARE & CONTRAST

Unlike English, a number of verbs in Spanish can be reflexive or non-reflexive. If the verb acts upon the subject, the reflexive form is used. If the verb acts upon something other than the subject, the non-reflexive form is used. Compare these sentences.

Lola **lava** los platos.

Lola **se lava** la cara.

As the preceding sentences show, reflexive verbs sometimes have different meanings than their non-reflexive counterparts. For example, **lavar** means *to wash*, while **lavarse** means *to wash oneself, to wash up.*

▶ **¡Atención!** Parts of the body or clothing are generally not referred to with possessives, but with articles.

La niña se quitó **un** zapato.   Necesito cepillarme **los** dientes.

¡INTÉNTALO!   Indica el presente de estos verbos reflexivos.

despertarse	ponerse
1. Mis hermanos ___se despiertan___ tarde.	1. Él ___se pone___ una chaqueta.
2. Tú _____ tarde.	2. Yo _____ una chaqueta.
3. Nosotros _____ tarde.	3. Usted _____ una chaqueta.
4. Benito _____ tarde.	4. Nosotras _____ una chaqueta.
5. Yo _____ tarde.	5. Las niñas _____ una chaqueta.

Práctica

1 **Nuestra rutina** La familia de Blanca sigue la misma rutina todos los días. Según Blanca, ¿qué hacen ellos?

> **modelo**
>
> mamá / despertarse a las 5:00
> *Mamá se despierta a las cinco.*

1. Roberto y yo / levantarse a las 7:00
2. papá / ducharse primero y / luego afeitarse
3. yo / lavarse la cara y / vestirse antes de tomar café
4. mamá / peinarse y / luego maquillarse
5. todos (nosotros) / sentarse a la mesa para comer
6. Roberto / cepillarse los dientes después de comer
7. yo / ponerse el abrigo antes de salir
8. nosotros / despedirse de mamá

2 **La fiesta elegante** Selecciona el verbo apropiado y completa las oraciones con la forma correcta.

1. Tú _____ (lavar / lavarse) el auto antes de ir a la fiesta.
2. Nosotros no _____ (acordar / acordarse) de comprar los regalos.
3. Para llegar a tiempo, Raúl y Marta _____ (acostar / acostarse) a los niños antes de salir.
4. Yo _____ (sentir / sentirse) cómoda en mi vestido nuevo.
5. Mis amigos siempre _____ (vestir / vestirse) con ropa muy elegante.
6. Los cocineros _____ (probar / probarse) la comida antes de servirla.
7. Usted _____ (preocupar / preocuparse) mucho por llegar antes que (*before*) los demás invitados, ¿no?
8. En general, _____ (afeitar / afeitarse) yo mismo, pero hoy es un día especial y el barbero (*barber*) me _____ (afeitar / afeitarse). ¡Será una fiesta inolvidable!

3 **Describir** Mira los dibujos y describe lo que estas personas hacen.

1. el joven

2. Carmen

3. Juan

4. ellos

5. Estrella

6. Toni

Comunicación

4

Preguntas personales En parejas, túrnense para hacerse estas preguntas.

1. ¿A qué hora te levantas durante la semana?
2. ¿A qué hora te levantas los fines de semana?
3. ¿Prefieres levantarte tarde o temprano? ¿Por qué?
4. ¿Te enojas frecuentemente con tus amigos?
5. ¿Te preocupas fácilmente? ¿Qué te preocupa?
6. ¿Qué te pone contento/a?
7. ¿Qué haces cuando te sientes triste?
8. ¿Y cuando te sientes alegre?
9. ¿Te acuestas tarde o temprano durante la semana?
10. ¿A qué hora te acuestas los fines de semana?

5

Charadas En grupos, jueguen a las charadas. Cada persona debe pensar en dos oraciones con verbos reflexivos. La primera persona que adivina la charada dramatiza la siguiente.

6

Debate En grupos, discutan este tema: ¿Quiénes necesitan más tiempo para arreglarse (*to get ready*) antes de salir, los hombres o las mujeres? Hagan una lista de las razones (*reasons*) que tienen para defender sus ideas e informen a la clase.

7

La coartada Hoy se cometió un crimen entre las 7 y las 11 de la mañana. En parejas, imaginen que uno de ustedes es un sospechoso y el otro un policía investigador. El policía le pregunta al sospechoso qué hace habitualmente a esas horas y el sospechoso responde. Luego, el policía presenta las respuestas del sospechoso ante el jurado (la clase) y entre todos deciden si es culpable o no.

Síntesis

8

La familia ocupada Tú y tu compañero/a asisten a un programa de verano en Lima, Perú. Viven con la familia Ramos. Tu profesor(a) te va a dar la rutina incompleta que la familia sigue en las mañanas. Trabaja con tu compañero/a para completarla.

> **modelo**
>
> **Estudiante 1:** ¿Qué hace el señor Ramos a las seis y cuarto?
> **Estudiante 2:** El señor Ramos se levanta.

 Practice more at **vhlcentral.com.**

7.2 Indefinite and negative words : Tutorial

ANTE TODO   Indefinite words refer to people and things that are not specific, for example, *someone* or *something*. Negative words deny the existence of people and things or contradict statements, for instance, *no one* or *nothing*. Spanish indefinite words have corresponding negative words, which are opposite in meaning.

Indefinite and negative words

Indefinite words		Negative words	
algo	*something; anything*	**nada**	*nothing; not anything*
alguien	*someone; somebody; anyone*	**nadie**	*no one; nobody; not anyone*
alguno/a(s), algún	*some; any*	**ninguno/a, ningún**	*no; none; not any*
o... o	*either... or*	**ni... ni**	*neither... nor*
siempre	*always*	**nunca, jamás**	*never, not ever*
también	*also; too*	**tampoco**	*neither; not either*

▶ There are two ways to form negative sentences in Spanish. You can place the negative word before the verb, or you can place **no** before the verb and the negative word after.

Nadie se levanta temprano.
No one gets up early.

No se levanta nadie temprano.
No one gets up early.

Ellos **nunca gritan**.
They never shout.

Ellos **no gritan nunca**.
They never shout.

¿Hay algún problema?

Siempre haces esto.

▶ Because they refer to people, **alguien** and **nadie** are often used with the personal **a**. The personal **a** is also used before **alguno/a, algunos/as,** and **ninguno/a** when these words refer to people and they are the direct object of the verb.

—Perdón, señor, ¿busca usted **a alguien**?
—No, gracias, señorita, no busco **a nadie**.

—Tomás, ¿buscas **a alguno** de tus hermanos?
—No, mamá, no busco **a ninguno**.

▶ **¡Atención!** Before a masculine, singular noun, **alguno** and **ninguno** are shortened to **algún** and **ningún**.

—¿Tienen ustedes **algún** amigo peruano?
—No, no tenemos **ningún** amigo peruano.

AYUDA

Alguno/a, algunos/as are not always used in the same way English uses *some* or *any*. Often, **algún** is used where *a* would be used in English.

¿Tienes algún libro que hable de los incas?
Do you have a book that talks about the Incas?

Note that **ninguno/a** is rarely used in the plural.

—**¿Visitaste algunos museos?**
—**No,** no visité **ninguno.**

COMPARE & CONTRAST

In English, it is incorrect to use more than one negative word in a sentence. In Spanish, however, sentences frequently contain two or more negative words. Compare these Spanish and English sentences.

Nunca le escribo a **nadie**.
I never write to anyone.

No me preocupo por **nada nunca**.
I do not ever worry about anything.

As the preceding sentences show, once an English sentence contains one negative word (for example, *not* or *never*), no other negative word may be used. Instead, indefinite (or affirmative) words are used. In Spanish, however, once a sentence is negative, no other affirmative (that is, indefinite) word may be used. Instead, all indefinite ideas must be expressed in the negative.

▶ **Pero** is used to mean *but*. The meaning of **sino** is *but rather* or *on the contrary*. It is used when the first part of the sentence is negative and the second part contradicts it.

Los estudiantes no se acuestan temprano **sino** tarde.
The students don't go to bed early, but rather late.

Esas gafas son caras, **pero** bonitas.
Those glasses are expensive, but pretty.

María no habla francés **sino** español.
María doesn't speak French, but rather Spanish.

José es inteligente, **pero** no saca buenas notas.
José is intelligent but doesn't get good grades.

¡INTÉNTALO!   Cambia las oraciones para que sean negativas.

1. Siempre se viste bien.
   __Nunca__ se viste bien.
   __No__ se viste bien __nunca__.
2. Alguien se ducha.
   _____ se ducha.
   _____ se ducha _____.
3. Ellas van también.
   Ellas _____ van.
   Ellas _____ van _____.
4. Alguien se pone nervioso.
   _____ se pone nervioso.
   _____ se pone nervioso _____.
5. Tú siempre te lavas las manos.
   Tú _____ te lavas las manos.
   Tú ____ te lavas las manos _____.
6. Voy a traer algo.
   _____ voy a traer _____.

7. Juan se afeita también.
   Juan _____ se afeita.
   Juan _____ se afeita _____.
8. Mis amigos viven en una residencia o en casa.
   Mis amigos _____ viven _____ en una residencia _____ en casa.
9. La profesora hace algo en su escritorio.
   La profesora _____ hace _____ en su escritorio.
10. Tú y yo vamos al mercado.
    _____ tú _____ yo vamos al mercado.
11. Tienen un espejo en su casa.
    _____ tienen _____ espejo en su casa.
12. Algunos niños se ponen sus abrigos.
    _____ niño se pone su abrigo.

Práctica

1   **¿Pero o sino?**   Forma oraciones sobre estas personas usando **pero** o **sino**.

> **modelo**
>
> muchos estudiantes viven en residencias estudiantiles / muchos de ellos quieren vivir fuera del *(off)* campus
>
> *Muchos estudiantes viven en residencias estudiantiles, pero muchos de ellos quieren vivir fuera del campus.*

1. Marcos nunca se despierta temprano / siempre llega puntual a clase
2. Lisa y Katarina no se acuestan temprano / muy tarde
3. Alfonso es inteligente / algunas veces es antipático
4. los directores de la residencia no son ecuatorianos / peruanos
5. no nos acordamos de comprar champú / compramos jabón
6. Emilia no es estudiante / profesora
7. no quiero levantarme / tengo que ir a clase
8. Miguel no se afeita por la mañana / por la noche

2   **Completar**   Completa esta conversación. Usa expresiones negativas en tus respuestas. Luego, dramatiza la conversación con un(a) compañero/a.

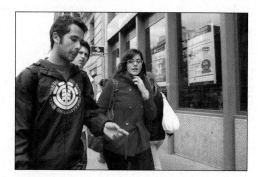

AURELIO   Ana María, ¿encontraste algún regalo para Eliana?

ANA MARÍA (1)_____

AURELIO   ¿Viste a alguna amiga en el centro comercial?

ANA MARÍA (2)_____

AURELIO   ¿Me llamó alguien?

ANA MARÍA (3)_____

AURELIO   ¿Quieres ir al teatro o al cine esta noche?

ANA MARÍA (4)_____

AURELIO   ¿No quieres salir a comer?

ANA MARÍA (5)_____

AURELIO   ¿Hay algo interesante en la televisión esta noche?

ANA MARÍA (6)_____

AURELIO   ¿Tienes algún problema?

ANA MARÍA (7)_____

Comunicación

3

Opiniones Completa estas oraciones de una manera lógica. Luego, compara tus respuestas con las de un(a) compañero/a.

1. Mi habitación es _____, pero _____.
2. Por la noche me gusta _____, pero _____.
3. Un(a) profesor(a) ideal no es _____, sino _____.
4. Mis amigos son _____, pero _____.

4

En el campus En parejas, háganse preguntas sobre qué hay en su universidad: residencias bonitas, departamento de ingeniería, cines, librerías baratas, estudiantes guapos/as, equipo de fútbol, playa, clases fáciles, museo, profesores/as estrictos/as. Sigan el modelo.

> **modelo**
>
> **Estudiante 1:** ¿Hay algunas residencias bonitas?
> **Estudiante 2:** Sí, hay una/algunas. Está(n) detrás del estadio.
>
> **Estudiante 1:** ¿Hay algún museo?
> **Estudiante 2:** No, no hay ninguno.

5

Quejas En parejas, hagan una lista de cinco quejas (*complaints*) comunes que tienen los estudiantes. Usen expresiones negativas.

> **modelo**
>
> Nadie me entiende.

Ahora hagan una lista de cinco quejas que los padres tienen de sus hijos.

> **modelo**
>
> Nunca limpian sus habitaciones.

6

Anuncios En parejas, lean el anuncio y contesten las preguntas.

1. ¿Es el anuncio positivo o negativo? ¿Por qué?
2. ¿Qué palabras indefinidas hay?
3. Escriban el texto del anuncio cambiando todo por expresiones negativas.

Ahora preparen su propio (*own*) anuncio usando expresiones afirmativas y negativas.

¿Buscas algún producto especial?

¡Siempre hay algo para todos en las tiendas García!

Síntesis

7

Encuesta Tu profesor(a) te va a dar una hoja de actividades para hacer una encuesta. Circula por la clase y pídeles a tus compañeros que comparen las actividades que hacen durante la semana con las que hacen durante los fines de semana. Escribe las respuestas.

7.3

Preterite of **ser** and **ir** Tutorial

ANTE TODO   In **Lección 6**, you learned how to form the preterite tense of regular **-ar**, **-er**, and **-ir** verbs. The following chart contains the preterite forms of **ser** (*to be*) and **ir** (*to go*). Since these forms are irregular, you will need to memorize them.

Preterite of **ser** and **ir**

		ser *(to be)*	**ir** *(to go)*
SINGULAR FORMS	yo	**fui**	**fui**
	tú	**fuiste**	**fuiste**
	Ud./él/ella	**fue**	**fue**
PLURAL FORMS	nosotros/as	**fuimos**	**fuimos**
	vosotros/as	**fuisteis**	**fuisteis**
	Uds./ellos/ellas	**fueron**	**fueron**

AYUDA

Note that, whereas regular **-er** and **-ir** verbs have accent marks in the **yo** and **Ud./él/ella** forms of the preterite, **ser** and **ir** do not.

▶ Since the preterite forms of **ser** and **ir** are identical, context clarifies which of the two verbs is being used.

Él **fue** a comprar champú y jabón.
He went to buy shampoo and soap.

¿Cómo **fue** la película anoche?
How was the movie last night?

¿Cuándo fue la última vez que viste a Juan Carlos?

Cuando fuimos a Mérida.

 ¡INTÉNTALO!   Completa las oraciones usando el pretérito de **ser** e **ir**.

ir

1. Los viajeros ___fueron___ a Perú.
2. Patricia _____ a Cuzco.
3. Tú _____ a Iquitos.
4. Gregorio y yo _____ a Lima.
5. Yo _____ a Trujillo.
6. Ustedes _____ a Arequipa.
7. Mi padre _____ a Lima.
8. Nosotras _____ a Cuzco.
9. Él _____ a Machu Picchu.
10. Usted _____ a Nazca.

ser

1. Usted ___fue___ muy amable.
2. Yo _____ muy cordial.
3. Ellos _____ simpáticos.
4. Nosotros _____ muy tontos.
5. Ella _____ antipática.
6. Tú _____ muy generoso.
7. Ustedes _____ cordiales.
8. La gente _____ amable.
9. Tomás y yo _____ muy felices.
10. Los profesores _____ buenos.

recursos

WB
p. 79

LM
p. 41

vhlcentral.com
Lección 7

Práctica y Comunicación

1

Completar Completa estas conversaciones con la forma correcta del pretérito de **ser** o **ir**. Indica el infinitivo de cada forma verbal.

Conversación 1

		ser	ir
RAÚL	¿Adónde (1)_____ ustedes de vacaciones?	○	○
PILAR	(2)_____ a Perú.	○	○
RAÚL	¿Cómo (3)_____ el viaje?	○	○
▶ **PILAR**	¡(4)_____ estupendo! Machu Picchu y El Callao son increíbles.	○	○
RAÚL	¿(5)_____ caro el viaje?	○	○
PILAR	No, el precio (6)_____ muy bajo. Sólo costó tres mil dólares.	○	○

Conversación 2

		ser	ir
ISABEL	Tina y Vicente (7)_____ novios, ¿no?	○	○
LUCÍA	Sí, pero ahora no. Anoche Tina (8)_____ a comer con Gregorio	○	○
	y la semana pasada ellos (9)_____ al partido de fútbol.	○	○
ISABEL	¿Ah sí? Javier y yo (10)_____ al partido y no los vimos.	○	○

2 **Descripciones** Forma oraciones con estos elementos. Usa el pretérito.

A	**B**	**C**	**D**
yo	(no) ir	a un restaurante	ayer
tú	(no) ser	en autobús	anoche
mi compañero/a		estudiante	anteayer
nosotros		muy simpático/a	la semana pasada
mis amigos		a la playa	el año pasado
ustedes		dependiente/a en una tienda	

3 **Preguntas** En parejas, túrnense para hacerse estas preguntas.

1. ¿Cuándo fuiste al cine por última vez? ¿Con quién fuiste?
2. ¿Fuiste en auto, en autobús o en metro? ¿Cómo fue el viaje?
3. ¿Cómo fue la película?
4. ¿Fue una película de terror, de acción o un drama?
5. ¿Fue una de las mejores películas que viste? ¿Por qué?
6. ¿Fueron buenos los actores o no? ¿Cuál fue el mejor?
7. ¿Adónde fuiste/fueron después?
8. ¿Fue una buena idea ir al cine?
9. ¿Fuiste feliz ese día?

4 **El viaje** En parejas, escriban un diálogo de un(a) viajero/a hablando con el/la agente de viajes sobre un viaje que hizo recientemente. Usen el pretérito de **ser** e **ir**.

modelo
Agente: *¿Cómo fue el viaje?*
Viajero: El viaje fue maravilloso/horrible...

 Practice more at **vhlcentral.com**.

7.4 Verbs like **gustar**   Tutorial

ANTE TODO In **Lección 2**, you learned how to express preferences with **gustar**. You will now learn more about the verb **gustar** and other similar verbs. Observe these examples.

Me gusta ese champú.

> **ENGLISH EQUIVALENT**
> *I like that shampoo.*
> **LITERAL MEANING**
> *That shampoo is pleasing to me.*

¿**Te gustaron** las clases?

> **ENGLISH EQUIVALENT**
> *Did you like the classes?*
> **LITERAL MEANING**
> *Were the classes pleasing to you?*

▶ As the examples show, constructions with **gustar** do not have a direct equivalent in English. The literal meaning of this construction is *to be pleasing to* (*someone*), and it requires the use of an indirect object pronoun.

INDIRECT OBJECT PRONOUN	VERB	SUBJECT		SUBJECT	VERB	DIRECT OBJECT
Me	**gusta**	ese champú.		*I*	*like*	*that shampoo.*

▶ In the diagram above, observe how in the Spanish sentence the object being liked (**ese champú**) is really the subject of the sentence. The person who likes the object, in turn, is an indirect object because it answers the question: *To whom is the shampoo pleasing?*

> ¿Te gusta Juan Carlos?

> Me gustan los cafés que tienen música en vivo.

▶ Other verbs in Spanish are used in the same way as **gustar**. Here is a list of the most common ones.

Verbs like **gustar**

aburrir	to bore	**importar**	to be important to; to matter
encantar	to like very much; to love (inanimate objects)	**interesar**	to be interesting to; to interest
faltar	to lack; to need	**molestar**	to bother; to annoy
fascinar	to fascinate; to like very much	**quedar**	to be left over; to fit (clothing)

▶ The most commonly used verb forms of **gustar** and similar verbs are the third person (singular and plural). When the object or person being liked is singular, the singular form (**gusta**) is used. When two or more objects or persons are being liked, the plural form (**gustan**) is used. Observe the following diagram:

	SINGULAR		
me, te, le, nos, os, les	encanta interesó	▶	la película el concierto
	PLURAL		
	importan fascinaron	▶	las vacaciones los museos de Lima

▶ To express what someone likes or does not like to do, use an appropriate verb followed by an infinitive. The singular form is used even if there is more than one infinitive.

Nos molesta comer a las nueve.
It bothers us to eat at nine o'clock.

Les encanta bailar y **cantar** en las fiestas.
They love to dance and sing at parties.

AYUDA

Note that the **a** must be repeated if there is more than one person.
A Armando y **a Carmen** les molesta levantarse temprano.

▶ As you learned in **Lección 2**, the construction **a** + [*pronoun*] (**a mí, a ti, a usted, a él,** etc.) is used to clarify or to emphasize who is pleased, bored, etc. The construction **a** + [*noun*] can also be used before the indirect object pronoun to clarify or to emphasize who is pleased.

A los turistas les gustó mucho
Machu Picchu.
The tourists liked Machu Picchu a lot.

A ti te gusta cenar en casa, pero
a mí me aburre.
You like eating dinner at home, but I get bored.

▶ **¡Atención!** **Mí** (*me*) has an accent mark to distinguish it from the possessive adjective **mi** (*my*).

¡INTÉNTALO! Indica el pronombre de objeto indirecto y la forma del tiempo presente adecuados en cada oración.

fascinar

1. A él __le fascina__ viajar.
2. A mí _____ bailar.
3. A nosotras _____ cantar.
4. A ustedes _____ leer.
5. A ti _____ correr y patinar.
6. A ellos _____ los aviones.
7. A mis padres _____ caminar.
8. A usted _____ jugar al tenis.
9. A mi esposo y a mí _____ dormir.
10. A Alberto _____ dibujar y pintar.
11. A todos _____ opinar.
12. A Pili _____ los sombreros.

aburrir

1. A ellos __les aburren__ los deportes.
2. A ti _____ las películas.
3. A usted _____ los viajes.
4. A mí _____ las revistas.
5. A Jorge y a Luis _____ los perros.
6. A nosotros _____ las vacaciones.
7. A ustedes _____ el béisbol.
8. A Marcela _____ los libros.
9. A mis amigos _____ los museos.
10. A ella _____ el ciclismo.
11. A Omar _____ ir de compras.
12. A ti y a mí _____ el baile.

recursos

WB
pp. 80–82

LM
p. 42

S
vhlcentral.com
Lección 7

Práctica

1 **Completar** Completa las oraciones con todos los elementos necesarios.

1. _____ Adela _____ (encantar) la música de Tito "El Bambino".
2. A _____ me _____ (interesar) la música de otros países.
3. A mis amigos _____ (encantar) las canciones (*songs*) de Calle 13.
4. A Juan y _____ Rafael no les _____ (molestar) la música alta (*loud*).
5. _____ nosotros _____ (fascinar) los grupos de pop latino.
6. _____ señor Ruiz _____ (interesar) más la música clásica.
7. A _____ me _____ (aburrir) la música clásica.
8. ¿A _____ te _____ (faltar) dinero para el concierto de Carlos Santana?
9. No. Ya compré el boleto y _____ (quedar) cinco dólares.
10. ¿Cuánto dinero te _____ (quedar) a _____?

NOTA CULTURAL

Hoy día, la música latina es popular en los EE.UU. gracias a artistas como **Shakira**, de nacionalidad colombiana, y **Tito "El Bambino"**, puertorriqueño. Otros artistas, como **Carlos Santana** y **Gloria Estefan**, difundieron (*spread*) la música latina en los años 60, 70, 80 y 90.

2 **Describir** Mira los dibujos y describe lo que está pasando. Usa los verbos de la lista.

aburrir	faltar	molestar
encantar	interesar	quedar

1. a Ramón

2. a nosotros

3. a ti

4. a Sara

3 **Gustos** Forma oraciones con los elementos de las columnas.

modelo

A ti te interesan las ruinas de Machu Picchu.

A	B	C
yo	aburrir	despertarse temprano
tú	encantar	mirarse en el espejo
mi mejor amigo/a	faltar	la música rock
mis amigos y yo	fascinar	las pantuflas rosadas
Bart y Homero Simpson	interesar	la pasta de dientes con menta (*mint*)
Shakira	molestar	las ruinas de Machu Picchu
Antonio Banderas		los zapatos caros

 Practice more at **vhlcentral.com.**

Comunicación

4 **Preguntas** En parejas, túrnense para hacer y contestar estas preguntas.

1. ¿Te gusta levantarte temprano o tarde? ¿Por qué? ¿Y a tu compañero/a de cuarto?
2. ¿Te gusta acostarte temprano o tarde? ¿Y a tu compañero/a de cuarto?
3. ¿Te gusta dormir la siesta?
4. ¿Te encanta acampar o prefieres quedarte en un hotel cuando estás de vacaciones?
5. ¿Qué te gusta hacer en el verano?
6. ¿Qué te fascina de esta universidad? ¿Qué te molesta?
7. ¿Te interesan más las ciencias o las humanidades? ¿Por qué?
8. ¿Qué cosas te aburren?

5 **Completar** Trabajen en parejas. Túrnense para completar estas frases de una manera lógica.

1. A mi novio/a le fascina(n)…
2. A mi mejor (*best*) amigo/a no le interesa(n)…
3. A mis padres les importa(n)…
4. A nosotros nos molesta(n)…
5. A mis hermanos les aburre(n)…
6. A mi compañero/a de cuarto le aburre(n)…
7. A los turistas les interesa(n)…
8. A los jugadores profesionales les encanta(n)…
9. A nuestro/a profesor(a) le molesta(n)…
10. A mí me importa(n)…

6 **La residencia** Tú y tu compañero/a de clase son los directores de una residencia estudiantil en Perú. Su profesor(a) les va a dar a cada uno de ustedes las descripciones de cinco estudiantes. Con la información tienen que escoger quiénes van a ser compañeros de cuarto. Después, completen la lista.

Síntesis

7 **Situación** Trabajen en parejas para representar los papeles de un(a) cliente/a y un(a) dependiente/a en una tienda de ropa. Usen las instrucciones como guía.

Dependiente/a

Saluda al/a la cliente/a y pregúntale en qué le puedes servir.

Pregúntale si le interesan los estilos modernos y empieza a mostrarle la ropa.

Habla de los gustos del/de la cliente/a.

Da opiniones favorables al/a la cliente/a (las botas te quedan fantásticas…).

Cliente/a

Saluda al/a la dependiente/a y dile (*tell him/her*) qué quieres comprar y qué colores prefieres.

Explícale que los estilos modernos te interesan. Escoge las cosas que te interesan.

Habla de la ropa (me queda(n) bien/mal, me encanta(n)…).

Decide cuáles son las cosas que te gustan y qué vas a comprar.

Recapitulación

Completa estas actividades para repasar los conceptos de gramática que aprendiste en esta lección.

1 Completar Completa la tabla con la forma correcta de los verbos. **6 pts.**

yo	tú	nosotros	ellas
me levanto			
	te afeitas		
		nos vestimos	
			se secan

2 Hoy y ayer Cambia los verbos del presente al pretérito. **5 pts.**

1. Vamos de compras hoy. _____ de compras hoy.
2. Por último, voy a poner el despertador. Por último, _____ a poner el despertador.
3. Lalo es el primero en levantarse. Lalo _____ el primero en levantarse.
4. ¿Vas a tu habitación? ¿_____ a tu habitación?
5. Ustedes son profesores. Ustedes _____ profesores.

3 Reflexivos Completa cada conversación con la forma correcta de los verbos reflexivos. **11 pts.**

TOMÁS Yo siempre (1) _____ (bañarse) antes de (2) _____ (acostarse). Esto me relaja porque no (3) _____ (dormirse) fácilmente. Y así puedo (4) _____ (levantarse) más tarde. Y tú, ¿cuándo (5) _____ (ducharse)?

LETI Pues por la mañana, para poder (6) _____ (despertarse).

DAVID ¿Cómo (7) _____ (sentirse) Pepa hoy?

MARÍA Todavía está enojada.

DAVID ¿De verdad? Ella nunca (8) _____ (enojarse) con nadie.

BETO ¿(Nosotros) (9) _____ (Irse) de esta tienda? Estoy cansado.

SARA Pero antes vamos a (10) _____ (probarse) estos sombreros. Si quieres, después (nosotros) (11) _____ (sentarse) un rato.

RESUMEN GRAMATICAL

7.1 Reflexive verbs pp. 220–221

lavarse

me lavo	nos lavamos
te lavas	os laváis
se lava	se lavan

7.2 Indefinite and negative words pp. 224–225

Indefinite words	Negative words
algo	nada
alguien	nadie
alguno/a(s), algún	ninguno/a, ningún
o... o	ni... ni
siempre	nunca, jamás
también	tampoco

7.3 Preterite of ser and ir p. 228

▶ The preterite of **ser** and **ir** are identical. Context will determine the meaning.

ser and ir

fui	fuimos
fuiste	fuisteis
fue	fueron

7.4 Verbs like gustar pp. 230–231

aburrir	importar
encantar	interesar
faltar	molestar
fascinar	quedar

me, te, le, nos, os, les

SINGULAR
encanta / interesó ⟩ la película / el concierto

PLURAL
importan / fascinaron ⟩ las vacaciones / los museos

▶ Use the construction **a** + [*noun/pronoun*] to clarify the person in question.

A mí me encanta ver películas, ¿y a ti?

4 **Conversaciones** Completa cada conversación de manera lógica con palabras de la lista. No tienes que usar todas las palabras. **8 pts.**

algo	nada	ningún	siempre
alguien	nadie	nunca	también
algún	ni... ni	o... o	tampoco

1. —¿Tienes _____ plan para esta noche?

   —No, prefiero quedarme en casa. Hoy no quiero ver a _____.

   —Yo _____ me quedo. Estoy muy cansado.

2. —¿Puedo entrar? ¿Hay _____ en el cuarto de baño?

   —Sí. ¡Un momento! Ahora mismo salgo.

3. —¿Puedes prestarme _____ para peinarme? No encuentro _____ mi cepillo _____ mi peine.

   —Lo siento, yo _____ encuentro los míos (*mine*).

4. —¿Me prestas tu maquillaje?

   —Lo siento, no tengo. _____ me maquillo.

5 **Oraciones** Forma oraciones completas con los elementos dados (*given*). Usa el presente de los verbos. **8 pts.**

1. David y Juan / molestar / levantarse temprano
2. Lucía / encantar / las películas de terror
3. todos (nosotros) / importar / la educación
4. tú / aburrir / ver / la televisión

6 **Rutinas** Escribe seis oraciones que describan las rutinas de dos personas que conoces. **12 pts.**

> **modelo**
>
> Mi tía se despierta temprano, pero mi primo...

7 **Adivinanza** Completa la adivinanza con las palabras que faltan y adivina la respuesta. **¡2 puntos EXTRA!**

66 **Cuanto más°** _____ (*it dries you*), **más se moja°.** 99

¿Qué es? _____

Cuanto más *The more* se moja *it gets wet*

🔆 Practice more at **vhlcentral.com.**

Lectura

Antes de leer

Estrategia
Predicting content from the title

Prediction is an invaluable strategy in reading for comprehension. For example, we can usually predict the content of a newspaper article from its headline. We often decide whether to read the article based on its headline. Predicting content from the title will help you increase your reading comprehension in Spanish.

Examinar el texto
Lee el título de la lectura y haz tres predicciones sobre el contenido. Escribe tus predicciones en una hoja de papel.

Compartir
Comparte tus ideas con un(a) compañero/a de clase.

Cognados
Haz una lista de seis cognados que encuentres en la lectura.

1. _____
2. _____
3. _____
4. _____
5. _____
6. _____

¿Qué te dicen los cognados sobre el tema de la lectura?

Anterior   Siguiente   Responder   Responder a todos

De:	Guillermo Zamora
Para:	Lupe; Marcos; Sandra; Jorge
Asunto:	¡Qué día!

Hola, chicos:

La semana pasada me di cuenta° de que necesito organizar mejor° mi rutina… pero especialmente debo prepararme mejor para los exámenes. Me falta disciplina, me molesta no tener control de mi tiempo y nunca deseo repetir los eventos de la semana pasada.

El miércoles pasé todo el día y toda la noche estudiando para el examen de biología del jueves por la mañana. Me aburre la biología y no empecé a estudiar hasta el día antes del examen. El jueves a las 8, después de no dormir en toda la noche, fui exhausto al examen. Fue difícil, pero afortunadamente° me acordé de todo el material. Esa noche me acosté temprano y dormí mucho.

Me desperté a las 7, y fue extraño° ver a mi compañero de cuarto, Andrés, preparándose para ir a dormir. Como° siempre se enferma°, tiene problemas para dormir y no hablamos mucho, no le comenté nada. Fui al baño a cepillarme los dientes

⊠ Reenviar ✔ Marcar 🖶 Imprimir ▯ Redactar ▯ Bandeja entrada

para ir a clase. ¿Y Andrés? Él se acostó. "Debe estar enfermo°, ¡otra vez!", pensé.

Mi clase es a las 8, y fue necesario hacer las cosas rápido. Todo empezó a ir mal... eso pasa siempre cuando uno tiene prisa. Cuando busqué mis cosas para el baño, no las encontré. Entonces me duché sin jabón, me cepillé los dientes sin cepillo de dientes y me peiné con las manos. Tampoco encontré ropa limpia y usé la sucia. Rápido, tomé mis libros. ¿Y Andrés? Roncando°... ¡a las 7:50!

Cuando salí corriendo para la clase, la prisa no me permitió ver el campus desierto. Cuando llegué a la clase, no vi a nadie. No vi al profesor ni a los estudiantes. Por último miré mi reloj, y vi la hora. Las 8 en punto... ¡de la noche!

¡Dormí 24 horas!

Guillermo

me di cuenta *I realized* **mejor** *better* **afortunadamente** *fortunately*
extraño *strange* **Como** *Since* **se enferma** *he gets sick* **enfermo** *sick*
Roncando *Snoring*

Después de leer

Seleccionar 🖱

Selecciona la respuesta correcta.

1. ¿Quién es el/la narrador(a)?
   a. Andrés
   b. una profesora
   c. Guillermo
2. ¿Qué le molesta al narrador?
   a. Le molestan los exámenes de biología.
   b. Le molesta no tener control de su tiempo.
   c. Le molesta mucho organizar su rutina.
3. ¿Por qué está exhausto?
   a. Porque fue a una fiesta la noche anterior.
   b. Porque no le gusta la biología.
   c. Porque pasó la noche anterior estudiando.
4. ¿Por qué no hay nadie en clase?
   a. Porque es de noche.
   b. Porque todos están de vacaciones.
   c. Porque el profesor canceló la clase.
5. ¿Cómo es la relación de Guillermo y Andrés?
   a. Son buenos amigos.
   b. No hablan mucho.
   c. Tienen una buena relación.

Ordenar 🖱

Ordena los sucesos de la narración. Utiliza los números del 1 al 9.

a. Toma el examen de biología. ____
b. No encuentra sus cosas para el baño. ____
c. Andrés se duerme. ____
d. Pasa todo el día y toda la noche estudiando para un examen. ____
e. Se ducha sin jabón. ____
f. Se acuesta temprano. ____
g. Vuelve a su cuarto después de las 8 de la noche. ____
h. Se despierta a las 7 y su compañero de cuarto se prepara para dormir. ____
i. Va a clase y no hay nadie. ____

Contestar

Contesta estas preguntas.

1. ¿Cómo es tu rutina diaria? ¿Muy organizada?
2. ¿Cuándo empiezas a estudiar para los exámenes?
3. ¿Tienes compañero/a de cuarto? ¿Es tu amigo/a?
4. Para comunicarte con tus amigos/as, ¿prefieres el teléfono o el correo electrónico? ¿Por qué?

Perú

El país en cifras

▸ **Área:** 1.285.220 km² (496.224 millas²),
un poco menos que el área de Alaska

▸ **Población:** 31.197.000

▸ **Capital:** Lima —9.659.000

▸ **Ciudades principales:** Arequipa —848.000,
Trujillo, Chiclayo, Callao, Iquitos

SOURCE: Population Division, UN Secretariat

_Iquitos es un puerto muy importante en el río
Amazonas. Desde Iquitos se envían° muchos
productos a otros lugares, incluyendo goma°, nueces°,
madera°, arroz°, café y tabaco. Iquitos es también un
destino popular para los ecoturistas
que visitan la selva°._

▸ **Moneda:** nuevo sol

▸ **Idiomas:** español (oficial);
quechua, aimara y otras
lenguas indígenas (oficiales
en los territorios donde se usan)

Bandera de Perú

Peruanos célebres

▸ **Clorinda Matto de Turner,** escritora (1854–1909)

▸ **César Vallejo,** poeta (1892–1938)

▸ **Javier Pérez de Cuéllar,** diplomático (1920–)

▸ **Mario Vargas Llosa,** escritor (1936–)

Mario Vargas Llosa, Premio
Nobel de Literatura 2010

se envían _are shipped_ goma _rubber_ nueces _nuts_ madera _timber_
arroz _rice_ selva _jungle_ Hace más de _More than... ago_
grabó _engraved_ tamaño _size_

ECUADOR

COLOMBIA

Río Putumayo

Río Napo

Río Tigre

Río Pastaza

Río Amazonas

Iquitos

Río Marañón

Cordillera
Oriental
de los Andes

Río Huallaga

Cordillera Central
de los Andes

Chiclayo

Río Ucayali

Río Urubamba

Trujillo

Bailando marinera
norteña en Trujillo

Calle en la ciudad de Iquitos

Callao

Lima

Cordillera Occidental
de los Andes

Machu Picchu

Cuzco

Lago
Titicaca

Océano Pacífico

Arequipa

Pasaje Santa Rosa
de Lima

Mercado indígena en Cuzco

ESTADOS UNIDOS

OCÉANO
ATLÁNTICO

OCÉANO
PACÍFICO

AMÉRICA DEL SUR

PERÚ

CH

recursos

WB pp. 83–84	VM pp. 237–238	vhlcentral.com Lección 7

¡Increíble pero cierto!

Hace más de° dos mil años la civilización
nazca de Perú grabó° más de dos mil kilómetros
de líneas en el desierto. Los dibujos sólo son
descifrables desde el aire. Uno de ellos es un
cóndor del tamaño° de un estadio. Las Líneas de
Nazca son uno de los grandes misterios de
la humanidad.

BRASIL

Lugares • Lima

Lima es una ciudad moderna y antigua° a la vez°. La Iglesia de San Francisco es notable por su arquitectura barroca colonial. También son fascinantes las exhibiciones sobre los incas en el Museo Oro del Perú y en el Museo Nacional de Antropología y Arqueología. Barranco, el barrio° bohemio de la ciudad, es famoso por su ambiente cultural y sus bares y restaurantes.

Historia • Machu Picchu

A 80 kilómetros al noroeste de Cuzco está Machu Picchu, una ciudad antigua del Imperio inca. Está a una altitud de 2.350 metros (7.710 pies), entre dos cimas° de los Andes. Cuando los españoles llegaron a Perú y recorrieron la región, nunca encontraron Machu Picchu. En 1911, el arqueólogo estadounidense Hiram Bingham la descubrió. Todavía no se sabe ni cómo se construyó° una ciudad a esa altura, ni por qué los incas la abandonaron. Sin embargo°, esta ciudad situada en desniveles° naturales es el ejemplo más conocido de la arquitectura inca.

Artes • La música andina

Machu Picchu aún no existía° cuando se originó la música cautivadora° de las culturas indígenas de los Andes. Los ritmos actuales de la música andina tienen influencias españolas y africanas. Varios tipos de flauta°, entre ellos la quena y la zampoña, caracterizan esta música. En las décadas de los sesenta y los setenta se popularizó un movimiento para preservar la música andina, y hasta° Simon y Garfunkel incorporaron a su repertorio la canción *El cóndor pasa*.

Economía • Llamas y alpacas

BOLIVIA

Perú se conoce por sus llamas, alpacas, guanacos y vicuñas, todos ellos animales mamíferos° parientes del camello. Estos animales todavía tienen una enorme importancia en la economía del país. Dan lana para exportar a otros países y para hacer ropa, mantas°, bolsas y otros artículos artesanales. La llama se usa también para la carga y el transporte.

 ¿Qué aprendiste? Responde a las preguntas con una oración completa.

1. ¿Qué productos envía Iquitos a otros lugares?
2. ¿Cuáles son las lenguas oficiales de Perú?
3. ¿Por qué es notable la Iglesia de San Francisco en Lima?
4. ¿Qué información sobre Machu Picchu no se sabe todavía?
5. ¿Qué son la quena y la zampoña?
6. ¿Qué hacen los peruanos con la lana de sus llamas y alpacas?

 Conexión Internet Investiga estos temas en **vhlcentral.com**.

1. Investiga la cultura incaica. ¿Cuáles son algunos de los aspectos interesantes de su cultura?
2. Busca información sobre dos artistas, escritores o músicos peruanos y presenta un breve informe a tu clase.

 Practice more at **vhlcentral.com**.

antigua *old* a la vez *at the same time* barrio *neighborhood* cimas *summits* se construyó *was built* Sin embargo *However*
desniveles *uneven pieces of land* aún no existía *didn't exist yet* cautivadora *captivating* flauta *flute* hasta *even*
mamíferos *mammalian* mantas *blankets*

Los verbos reflexivos

acordarse (de) (o:ue)	to remember
acostarse (o:ue)	to go to bed
afeitarse	to shave
bañarse	to bathe; to take a bath
cepillarse el pelo	to brush one's hair
cepillarse los dientes	to brush one's teeth
despedirse (de) (e:i)	to say goodbye (to)
despertarse (e:ie)	to wake up
dormirse (o:ue)	to go to sleep; to fall asleep
ducharse	to shower; to take a shower
enojarse (con)	to get angry (with)
irse	to go away; to leave
lavarse la cara	to wash one's face
lavarse las manos	to wash one's hands
levantarse	to get up
llamarse	to be called; to be named
maquillarse	to put on makeup
peinarse	to comb one's hair
ponerse	to put on
ponerse (+ *adj.*)	to become (+ adj.)
preocuparse (por)	to worry (about)
probarse (o:ue)	to try on
quedarse	to stay; to remain
quitarse	to take off
secarse	to dry oneself
sentarse (e:ie)	to sit down
sentirse (e:ie)	to feel
vestirse (e:i)	to get dressed

Palabras de secuencia

antes (de)	before
después	afterwards; then
después (de)	after
durante	during
entonces	then
luego	then
más tarde	later (on)
por último	finally

Palabras afirmativas y negativas

algo	something; anything
alguien	someone; somebody; anyone
alguno/a(s), algún	some; any
jamás	never; not ever
nada	nothing; not anything
nadie	no one; nobody; not anyone
ni… ni	neither… nor
ninguno/a, ningún	no; none; not any
nunca	never; not ever
o… o	either… or
siempre	always
también	also; too
tampoco	neither; not either

En el baño

el baño, el cuarto de baño	bathroom
el champú	shampoo
la crema de afeitar	shaving cream
la ducha	shower
el espejo	mirror
el inodoro	toilet
el jabón	soap
el lavabo	sink
el maquillaje	makeup
la pasta de dientes	toothpaste
la toalla	towel

Verbos similares a gustar

aburrir	to bore
encantar	to like very much; to love (inanimate objects)
faltar	to lack; to need
fascinar	to fascinate; to like very much
importar	to be important to; to matter
interesar	to be interesting to; to interest
molestar	to bother; to annoy
quedar	to be left over; to fit (clothing)

Palabras adicionales

el despertador	alarm clock
las pantuflas	slippers
la rutina diaria	daily routine
por la mañana	in the morning
por la noche	at night
por la tarde	in the afternoon; in the evening

Expresiones útiles	See page 215.

  Audio: Vocabulary

La comida

8

Communicative Goals

You will learn how to:

- **Order food in a restaurant**
- **Talk about and describe food**

A PRIMERA VISTA

- ¿Dónde está ella?
- ¿Qué hace?
- ¿Es parte de su rutina diaria?
- ¿Qué colores hay en la foto?

La comida

Más vocabulario

el/la camarero/a	waiter/waitress
la comida	food; meal
la cuenta	bill
el/la dueño/a	owner; landlord
los entremeses	hors d'oeuvres; appetizers
el menú	menu
el plato (principal)	(main) dish
la propina	tip
la sección de (no) fumar	(non) smoking section
el agua (mineral)	(mineral) water
la bebida	drink
la cerveza	beer
la leche	milk
el refresco	soft drink; soda
el ajo	garlic
las arvejas	peas
los cereales	cereal; grains
los frijoles	beans
el melocotón	peach
el pollo (asado)	(roast) chicken
el queso	cheese
el sándwich	sandwich
el yogur	yogurt
el aceite	oil
la margarina	margarine
la mayonesa	mayonnaise
el vinagre	vinegar
delicioso/a	delicious
sabroso/a	tasty; delicious
saber	to taste; to know
saber a	to taste like

Variación léxica

camarones ⟷ gambas (Esp.)
camarero ⟷ mesero (Amér. L.), mesonero (Ven.), mozo (Arg., Chile, Urug., Perú)
refresco ⟷ gaseosa (Amér. C., Amér. S.)

Las frutas

la pera
la banana
las uvas
la naranja
el limón
el maíz
la cebolla
la lechuga

Las verduras

el champiñón
la zanahoria
el tomate

Práctica

LAS CARNES

- el pollo
- el pavo
- el jamón
- la carne de res
- la chuleta (de cerdo)

Pescados y mariscos

- el atún
- el salmón
- los camarones (el camarón)
- la langosta

1 **Escuchar** Indica si las oraciones que vas a escuchar son **ciertas** o **falsas**, según el dibujo. Después, corrige las falsas.

1. _____   6. _____
2. _____   7. _____
3. _____   8. _____
4. _____   9. _____
5. _____   10. _____

2 **Seleccionar** Paulino y Pilar van a cenar a un restaurante. Escucha la conversación y selecciona la respuesta que mejor completa cada oración.

1. Paulino le pide el _____ (menú / plato) al camarero.
2. El plato del día es (atún / salmón) _____.
3. Pilar ordena _____ (leche / agua mineral) para beber.
4. Paulino quiere un refresco de _____ (naranja / limón).
5. Paulino hoy prefiere _____ (el salmón / la chuleta).
6. Dicen que la carne en ese restaurante es muy _____ (sabrosa / mala).
7. Pilar come salmón con _____ (zanahorias / champiñones).

3 **Identificar** Identifica la palabra que no está relacionada con cada grupo.

1. champiñón • cebolla • propina • zanahoria
2. camarones • ajo • atún • salmón
3. aceite • leche • refresco • agua mineral
4. jamón • chuleta de cerdo • vinagre • carne de res
5. cerveza • lechuga • arvejas • frijoles
6. carne • pescado • mariscos • camarero
7. pollo • naranja • limón • melocotón
8. maíz • queso • tomate • champiñón

4 **Completar** Completa las oraciones con las palabras más lógicas.

1. ¡Me gusta mucho este plato! Sabe _____.
   a. mal   b. delicioso   c. antipático
2. Camarero, ¿puedo ver el _____, por favor?
   a. aceite   b. maíz   c. menú
3. Carlos y yo bebemos siempre agua _____.
   a. cómoda   b. mineral   c. principal
4. El plato del día es _____.
   a. pollo asado   b. mayonesa   c. ajo
5. Margarita es vegetariana. Ella come _____.
   a. frijoles   b. chuletas   c. jamón
6. Mi hermana le da _____ a su niña.
   a. ajo   b. vinagre   c. yogur

el desayuno

el jugo (de fruta)

el café

el pan (tostado)

el azúcar

la mantequilla

la salchicha

el huevo

el almuerzo

el té helado

la manzana

la hamburguesa

el pan

las papas/patatas fritas

la cena

la sal

el vino tinto

la pimienta

la sopa

el arroz

la ensalada

los espárragos

el bistec

NOTA CULTURAL

En Guatemala, un desayuno típico incluye huevos, frijoles, fruta, tortillas, jugo y café.

Otros desayunos populares son:

madalenas (*muffins*) España

pan dulce (*assorted breads/pastries*) México

champurradas (*sugar cookies*) Guatemala

gallo pinto (*fried rice and beans*) Costa Rica

perico (*scrambled eggs with peppers and onions*) Venezuela

Más vocabulario

escoger	*to choose*
merendar (e:ie)	*to snack*
probar (o:ue)	*to taste; to try*
recomendar (e:ie)	*to recommend*
servir (e:i)	*to serve*
el té	*tea*
el vino blanco	*white wine*

5

Completar Trabaja con un(a) compañero/a de clase para relacionar cada producto con el grupo alimenticio (*food group*) correcto.

> **modelo**
>
> _La carne_ es del grupo uno.

el aceite	las bananas	los cereales	la leche
el arroz	el café	los espárragos	el pescado
el azúcar	la carne	los frijoles	el vino

1. _____ y el queso son del grupo cuatro.
2. _____ son del grupo ocho.
3. _____ y el pollo son del grupo tres.
4. _____ es del grupo cinco.
5. _____ es del grupo dos.
6. Las manzanas y _____ son del grupo siete.
7. _____ es del grupo seis.
8. _____ son del grupo diez.
9. _____ y los tomates son del grupo nueve.
10. El pan y _____ son del grupo diez.

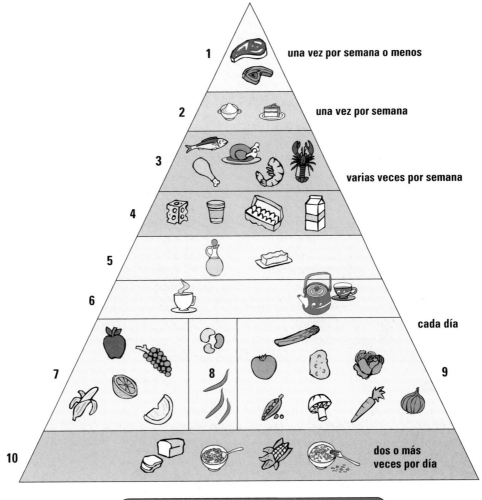

La Pirámide Alimenticia Latinoamericana

6   **¿Cierto o falso?** Consulta la Pirámide Alimenticia Latinoamericana de la página 245 e indica si lo que dice cada oración es **cierto** o **falso**. Si la oración es falsa, escribe las comidas que sí están en el grupo indicado.

> **modelo**
>
> El queso está en el grupo diez.
> *Falso. En ese grupo están el maíz, el pan, los cereales y el arroz.*

1. La manzana, la banana, el limón y las arvejas están en el grupo siete.

2. En el grupo cuatro están los huevos, la leche y el aceite.

3. El azúcar está en el grupo dos.

4. En el grupo diez están el pan, el arroz y el maíz.

5. El pollo está en el grupo uno.

6. En el grupo nueve están la lechuga, el tomate, las arvejas, la naranja, la papa, los espárragos y la cebolla.

7. El café y el té están en el mismo grupo.

8. En el grupo cinco está el arroz.

9. El pescado, el yogur y el bistec están en el grupo tres.

7   **Combinar** Combina palabras de cada columna, en cualquier (*any*) orden, para formar diez oraciones lógicas sobre las comidas. Añade otras palabras si es necesario.

> **modelo**
>
> La camarera nos sirve la ensalada.

A	B	C
el/la camarero/a	almorzar	la sección de no fumar
el/la dueño/a	escoger	el desayuno
mi familia	gustar	la ensalada
mi novio/a	merendar	las uvas
mis amigos y yo	pedir	el restaurante
mis padres	preferir	el jugo de naranja
mi hermano/a	probar	el refresco
el/la médico/a	recomendar	el plato
yo	servir	el arroz

NOTA CULTURAL

El arroz es un alimento básico en el Caribe, Centroamérica y México, entre otros países. Aparece frecuentemente como acompañamiento del plato principal y muchas veces se sirve con frijoles. Un plato muy popular en varios países es **el arroz con pollo** *(chicken and rice casserole)*.

8   **Un menú** En parejas, usen la Pirámide Alimenticia Latinoamericana de la página 245 para crear un menú para una cena especial. Incluyan alimentos de los diez grupos para los entremeses, los platos principales y las bebidas. Luego presenten el menú a la clase.

> **modelo**
>
> *La cena especial que vamos a preparar es deliciosa. Primero, hay dos entremeses: ensalada César y sopa de langosta. El plato principal es salmón con salsa de ajo y espárragos. También vamos a servir arroz…*

Comunicación

9

Conversación En parejas, túrnense para hacerse estas preguntas.

1. ¿Meriendas mucho durante el día? ¿Qué comes? ¿A qué hora?
2. ¿Qué te gusta cenar?
3. ¿A qué hora, dónde y con quién almuerzas?
4. ¿Cuáles son las comidas más (*most*) típicas de tu almuerzo?
5. ¿Desayunas? ¿Qué comes y bebes por la mañana?
6. ¿Qué comida te gusta más? ¿Qué comida no conoces y quieres probar?
7. ¿Comes cada día alimentos de los diferentes grupos de la pirámide alimenticia? ¿Cuáles son las comidas y bebidas más frecuentes en tu dieta?
8. ¿Qué comida recomiendas a tus amigos? ¿Por qué?
9. ¿Eres vegetariano/a? ¿Crees que ser vegetariano/a es una buena idea? ¿Por qué?
10. ¿Te gusta cocinar (*to cook*)? ¿Qué comidas preparas para tus amigos? ¿Para tu familia?

10

Describir Con dos compañeros/as de clase, describe las dos fotos, contestando estas preguntas.

▶ ¿Quiénes están en las fotos?

▶ ¿Dónde están?

▶ ¿Qué hora es?

▶ ¿Qué comen y qué beben?

11

Crucigrama Tu profesor(a) les va a dar a ti y a tu compañero/a un crucigrama (*crossword puzzle*) incompleto. Tú tienes las palabras que necesita tu compañero/a y él/ella tiene las palabras que tú necesitas. Tienen que darse pistas (*clues*) para completarlo. No pueden decir la palabra; deben utilizar definiciones, ejemplos y frases.

modelo

6 vertical: Es un condimento que normalmente viene con la sal.

12 horizontal: Es una fruta amarilla.

Una cena... romántica

Maru y Miguel quieren tener una cena romántica, pero les espera una sorpresa.

S   Video: *Fotonovela*
Record and Compare

MARU No sé qué pedir. ¿Qué me recomiendas?

MIGUEL No estoy seguro. Las chuletas de cerdo se ven muy buenas.

MARU ¿Vas a pedirlas?

MIGUEL No sé.

MIGUEL ¡Qué bonitos! ¿Quién te los dio?

MARU Me los compró un chico muy guapo e inteligente.

MIGUEL ¿Es tan guapo como yo?

MARU Sí, como tú, guapísimo.

MIGUEL Por nosotros.

MARU Dos años.

(El camarero llega a la mesa.)

CAMARERO ¿Les gustaría saber nuestras especialidades del día?

MARU Sí, por favor.

CAMARERO Para el entremés, tenemos ceviche de camarón. De plato principal ofrecemos bistec con verduras a la plancha.

MARU Voy a probar el jamón.

CAMARERO Perfecto. ¿Y para usted, caballero?

MIGUEL Pollo asado con champiñones y papas, por favor.

CAMARERO Excelente.

(en otra parte del restaurante)

JUAN CARLOS Disculpe. ¿Qué me puede contar del pollo? ¿Dónde lo consiguió el chef?

CAMARERO ¡Oiga! ¿Qué está haciendo?

CAMARERO

JUAN CARLOS

FELIPE

GERENTE

FELIPE Los espárragos están sabrosísimos esta noche. Usted pidió el pollo, señor. Estos champiñones saben a mantequilla.

GERENTE ¿Qué pasa aquí, Esteban?

CAMARERO Lo siento señor. Me quitaron la comida.

GERENTE (*a Felipe*) Señor, ¿quién es usted? ¿Qué cree que está haciendo?

JUAN CARLOS Felipe y yo les servimos la comida a nuestros amigos. Pero desafortunadamente, salió todo mal.

FELIPE Soy el peor camarero del mundo. ¡Lo siento! Nosotros vamos a pagar la comida.

JUAN CARLOS ¿Nosotros?

FELIPE Todo esto fue idea tuya, Juan Carlos.

JUAN CARLOS ¿Mi idea? ¡Felipe! (*al gerente*) Señor, él es más responsable que yo.

GERENTE Tú y tú, vamos.

Expresiones útiles

Ordering food

¿Qué me recomiendas?
What do you recommend?
Las chuletas de cerdo se ven muy buenas.
The pork chops look good.
¿Les gustaría saber nuestras especialidades del día?
Would you like to hear our specials?
Para el entremés, tenemos ceviche de camarón.
For an appetizer, we have shrimp ceviche.
De plato principal ofrecemos bistec con verduras a la plancha.
For a main course, we have beef with grilled vegetables.
Voy a probar el jamón.
I am going to try the ham.

Describing people and things

¡Qué bonitos! ¿Quién te los dio?
How pretty! Who gave them to you?
Me los compró un chico muy guapo e inteligente.
A really handsome, intelligent guy bought them for me.
¿Es tan guapo como yo?
Is he as handsome as I am?
Sí, como tú, guapísimo.
Yes, like you, gorgeous.
Soy el peor camarero del mundo.
I am the worst waiter in the world.
Él es más responsable que yo.
He is more responsible than I am.

Additional vocabulary

el/la gerente *manager*
caballero *gentleman, sir*

recursos

VM
pp. 209–210

vhlcentral.com
Lección 8

¿Qué pasó?

1 **Escoger** Escoge la respuesta que completa mejor cada oración.

1. Miguel lleva a Maru a un restaurante para _____.
   a. almorzar   b. desayunar   c. cenar
2. El camarero les ofrece _____ como plato principal.
   a. ceviche de camarón   b. bistec con verduras a la plancha
   c. pescado, arroz y ensalada
3. Miguel va a pedir _____.
   a. pollo asado con champiñones y papas
   b. langosta al horno   c. pescado con verduras a la mantequilla
4. Felipe les lleva la comida a sus amigos y prueba _____.
   a. el jamón y los vinos   b. el atún y la lechuga
   c. los espárragos y los champiñones

NOTA CULTURAL

El **ceviche** es un plato típico de varios países hispanos como México, Perú y Costa Rica. En México, se prepara con pescado o mariscos frescos, jugo de limón, jitomate, cebolla, chile y cilantro. Se puede comer como plato fuerte, pero también como entremés o botana (*snack*). Casi siempre se sirve con tostadas (*fried tortillas*) o galletas saladas (*crackers*).

2 **Identificar** Indica quién puede decir estas oraciones.

1. Qué desastre. Soy un camarero muy malo.
2. Les recomiendo el bistec con verduras a la plancha.
3. Tal vez escoja las chuletas de cerdo, creo que son muy sabrosas.
4. ¿Qué pasa aquí?
5. Dígame las especialidades del día, por favor.
6. No fue mi idea. Felipe es más responsable que yo.

FELIPE   MARU   JUAN CARLOS

CAMARERO   MIGUEL   GERENTE

3 **Preguntas** Contesta estas preguntas sobre la **Fotonovela**.

1. ¿Por qué fueron Maru y Miguel a un restaurante?
2. ¿Qué entremés es una de las especialidades del día?
3. ¿Qué pidió Maru?
4. ¿Quiénes van a pagar la cuenta?

4

En el restaurante

1. Prepara con un(a) compañero/a una conversación en la que le preguntas si conoce algún buen restaurante en tu comunidad. Tu compañero/a responde que él/ella sí conoce un restaurante que sirve una comida deliciosa. Lo/La invitas a cenar y tu compañero/a acepta. Determinan la hora para verse en el restaurante y se despiden.

2. Trabaja con un(a) compañero/a para representar los papeles de un(a) cliente/a y un(a) camarero/a en un restaurante. El/La camarero/a te pregunta qué te puede servir y tú preguntas cuál es la especialidad de la casa. El/La camarero/a te dice cuál es la especialidad y te recomienda algunos platos del menú. Tú pides entremeses, un plato principal y escoges una bebida. El/La camarero/a te sirve la comida y tú le das las gracias.

CONSULTA

To review indefinite words like **algún**, see **Estructura 7.2**, p. 224.

 Practice more at **vhlcentral.com**.

Pronunciación

Audio: Concepts, Activities Record & Compare

ll, ñ, c, and z

pollo	**llave**	**ella**	**cebolla**

Most Spanish speakers pronounce the letter **ll** like the *y* in *yes*.

mañana	**señor**	**baño**	**niña**

The letter **ñ** is pronounced much like the *ny* in *canyon*.

café	**colombiano**	**cuando**	**rico**

Before **a**, **o**, or **u**, the Spanish **c** is pronounced like the *c* in *car*.

cereales	**delicioso**	**conducir**	**conocer**

Before **e** or **i**, the Spanish **c** is pronounced like the *s* in *sit*. (In parts of Spain, **c** before **e** or **i** is pronounced like the *th* in *think*.)

zeta	**zanahoria**	**almuerzo**	**cerveza**

The Spanish **z** is pronounced like the *s* in *sit*. (In parts of Spain, **z** is pronounced like the *th* in *think*.)

Práctica Lee las palabras en voz alta.

1. mantequilla
2. cuñada
3. aceite
4. manzana
5. español
6. cepillo
7. zapato
8. azúcar
9. quince
10. compañera
11. almorzar
12. calle

Oraciones Lee las oraciones en voz alta.

1. Mi compañero de cuarto se llama Toño Núñez. Su familia es de la ciudad de Guatemala y de Quetzaltenango.
2. Dice que la comida de su mamá es deliciosa, especialmente su pollo al champiñón y sus tortillas de maíz.
3. Creo que Toño tiene razón porque hoy cené en su casa y quiero volver mañana para cenar allí otra vez.

Refranes Lee los refranes en voz alta.

Las apariencias engañan.[1]

Panza llena, corazón contento.[2]

1 Looks can be deceiving.
2 A full belly makes a happy heart.

recursos

LM p. 44

vhlcentral.com Lección 8

Ⓢ Additional Reading
Video: *Flash cultura*

Frutas y verduras
de América

Imagínate una pizza sin salsa° de tomate o una hamburguesa sin papas fritas. Ahora piensa que quieres ver una película, pero las palomitas de maíz° y el chocolate no existen. ¡Qué mundo° tan insípido°! Muchas de las comidas más populares del mundo tienen ingredientes esenciales que son originarios del continente llamado Nuevo Mundo. Estas frutas y verduras no fueron introducidas en Europa sino hasta° el siglo° XVI.

El tomate, por ejemplo, era° usado como planta ornamental cuando llegó por primera vez a Europa porque pensaron que era venenoso°. El maíz, por su parte, era ya la base de la comida de muchos países latinoamericanos muchos siglos antes de la llegada de los españoles.

La papa fue un alimento° básico para los incas. Incluso consiguieron deshidratarla para almacenarla° por largos períodos de tiempo. El cacao (planta con la que se hace el chocolate) fue muy importante para los aztecas y los mayas. Ellos usaban sus semillas° como moneda° y como ingrediente de diversas salsas. También las molían° para preparar una bebida, mezclándolas° con agua ¡y con chile! El aguacate°, la guayaba°, la papaya, la piña y el maracuyá (o fruta de la pasión) son otros ejemplos de frutas originarias de América que son hoy día conocidas en todo el mundo.

Mole

¿En qué alimentos encontramos estas frutas y verduras?

Tomate: pizza, ketchup, salsa de tomate, sopa de tomate

Maíz: palomitas de maíz, tamales, tortillas, arepas (Colombia y Venezuela), pan

Papa: papas fritas, frituras de papa°, puré de papas°, sopa de papas, tortilla de patatas (España)

Cacao: mole (México), chocolatinas°, cereales, helados°, tartas°

Aguacate: guacamole (México), coctel de camarones, sopa de aguacate, nachos, enchiladas hondureñas

salsa *sauce* palomitas de maíz *popcorn* mundo *world* insípido *flavorless* hasta *until* siglo *century* era *was* venenoso *poisonous* alimento *food* almacenarla *to store it* semillas *seeds* moneda *currency* las molían *they used to grind them* mezclándolas *mixing them* aguacate *avocado* guayaba *guava* frituras de papa *chips* puré de papas *mashed potatoes* chocolatinas *chocolate bars* helados *ice cream* tartas *cakes*

1 **¿Cierto o falso?** Indica si lo que dicen las oraciones es **cierto** o **falso**. Corrige la información falsa.

1. El tomate se introdujo a Europa como planta ornamental.
2. Los incas sólo consiguieron almacenar las papas por poco tiempo.
3. Los aztecas y los mayas usaron las papas como moneda.
4. El maíz era una comida poco popular en Latinoamérica.
5. El aguacate era el alimento básico de los incas.
6. En México se hace una salsa con chocolate.
7. El aguacate, la guayaba, la papaya, la piña y el maracuyá son originarios de América.
8. Las arepas se hacen con cacao.
9. El aguacate es un ingrediente del cóctel de camarones.
10. En España hacen una tortilla con papas.

ASÍ SE DICE

La comida

el banano (Col.), el cambur (Ven.), el guineo (Nic.), el plátano (Amér. L., Esp.)	la banana
el choclo (Amér. S.), el elote (Méx.), el jojoto (Ven.), la mazorca (Esp.)	*corncob*
las caraotas (Ven.), los porotos (Amér. S.), las habichuelas (P. R.)	los frijoles
el durazno (Méx.)	el melocotón
el jitomate (Méx.)	el tomate

EL MUNDO HISPANO

Algunos platos típicos

- **Ceviche peruano:** Es un plato de pescado crudo° que se marina° en jugo de limón, con sal, pimienta, cebolla y ají°. Se sirve con lechuga, maíz, camote° y papa amarilla.

- **Gazpacho andaluz:** Es una sopa fría típica del sur de España. Se hace con verduras crudas y molidas°: tomate, ají, pepino° y ajo. También lleva pan, sal, aceite y vinagre.

- **Sancocho colombiano:** Es una sopa de pollo, pescado o carne con plátano, maíz, zanahoria, yuca, papas, cebolla, cilantro y ajo. Se sirve con arroz blanco.

crudo *raw* se marina *gets marinated* ají *pepper* camote *sweet potato* molidas *mashed* pepino *cucumber*

PERFIL

Ferran Adrià: arte en la cocina°

¿Qué haces si un amigo te invita a comer croquetas líquidas o paella de *Kellogg's*? ¿Piensas que es una broma°? ¡Cuidado! Puedes estar perdiendo la oportunidad de probar los platos de uno de los chefs más innovadores del mundo°: **Ferran Adrià**.

Este artista de la cocina basa su éxito° en la creatividad y en la química. Adrià modifica combinaciones de ingredientes y juega con contrastes de gustos y sensaciones: frío-caliente, crudo-cocido°, dulce°-salado°...

Aire de zanahorias

A partir de nuevas técnicas, altera° la textura° de los alimentos sin alterar su sabor°. Sus platos sorprendentes° y divertidos atraen a muchos nuevos chefs a su academia de cocina experimental. Quizás un día compraremos° en el supermercado té esférico°, carne líquida y espuma° de tomate.

cocina *kitchen* broma *joke* mundo *world* éxito *success* cocido *cooked* dulce *sweet* salado *savory* sabor *taste* sorprendentes *surprising* compraremos *we will buy* esférico *spheric* espuma *foam*

Conexión Internet

¿Qué platos comen los hispanos en los Estados Unidos?	Go to **vhlcentral.com** to find more cultural information related to this **Cultura** section.

ACTIVIDADES

2 **Comprensión** Empareja cada palabra con su definición.

1. fruta amarilla
2. sopa típica de Colombia
3. ingrediente del ceviche
4. chef español

a. gazpacho
b. Ferran Adrià
c. sancocho
d. guineo
e. pescado

3 **¿Qué plato especial hay en tu región?** Escribe cuatro oraciones sobre un plato típico de tu región. Explica los ingredientes que contiene y cómo se sirve.

 Practice more at **vhlcentral.com**.

recursos	
VM pp. 281–282	vhlcentral.com Lección 8

8.1 Preterite of stem-changing verbs Tutorial

ANTE TODO As you learned in **Lección 6**, **–ar** and **–er** stem-changing verbs have no stem change in the preterite. **–Ir** stem-changing verbs, however, do have a stem change. Study the following chart and observe where the stem changes occur.

CONSULTA

There are a few high-frequency irregular verbs in the preterite. You will learn more about them in **Estructura 9.1**, p. 286.

		servir (to serve)	**dormir** (to sleep)
SINGULAR FORMS	yo	serví	dormí
	tú	serviste	dormiste
	Ud./él/ella	si**r**vió	d**u**rmió
PLURAL FORMS	nosotros/as	servimos	dormimos
	vosotros/as	servisteis	dormisteis
	Uds./ellos/ellas	si**r**vieron	d**u**rmieron

Preterite of –ir stem-changing verbs

▶ Stem-changing **–ir** verbs, in the preterite only, have a stem change in the third-person singular and plural forms. The stem change consists of either **e** to **i** or **o** to **u**.

(e → i) pedir: **pi**dió, **pi**dieron   (o → u) morir (*to die*): **mu**rió, **mu**rieron

¿Quién pidió el jamón?

Yo lo pedí.

¡INTÉNTALO! Cambia cada infinitivo al pretérito.

1. Yo _serví, dormí, pedí..._ (servir, dormir, pedir, preferir, repetir, seguir)

2. Usted _____. (morir, conseguir, pedir, sentirse, despedirse, vestirse)

3. Tú _____. (conseguir, servir, morir, pedir, dormir, repetir)

4. Ellas _____. (repetir, dormir, seguir, preferir, morir, servir)

5. Nosotros _____. (seguir, preferir, servir, vestirse, despedirse, dormirse)

6. Ustedes _____. (sentirse, vestirse, conseguir, pedir, despedirse, dormirse)

7. Él _____. (dormir, morir, preferir, repetir, seguir, pedir)

recursos

WB
pp. 87–88

LM
p. 45

vhlcentral.com
Lección 8

Práctica

1

Completar Completa estas oraciones para describir lo que pasó anoche en el restaurante El Famoso.

1. Paula y Humberto Suárez llegaron al restaurante El Famoso a las ocho y _____ (seguir) al camarero a una mesa en la sección de no fumar.
2. El señor Suárez _____ (pedir) una chuleta de cerdo.
3. La señora Suárez _____ (preferir) probar los camarones.
4. De tomar, los dos _____ (pedir) vino tinto.
5. El camarero _____ (repetir) el pedido (*the order*) para confirmarlo.
6. La comida tardó mucho (*took a long time*) en llegar y los señores Suárez _____ (dormirse) esperando la comida.
7. A las nueve y media el camarero les _____ (servir) la comida.
8. Después de comer la chuleta, el señor Suárez _____ (sentirse) muy mal.
9. Pobre señor Suárez… ¿por qué no _____ (pedir) los camarones?

2

El camarero loco En el restaurante La Hermosa trabaja un camarero muy distraído que siempre comete muchos errores. Indica lo que los clientes pidieron y lo que el camarero les sirvió.

modelo

Armando / papas fritas
Armando pidió papas fritas, pero el camarero le sirvió maíz.

1. nosotros / jugo de naranja

2. Beatriz / queso

3. tú / arroz

4. Elena y Alejandro / atún

5. usted / agua mineral

6. yo / hamburguesa

 Practice more at **vhlcentral.com**.

Comunicación

3

El almuerzo Trabajen en parejas. Túrnense para completar las oraciones de César de una manera lógica.

> **modelo**
>
> Mi compañero de cuarto se despertó temprano, pero yo...
> *Mi compañero de cuarto se despertó temprano, pero yo me desperté tarde.*

1. Yo llegué al restaurante a tiempo, pero mis amigos...
2. Beatriz pidió la ensalada de frutas, pero yo...
3. Yolanda les recomendó el bistec, pero Eva y Paco...
4. Nosotros preferimos las papas fritas, pero Yolanda...
5. El camarero sirvió la carne, pero yo...
6. Beatriz y yo pedimos café, pero Yolanda y Paco...
7. Eva se sintió enferma, pero Paco y yo...
8. Nosotros repetimos postre (*dessert*), pero Eva...
9. Ellos salieron tarde, pero yo...
10. Yo me dormí temprano, pero mi compañero de cuarto...

¡LENGUA VIVA!

In Spanish, the verb **repetir** is used to express *to have a second helping* (*of something*).

Cuando mi mamá prepara sopa de champiñones, yo siempre repito.

When my mom makes mushroom soup, I always have a second helping.

4

Entrevista Trabajen en parejas y túrnense para entrevistar a su compañero/a.

1. ¿Te acostaste tarde o temprano anoche? ¿A qué hora te dormiste? ¿Dormiste bien?
2. ¿A qué hora te despertaste esta mañana? Y, ¿a qué hora te levantaste?
3. ¿A qué hora vas a acostarte esta noche?
4. ¿Qué almorzaste ayer? ¿Quién te sirvió el almuerzo?
5. ¿Qué cenaste ayer?
6. ¿Cenaste en un restaurante recientemente? ¿Con quién(es)?
7. ¿Qué pediste en el restaurante? ¿Qué pidieron los demás?
8. ¿Se durmió alguien en alguna de tus clases la semana pasada? ¿En qué clase?

Síntesis

5

Describir En grupos, estudien la foto y las preguntas. Luego, describan la primera (¿y la última?) cita de César y Libertad.

CONSULTA

To review words commonly associated with the preterite, such as **anoche**, see **Estructura 6.3**, p. 191.

▶ ¿Adónde salieron a cenar?

▶ ¿Qué pidieron?

▶ ¿Les gustó la comida?

▶ ¿Quién prefirió una cena vegetariana? ¿Por qué?

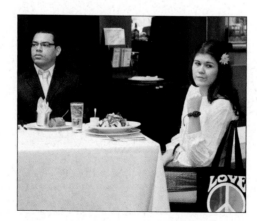

▶ ¿Cómo se vistieron?

▶ ¿De qué hablaron?
¿Les gustó la conversación?

▶ ¿Van a volver a verse?
¿Por qué?

8.2 Double object pronouns Tutorial

ANTE TODO In **Lecciones 5** and **6**, you learned that direct and indirect object pronouns replace nouns and that they often refer to nouns that have already been referenced. You will now learn how to use direct and indirect object pronouns together. Observe the following diagram.

Indirect Object Pronouns			Direct Object Pronouns	
me	nos		lo	los
te	os	**+**	la	las
le (se)	les (se)			

▶ When direct and indirect object pronouns are used together, the indirect object pronoun always precedes the direct object pronoun.

    I.O.   D.O.

La camarera **me** muestra **el menú**.   ⟶   **DOUBLE OBJECT PRONOUNS**
The waitress shows me the menu.   La camarera **me lo** muestra.
     The waitress shows it to me.

    I.O.   D.O.

Nos sirven **los platos**.   ⟶   **DOUBLE OBJECT PRONOUNS**
They serve us the dishes.   **Nos los** sirven.
     They serve them to us.

    I.O.   D.O.

Maribel **te** pidió **una hamburguesa**.   ⟶   **DOUBLE OBJECT PRONOUNS**
Maribel ordered a hamburger for you.   Maribel **te la** pidió.
     Maribel ordered it for you.

¿Quién te los dio?

Me los compró un chico muy guapo.

▶ In Spanish, two pronouns that begin with the letter **l** cannot be used together. Therefore, the indirect object pronouns **le** and **les** always change to **se** when they are used with **lo, los, la,** and **las.**

    I.O.   D.O.

Le escribí **la carta**.   ⟶   **DOUBLE OBJECT PRONOUNS**
I wrote him the letter.   **Se la** escribí.
     I wrote it to him.

    I.O.   D.O.

Les sirvió **los sándwiches**.   ⟶   **DOUBLE OBJECT PRONOUNS**
He served them the sandwiches.   **Se los** sirvió.
     He served them to them.

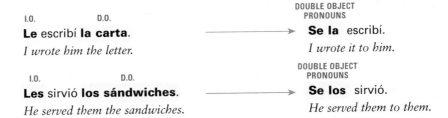

▶ Because **se** has multiple meanings, Spanish speakers often clarify to whom the pronoun refers by adding **a usted, a él, a ella, a ustedes, a ellos,** or **a ellas.**

¿El sombrero? Carlos **se** lo
vendió **a ella.**
The hat? Carlos sold it to her.

¿Las verduras? Ellos **se** las
compran **a usted.**
The vegetables? They are buying them for you.

▶ Double object pronouns are placed before a conjugated verb. With infinitives and present participles, they may be placed before the conjugated verb or attached to the end of the infinitive or present participle.

DOUBLE OBJECT
PRONOUNS
Te lo voy a mostrar.

DOUBLE OBJECT
PRONOUNS
Voy a mostrár**telo**.

DOUBLE OBJECT
PRONOUNS
Nos las están comprando.

DOUBLE OBJECT
PRONOUNS
Están comprándo**noslas**.

Mi abuelo **me lo** está leyendo.
Mi abuelo está leyéndo**melo**.

El camarero **se los** va a servir.
El camarero va a servír**selos**.

▶ As you can see above, when double object pronouns are attached to an infinitive or a present participle, an accent mark is added to maintain the original stress.

 ¡INTÉNTALO!   Escribe el pronombre de objeto directo o indirecto que falta en cada oración.

(Objeto directo)

1. ¿La ensalada? El camarero nos _____la_____ sirvió.
2. ¿El salmón? La dueña me _____ recomienda.
3. ¿La comida? Voy a preparárte_____.
4. ¿Las bebidas? Estamos pidiéndose_____.
5. ¿Los refrescos? Te _____ puedo traer ahora.
6. ¿Los platos de arroz? Van a servírnos_____ después.

(Objeto indirecto)

1. ¿Puedes traerme tu plato? No, no ____te____ lo puedo traer.
2. ¿Quieres mostrarle la carta? Sí, voy a mostrár_____la ahora.
3. ¿Les serviste la carne? No, no _____ la serví.
4. ¿Vas a leerle el menú? No, no _____ lo voy a leer.
5. ¿Me recomiendas la langosta? Sí, _____ la recomiendo.
6. ¿Cuándo vas a prepararnos la cena? _____ la voy a preparar en una hora.

Práctica

1 **Responder** Imagínate que trabajas de camarero/a en un restaurante. Responde a los pedidos (*requests*) de estos clientes usando pronombres.

> **modelo**
>
> Sra. Gómez: Una ensalada, por favor.
> Sí, señora. Enseguida *(Right away)* se la traigo.

AYUDA

Here are some other useful expressions:

ahora mismo
right now

inmediatamente
immediately

¡A la orden!
At your service!

¡Ya voy!
I'm on my way!

1. Sres. López: La mantequilla, por favor.
2. Srta. Rivas: Los camarones, por favor.
3. Sra. Lugones: El pollo asado, por favor.
4. Tus compañeros/as de cuarto: Café, por favor.
5. Tu profesor(a) de español: Papas fritas, por favor.
6. Dra. González: La chuleta de cerdo, por favor.
7. Tu padre: Los champiñones, por favor.
8. Dr. Torres: La cuenta, por favor.

2 **¿Quién?** La señora Cevallos está planeando una cena. Se pregunta cómo va a resolver ciertas situaciones. En parejas, túrnense para decir lo que ella está pensando. Cambien los sustantivos subrayados por pronombres de objeto directo y hagan los otros cambios necesarios.

> **modelo**
>
> ¡No tengo carne! ¿Quién va a traerme <u>la carne</u> del supermercado? (mi esposo)
> Mi *esposo va a traérmela./Mi esposo me la va a traer.*

NOTA CULTURAL

Los vinos de Chile son conocidos internacionalmente. **Concha y Toro** es el productor y exportador más grande de vinos de Chile. Las zonas más productivas de vino están al norte de Santiago, en el Valle Central.

1. ¡Las invitaciones! ¿Quién les manda <u>las invitaciones</u> a los invitados (*guests*)? (mi hija)
2. No tengo tiempo de ir a la bodega. ¿Quién me puede comprar <u>el vino</u>? (mi hijo)
3. ¡Ay! No tengo suficientes platos (*plates*). ¿Quién puede prestarme <u>los platos</u> que necesito? (mi mamá)
4. Nos falta mantequilla. ¿Quién nos trae <u>la mantequilla</u>? (mi cuñada)
5. ¡Los entremeses! ¿Quién está preparándonos <u>los entremeses</u>? (Silvia y Renata)
6. No hay suficientes sillas. ¿Quién nos trae <u>las sillas</u> que faltan? (Héctor y Lorena)
7. No tengo tiempo de pedirle el aceite a Mónica. ¿Quién puede pedirle <u>el aceite</u>? (mi hijo)
8. ¿Quién va a servirles <u>la cena</u> a los invitados? (mis hijos)
9. Quiero poner buena música de fondo (*background*). ¿Quién me va a recomendar <u>la música</u>? (mi esposo)
10. ¡Los postres! ¿Quién va a preparar <u>los postres</u> para los invitados? (Sra. Villalba)

Comunicación

3

Contestar Trabajen en parejas. Túrnense para hacer preguntas, usando las palabras interrogativas **¿Quién?** o **¿Cuándo?**, y para responderlas. Sigan el modelo.

> **modelo**
>
> nos enseña español
> **Estudiante 1:** ¿Quién nos enseña español?
> **Estudiante 2:** La profesora Camacho nos lo enseña.

1. te puede explicar (*explain*) la tarea cuando no la entiendes
2. les vende el almuerzo a los estudiantes
3. vas a comprarme boletos (*tickets*) para un concierto
4. te escribe mensajes de texto
5. nos prepara los entremeses
6. me vas a prestar tu computadora
7. te compró esa bebida
8. nos va a recomendar el menú de la cafetería
9. le enseñó español al/a la profesor(a)
10. me vas a mostrar tu casa o apartamento

4

Preguntas En parejas, túrnense para hacerse estas preguntas.

> **modelo**
>
> **Estudiante 1:** ¿Les prestas tu casa a tus amigos? ¿Por qué?
> **Estudiante 2:** No, no se la presto a mis amigos porque no son muy responsables.

1. ¿Me prestas tu auto? ¿Ya le prestaste tu auto a otro/a amigo/a?
2. ¿Quién te presta dinero cuando lo necesitas?
3. ¿Les prestas dinero a tus amigos? ¿Por qué?
4. ¿Nos compras el almuerzo a mí y a los otros compañeros de clase?
5. ¿Les mandas correo electrónico a tus amigos? ¿Y a tu familia?
6. ¿Les das regalos a tus amigos? ¿Cuándo?
7. ¿Quién te va a preparar la cena esta noche?
8. ¿Quién te va a preparar el desayuno mañana?

Síntesis

5

Regalos de Navidad Tu profesor(a) te va a dar a ti y a un(a) compañero/a una parte de la lista de los regalos de Navidad (*Christmas gifts*) que Berta pidió y los regalos que sus parientes le compraron. Conversen para completar sus listas.

> **modelo**
>
> **Estudiante 1:** ¿Qué le pidió Berta a su mamá?
> **Estudiante 2:** Le pidió una computadora. ¿Se la compró?
> **Estudiante 1:** Sí, se la compró.

8.3 | Comparisons Tutorial

 Both Spanish and English use comparisons to indicate which of two people or things has a lesser, equal, or greater degree of a quality.

> (Comparisons)
>
> **menos interesante**   **más grande**   **tan sabroso como**
> *less interesting*   *bigger*   *as delicious as*

Comparisons of inequality

▶ Comparisons of inequality are formed by placing **más** (*more*) or **menos** (*less*) before adjectives, adverbs, and nouns and **que** (*than*) after them.

> **más/menos** + [*adjective* / *adverb* / *noun*] + **que**

▶ **¡Atención!** Note that while English has a comparative form for short adjectives (*taller*), such forms do not exist in Spanish (**más** alto).

> (adjectives)
>
> Los bistecs son **más caros que** el pollo. | Estas uvas son **menos ricas que** esa pera.
> *Steaks are more expensive than chicken.* | *These grapes are less tasty than that pear.*

> (adverbs)
>
> Me acuesto **más tarde que** tú. | Luis se despierta **menos temprano que** yo.
> *I go to bed later than you (do).* | *Luis wakes up less early than I (do).*

> (nouns)
>
> Juan prepara **más platos que** José. | Susana come **menos carne que** Enrique.
> *Juan prepares more dishes than José (does).* | *Susana eats less meat than Enrique (does).*

La ensalada es menos cara que la sopa.

¿El pollo es más rico que el jamón?

▶ When the comparison involves a numerical expression, **de** is used before the number instead of **que**.

> Hay más **de** cincuenta naranjas. | Llego en menos **de** diez minutos.
> *There are more than fifty oranges.* | *I'll be there in less than ten minutes.*

▶ With verbs, this construction is used to make comparisons of inequality.

> [*verb*] + **más/menos que**

> Mis hermanos **comen más que** yo. | Arturo **duerme menos que** su padre.
> *My brothers eat more than I (do).* | *Arturo sleeps less than his father (does).*

Comparisons of equality

▶ This construction is used to make comparisons of equality.

¿Es tan guapo como yo?

¿Aquí vienen tantos mexicanos como extranjeros?

▶ **¡Atención!** Note that unlike **tan**, **tanto** acts as an adjective and therefore agrees in number and gender with the noun it modifies.

Estas uvas son **tan ricas como** aquéllas.
These grapes are as tasty as those ones (are).

Yo probé **tantos platos como** él.
I tried as many dishes as he did.

▶ **Tan** and **tanto** can also be used for emphasis, rather than to compare, with these meanings: **tan** *so*, **tanto** *so much*, **tantos/as** *so many*.

¡Tu almuerzo es **tan** grande!
Your lunch is so big!

¡Comes **tantas** manzanas!
You eat so many apples!

¡Comes **tanto**!
You eat so much!

¡Preparan **tantos** platos!
They prepare so many dishes!

▶ Comparisons of equality with verbs are formed by placing **tanto como** after the verb. Note that in this construction **tanto** does not change in number or gender.

Tú viajas **tanto como** mi tía.
You travel as much as my aunt (does).

Ellos hablan **tanto como** mis hermanas.
They talk as much as my sisters.

Sabemos **tanto como** ustedes.
We know as much as you (do).

No estudio **tanto como** Felipe.
I don't study as much as Felipe (does).

Irregular comparisons

▶ Some adjectives have irregular comparative forms.

Irregular comparative forms			
Adjective		**Comparative form**	
bueno/a	good	**mejor**	better
malo/a	bad	**peor**	worse
grande	big	**mayor**	bigger
pequeño/a	small	**menor**	smaller
joven	young	**menor**	younger
viejo/a	old	**mayor**	older

CONSULTA

To review how descriptive adjectives like **bueno**, **malo**, and **grande** shorten before nouns, see **Estructura 3.1**, p. 82.

▶ When **grande** and **pequeño/a** refer to age, the irregular comparative forms, **mayor** and **menor**, are used. However, when these adjectives refer to size, the regular forms, **más grande** and **más pequeño/a**, are used.

Yo soy **menor** que tú.
I'm younger than you.

Pedí un plato **más pequeño**.
I ordered a smaller dish.

Nuestro hijo es **mayor** que el hijo de los Andrade.
Our son is older than the Andrades' son.

La ensalada de Isabel es **más grande** que ésa.
Isabel's salad is bigger than that one.

▶ The adverbs **bien** and **mal** have the same irregular comparative forms as the adjectives **bueno/a** and **malo/a**.

Julio nada **mejor** que los otros chicos.
Julio swims better than the other boys.

Ellas cantan **peor** que las otras chicas.
They sing worse than the other girls.

¡INTÉNTALO! Escribe el equivalente de las palabras en inglés.

1. Ernesto mira más televisión ___que___ (*than*) Alberto.
2. Tú eres _____ (*less*) simpático que Federico.
3. La camarera sirve _____ (*as much*) carne como pescado.
4. Recibo _____ (*more*) propinas que tú.
5. No estudio _____ (*as much as*) tú.
6. ¿Sabes jugar al tenis tan bien _____ (*as*) tu hermana?
7. ¿Puedes beber _____ (*as many*) refrescos como yo?
8. Mis amigos parecen _____ (*as*) simpáticos como ustedes.

Práctica

1

Escoger Escoge la palabra correcta para comparar a dos hermanas muy diferentes.
Haz los cambios necesarios.

1. Lucila es más alta y más bonita _____ Tita. (de, más, menos, que)
2. Tita es más delgada porque come _____ verduras que su hermana.
   (de, más, menos, que)
3. Lucila es más _____ que Tita porque es alegre. (listo, simpático, bajo)
4. A Tita le gusta comer en casa. Va a _____ restaurantes que su hermana.
   (más, menos, que) Es tímida, pero activa. Hace _____ ejercicio (*exercise*) que
   su hermana. (más, tanto, menos) Todos los días toma más _____ cinco vasos
   (*glasses*) de agua mineral. (que, tan, de)
5. Lucila come muchas papas fritas y se preocupa _____ que Tita por comer
   frutas. (de, más, menos) ¡Son _____ diferentes! Pero se llevan (*they get along*)
   muy bien. (como, tan, tanto)

2

Emparejar Compara a Mario y a Luis, los novios de Lucila y Tita, completando las oraciones de la
columna A con las palabras o frases de la columna B.

A

1. Mario es _____ como Luis.
2. Mario viaja tanto _____ Luis.
3. Luis toma _____ clases de cocina (*cooking*)
   como Mario.
4. Luis habla _____ tan bien como Mario.
5. Mario tiene tantos _____ como Luis.
6. ¡Qué casualidad (*coincidence*)! Mario y Luis también
   son hermanos, pero no hay tanta _____
   entre ellos como entre Lucila y Tita.

B

tantas
diferencia
tan interesante
amigos extranjeros
como
francés

3

Oraciones Combina elementos de las columnas A, B y C para hacer comparaciones.
Escribe oraciones completas.

modelo

Arnold Schwarzenegger tiene tantos autos como Jennifer Aniston.
Jennifer Aniston es menos musculosa que Arnold Schwarzenegger.

A

la comida japonesa
el fútbol
Arnold Schwarzenegger
el pollo
la gente de Vancouver
la primera dama (*lady*) de los EE.UU.
las universidades privadas
las espinacas
la música rap

B

costar
saber
ser
tener
¿?

C

la gente de Montreal
la música *country*
el brócoli
el presidente de los EE.UU.
la comida italiana
el hockey
Jennifer Aniston
las universidades públicas
la carne de res

 Practice more at **vhlcentral.com**.

Comunicación

4 **Intercambiar** En parejas, hagan comparaciones sobre diferentes cosas. Pueden usar las sugerencias de la lista u otras ideas.

modelo

Estudiante 1: *Los pollos de Pollitos del Corral son muy ricos.*
Estudiante 2: *Pues yo creo que los pollos de Rostipollos son tan buenos como los pollos de Pollitos del Corral.*
Estudiante 1: *Ummm... no tienen tanta mantequilla como los pollos de Pollitos del Corral. Tienes razón. Son muy sabrosos.*

restaurantes en tu ciudad/pueblo
cafés en tu comunidad
tiendas en tu ciudad/pueblo

periódicos en tu ciudad/pueblo
revistas favoritas
libros favoritos

comidas favoritas
los profesores
los cursos que toman

5 **Conversar** En grupos, túrnense para hacer comparaciones entre ustedes mismos (*yourselves*) y una persona de cada categoría de la lista.

▶ una persona de tu familia

▶ un(a) amigo/a especial

▶ una persona famosa

Síntesis

6 **La familia López** En grupos, túrnense para hablar de Sara, Sabrina, Cristina, Ricardo y David y hacer comparaciones entre ellos.

modelo

Estudiante 1: *Sara es tan alta como Sabrina.*
Estudiante 2: *Sí, pero David es más alto que ellas.*
Estudiante 3: *En mi opinión, él es guapo también.*

8.4 Superlatives Tutorial

ANTE TODO Both English and Spanish use superlatives to express the highest or lowest degree of a quality.

el/la mejor	**el/la peor**	**el/la más alto/a**
the best	*the worst*	*the tallest*

▸ This construction is used to form superlatives. Note that the noun is always preceded by a definite article and that **de** is equivalent to the English *in* or *of*.

$$\textbf{el/la/los/las} + \boxed{noun} + \textbf{más/menos} + \boxed{adjective} + \textbf{de}$$

▸ The noun can be omitted if the person, place, or thing referred to is clear.

¿El restaurante Las Delicias?
  Es **el más elegante** de la ciudad.
  The restaurant Las Delicias?
  It's the most elegant (one) in the city.

Recomiendo el pollo asado.
  Es **el más sabroso** del menú.
  I recommend the roast chicken.
  It's the most delicious on the menu.

▸ Here are some irregular superlative forms.

Irregular superlatives

Adjective		Superlative form	
bueno/a	good	**el/la mejor**	(the) best
malo/a	bad	**el/la peor**	(the) worst
grande	big	**el/la mayor**	(the) biggest
pequeño/a	small	**el/la menor**	(the) smallest
joven	young	**el/la menor**	(the) youngest
viejo/a	old	**el/la mayor**	(the) eldest

▸ The absolute superlative is equivalent to *extremely, super,* or *very*. To form the absolute superlative of most adjectives and adverbs, drop the final vowel, if there is one, and add **-ísimo/a(s)**.

malo → mal- → **malísimo**   mucho → much- → **muchísimo**

¡El bistec está **malísimo**!   Comes **muchísimo**.

▸ Note these spelling changes.

rico → **riquísimo**   largo → **larguísimo**   feliz → **felicísimo**

fácil → **facilísimo**   joven → **jovencísimo**   trabajador → **trabajadorcísimo**

¡INTÉNTALO! Escribe el equivalente de las palabras en inglés.

1. Marisa es _la más inteligente_ (*the most intelligent*) de todas.
2. Ricardo y Tomás son _____ (*the least boring*) de la fiesta.
3. Miguel y Antonio son _____ (*the worst*) estudiantes de la clase.
4. Mi profesor de biología es _____ (*the oldest*) de la universidad.

Práctica y Comunicación

1

El más... Responde a las preguntas afirmativamente. Usa las palabras entre paréntesis.

> **modelo**
>
> El cuarto está sucísimo, ¿no? (residencia)
> Sí, es el más sucio de la residencia.

1. El almacén Velasco es buenísimo, ¿no? (centro comercial)
2. La silla de tu madre es comodísima, ¿no? (casa)
3. Ángela y Julia están nerviosísimas por el examen, ¿no? (clase)
4. Jorge es jovencísimo, ¿no? (mis amigos)

2

Completar Tu profesor(a) te va a dar una hoja de actividades con descripciones de José Valenzuela Carranza y Ana Orozco Hoffman. Completa las oraciones con las palabras de la lista.

altísima	del	mayor	peor
atlética	guapísimo	mejor	periodista
bajo	la	menor	trabajadorcísimo
de	más	Orozco	Valenzuela

1. José tiene 22 años; es el _____ y el más _____ de su familia. Es _____ y _____. Es el mejor _____ de la ciudad y el _____ jugador de baloncesto.
2. Ana es la más _____ y _____ mejor jugadora de baloncesto del estado. Es la _____ de sus hermanos (tiene 28 años) y es _____. Estudió la profesión _____ difícil _____ todas: medicina.
3. Jorge es el _____ jugador de videojuegos de su familia.
4. Mauricio es el menor de la familia _____.
5. El abuelo es el _____ de todos los miembros de la familia Valenzuela.
6. Fifí es la perra más antipática _____ mundo.

3

Superlativos Trabajen en parejas para hacer comparaciones. Usen los superlativos.

> **modelo**
>
> Angelina Jolie, Bill Gates, Jimmy Carter
> **Estudiante 1:** Bill Gates es el más rico de los tres.
> **Estudiante 2:** Sí, ¡es riquísimo! Y Jimmy Carter es el mayor de los tres.

1. Guatemala, Argentina, España
2. Jaguar, Prius, Smart
3. la comida mexicana, la comida francesa, la comida árabe
4. Paris Hilton, Meryl Streep, Katie Holmes
5. Ciudad de México, Buenos Aires, Nueva York
6. *Don Quijote de la Mancha, Cien años de soledad, Como agua para chocolate*
7. el fútbol americano, el golf, el béisbol
8. las películas románticas, las películas de acción, las películas cómicas

 Practice more at **vhlcentral.com**.

Recapitulación

Concepts Diagnostics

Completa estas actividades para repasar los conceptos de gramática que aprendiste en esta lección.

1 Completar Completa la tabla con la forma correcta del pretérito. **9 pts.**

Infinitive	yo	usted	ellos
dormir			
servir			
vestirse			

2 La cena Completa la conversación con el pretérito de los verbos. **7 pts.**

PAULA ¡Hola, Daniel! ¿Qué tal el fin de semana?

DANIEL Muy bien. Marta y yo (1) _____ (conseguir) hacer muchas cosas, pero lo mejor fue la cena del sábado.

PAULA Ah, ¿sí? ¿Adónde fueron?

DANIEL Al restaurante Vistahermosa. Es elegante, así que (nosotros) (2) _____ (vestirse) bien.

PAULA Y, ¿qué platos (3) _____ (pedir, ustedes)?

DANIEL Yo (4) _____ (pedir) camarones y Marta (5) _____ (preferir) el pollo. Y al final, el camarero nos (6) _____ (servir) flan.

PAULA ¡Qué rico!

DANIEL Sí. Pero después de la cena Marta no (7) _____ (sentirse) bien.

3 Camareros Genaro y Úrsula son camareros en un restaurante. Completa la conversación que tienen con su jefe usando pronombres. **8 pts.**

JEFE Úrsula, ¿le ofreciste agua fría al cliente de la mesa 22?

ÚRSULA Sí, (1) _____ de inmediato.

JEFE Genaro, ¿los clientes de la mesa 5 te pidieron ensaladas?

GENARO Sí, (2) _____.

ÚRSULA Genaro, ¿recuerdas si ya me mostraste los vinos nuevos?

GENARO Sí, ya (3) _____.

JEFE Genaro, ¿van a pagarte la cuenta los clientes de la mesa 5?

GENARO Sí, (4) _____ ahora mismo.

RESUMEN GRAMATICAL

8.1 **Preterite of stem-changing verbs** *p. 254*

servir	dormir
serví	dormí
serviste	dormiste
sirvió	durmió
servimos	dormimos
servisteis	dormisteis
sirvieron	durmieron

8.2 **Double object pronouns** *pp. 257–258*

Indirect Object Pronouns: me, te, le (se), nos, os, les (se)

Direct Object Pronouns: lo, la, los, las

Le escribí la carta. → Se la escribí.

Nos van a servir los platos. → Nos los van a servir./ Van a servírnoslos.

8.3 **Comparisons** *pp. 261–263*

Comparisons of inequality		
más/menos +	*adj., adv., n.*	+ que
verb + **más/menos** + **que**		

Comparisons of equality		
tan +	*adj., adv.*	+ como
tanto/a(s) +	*noun*	+ como
verb + **tanto como**		

Irregular comparative forms	
bueno/a	mejor
malo/a	peor
grande	mayor
pequeño/a	menor
joven	menor
viejo/a	mayor

8.4 **Superlatives** *p. 266*

el/la/ los/las +	*noun*	+ más/ menos +	*adjective*	+ de

▶ Irregular superlatives follow the same pattern as irregular comparatives.

4 **El menú** Observa el menú y sus características. Completa las oraciones basándote en los elementos dados. Usa comparativos y superlativos. **14 pts.**

Ensaladas	*Precio*	*Calorías*
Ensalada de tomates	$9.00	170
Ensalada de mariscos	$12.99	325
Ensalada de zanahorias	$9.00	200
Platos principales		
Pollo con champiñones	$13.00	495
Cerdo con papas	$10.50	725
Atún con espárragos	$18.95	495

1. ensalada de mariscos / otras ensaladas / costar
   La ensalada de mariscos _____ las otras ensaladas.
2. pollo con champiñones / cerdo con papas / calorías
   El pollo con champiñones tiene _____ el cerdo con papas.
3. atún con espárragos / pollo con champiñones / calorías
   El atún con espárragos tiene _____ el pollo con champiñones.
4. ensalada de tomates / ensalada de zanahorias / caro
   La ensalada de tomates es _____ la ensalada de zanahorias.
5. cerdo con papas / platos principales / caro
   El cerdo con papas es _____ los platos principales.
6. ensalada de zanahorias / ensalada de tomates / costar
   La ensalada de zanahorias _____ la ensalada de tomates.
7. ensalada de mariscos / ensaladas / caro
   La ensalada de mariscos es _____ las ensaladas.

5 **Dos restaurantes** ¿Cuál es el mejor restaurante que conoces? ¿Y el peor? Escribe un párrafo de por lo menos (*at least*) seis oraciones donde expliques por qué piensas así. Puedes hablar de la calidad de la comida, el ambiente, los precios, el servicio, etc. **12 pts.**

6 **Adivinanza** Completa la adivinanza y adivina la respuesta. **¡2 puntos EXTRA!**

**" En el campo yo nací°, mis hermanos son los _____ (*garlic, pl.*), y aquél que llora° por mí me está partiendo° en pedazos°. "
¿Quién soy? _____**

nací *was born* llora *cries* partiendo *cutting* pedazos *pieces*

Lectura

Antes de leer

Estrategia

Reading for the main idea

As you know, you can learn a great deal about a reading selection by looking at the format and looking for cognates, titles, and subtitles. You can skim to get the gist of the reading selection and scan it for specific information. Reading for the main idea is another useful strategy; it involves locating the topic sentences of each paragraph to determine the author's purpose for writing a particular piece. Topic sentences can provide clues about the content of each paragraph, as well as the general organization of the reading. Your choice of which reading strategies to use will depend on the style and format of each reading selection.

Examinar el texto

En esta sección tenemos dos textos diferentes. ¿Qué estrategias puedes usar para leer la crítica culinaria°? ¿Cuáles son las apropiadas para familiarizarte con el menú? Utiliza las estrategias más eficaces° para cada texto. ¿Qué tienen en común? ¿Qué tipo de comida sirven en el restaurante?

Identificar la idea principal

Lee la primera frase de cada párrafo de la crítica culinaria del restaurante **La feria del maíz**. Apunta° el tema principal de cada párrafo. Luego lee todo el primer párrafo. ¿Crees que el restaurante le gustó al autor de la crítica culinaria? ¿Por qué? Ahora lee la crítica entera. En tu opinión, ¿cuál es la idea principal de la crítica? ¿Por qué la escribió el autor? Compara tus opiniones con las de un(a) compañero/a.

crítica culinaria *restaurant review* eficaces *efficient*
Apunta *Jot down*

 Practice more at **vhlcentral.com**.

MENÚ

Entremeses

Tortilla servida con
• Ajiaceite (chile, aceite) • Ajicomino (chile, comino)

Pan tostado servido con
• Queso frito a la pimienta • Salsa de ajo y mayonesa

Sopas

• Tomate • Cebolla • Verduras • Pollo y huevo
• Carne de res • Mariscos

Entradas

Tomaticán
(tomate, papas, maíz, chile, arvejas y zanahorias)

Tamales
(maíz, azúcar, ajo, cebolla)

Frijoles enchilados
(frijoles negros, carne de cerdo o de res, arroz, chile)

Chilaquil
(tortilla de maíz, queso, hierbas y chile)

Tacos
(tortillas, pollo, verduras y salsa)

Cóctel de mariscos
(camarones, langosta, vinagre, sal, pimienta, aceite)

Postres°

• Plátanos caribeños • Cóctel de frutas al ron°
• Uvate (uvas, azúcar de caña y ron) • Flan napolitano
• Helado° de piña y naranja • Pastel° de yogur

Después de leer

Preguntas

En parejas, contesten estas preguntas sobre la crítica culinaria de **La feria del maíz**.

1. ¿Quién es el dueño y chef de **La feria del maíz**?

2. ¿Qué tipo de comida se sirve en el restaurante?

3. ¿Cuál es el problema con el servicio?

4. ¿Cómo es el ambiente del restaurante?

5. ¿Qué comidas probó el autor?

6. ¿Quieren ir ustedes al restaurante **La feria del maíz**? ¿Por qué?

23F

Gastronomía

Por Eduardo Fernández

La feria del maíz

Sobresaliente°. En el nuevo restaurante **La feria del maíz** va a encontrar la perfecta combinación entre la comida tradicional y el encanto° de la vieja ciudad de Antigua. Ernesto Sandoval, antiguo jefe de cocina° del famoso restaurante **El fogón**, está teniendo mucho éxito° en su nueva aventura culinaria.

El gerente°, el experimentado José Sierra, controla a la perfección la calidad del servicio. El camarero que me atendió esa noche fue muy amable en todo momento. Sólo hay que comentar que,

La feria del maíz
13 calle 4-41 Zona 1
La Antigua, Guatemala
2329912

lunes a sábado
10:30am-11:30pm
domingo 10:00am-10:00pm

Comida 🍴🍴🍴🍴🍴

Servicio 🍴🍴🍴

Ambiente 🍴🍴🍴🍴

Precio 🍴🍴🍴

debido al éxito inmediato de **La feria del maíz**, se necesitan más camareros para atender a los clientes de una forma más eficaz. En esta ocasión, el mesero se

tomó unos veinte minutos en traerme la bebida.

Afortunadamente, no me importó mucho la espera entre plato y plato, pues el ambiente es tan agradable que me sentí como en casa. El restaurante mantiene el estilo colonial de Antigua. Por dentro°, es elegante y rústico a la vez. Cuando el tiempo lo permite, se puede comer también en el patio, donde hay muchas flores.

El servicio de camareros y el ambiente agradable del local pasan a un segundo plano cuando llega la comida, de una calidad extraordinaria. Las tortillas de casa se sirven con un ajiaceite delicioso. La sopa

de mariscos es excelente y los tamales, pues, tengo que confesar que son mejores que los de mi abuelita. También recomiendo los tacos de pollo, servidos con un mole buenísimo. De postre, don Ernesto me preparó su especialidad, unos plátanos caribeños sabrosísimos.

Los precios pueden parecer altos° para una comida tradicional, pero la calidad de los productos con que se cocinan los platos y el exquisito ambiente de **La feria del maíz** garantizan° una experiencia inolvidable°.

Bebidas

- Cerveza negra   • Chilate (bebida de maíz, chile y cacao)
   • Jugos de fruta   • Agua mineral   • Té helado
      • Vino tinto/blanco   • Ron

Postres *Desserts* ron *rum* Helado *Ice cream* Pastel *Cake* Sobresaliente *Outstanding* encanto *charm* jefe de cocina *head chef* éxito *success* gerente *manager* Por dentro *Inside* altos *high* garantizan *guarantee* inolvidable *unforgettable*

Un(a) guía turístico/a 👣

Tú eres un(a) guía turístico/a en Guatemala. Estás en el restaurante **La feria del maíz** con un grupo de turistas norteamericanos. Ellos no hablan español y quieren pedir de comer, pero necesitan tu ayuda. Lee nuevamente el menú e indica qué error comete cada turista.

1. La señora Johnson es diabética y no puede comer azúcar. Pide sopa de verduras y tamales. No pide nada de postre.

2. Los señores Petit son vegeterianos y piden sopa de tomate, frijoles enchilados y plátanos caribeños.

3. El señor Smith, que es alérgico al chocolate, pide tortilla servida con ajiaceite, chilaquil y chilate para beber.

4. La adorable hija del señor Smith tiene sólo cuatro años y le gustan mucho las verduras y las frutas naturales. Su papá le pide tomaticán y un cóctel de frutas.

5. La señorita Jackson está a dieta y pide uvate, flan napolitano y helado.

Guatemala

El país en cifras

▸ **Área:** 108.890 km^2 (42.042 millas^2),
un poco más pequeño que Tennessee

▸ **Población:** 16.227.000

▸ **Capital:** Ciudad de Guatemala—1.281.000

▸ **Ciudades principales:** Quetzaltenango,
Escuintla, Mazatenango, Puerto Barrios

SOURCE: Population Division, UN Secretariat

▸ **Moneda:** quetzal

▸ **Idiomas:** español (oficial),
lenguas mayas, xinca, garífuna

*El español es la lengua de un
60 por ciento° de la población;
el otro 40 por ciento tiene como
lengua materna el xinca, el
garífuna o, en su mayoría°, una
de las lenguas mayas (cakchiquel,
quiché y kekchícomo, entre
otras). Una palabra que las
lenguas mayas tienen en común
es ixim, que significa 'maíz', un
cultivo° de mucha importancia
en estas culturas.*

Bandera de Guatemala

Guatemaltecos célebres

▸ **Carlos Mérida,** pintor (1891–1984)
▸ **Miguel Ángel Asturias,** escritor (1899–1974)
▸ **Margarita Carrera,** poeta y ensayista (1929–)
▸ **Rigoberta Menchú Tum,** activista (1959–),
premio Nobel de la Paz° en 1992

por ciento *percent* en su mayoría *most of them* cultivo *crop*
Paz *Peace* telas *fabrics* tinte *dye* aplastados *crushed*
hace... destiñan *keeps the colors from running*

ESTADOS UNIDOS
OCÉANO ATLÁNTICO
GUATEMALA
OCÉANO PACÍFICO
AMÉRICA DEL SUR

Palacio Nacional de la Cultura
en la Ciudad de Guatemala

MÉXICO

Sierra de Lacandón
Río Usumacinta

Lago Petén Itzá

Río de la Pasión

BELICE

Mujeres indígenas limpiando cebollas

Lago de Izabal

Quetzaltenango

Sierra Madre

Lago de Atitlán

Sierra de las Minas

Río Motagua

★ Guatemala

Antigua Guatemala

Mazatenango

Escuintla

Iglesia de la Merced en
Antigua Guatemala

EL SALVADOR

Océano Pacífico

recursos

WB pp. 95–96	VM pp. 239–240	vhlcentral.com Lección 8

¡Increíble pero cierto!

¿Qué "ingrediente" secreto se encuentra en las
telas° tradicionales de Guatemala? ¡El mosquito! El
excepcional tinte° de estas telas es producto de una
combinación de flores y de mosquitos aplastados°.
El insecto hace que los colores no se destiñan°.
Quizás es por esto que los artesanos representan
la figura del mosquito en muchas de sus telas.

Ciudades • **Antigua Guatemala**

Antigua Guatemala fue fundada en 1543. Fue una capital de gran importancia hasta 1773, cuando un terremoto° la destruyó. Sin embargo, conserva el carácter original de su arquitectura y hoy es uno de los centros turísticos del país. Su celebración de la Semana Santa° es, para muchas personas, la más importante del hemisferio.

Naturaleza • **El quetzal**

El quetzal simbolizó la libertad para los antiguos° mayas porque creían° que este pájaro° no podía° vivir en cautiverio°. Hoy el quetzal es el símbolo nacional. El pájaro da su nombre a la moneda nacional y aparece también en los billetes° del país. Desafortunadamente, está en peligro° de extinción. Para su protección, el gobierno mantiene una reserva ecológica especial.

Historia • **Los mayas**

Desde 1500 a.C. hasta 900 d.C., los mayas habitaron gran parte de lo que ahora es Guatemala. Su civilización fue muy avanzada. Los mayas fueron arquitectos y constructores de pirámides, templos y observatorios. También descubrieron° y usaron el cero antes que los europeos, e inventaron un calendario complejo° y preciso.

Artesanía • **La ropa tradicional**

La ropa tradicional de los guatemaltecos se llama *huipil* y muestra el amor° de la cultura maya por la naturaleza. Ellos se inspiran en las flores°, plantas y animales para crear sus diseños° de colores vivos° y formas geométricas. El diseño y los colores de cada *huipil* indican el pueblo de origen y a veces también el sexo y la edad° de la persona que lo lleva.

¿Qué aprendiste? Responde a cada pregunta con una oración completa.

1. ¿Qué significa la palabra *ixim*?
2. ¿Quién es Rigoberta Menchú?
3. ¿Qué pájaro representa a Guatemala?
4. ¿Qué simbolizó el quetzal para los mayas?
5. ¿Cuál es la moneda nacional de Guatemala?
6. ¿De qué fueron arquitectos los mayas?
7. ¿Qué celebración de la Antigua Guatemala es la más importante del hemisferio para muchas personas?
8. ¿Qué descubrieron los mayas antes que los europeos?
9. ¿Qué muestra la ropa tradicional de los guatemaltecos?
10. ¿Qué indica un *huipil* con su diseño y sus colores?

 Conexión Internet Investiga estos temas en **vhlcentral.com**.

1. Busca información sobre Rigoberta Menchú. ¿De dónde es? ¿Qué libros publicó? ¿Por qué es famosa?
2. Estudia un sitio arqueológico de Guatemala para aprender más sobre los mayas y prepara un breve informe para tu clase.

 Practice more at **vhlcentral.com**.

terremoto *earthquake*   Semana Santa *Holy Week*   antiguos *ancient*   creían *they believed*   pájaro *bird*   no podía *couldn't*
cautiverio *captivity*   los billetes *bills*   peligro *danger*   descubrieron *they discovered*   complejo *complex*   amor *love*   flores *flowers*
diseños *designs*   vivos *bright*   edad *age*

Mar Caribe

Golfo de Honduras

Puerto Barrios

HONDURAS

Las comidas

el/la camarero/a	waiter/waitress
la comida	food; meal
la cuenta	bill
el/la dueño/a	owner; landlord
el menú	menu
la propina	tip
la sección de (no) fumar	(non) smoking section
el almuerzo	lunch
la cena	dinner
el desayuno	breakfast
los entremeses	hors d'oeuvres; appetizers
el plato (principal)	(main) dish
delicioso/a	delicious
rico/a	tasty; delicious
sabroso/a	tasty; delicious

Las frutas

la banana	banana
las frutas	fruits
el limón	lemon
la manzana	apple
el melocotón	peach
la naranja	orange
la pera	pear
la uva	grape

Las verduras

las arvejas	peas
la cebolla	onion
el champiñón	mushroom
la ensalada	salad
los espárragos	asparagus
los frijoles	beans
la lechuga	lettuce
el maíz	corn
las papas/patatas (fritas)	(fried) potatoes; French fries
el tomate	tomato
las verduras	vegetables
la zanahoria	carrot

La carne y el pescado

el atún	tuna
el bistec	steak
los camarones	shrimp
la carne	meat
la carne de res	beef
la chuleta (de cerdo)	(pork) chop
la hamburguesa	hamburger
el jamón	ham
la langosta	lobster
los mariscos	shellfish
el pavo	turkey
el pescado	fish
el pollo (asado)	(roast) chicken
la salchicha	sausage
el salmón	salmon

Otras comidas

el aceite	oil
el ajo	garlic
el arroz	rice
el azúcar	sugar
los cereales	cereal; grains
el huevo	egg
la mantequilla	butter
la margarina	margarine
la mayonesa	mayonnaise
el pan (tostado)	(toasted) bread
la pimienta	black pepper
el queso	cheese
la sal	salt
el sándwich	sandwich
la sopa	soup
el vinagre	vinegar
el yogur	yogurt

Las bebidas

el agua (mineral)	(mineral) water
la bebida	drink
el café	coffee
la cerveza	beer
el jugo (de fruta)	(fruit) juice
la leche	milk
el refresco	soft drink; soda
el té (helado)	(iced) tea
el vino (blanco/ tinto)	(white/red) wine

Verbos

escoger	to choose
merendar (e:ie)	to snack
morir (o:ue)	to die
pedir (e:i)	to order (food)
probar (o:ue)	to taste; to try
recomendar (e:ie)	to recommend
saber	to taste; to know
saber a	to taste like
servir (e:i)	to serve

Las comparaciones

como	like; as
más de (+ number)	more than
más... que	more... than
menos de (+ number)	fewer than
menos... que	less... than
tan... como	as... as
tantos/as... como	as many... as
tanto... como	as much... as
el/la mayor	the eldest
el/la mejor	the best
el/la menor	the youngest
el/la peor	the worst
mejor	better
peor	worse

Expresiones útiles	See page 249.

recursos

LM p. 48 | vhlcentral.com Lección 8

  Audio: Vocabulary

Plan de escritura

1 **Ideas y organización**

Begin by organizing your writing materials. If you prefer to write by hand, you may want to have a few spare pens and pencils on hand, as well as an eraser or correction fluid. If you prefer to use a word-processing program, make sure you know how to type Spanish accent marks, the **tilde**, and Spanish punctuation marks. Then make a list of the resources you can consult while writing. Finally, make a list of the basic ideas you want to cover. Beside each idea, jot down a few Spanish words and phrases you may want to use while writing.

2 **Primer borrador**

Write your first draft, using the resources and ideas you gathered in **Ideas y organización.**

3 **Comentario**

Exchange papers with a classmate and comment on each other's work, using these questions as a guide. Begin by mentioning what you like about your classmate's writing.

a. How can your classmate make his or her writing clearer, more logical, or more organized?

b. What suggestions do you have for making the writing more interesting or complete?

c. Do you see any spelling or grammatical errors?

4 **Redacción**

Revise your first draft, keeping in mind your classmate's comments. Also, incorporate any new information you may have. Before handing in the final version, review your work using these guidelines:

a. Make sure each verb agrees with its subject. Then check the gender and number of each article, noun, and adjective.

b. Check your spelling and punctuation.

c. Consult your **Anotaciones para mejorar la escritura** (see description below) to avoid repetition of previous errors.

5 **Evaluación y progreso**

You may want to share what you've written with a classmate, a small group, or the entire class. After your instructor has returned your paper, review the comments and corrections. On a separate sheet of paper, write the heading **Anotaciones para mejorar** (*Notes for improving*) **la escritura** and list your most common errors. Place this list and your corrected document in your writing portfolio (**Carpeta de trabajos**) and consult it from time to time to gauge your progress.

Spanish Terms for Direction Lines and Classroom Use

Below is a list of useful terms that you might hear your instructor say in class. It also includes Spanish terms that appear in the direction lines of your textbook.

En las instrucciones · *In direction lines*

Cambia/Cambien...	*Change...*
Camina/Caminen por la clase.	*Walk around the classroom.*
Ciertas o falsas	*True or false*
Cierto o falso	*True or false*
Circula/Circulen por la clase.	*Walk around the classroom.*
Completa las oraciones de una manera lógica.	*Complete the sentences logically.*
Con un(a) compañero/a...	*With a classmate...*
Contesta las preguntas.	*Answer the questions.*
Corrige las oraciones falsas.	*Correct the false statements.*
Cuenta/Cuenten...	*Tell...*
Di/Digan...	*Say...*
Discute/Discutan...	*Discuss...*
En grupos...	*In groups...*
En parejas...	*In pairs...*
Entrevista...	*Interview...*
Escúchala	*Listen to it*
Forma oraciones completas.	*Create/Make complete sentences.*
Háganse preguntas.	*Ask each other questions.*
Haz el papel de...	*Play the role of...*
Haz los cambios necesarios.	*Make the necessary changes.*
Indica/Indiquen si las oraciones...	*Indicate if the sentences...*
Intercambia/Intercambien...	*Exchange...*
Lee/Lean en voz alta.	*Read aloud.*
Pon/Pongan...	*Put...*
... que mejor completa...	*...that best completes...*
Reúnete...	*Get together...*
... se da/dan como ejemplo.	*...is/are given as a model.*
Toma nota...	*Take note...*
Tomen apuntes.	*Take notes.*
Túrnense...	*Take turns...*

Palabras útiles · *Useful words*

la adivinanza	*riddle*
el anuncio	*advertisement/ad*
los apuntes	*notes*
el borrador	*draft*
la canción	*song*
la concordancia	*agreement*
el contenido	*contents*
el cortometraje	*short film*
eficaz	*efficient*
la encuesta	*survey*
el equipo	*team*
el esquema	*outline*
el folleto	*brochure*
las frases	*statements*
la hoja de actividades	*activity sheet/handout*
la hoja de papel	*piece of paper*
la información errónea	*incorrect information*
el/la lector(a)	*reader*
la lectura	*reading*
las oraciones	*sentences*
la ortografía	*spelling*
el papel	*role*
el párrafo	*paragraph*
el paso	*step*
la(s) persona(s) descrita(s)	*the person (people) described*
la pista	*clue*
por ejemplo	*for example*
el propósito	*purpose*
los recursos	*resources*
el reportaje	*report*
los resultados	*results*
según	*according to*
siguiente	*following*
la sugerencia	*suggestion*
el sustantivo	*noun*
el tema	*topic*
último	*last*
el último recurso	*last resort*

Verbos útiles — *Useful verbs*

adivinar	*to guess*
anotar	*to jot down*
añadir	*to add*
apoyar	*to support*
averiguar	*to find out*
cambiar	*to change*
combinar	*to combine*
compartir	*to share*
comprobar (o:ue)	*to check*
corregir (e:i)	*to correct*
crear	*to create*
devolver (o:ue)	*to return*
doblar	*to fold*
dramatizar	*to act out*
elegir (e:i)	*to choose/select*
emparejar	*to match*
entrevistar	*to interview*
escoger	*to choose*
identificar	*to identify*
incluir	*to include*
informar	*to report*
intentar	*to try*
intercambiar	*to exchange*
investigar	*to research*
marcar	*to mark*
preguntar	*to ask*
recordar (o:ue)	*to remember*
responder	*to answer*
revisar	*to revise*
seguir (e:i)	*to follow*
seleccionar	*to select*
subrayar	*to underline*
traducir	*to translate*
tratar de	*to be about*

Expresiones útiles — *Useful expressions*

Ahora mismo.	*Right away.*
¿Cómo no?	*But of course.*
¿Cómo se dice _____ en español?	*How do you say _____ in Spanish?*
¿Cómo se escribe _____?	*How do you spell _____?*
¿Comprende(n)?	*Do you understand?*
Con gusto.	*With pleasure.*
Con permiso.	*Excuse me.*
De acuerdo.	*Okay.*
De nada.	*You're welcome.*
¿De veras?	*Really?*
¿En qué página estamos?	*What page are we on?*
¿En serio?	*Seriously?*
Enseguida.	*Right away.*
hoy día	*nowadays*
Más despacio, por favor.	*Slower, please.*
Muchas gracias.	*Thanks a lot.*
No entiendo.	*I don't understand.*
No hay de qué.	*Don't mention it.*
No importa.	*No problem./It doesn't matter.*
¡No me digas!	*You don't say!*
No sé.	*I don't know.*
¡Ojalá!	*Hopefully!*
Perdone.	*Pardon me.*
Por favor.	*Please.*
Por supuesto.	*Of course.*
¡Qué bien!	*Great!*
¡Qué gracioso!	*How funny!*
¡Qué pena!	*What a shame/pity!*
¿Qué significa _____?	*What does _____ mean?*
Repite, por favor.	*Please repeat.*
Tengo una pregunta.	*I have a question.*
¿Tiene(n) alguna pregunta?	*Do you have any questions?*
Vaya(n) a la página dos.	*Go to page 2.*

Glossary of Grammatical Terms

ADJECTIVE A word that modifies, or describes, a noun or pronoun.

muchos libros
many books

un hombre **rico**
*a **rich** man*

las mujeres **altas**
*the **tall** women*

Demonstrative adjective An adjective that specifies which noun a speaker is referring to.

esta fiesta
***this** party*

ese chico
***that** boy*

aquellas flores
***those** flowers*

Possessive adjective An adjective that indicates ownership or possession.

mi mejor vestido
***my** best dress*

Éste es **mi** hermano.
*This is **my** brother.*

Stressed possessive adjective A possessive adjective that emphasizes the owner or possessor.

Es un libro **mío**.
*It's **my** book./It's a book **of mine**.*

Es amiga **tuya**; yo no la conozco.
*She's a friend **of yours**; I don't know her.*

ADVERB A word that modifies, or describes, a verb, adjective, or other adverb.

Pancho escribe **rápidamente**.
*Pancho writes **quickly**.*

Este cuadro es **muy** bonito.
*This picture is **very** pretty.*

ARTICLE A word that points out a noun in either a specific or a non-specific way.

Definite article An article that points out a noun in a specific way.

el libro
the book

la maleta
the suitcase

los diccionarios
the dictionaries

las palabras
the words

Indefinite article An article that points out a noun in a general, non-specific way.

un lápiz
a pencil

una computadora
a computer

unos pájaros
some birds

unas escuelas
some schools

CLAUSE A group of words that contains both a conjugated verb and a subject, either expressed or implied.

Main (or Independent) clause A clause that can stand alone as a complete sentence.

Pienso ir a cenar pronto.
I plan to go to dinner soon.

Subordinate (or Dependent) clause A clause that does not express a complete thought and therefore cannot stand alone as a sentence.

Trabajo en la cafetería **porque necesito dinero para la escuela**.
*I work in the cafeteria **because I need money for school**.*

COMPARATIVE A construction used with an adjective or adverb to express a comparison between two people, places, or things.

Este programa es **más interesante que** el otro.
*This program is **more interesting than** the other one.*

Tomás no es **tan alto como** Alberto.
*Tomás is not **as tall as** Alberto.*

CONJUGATION A set of the forms of a verb for a specific tense or mood or the process by which these verb forms are presented.

Preterite conjugation of **cantar**:

cant**é**	cant**amos**
cant**aste**	cant**asteis**
cant**ó**	cant**aron**

CONJUNCTION A word used to connect words, clauses, or phrases.

Susana es de Cuba **y** Pedro es de España.
*Susana is from Cuba **and** Pedro is from Spain.*

No quiero estudiar **pero** tengo que hacerlo.
*I don't want to study, **but** I have to.*

CONTRACTION The joining of two words into one. The only contractions in Spanish are **al** and **del**.

Mi hermano fue **al** concierto ayer.
*My brother went **to the** concert yesterday.*

Saqué dinero **del** banco.
*I took money **from the** bank.*

DIRECT OBJECT A noun or pronoun that directly receives the action of the verb.

Tomás lee **el libro**.   La pagó ayer.
*Tomás reads **the book**.*   *She paid **it** yesterday.*

GENDER The grammatical categorizing of certain kinds of words, such as nouns and pronouns, as masculine, feminine, or neuter.

Masculine
articles el, un
pronouns él, lo, mío, éste, ése, aquél
adjective simpático

Feminine
articles la, una
pronouns ella, la, mía, ésta, ésa, aquélla
adjective simpática

IMPERSONAL EXPRESSION A third-person expression with no expressed or specific subject.

Es muy **importante**.   Llueve mucho.
*It's very **important**.*   *It's raining hard.*

Aquí **se habla** español.
*Spanish **is spoken** here.*

INDIRECT OBJECT A noun or pronoun that receives the action of the verb indirectly; the object, often a living being, to or for whom an action is performed.

Eduardo **le** dio un libro **a Linda**.
*Eduardo gave a book **to Linda**.*

La profesora **me** puso una C en el examen.
*The professor gave **me** a C on the test.*

INFINITIVE The basic form of a verb. Infinitives in Spanish end in **-ar**, **-er**, or **-ir**.

hablar   correr   abrir
to speak   *to run*   *to open*

INTERROGATIVE An adjective or pronoun used to ask a question.

¿**Quién** habla?   ¿**Cuántos** compraste?
***Who** is speaking?*   ***How many** did you buy?*

¿**Qué** piensas hacer hoy?
***What** do you plan to do today?*

INVERSION Changing the word order of a sentence, often to form a question.

Statement: Elena pagó la cuenta del restaurante.

Inversion: ¿Pagó Elena la cuenta del restaurante?

MOOD A grammatical distinction of verbs that indicates whether the verb is intended to make a statement or command or to express a doubt, emotion, or condition contrary to fact.

Imperative mood Verb forms used to make commands.

Di la verdad.   **Caminen** ustedes conmigo.
***Tell** the truth.*   ***Walk** with me.*

¡**Comamos** ahora!
***Let's eat** now!*

Indicative mood Verb forms used to state facts, actions, and states considered to be real.

Sé que **tienes** el dinero.
*I know that **you have** the money.*

Subjunctive mood Verb forms used principally in subordinate (dependent) clauses to express wishes, desires, emotions, doubts, and certain conditions, such as contrary-to-fact situations.

Prefieren que **hables** en español.
*They prefer that **you speak** in Spanish.*

Dudo que Luis **tenga** el dinero necesario.
*I doubt that Luis **has** the necessary money.*

NOUN A word that identifies people, animals, places, things, and ideas.

hombre   gato
man   *cat*

México   casa
Mexico   *house*

libertad   libro
freedom   *book*

NUMBER A grammatical term that refers to singular or plural. Nouns in Spanish and English have number. Other parts of a sentence, such as adjectives, articles, and verbs, can also have number.

Singular	Plural
una cosa	**unas** cosas
a thing	*some things*
el profesor	**los** profesores
the professor	*the professors*

NUMBERS Words that represent amounts.

Cardinal numbers Words that show specific amounts.

cinco minutos
five minutes

el año **dos mil veintitrés**
the year 2023

Ordinal numbers Words that indicate the order of a noun in a series.

el **cuarto** jugador	la **décima** hora
the fourth player	*the tenth hour*

PAST PARTICIPLE A past form of the verb used in compound tenses. The past participle may also be used as an adjective, but it must then agree in number and gender with the word it modifies.

Han **buscado** por todas partes.
They have searched everywhere.

Yo no había **estudiado** para el examen.
I hadn't studied for the exam.

Hay una **ventana abierta** en la sala.
There is an open window in the living room.

PERSON The form of the verb or pronoun that indicates the speaker, the one spoken to, or the one spoken about. In Spanish, as in English, there are three persons: first, second, and third.

Person	Singular	Plural
1st	yo *I*	nosotros/as *we*
2nd	tú, Ud. *you*	vosotros/as, Uds. *you*
3rd	él, ella *he, she*	ellos, ellas *they*

PREPOSITION A word or words that describe(s) the relationship, most often in time or space, between two other words.

Anita es **de** California.
Anita is from California.

La chaqueta está **en** el carro.
The jacket is in the car.

Marta se peinó **antes de** salir.
Marta combed her hair before going out.

PRESENT PARTICIPLE In English, a verb form that ends in *-ing*. In Spanish, the present participle ends in **-ndo**, and is often used with **estar** to form a progressive tense.

Mi hermana está **hablando** por teléfono ahora mismo.
My sister is talking on the phone right now.

PRONOUN A word that takes the place of a noun or nouns.

Demonstrative pronoun A pronoun that takes the place of a specific noun.

Quiero **ésta**.
I want this one.

¿Vas a comprar **ése**?
Are you going to buy that one?

Juan prefirió **aquéllos**.
Juan preferred those (over there).

Object pronoun A pronoun that functions as a direct or indirect object of the verb.

Te digo la verdad.
I'm telling you the truth.

Me lo trajo Juan.
Juan brought it to me.

Reflexive pronoun A pronoun that indicates that the action of a verb is performed by the subject on itself. These pronouns are often expressed in English with *-self: myself, yourself,* etc.

Yo **me** bañé antes de salir.
I bathed (myself) before going out.

Elena **se** acostó a las once y media.
Elena went to bed at eleven-thirty.

Relative pronoun A pronoun that connects a subordinate clause to a main clause.

El chico **que** nos escribió viene de visita mañana.
*The boy **who** wrote us is coming to visit tomorrow.*

Ya sé **lo que** tenemos que hacer.
*I already know **what** we have to do.*

Subject pronoun A pronoun that replaces the name or title of a person or thing, and acts as the subject of a verb.

Tú debes estudiar más.
***You** should study more.*

Él llegó primero.
***He** arrived first.*

SUBJECT A noun or pronoun that performs the action of a verb and is often implied by the verb.

María va al supermercado.
***María** goes to the supermarket.*

(Ellos) Trabajan mucho.
***They** work hard.*

Esos **libros** son muy caros.
*Those **books** are very expensive.*

SUPERLATIVE A word or construction used with an adjective or adverb to express the highest or lowest degree of a specific quality among three or more people, places, or things.

De todas mis clases, ésta es la **más interesante**.
*Of all my classes, this is the **most interesting**.*

Raúl es el **menos simpático** de los chicos.
*Raúl is the **least pleasant** of the boys.*

TENSE A set of verb forms that indicates the time of an action or state: past, present, or future.

Compound tense A two-word tense made up of an auxiliary verb and a present or past participle. In Spanish, there are two auxiliary verbs: **estar** and **haber**.

En este momento, **estoy estudiando**.
*At this time, **I am studying**.*

El paquete no **ha llegado** todavía.
*The package **has** not **arrived** yet.*

Simple tense A tense expressed by a single verb form.

María **estaba** enferma anoche.
*María **was** sick last night.*

Juana **hablará** con su mamá mañana.
*Juana **will speak** with her mom tomorrow.*

VERB A word that expresses actions or states-of-being.

Auxiliary verb A verb used with a present or past participle to form a compound tense. **Haber** is the most commonly used auxiliary verb in Spanish.

Los chicos **han** visto los elefantes.
*The children **have** seen the elephants.*

Espero que **hayas** comido.
*I hope you **have** eaten.*

Reflexive verb A verb that describes an action performed by the subject on itself and is always used with a reflexive pronoun.

Me compré un carro nuevo.
*I **bought myself** a new car.*

Pedro y Adela **se levantan** muy temprano.
*Pedro and Adela **get (themselves) up** very early.*

Spelling change verb A verb that undergoes a predictable change in spelling, in order to reflect its actual pronunciation in the various conjugations.

practicar	c→qu	practico	practiqué
dirigir	g→j	dirigí	dirijo
almorzar	z→c	almorzó	almorcé

Stem-changing verb A verb whose stem vowel undergoes one or more predictable changes in the various conjugations.

entender (e:ie)	entiendo
pedir (e:i)	piden
dormir (o:ue, u)	duermo, durmieron

Verb Conjugation Tables

The verb lists

The list of verbs below, and the model-verb tables that start on page A-11, show you how to conjugate every verb taught in **PANORAMA**. Each verb in the list is followed by a model verb conjugated according to the same pattern. The number in parentheses indicates where in the verb tables you can find the conjugated forms of the model verb. If you want to find out how to conjugate **divertirse**, for example, look up number 33, **sentir**, the model for verbs that follow the **e:ie** stem-change pattern.

How to use the verb tables

In the tables you will find the infinitive, present and past participles, and all the simple forms of each model verb. The formation of the compound tenses of any verb can be inferred from the table of compound tenses, pages A-11–12, either by combining the past participle of the verb with a conjugated form of **haber** or by combining the present participle with a conjugated form of **estar**.

abrazar (z:c) like cruzar (37)

abrir like vivir (3) *except* past participle is **abierto**

aburrir(se) like vivir (3)

acabar de like hablar (1)

acampar like hablar (1)

acompañar like hablar (1)

aconsejar like hablar (1)

acordarse (o:ue) like contar (24)

acostarse (o:ue) like contar (24)

adelgazar (z:c) like cruzar (37)

afeitarse like hablar (1)

ahorrar like hablar (1)

alegrarse like hablar (1)

aliviar like hablar (1)

almorzar (o:ue) like contar (24) *except* (z:c)

alquilar like hablar (1)

andar like hablar (1) *except* preterite stem is **anduv-**

anunciar like hablar (1)

apagar (g:gu) like llegar (41)

aplaudir like vivir (3)

apreciar like hablar (1)

aprender like comer (2)

apurarse like hablar (1)

arrancar (c:qu) like tocar (43)

arreglar like hablar (1)

asistir like vivir (3)

aumentar like hablar (1)

ayudar(se) like hablar (1)

bailar like hablar (1)

bajar(se) like hablar (1)

bañarse like hablar (1)

barrer like comer (2)

beber like comer (2)

besar(se) like hablar (1)

borrar like hablar (1)

brindar like hablar (1)

bucear like hablar (1)

buscar (c:qu) like tocar (43)

caber (4)

caer(se) (5)

calentarse (e:ie) like pensar (30)

calzar (z:c) like cruzar (37)

cambiar like hablar (1)

caminar like hablar (1)

cantar like hablar (1)

casarse like hablar (1)

cazar (z:c) like cruzar (37)

celebrar like hablar (1)

cenar like hablar (1)

cepillarse like hablar (1)

cerrar (e:ie) like pensar (30)

cobrar like hablar (1)

cocinar like hablar (1)

comenzar (e:ie) (z:c) like empezar (26)

comer (2)

compartir like vivir (3)

comprar like hablar (1)

comprender like comer (2)

comprometerse like comer (2)

comunicarse (c:qu) like tocar (43)

conducir (c:zc) (6)

confirmar like hablar (1)

conocer (c:zc) (35)

conseguir (e:i) (g:gu) like seguir (32)

conservar like hablar (1)

consumir like vivir (3)

contaminar like hablar (1)

contar (o:ue) (24)

contratar like hablar (1)

contestar like hablar (1)

conversar like hablar (1)

controlar like hablar (1)

correr like comer (2)

costar (o:ue) like contar (24)

creer (y) (36)

cruzar (z:c) (37)

cuidar like hablar (1)

cumplir like vivir (3)

dañar like hablar (1)

dar (7)

deber like comer (2)

decidir like vivir (3)

decir (e:i) (8)

declarar like hablar (1)

dejar like hablar (1)

depositar like hablar (1)

desarrollar like hablar (1)

desayunar like hablar (1)

descansar like hablar (1)

descargar like llegar (41)

describir like vivir (3) *except* past participle is descrito

descubrir like vivir (3) *except* past participle is descubierto

desear like hablar (1)

despedirse (e:i) like pedir (29)

despertarse (e:ie) like pensar (30)

destruir (y) (38)

dibujar like hablar (1)

dirigir (g:j) like vivir (3) *except* (g:j)

disfrutar like hablar (1)

divertirse (e:ie) like sentir (33)

divorciarse like hablar (1)

doblar like hablar (1)

doler (o:ue) like volver (34) *except* past participle is regular

dormir(se) (o:ue, u) (25)

ducharse like hablar (1)

dudar like hablar (1)

durar like hablar (1)

echar like hablar (1)

elegir (e:i) like pedir (29) *except* (g:j)

emitir like vivir (3)
empezar (e:ie) (z:c) (26)
enamorarse like hablar (1)
encantar like hablar (1)
encontrar(se) (o:ue) like contar (24)
enfermarse like hablar (1)
engordar like hablar (1)
enojarse like hablar (1)
enseñar like hablar (1)
ensuciar like hablar (1)
entender (e:ie) (27)
entrenarse like hablar (1)
entrevistar like hablar (1)
enviar (envío) (39)
escalar like hablar (1)
escanear like hablar (1)
escoger (g:j) like proteger (42)
escribir like vivir (3) *except* past participle is **escrito**
escuchar like hablar (1)
esculpir like vivir (3)
esperar like hablar (1)
esquiar (esquío) like enviar (39)
establecer (c:zc) like conocer (35)
estacionar like hablar (1)
estar (9)
estornudar like hablar (1)
estudiar like hablar (1)
evitar like hablar (1)
explicar (c:qu) like tocar (43)
faltar like hablar (1)
fascinar like hablar (1)
firmar like hablar (1)
fumar like hablar (1)
funcionar like hablar (1)
ganar like hablar (1)
gastar like hablar (1)
grabar like hablar (1)
graduarse (gradúo) (40)
guardar like hablar (1)
gustar like hablar (1)
haber (hay) (10)
hablar (1)
hacer (11)
importar like hablar (1)
imprimir like vivir (3)
indicar (c:qu) like tocar (43)
informar like hablar (1)
insistir like vivir (3)
interesar like hablar (1)

invertir (e:ie) like sentir (33)
invitar like hablar (1)
ir(se) (12)
jubilarse like hablar (1)
jugar (u:ue) (g:gu) (28)
lastimarse like hablar (1)
lavar(se) like hablar (1)
leer (y) like creer (36)
levantar(se) like hablar (1)
limpiar like hablar (1)
llamar(se) like hablar (1)
llegar (g:gu) (41)
llenar like hablar (1)
llevar(se) like hablar (1)
llover (o:ue) like volver (34) *except* past participle is regular
luchar like hablar (1)
mandar like hablar (1)
manejar like hablar (1)
mantener(se) (e:ie) like tener (20)
maquillarse like hablar (1)
mejorar like hablar (1)
merendar (e:ie) like pensar (30)
mirar like hablar (1)
molestar like hablar (1)
montar like hablar (1)
morir (o:ue) like dormir (25) *except* past participle is **muerto**
mostrar (o:ue) like contar (24)
mudarse like hablar (1)
nacer (c:zc) like conocer (35)
nadar like hablar (1)
navegar (g:gu) like llegar (41)
necesitar like hablar (1)
negar (e:ie) like pensar (30) *except* (g:gu)
nevar (e:ie) like pensar (30)
obedecer (c:zc) like conocer (35)
obtener (e:ie) like tener (20)
ocurrir like vivir (3)
odiar like hablar (1)
ofrecer (c:zc) like conocer (35)
oír (13)
olvidar like hablar (1)
pagar (g:gu) like llegar (41)
parar like hablar (1)

parecer (c:zc) like conocer (35)
pasar like hablar (1)
pasear like hablar (1)
patinar like hablar (1)
pedir (e:i) (29)
peinarse like hablar (1)
pensar (e:ie) (30)
perder (e:ie) like entender (27)
pescar (c:qu) like tocar (43)
pintar like hablar (1)
planchar like hablar (1)
poder (o:ue) (14)
poner(se) (15)
practicar (c:qu) like tocar (43)
preferir (e:ie) like sentir (33)
preguntar like hablar (1)
prender like comer (2)
preocuparse like hablar (1)
preparar like hablar (1)
presentar like hablar (1)
prestar like hablar (1)
probar(se) (o:ue) like contar (24)
prohibir like vivir (3)
proteger (g:j) (42)
publicar (c:qu) like tocar (43)
quedar(se) like hablar (1)
querer (e:ie) (16)
quitar(se) like hablar (1)
recetar like hablar (1)
recibir like vivir (3)
reciclar like hablar (1)
recoger (g:j) like proteger (42)
recomendar (e:ie) like pensar (30)
recordar (o:ue) like contar (24)
reducir (c:zc) like conducir (6)
regalar like hablar (1)
regatear like hablar (1)
regresar like hablar (1)
reír(se) (e:i) (31)
relajarse like hablar (1)
renunciar like hablar (1)
repetir (e:i) like pedir (29)
resolver (o:ue) like volver (34)
respirar like hablar (1)
revisar like hablar (1)

rogar (o:ue) like contar (24) *except* (g:gu)
romper(se) like comer (2) *except* past participle is **roto**
saber (17)
sacar (c:qu) like tocar (43)
sacudir like vivir (3)
salir (18)
saludar(se) like hablar (1)
secar(se) (c:qu) like tocar (43)
seguir (e:i) (32)
sentarse (e:ie) like pensar (30)
sentir(se) (e:ie) (33)
separarse like hablar (1)
ser (19)
servir (e:i) like pedir (29)
solicitar like hablar (1)
sonar (o:ue) like contar (24)
sonreír (e:i) like reír(se) (31)
sorprender like comer (2)
subir like vivir (3)
sudar like hablar (1)
sufrir like vivir (3)
sugerir (e:ie) like sentir (33)
suponer like poner (15)
temer like comer (2)
tener (e:ie) (20)
terminar like hablar (1)
tocar (c:qu) (43)
tomar like hablar (1)
torcerse (o:ue) like volver (34) *except* (c:z) and past participle is regular; e.g., yo **tuerzo**
toser like comer (2)
trabajar like hablar (1)
traducir (c:zc) like conducir (6)
traer (21)
transmitir like vivir (3)
tratar like hablar (1)
usar like hablar (1)
vender like comer (2)
venir (e:ie, i) (22)
ver (23)
vestirse (e:i) like pedir (29)
viajar like hablar (1)
visitar like hablar (1)
vivir (3)
volver (o:ue) (34)
votar like hablar (1)

Regular verbs: simple tenses

Infinitive	INDICATIVE					SUBJUNCTIVE		IMPERATIVE
	Present	**Imperfect**	**Preterite**	**Future**	**Conditional**	**Present**	**Past**	
1 hablar **Participles:** hablando hablado	hablo hablas habla hablamos habláis hablan	hablaba hablabas hablaba hablábamos hablabais hablaban	hablé hablaste habló hablamos hablasteis hablaron	hablaré hablarás hablará hablaremos hablaréis hablarán	hablaría hablarías hablaría hablaríamos hablaríais hablarían	hable hables hable hablemos habléis hablen	hablara hablaras hablara habláramos hablarais hablaran	 habla tú (no hables) hable Ud. hablemos hablad (no habléis) hablen Uds.
2 comer **Participles:** comiendo comido	como comes come comemos coméis comen	comía comías comía comíamos comíais comían	comí comiste comió comimos comisteis comieron	comeré comerás comerá comeremos comeréis comerán	comería comerías comería comeríamos comeríais comerían	coma comas coma comamos comáis coman	comiera comieras comiera comiéramos comierais comieran	 come tú (no comas) coma Ud. comamos comed (no comáis) coman Uds.
3 vivir **Participles:** viviendo vivido	vivo vives vive vivimos vivís viven	vivía vivías vivía vivíamos vivíais vivían	viví viviste vivió vivimos vivisteis vivieron	viviré vivirás vivirá viviremos viviréis vivirán	viviría vivirías viviría viviríamos viviríais vivirían	viva vivas viva vivamos viváis vivan	viviera vivieras viviera viviéramos vivierais vivieran	 vive tú (no vivas) viva Ud. vivamos vivid (no viváis) vivan Uds.

All verbs: compound tenses

PERFECT TENSES

INDICATIVE							
Present Perfect		**Past Perfect**		**Future Perfect**		**Conditional Perfect**	
he has ha hemos habéis han	hablado comido vivido	había habías había habíamos habíais habían	hablado comido vivido	habré habrás habrá habremos habréis habrán	hablado comido vivido	habría habrías habría habríamos habríais habrían	hablado comido vivido

SUBJUNCTIVE			
Present Perfect		**Past Perfect**	
haya hayas haya hayamos hayáis hayan	hablado comido vivido	hubiera hubieras hubiera hubiéramos hubierais hubieran	hablado comido vivido

PROGRESSIVE TENSES

	INDICATIVE				SUBJUNCTIVE	
Present Progressive	Past Progressive	Future Progressive	Conditional Progressive	Present Progressive	Past Progressive
estoy	estaba	estaré	estaría	esté	estuviera
estás	estabas	estarás	estarías	estés	estuvieras
está hablando	estaba hablando	estará hablando	estaría hablando	esté hablando	estuviera hablando
estamos comiendo	estábamos comiendo	estaremos comiendo	estaríamos comiendo	estemos comiendo	estuviéramos comiendo
estáis viviendo	estabais viviendo	estaréis viviendo	estaríais viviendo	estéis viviendo	estuvierais viviendo
están	estaban	estarán	estarían	estén	estuvieran

Irregular verbs

Infinitive	INDICATIVE					SUBJUNCTIVE		IMPERATIVE
	Present	Imperfect	Preterite	Future	Conditional	Present	Past	
4 caber	**quepo**	cabía	**cupe**	**cabré**	**cabría**	**quepa**	**cupiera**	
	cabes	cabías	**cupiste**	**cabrás**	**cabrías**	**quepas**	**cupieras**	cabe tú (no **quepas**)
	cabe	cabía	**cupo**	**cabrá**	**cabría**	**quepa**	**cupiera**	**quepa** Ud.
Participles:	cabemos	cabíamos	**cupimos**	**cabremos**	**cabríamos**	**quepamos**	**cupiéramos**	**quepamos**
cabiendo	cabéis	cabíais	**cupisteis**	**cabréis**	**cabríais**	**quepáis**	**cupierais**	cabed (no **quepáis**)
cabido	caben	cabían	**cupieron**	**cabrán**	**cabrían**	**quepan**	**cupieran**	**quepan** Uds.
5 caer(se)	**caigo**	caía	caí	caeré	caería	**caiga**	**cayera**	
	caes	caías	**caíste**	caerás	caerías	**caigas**	**cayeras**	cae tú (no **caigas**)
	cae	caía	**cayó**	caerá	caería	**caiga**	**cayera**	**caiga** Ud.
Participles:	caemos	caíamos	**caímos**	caeremos	caeríamos	**caigamos**	**cayéramos**	**caigamos**
cayendo	caéis	caíais	**caísteis**	caeréis	caeríais	**caigáis**	**cayerais**	caed (no **caigáis**)
caído	caen	caían	**cayeron**	caerán	caerían	**caigan**	**cayeran**	**caigan** Uds.
6 conducir	**conduzco**	conducía	**conduje**	conduciré	conduciría	**conduzca**	**condujera**	
(c:zc)	conduces	conducías	**condujiste**	conducirás	conducirías	**conduzcas**	**condujeras**	conduce tú (no **conduzcas**)
	conduce	conducía	**condujo**	conducirá	conduciría	**conduzca**	**condujera**	**conduzca** Ud.
Participles:	conducimos	conducíamos	**condujimos**	conduciremos	conduciríamos	**conduzcamos**	**condujéramos**	**conduzcamos**
conduciendo	conducís	conducíais	**condujisteis**	conduciréis	conduciríais	**conduzcáis**	**condujerais**	conducid (no **conduzcáis**)
conducido	conducen	conducían	**condujeron**	conducirán	conducirían	**conduzcan**	**condujeran**	**conduzcan** Uds.

	INDICATIVE					SUBJUNCTIVE		IMPERATIVE
Infinitive	Present	Imperfect	Preterite	Future	Conditional	Present	Past	

7. dar — Participles: dando, dado

Present	Imperfect	Preterite	Future	Conditional	Present (subj.)	Past (subj.)	Imperative
doy	daba	di	daré	daría	dé	diera	
das	dabas	diste	darás	darías	des	dieras	da tú (no des)
da	daba	dio	dará	daría	dé	diera	dé Ud.
damos	dábamos	dimos	daremos	daríamos	demos	diéramos	demos
dais	dabais	disteis	daréis	daríais	deis	dierais	dad (no deis)
dan	daban	dieron	darán	darían	den	dieran	den Uds.

8. decir (e:i) — Participles: diciendo, dicho

Present	Imperfect	Preterite	Future	Conditional	Present (subj.)	Past (subj.)	Imperative
digo	decía	dije	diré	diría	diga	dijera	
dices	decías	dijiste	dirás	dirías	digas	dijeras	di tú (no digas)
dice	decía	dijo	dirá	diría	diga	dijera	diga Ud.
decimos	decíamos	dijimos	diremos	diríamos	digamos	dijéramos	digamos
decís	decíais	dijisteis	diréis	diríais	digáis	dijerais	decid (no digáis)
dicen	decían	dijeron	dirán	dirían	digan	dijeran	digan Uds.

9. estar — Participles: estando, estado

Present	Imperfect	Preterite	Future	Conditional	Present (subj.)	Past (subj.)	Imperative
estoy	estaba	estuve	estaré	estaría	esté	estuviera	
estás	estabas	estuviste	estarás	estarías	estés	estuvieras	está tú (no estés)
está	estaba	estuvo	estará	estaría	esté	estuviera	esté Ud.
estamos	estábamos	estuvimos	estaremos	estaríamos	estemos	estuviéramos	estemos
estáis	estabais	estuvisteis	estaréis	estaríais	estéis	estuvierais	estad (no estéis)
están	estaban	estuvieron	estarán	estarían	estén	estuvieran	estén Uds.

10. haber — Participles: habiendo, habido

Present	Imperfect	Preterite	Future	Conditional	Present (subj.)	Past (subj.)	Imperative
he	había	hube	habré	habría	haya	hubiera	
has	habías	hubiste	habrás	habrías	hayas	hubieras	
ha	había	hubo	habrá	habría	haya	hubiera	
hemos	habíamos	hubimos	habremos	habríamos	hayamos	hubiéramos	
habéis	habíais	hubisteis	habréis	habríais	hayáis	hubierais	
han	habían	hubieron	habrán	habrían	hayan	hubieran	

11. hacer — Participles: haciendo, hecho

Present	Imperfect	Preterite	Future	Conditional	Present (subj.)	Past (subj.)	Imperative
hago	hacía	hice	haré	haría	haga	hiciera	
haces	hacías	hiciste	harás	harías	hagas	hicieras	haz tú (no hagas)
hace	hacía	hizo	hará	haría	haga	hiciera	haga Ud.
hacemos	hacíamos	hicimos	haremos	haríamos	hagamos	hiciéramos	hagamos
hacéis	hacíais	hicisteis	haréis	haríais	hagáis	hicierais	haced (no hagáis)
hacen	hacían	hicieron	harán	harían	hagan	hicieran	hagan Uds.

12. ir — Participles: yendo, ido

Present	Imperfect	Preterite	Future	Conditional	Present (subj.)	Past (subj.)	Imperative
voy	iba	fui	iré	iría	vaya	fuera	
vas	ibas	fuiste	irás	irías	vayas	fueras	ve tú (no vayas)
va	iba	fue	irá	iría	vaya	fuera	vaya Ud.
vamos	íbamos	fuimos	iremos	iríamos	vayamos	fuéramos	vamos
vais	ibais	fuisteis	iréis	iríais	vayáis	fuerais	id (no vayáis)
van	iban	fueron	irán	irían	vayan	fueran	vayan Uds.

13. oír (y) — Participles: oyendo, oído

Present	Imperfect	Preterite	Future	Conditional	Present (subj.)	Past (subj.)	Imperative
oigo	oía	oí	oiré	oiría	oiga	oyera	
oyes	oías	oíste	oirás	oirías	oigas	oyeras	oye tú (no oigas)
oye	oía	oyó	oirá	oiría	oiga	oyera	oiga Ud.
oímos	oíamos	oímos	oiremos	oiríamos	oigamos	oyéramos	oigamos
oís	oíais	oísteis	oiréis	oiríais	oigáis	oyerais	oíd (no oigáis)
oyen	oían	oyeron	oirán	oirían	oigan	oyeran	oigan Uds.

		INDICATIVE					SUBJUNCTIVE		IMPERATIVE
Infinitive	Present	Imperfect	Preterite	Future	Conditional		Present	Past	

14 poder (o:ue)
Participles: **pudiendo**, podido

Present	Imperfect	Preterite	Future	Conditional	Present	Past	Imperative
puedo	podía	**pude**	**podré**	**podría**	**pueda**	**pudiera**	
puedes	podías	**pudiste**	**podrás**	**podrías**	**puedas**	**pudieras**	**puede** tú (no **puedas**)
puede	podía	**pudo**	**podrá**	**podría**	**pueda**	**pudiera**	**pueda** Ud.
podemos	podíamos	**pudimos**	**podremos**	**podríamos**	podamos	**pudiéramos**	podamos
podéis	podíais	**pudisteis**	**podréis**	**podríais**	podáis	**pudierais**	poded (no podáis)
pueden	podían	**pudieron**	**podrán**	**podrían**	**puedan**	**pudieran**	**puedan** Uds.

15 poner
Participles: poniendo, **puesto**

Present	Imperfect	Preterite	Future	Conditional	Present	Past	Imperative
pongo	ponía	**puse**	**pondré**	**pondría**	**ponga**	**pusiera**	
pones	ponías	**pusiste**	**pondrás**	**pondrías**	**pongas**	**pusieras**	**pon** tú (no **pongas**)
pone	ponía	**puso**	**pondrá**	**pondría**	**ponga**	**pusiera**	**ponga** Ud.
ponemos	poníamos	**pusimos**	**pondremos**	**pondríamos**	**pongamos**	**pusiéramos**	**pongamos**
ponéis	poníais	**pusisteis**	**pondréis**	**pondríais**	**pongáis**	**pusierais**	poned (no **pongáis**)
ponen	ponían	**pusieron**	**pondrán**	**pondrían**	**pongan**	**pusieran**	**pongan** Uds.

16 querer (e:ie)
Participles: queriendo, querido

Present	Imperfect	Preterite	Future	Conditional	Present	Past	Imperative
quiero	quería	**quise**	**querré**	**querría**	**quiera**	**quisiera**	
quieres	querías	**quisiste**	**querrás**	**querrías**	**quieras**	**quisieras**	**quiere** tú (no **quieras**)
quiere	quería	**quiso**	**querrá**	**querría**	**quiera**	**quisiera**	**quiera** Ud.
queremos	queríamos	**quisimos**	**querremos**	**querríamos**	queramos	**quisiéramos**	**queramos**
queréis	queríais	**quisisteis**	**querréis**	**querríais**	queráis	**quisierais**	quered (no queráis)
quieren	querían	**quisieron**	**querrán**	**querrían**	**quieran**	**quisieran**	**quieran** Uds.

17 saber
Participles: sabiendo, sabido

Present	Imperfect	Preterite	Future	Conditional	Present	Past	Imperative
sé	sabía	**supe**	**sabré**	**sabría**	**sepa**	**supiera**	
sabes	sabías	**supiste**	**sabrás**	**sabrías**	**sepas**	**supieras**	sabe tú (no **sepas**)
sabe	sabía	**supo**	**sabrá**	**sabría**	**sepa**	**supiera**	**sepa** Ud.
sabemos	sabíamos	**supimos**	**sabremos**	**sabríamos**	**sepamos**	**supiéramos**	**sepamos**
sabéis	sabíais	**supisteis**	**sabréis**	**sabríais**	**sepáis**	**supierais**	sabed (no **sepáis**)
saben	sabían	**supieron**	**sabrán**	**sabrían**	**sepan**	**supieran**	**sepan** Uds.

18 salir
Participles: saliendo, salido

Present	Imperfect	Preterite	Future	Conditional	Present	Past	Imperative
salgo	salía	salí	**saldré**	**saldría**	**salga**	saliera	
sales	salías	saliste	**saldrás**	**saldrías**	**salgas**	salieras	**sal** tú (no **salgas**)
sale	salía	salió	**saldrá**	**saldría**	**salga**	saliera	**salga** Ud.
salimos	salíamos	salimos	**saldremos**	**saldríamos**	**salgamos**	saliéramos	**salgamos**
salís	salíais	salisteis	**saldréis**	**saldríais**	**salgáis**	salierais	salid (no **salgáis**)
salen	salían	salieron	**saldrán**	**saldrían**	**salgan**	salieran	**salgan** Uds.

19 ser
Participles: siendo, sido

Present	Imperfect	Preterite	Future	Conditional	Present	Past	Imperative
soy	era	**fui**	seré	sería	**sea**	**fuera**	
eres	eras	**fuiste**	serás	serías	**seas**	**fueras**	**sé** tú (no **seas**)
es	era	**fue**	será	sería	**sea**	**fuera**	**sea** Ud.
somos	**éramos**	**fuimos**	seremos	seríamos	**seamos**	**fuéramos**	**seamos**
sois	erais	**fuisteis**	seréis	seríais	**seáis**	**fuerais**	sed (no **seáis**)
son	eran	**fueron**	serán	serían	**sean**	**fueran**	**sean** Uds.

20 tener (e:ie)
Participles: teniendo, tenido

Present	Imperfect	Preterite	Future	Conditional	Present	Past	Imperative
tengo	tenía	**tuve**	**tendré**	**tendría**	**tenga**	**tuviera**	
tienes	tenías	**tuviste**	**tendrás**	**tendrías**	**tengas**	**tuvieras**	**ten** tú (no **tengas**)
tiene	tenía	**tuvo**	**tendrá**	**tendría**	**tenga**	**tuviera**	**tenga** Ud.
tenemos	**teníamos**	**tuvimos**	**tendremos**	**tendríamos**	**tengamos**	**tuviéramos**	**tengamos**
tenéis	**teníais**	**tuvisteis**	**tendréis**	**tendríais**	**tengáis**	**tuvierais**	tened (no **tengáis**)
tienen	tenían	**tuvieron**	**tendrán**	**tendrían**	**tengan**	**tuvieran**	**tengan** Uds.

Infinitive / Participles	INDICATIVE Present	Imperfect	Preterite	Future	Conditional	SUBJUNCTIVE Present	Past	IMPERATIVE
21 traer	**traigo**	traía	**traje**	traeré	traería	**traiga**	**trajera**	
Participles:	traes	traías	**trajiste**	traerás	traerías	**traigas**	**trajeras**	trae tú (no **traigas**)
trayendo	trae	traía	**trajo**	traerá	traería	**traiga**	**trajera**	**traiga** Ud.
traído	traemos	traíamos	**trajimos**	traeremos	traeríamos	**traigamos**	**trajéramos**	**traigamos**
	traéis	traíais	**trajisteis**	traeréis	traeríais	**traigáis**	**trajerais**	traed (no **traigáis**)
	traen	traían	**trajeron**	traerán	traerían	**traigan**	**trajeran**	**traigan** Uds.
22 venir (e:ie)	**vengo**	venía	**vine**	**vendré**	**vendría**	**venga**	**viniera**	
Participles:	**vienes**	venías	**viniste**	**vendrás**	**vendrías**	**vengas**	**vinieras**	**ven** tú (no **vengas**)
viniendo	**viene**	venía	**vino**	**vendrá**	**vendría**	**venga**	**viniera**	**venga** Ud.
venido	venimos	veníamos	**vinimos**	**vendremos**	**vendríamos**	**vengamos**	**viniéramos**	**vengamos**
	venís	veníais	**vinisteis**	**vendréis**	**vendríais**	**vengáis**	**vinierais**	venid (no **vengáis**)
	vienen	venían	**vinieron**	**vendrán**	**vendrían**	**vengan**	**vinieran**	**vengan** Uds.
23 ver	**veo**	**veía**	**vi**	veré	vería	**vea**	**viera**	
Participles:	ves	**veías**	**viste**	verás	verías	**veas**	**vieras**	**ve** tú (no **veas**)
viendo	ve	**veía**	**vio**	verá	vería	**vea**	**viera**	**vea** Ud.
visto	vemos	**veíamos**	**vimos**	veremos	veríamos	**veamos**	**viéramos**	**veamos**
	veis	**veíais**	**visteis**	veréis	veríais	**veáis**	**vierais**	ved (no **veáis**)
	ven	**veían**	**vieron**	verán	verían	**vean**	**vieran**	**vean** Uds.

Stem-changing verbs

Infinitive / Participles	INDICATIVE Present	Imperfect	Preterite	Future	Conditional	SUBJUNCTIVE Present	Past	IMPERATIVE
24 contar (o:ue)	**cuento**	contaba	conté	contaré	contaría	**cuente**	contara	
Participles:	**cuentas**	contabas	contaste	contarás	contarías	**cuentes**	contaras	**cuenta** tú (no **cuentes**)
contando	**cuenta**	contaba	contó	contará	contaría	**cuente**	contara	**cuente** Ud.
contado	contamos	contábamos	contamos	contaremos	contaríamos	contemos	contáramos	contemos
	contáis	contabais	contasteis	contaréis	contaríais	contéis	contarais	contad (no contéis)
	cuentan	contaban	contaron	contarán	contarían	**cuenten**	contaran	**cuenten** Uds.
25 dormir (o:ue)	**duermo**	dormía	dormí	dormiré	dormiría	**duerma**	**durmiera**	
Participles:	**duermes**	dormías	dormiste	dormirás	dormirías	**duermas**	**durmieras**	**duerme** tú (no **duermas**)
durmiendo	**duerme**	dormía	**durmió**	dormirá	dormiría	**duerma**	**durmiera**	**duerma** Ud.
dormido	dormimos	dormíamos	dormimos	dormiremos	dormiríamos	**durmamos**	**durmiéramos**	**durmamos**
	dormís	dormíais	dormisteis	dormiréis	dormiríais	**durmáis**	**durmierais**	dormid (no **durmáis**)
	duermen	dormían	**durmieron**	dormirán	dormirían	**duerman**	**durmieran**	**duerman** Uds.
26 empezar (e:ie) (z:c)	**empiezo**	empezaba	**empecé**	empezaré	empezaría	**empiece**	empezara	
Participles:	**empiezas**	empezabas	empezaste	empezarás	empezarías	**empieces**	empezaras	**empieza** tú (no **empieces**)
empezando	**empieza**	empezaba	empezó	empezará	empezaría	**empiece**	empezara	**empiece** Ud.
empezado	empezamos	empezábamos	empezamos	empezaremos	empezaríamos	**empecemos**	empezáramos	**empecemos**
	empezáis	empezabais	empezasteis	empezaréis	empezaríais	**empecéis**	empezarais	empezad (no **empecéis**)
	empiezan	empezaban	empezaron	empezarán	empezarían	**empiecen**	empezaran	**empiecen** Uds.

27. entender (e:ie)
Participles: entendiendo, entendido

	INDICATIVE					SUBJUNCTIVE		IMPERATIVE
	Present	Imperfect	Preterite	Future	Conditional	Present	Past	
	entiendo	entendía	entendí	entenderé	entendería	entienda	entendiera	
	entiendes	entendías	entendiste	entenderás	entenderías	entiendas	entendieras	entiende tú (no entiendas)
	entiende	entendía	entendió	entenderá	entendería	entienda	entendiera	entienda Ud.
	entendemos	entendíamos	entendimos	entenderemos	entenderíamos	entendamos	entendiéramos	entendamos
	entendéis	entendíais	entendisteis	entenderéis	entenderíais	entendáis	entendierais	entended (no entendáis)
	entienden	entendían	entendieron	entenderán	entenderían	entiendan	entendieran	entiendan Uds.

28. jugar (u:ue) (g:gu)
Participles: jugando, jugado

	INDICATIVE					SUBJUNCTIVE		IMPERATIVE
	Present	Imperfect	Preterite	Future	Conditional	Present	Past	
	juego	jugaba	jugué	jugaré	jugaría	juegue	jugara	
	juegas	jugabas	jugaste	jugarás	jugarías	juegues	jugaras	juega tú (no juegues)
	juega	jugaba	jugó	jugará	jugaría	juegue	jugara	juegue Ud.
	jugamos	jugábamos	jugamos	jugaremos	jugaríamos	juguemos	jugáramos	juguemos
	jugáis	jugabais	jugasteis	jugaréis	jugaríais	juguéis	jugarais	jugad (no juguéis)
	juegan	jugaban	jugaron	jugarán	jugarían	jueguen	jugaran	jueguen Uds.

29. pedir (e:i)
Participles: pidiendo, pedido

	INDICATIVE					SUBJUNCTIVE		IMPERATIVE
	Present	Imperfect	Preterite	Future	Conditional	Present	Past	
	pido	pedía	pedí	pediré	pediría	pida	pidiera	
	pides	pedías	pediste	pedirás	pedirías	pidas	pidieras	pide tú (no pidas)
	pide	pedía	pidió	pedirá	pediría	pida	pidiera	pida Ud.
	pedimos	pedíamos	pedimos	pediremos	pediríamos	pidamos	pidiéramos	pidamos
	pedís	pedíais	pedisteis	pediréis	pediríais	pidáis	pidierais	pedid (no pidáis)
	piden	pedían	pidieron	pedirán	pedirían	pidan	pidieran	pidan Uds.

30. pensar (e:ie)
Participles: pensando, pensado

	INDICATIVE					SUBJUNCTIVE		IMPERATIVE
	Present	Imperfect	Preterite	Future	Conditional	Present	Past	
	pienso	pensaba	pensé	pensaré	pensaría	piense	pensara	
	piensas	pensabas	pensaste	pensarás	pensarías	pienses	pensaras	piensa tú (no pienses)
	piensa	pensaba	pensó	pensará	pensaría	piense	pensara	piense Ud.
	pensamos	pensábamos	pensamos	pensaremos	pensaríamos	pensemos	pensáramos	pensemos
	pensáis	pensabais	pensasteis	pensaréis	pensaríais	penséis	pensarais	pensad (no penséis)
	piensan	pensaban	pensaron	pensarán	pensarían	piensen	pensaran	piensen Uds.

31. reír(se) (e:i)
Participles: riendo, reído

	INDICATIVE					SUBJUNCTIVE		IMPERATIVE
	Present	Imperfect	Preterite	Future	Conditional	Present	Past	
	río	reía	reí	reiré	reiría	ría	riera	
	ríes	reías	reíste	reirás	reirías	rías	rieras	ríe tú (no rías)
	ríe	reía	rió	reirá	reiría	ría	riera	ría Ud.
	reímos	reíamos	reímos	reiremos	reiríamos	riamos	riéramos	riamos
	reís	reíais	reísteis	reiréis	reiríais	riáis	rierais	reíd (no riáis)
	ríen	reían	rieron	reirán	reirían	rían	rieran	rían Uds.

32. seguir (e:i) (gu:g)
Participles: siguiendo, seguido

	INDICATIVE					SUBJUNCTIVE		IMPERATIVE
	Present	Imperfect	Preterite	Future	Conditional	Present	Past	
	sigo	seguía	seguí	seguiré	seguiría	siga	siguiera	
	sigues	seguías	seguiste	seguirás	seguirías	sigas	siguieras	sigue tú (no sigas)
	sigue	seguía	siguió	seguirá	seguiría	siga	siguiera	siga Ud.
	seguimos	seguíamos	seguimos	seguiremos	seguiríamos	sigamos	siguiéramos	sigamos
	seguís	seguíais	seguisteis	seguiréis	seguiríais	sigáis	siguierais	seguid (no sigáis)
	siguen	seguían	siguieron	seguirán	seguirían	sigan	siguieran	sigan Uds.

33. sentir (e:ie)
Participles: sintiendo, sentido

	INDICATIVE					SUBJUNCTIVE		IMPERATIVE
	Present	Imperfect	Preterite	Future	Conditional	Present	Past	
	siento	sentía	sentí	sentiré	sentiría	sienta	sintiera	
	sientes	sentías	sentiste	sentirás	sentirías	sientas	sintieras	siente tú (no sientas)
	siente	sentía	sintió	sentirá	sentiría	sienta	sintiera	sienta Ud.
	sentimos	sentíamos	sentimos	sentiremos	sentiríamos	sintamos	sintiéramos	sintamos
	sentís	sentíais	sentisteis	sentiréis	sentiríais	sintáis	sintierais	sentid (no sintáis)
	sienten	sentían	sintieron	sentirán	sentirían	sientan	sintieran	sientan Uds.

Infinitive	INDICATIVE					SUBJUNCTIVE		IMPERATIVE
	Present	Imperfect	Preterite	Future	Conditional	Present	Past	
34 volver (o:ue)	**vuelvo**	volvía	volví	volveré	volvería	**vuelva**	volviera	
	vuelves	volvías	volviste	volverás	volverías	**vuelvas**	volvieras	**vuelve** tú (no **vuelvas**)
	vuelve	volvía	volvió	volverá	volvería	**vuelva**	volviera	**vuelva** Ud.
	volvemos	volvíamos	volvimos	volveremos	volveríamos	volvamos	volviéramos	volvamos
Participles:	volvéis	volvíais	volvisteis	volveréis	volveríais	volváis	volvierais	volved (no volváis)
volviendo	**vuelven**	volvían	volvieron	volverán	volverían	**vuelvan**	volvieran	**vuelvan** Uds.
vuelto								

Verbs with spelling changes only

Infinitive	INDICATIVE					SUBJUNCTIVE		IMPERATIVE
	Present	Imperfect	Preterite	Future	Conditional	Present	Past	
35 conocer (c:zc)	**conozco**	conocía	conocí	conoceré	conocería	**conozca**	conociera	
	conoces	conocías	conociste	conocerás	conocerías	**conozcas**	conocieras	conoce tú (no **conozcas**)
	conoce	conocía	conoció	conocerá	conocería	**conozca**	conociera	**conozca** Ud.
Participles:	conocemos	conocíamos	conocimos	conoceremos	conoceríamos	**conozcamos**	conociéramos	**conozcamos**
conociendo	conocéis	conocíais	conocisteis	conoceréis	conoceríais	**conozcáis**	conocierais	conoced (no **conozcáis**)
conocido	conocen	conocían	conocieron	conocerán	conocerían	**conozcan**	conocieran	**conozcan** Uds.
36 creer (y)	creo	creía	**creí**	creeré	creería	crea	**creyera**	
	crees	creías	**creíste**	creerás	creerías	creas	**creyeras**	cree tú (no creas)
	cree	creía	**creyó**	creerá	creería	crea	**creyera**	crea Ud.
Participles:	creemos	creíamos	**creímos**	creeremos	creeríamos	creamos	**creyéramos**	creamos
creyendo	creéis	creíais	**creísteis**	creeréis	creeríais	creáis	**creyerais**	creed (no creáis)
creído	creen	creían	**creyeron**	creerán	creerían	crean	**creyeran**	crean Uds.
37 cruzar (z:c)	cruzo	cruzaba	**crucé**	cruzaré	cruzaría	**cruce**	cruzara	
	cruzas	cruzabas	cruzaste	cruzarás	cruzarías	**cruces**	cruzaras	cruza tú (no **cruces**)
	cruza	cruzaba	cruzó	cruzará	cruzaría	**cruce**	cruzara	**cruce** Ud.
Participles:	cruzamos	cruzábamos	cruzamos	cruzaremos	cruzaríamos	**crucemos**	cruzáramos	**crucemos**
cruzando	cruzáis	cruzabais	cruzasteis	cruzaréis	cruzaríais	**crucéis**	cruzarais	cruzad (no **crucéis**)
cruzado	cruzan	cruzaban	cruzaron	cruzarán	cruzarían	**crucen**	cruzaran	**crucen** Uds.
38 destruir (y)	**destruyo**	destruía	destruí	destruiré	destruiría	**destruya**	**destruyera**	
	destruyes	destruías	destruiste	destruirás	destruirías	**destruyas**	**destruyeras**	**destruye** tú (no **destruyas**)
	destruye	destruía	**destruyó**	destruirá	destruiría	**destruya**	**destruyera**	**destruya** Ud.
Participles:	destruimos	destruíamos	destruimos	destruiremos	destruiríamos	**destruyamos**	**destruyéramos**	**destruyamos**
destruyendo	destruís	destruíais	destruisteis	destruiréis	destruiríais	**destruyáis**	**destruyerais**	destruid (no **destruyáis**)
destruido	**destruyen**	destruían	**destruyeron**	destruirán	destruirían	**destruyan**	**destruyeran**	**destruyan** Uds.
39 enviar (envío)	**envío**	enviaba	envié	enviaré	enviaría	**envíe**	enviara	
	envías	enviabas	enviaste	enviarás	enviarías	**envíes**	enviaras	**envía** tú (no **envíes**)
	envía	enviaba	envió	enviará	enviaría	**envíe**	enviara	**envíe** Ud.
Participles:	enviamos	enviábamos	enviamos	enviaremos	enviaríamos	**enviemos**	enviáramos	enviemos
enviando	enviáis	enviabais	enviasteis	enviaréis	enviaríais	**enviéis**	enviarais	enviad (no **enviéis**)
enviado	**envían**	enviaban	enviaron	enviarán	enviarían	**envíen**	enviaran	**envíen** Uds.

Infinitive	INDICATIVE					SUBJUNCTIVE		IMPERATIVE
	Present	Imperfect	Preterite	Future	Conditional	Present	Past	
40 graduarse (gradúo)	**gradúo**	graduaba	gradué	graduaré	graduaría	**gradúe**	graduara	
	gradúas	graduabas	graduaste	graduarás	graduarías	**gradúes**	graduaras	**gradúa** tú (no **gradúes**)
	gradúa	graduaba	graduó	graduará	graduaría	**gradúe**	graduara	**gradúe** Ud.
Participles:	graduamos	graduábamos	graduamos	graduaremos	graduaríamos	graduemos	graduáramos	graduemos
graduando	graduáis	graduabais	graduasteis	graduaréis	graduaríais	graduéis	graduarais	graduad (no graduéis)
graduado	**gradúan**	graduaban	graduaron	graduarán	graduarían	**gradúen**	graduaran	**gradúen** Uds.
41 llegar (g:gu)	llego	llegaba	**llegué**	llegaré	llegaría	**llegue**	llegara	
	llegas	llegabas	llegaste	llegarás	llegarías	**llegues**	llegaras	llega tú (no **llegues**)
	llega	llegaba	llegó	llegará	llegaría	**llegue**	llegara	**llegue** Ud.
Participles:	llegamos	llegábamos	llegamos	llegaremos	llegaríamos	**lleguemos**	llegáramos	**lleguemos**
llegando	llegáis	llegabais	llegasteis	llegaréis	llegaríais	**lleguéis**	llegarais	llegad (no **lleguéis**)
llegado	llegan	llegaban	llegaron	llegarán	llegarían	**lleguen**	llegaran	**lleguen** Uds.
42 proteger (g:j)	**protejo**	protegía	protegí	protegeré	protegería	**proteja**	protegiera	
	proteges	protegías	protegiste	protegerás	protegerías	**protejas**	protegieras	protege tú (no **protejas**)
	protege	protegía	protegió	protegerá	protegería	**proteja**	protegiera	**proteja** Ud.
Participles:	protegemos	protegíamos	protegimos	protegeremos	protegeríamos	**protejamos**	protegiéramos	**protejamos**
protegiendo	protegéis	protegíais	protegisteis	protegeréis	protegeríais	**protejáis**	protegierais	proteged (no **protejáis**)
protegido	protegen	protegían	protegieron	protegerán	protegerían	**protejan**	protegieran	**protejan** Uds.
43 tocar (c:qu)	toco	tocaba	**toqué**	tocaré	tocaría	**toque**	tocara	
	tocas	tocabas	tocaste	tocarás	tocarías	**toques**	tocaras	toca tú (no **toques**)
	toca	tocaba	tocó	tocará	tocaría	**toque**	tocara	**toque** Ud.
Participles:	tocamos	tocábamos	tocamos	tocaremos	tocaríamos	**toquemos**	tocáramos	**toquemos**
tocando	tocáis	tocabais	tocasteis	tocaréis	tocaríais	**toquéis**	tocarais	tocad (no **toquéis**)
tocado	tocan	tocaban	tocaron	tocarán	tocarían	**toquen**	tocaran	**toquen** Uds.

Guide to Vocabulary

Note on alphabetization

For purposes of alphabetization, **ch** and **ll** are not treated as separate letters, but **ñ** follows **n**. Therefore, in this glossary you will find that **año**, for example, appears after **anuncio**.

Abbreviations used in this glossary

adj.	adjective	*form.*	formal	*pl.*	plural
adv.	adverb	*indef.*	indefinite	*poss.*	possessive
art.	article	*interj.*	interjection	*prep.*	preposition
conj.	conjunction	*i.o.*	indirect object	*pron.*	pronoun
def.	definite	*m.*	masculine	*ref.*	reflexive
d.o.	direct object	*n.*	noun	*sing.*	singular
f.	feminine	*obj.*	object	*sub.*	subject
fam.	familiar	*p.p.*	past participle	*v.*	verb

Spanish-English

A

a *prep.* at; to 1
   ¿A qué hora...? At what time...? 1
   a bordo aboard 1
   a dieta on a diet 15
   a la derecha to the right 2
   a la izquierda to the left 2
   a la plancha grilled 8
   a la(s) + *time* at + *time* 1
   a menos que unless 13
   a menudo *adv.* often 10
   a nombre de in the name of 5
   a plazos in installments 14
   A sus órdenes. At your service. 11
   a tiempo *adv.* on time 10
   a veces *adv.* sometimes 10
   a ver let's see
¡Abajo! *adv.* Down! 15
abeja *f.* bee
abierto/a *adj.* open 5, 14
abogado/a *m., f.* lawyer
abrazar(se) *v.* to hug; to embrace (each other) 11
abrazo *m.* hug
abrigo *m.* coat 6
abril *m.* April 5
abrir *v.* to open 3
abuelo/a *m., f.* grandfather; grandmother 3
abuelos *pl.* grandparents 3
aburrido/a *adj.* bored; boring 5
aburrir *v.* to bore 7
aburrirse *v.* to get bored
acabar de (+ *inf.*) *v.* to have just done something 6
acampar *v.* to camp 5
accidente *m.* accident 10
acción *f.* action
   de acción action (genre)

aceite *m.* oil 8
aceptar: ¡Acepto casarme contigo! I'll marry you!
ácido/a *adj.* acid 13
acompañar *v.* to accompany 14
aconsejar *v.* to advise 12
acontecimiento *m.* event
acordarse (de) (o:ue) *v.* to remember 7
acostarse (o:ue) *v.* to go to bed 7
activo/a *adj.* active 15
actor *m.* actor
actriz *f.* actor
actualidades *f., pl.* news; current events
acuático/a *adj.* aquatic 4
adelgazar *v.* to lose weight; to slim down 15
además (de) *adv.* furthermore; besides 10
adicional *adj.* additional
adiós *m.* good-bye 1
adjetivo *m.* adjective
administración de empresas *f.* business administration 2
adolescencia *f.* adolescence 9
¿adónde? *adv.* where (to)? (destination) 2
aduana *f.* customs 5
aeróbico/a *adj.* aerobic 15
aeropuerto *m.* airport 5
afectado/a *adj.* affected 13
afeitarse *v.* to shave 7
aficionado/a *adj.* fan 4
afirmativo/a *adj.* affirmative
afuera *adv.* outside 5
afueras *f., pl.* suburbs; outskirts 12
agencia de viajes *f.* travel agency 5
agente de viajes *m., f.* travel agent 5
agosto *m.* August 5
agradable *adj.* pleasant 5

agua *f.* water 8
   agua mineral mineral water 8
aguantar *v.* to endure, to hold up 14
ahora *adv.* now 2
   ahora mismo right now 5
ahorrar *v.* to save (money) 14
ahorros *m.* savings 14
aire *m.* air 5
ajo *m.* garlic 8
al (*contraction of* **a + el**) 2
   al aire libre open-air 6
   al contado in cash 14
   (al) este (to the) east 14
   al fondo (de) at the end (of) 12
   al lado de beside 2
   (al) norte (to the) north 14
   (al) oeste (to the) west 14
   (al) sur (to the) south 14
alcoba *f.* bedroom 12
alcohol *m.* alcohol 15
alcohólico/a *adj.* alcoholic 15
alegrarse (de) *v.* to be happy 13
alegre *adj.* happy; joyful 5
alegría *f.* happiness 9
alemán, alemana *adj.* German 3
alérgico/a *adj.* allergic 10
alfombra *f.* carpet; rug 12
algo *pron.* something; anything 7
algodón *m.* cotton 6
alguien *pron.* someone; somebody; anyone 7
algún, alguno/a(s) *adj.* any; some 7
alimento *m.* food
   alimentación *f.* diet
aliviar *v.* to reduce 15
   aliviar el estrés/la tensión to reduce stress/tension 15
allá *adv.* over there 2
allí *adv.* there 2
   allí mismo right there 14
alma *f.* soul 9
almacén *m.* department store 6

almohada *f.* pillow 12
almorzar (o:ue) *v.* to have lunch 4
almuerzo *m.* lunch 4, 8
aló *interj.* hello (*on the telephone*) 11
alquilar *v.* to rent 12
alquiler *m.* rent (payment) 12
altar *m.* altar 9
altillo *m.* attic 12
alto/a *adj.* tall 3
aluminio *m.* aluminum 13
ama de casa *m., f.* housekeeper; caretaker 12
amable *adj.* nice; friendly 5
amarillo/a *adj.* yellow 6
amigo/a *m., f.* friend 3
amistad *f.* friendship 9
amor *m.* love 9
   amor a primera vista love at first sight 9
anaranjado/a *adj.* orange 6
ándale *interj.* come on 14
andar *v.* **en patineta** to skateboard 4
ángel *m.* angel 9
anillo *m.* ring
animal *m.* animal 13
aniversario (de bodas) *m.* (wedding) anniversary 9
anoche *adv.* last night 6
anteayer *adv.* the day before yesterday 6
antes *adv.* before 7
   antes (de) que *conj.* before 13
   antes de *prep.* before 7
antibiótico *m.* antibiotic 10
antipático/a *adj.* unpleasant 3
anunciar *v.* to announce; to advertise
anuncio *m.* advertisement
año *m.* year 5
   año pasado last year 6
apagar *v.* to turn off 11
aparato *m.* appliance
apartamento *m.* apartment 12
apellido *m.* last name 3
apenas *adv.* hardly; scarcely 10
aplaudir *v.* to applaud
apreciar *v.* to appreciate
aprender (a + *inf.*) *v.* to learn 3
apurarse *v.* to hurry; to rush 15
aquel, aquella *adj.* that; those (over there) 6
aquél, aquélla *pron.* that; those (over there) 6
aquello *neuter, pron.* that; that thing; that fact 6
aquellos/as *pl. adj.* those (over there) 6
aquéllos/as *pl. pron.* those (ones) (over there) 6
aquí *adv.* here 1
   Aquí está(n)... Here is/are... 5
   aquí mismo right here 11
árbol *m.* tree 13

archivo *m.* file 11
arete *m.* earing 6
Argentina *f.* Argentina 1
argentino/a *adj.* Argentine 3
armario *m.* closet 12
arqueología *f.* archaeology 2
arqueólogo/a *m., f.* archaeologist
arquitecto/a *m., f.* architect
arrancar *v.* to start (*a car*) 11
arreglar *v.* to fix; to arrange 11; to neaten; to straighten up 12
arreglarse *v.* to get ready 7; to fix oneself (*clothes, hair, etc. to go out*) 7
arriba: hasta arriba to the top 15
arroba *f.* @ symbol 11
arroz *m.* rice 8
arte *m.* art 2
artes *f., pl.* arts
artesanía *f.* craftsmanship; crafts
artículo *m.* article
artista *m., f.* artist 3
artístico/a *adj.* artistic
arveja *m.* pea 8
asado/a *adj.* roast 8
ascenso *m.* promotion
ascensor *m.* elevator 5
así *adv.* like this; so (*in such a way*) 10
asistir (a) *v.* to attend 3
aspiradora *f.* vacuum cleaner 12
aspirante *m., f.* candidate; applicant
aspirina *f.* aspirin 10
atún *m.* tuna 8
aumentar *v.* to grow; to get bigger 13
aumentar *v.* **de peso** to gain weight 15
aumento *m.* increase
   aumento de sueldo pay raise
aunque although
autobús *m.* bus 1
automático/a *adj.* automatic
auto(móvil) *m.* auto(mobile) 5
autopista *f.* highway 11
ave *f.* bird 13
avenida *f.* avenue
aventura *f.* adventure
   de aventura adventure (genre)
avergonzado/a *adj.* embarrassed 5
avión *m.* airplane 5
¡Ay! *interj.* Oh!
   ¡Ay, qué dolor! Oh, what pain!
ayer *adv.* yesterday 6
ayudar(se) *v.* to help (each other) 11, 12
azúcar *m.* sugar 8
azul *adj. m., f.* blue 6

B

bailar *v.* to dance 2
bailarín/bailarina *m., f.* dancer
baile *m.* dance
bajar(se) de *v.* to get off of/out of (a vehicle) 11
bajo/a *adj.* short (*in height*) 3
bajo control under control 7
balcón *m.* balcony 12
balde *m.* bucket 5
ballena *f.* whale 13
baloncesto *m.* basketball 4
banana *f.* banana 8
banco *m.* bank 14
banda *f.* band
bandera *f.* flag
bañarse *v.* to bathe; to take a bath 7
baño *m.* bathroom 7
barato/a *adj.* cheap 6
barco *m.* boat 5
barrer *v.* to sweep 12
   barrer el suelo *v.* to sweep the floor 12
barrio *m.* neighborhood 12
bastante *adv.* enough; rather 10; pretty 13
basura *f.* trash 12
baúl *m.* trunk 11
beber *v.* to drink 3
bebida *f.* drink 8
   bebida alcohólica *f.* alcoholic beverage 15
béisbol *m.* baseball 4
bellas artes *f., pl.* fine arts
belleza *f.* beauty 14
beneficio *m.* benefit
besar(se) *v.* to kiss (each other) 11
beso *m.* kiss 9
biblioteca *f.* library 2
bicicleta *f.* bicycle 4
bien *adj.* well 1
bienestar *m.* well-being 15
bienvenido(s)/a(s) *adj.* welcome 12
billete *m.* paper money; ticket
billón *m.* trillion
biología *f.* biology 2
bisabuelo/a *m., f.* great-grandfather/great-grandmother 3
bistec *m.* steak 8
bizcocho *m.* biscuit
blanco/a *adj.* white 6
blog *m.* blog 11
(blue)jeans *m., pl.* jeans 6
blusa *f.* blouse 6
boca *f.* mouth 10
boda *f.* wedding 9
boleto *m.* ticket 2
bolsa *f.* purse, bag 6
bombero/a *m., f.* firefighter
bonito/a *adj.* pretty 3
borrador *m.* eraser 2
borrar *v.* to erase 11

bosque *m.* forest 13
  bosque tropical tropical forest; rainforest 13
bota *f.* boot 6
botella *f.* bottle 9
  botella de vino bottle of wine 9
botones *m., f. sing.* bellhop 5
brazo *m.* arm 10
brindar *v.* to toast (*drink*) 9
bucear *v.* to scuba dive 4
bueno *adv.* well
buen, bueno/a *adj.* good 3, 6
  buena forma good shape (*physical*) 15
  Buena idea. Good idea.
  Buenas noches. Good evening; Good night. 1
  Buenas tardes. Good afternoon. 1
  buenísimo/a extremely good
  Bueno. Hello. (*on telephone*) 11
  Buenos días. Good morning. 1
bulevar *m.* boulevard
buscar *v.* to look for 2
buzón *m.* mailbox 14

C

caballero *m.* gentleman, sir 8
caballo *m.* horse 5
cabe: no cabe duda de there's no doubt 13
cabeza *f.* head 10
cada *adj. m., f.* each 6
caerse *v.* to fall (down) 10
café *m.* café 4; *adj. m., f.* brown 6; *m.* coffee 8
cafeína *f.* caffeine 14
cafetera *f.* coffee maker 12
cafetería *f.* cafeteria 2
caído/a *p.p.* fallen 14
caja *f.* cash register 6
cajero/a *m., f.* cashier 14
  cajero automático *m.* ATM 14
calavera de azúcar *f.* skull made out of sugar 9
calcetín (calcetines) *m.* sock(s) 6
calculadora *f.* calculator 2
caldo *m.* soup
calentamiento global *m.* global warming 13
calentarse (e:ie) *v.* to warm up 15
calidad *f.* quality 6
calle *f.* street 11
calor *m.* heat 4
caloría *f.* calorie 15
calzar *v.* to take size... shoes 6
cama *f.* bed 5
cámara digital *f.* digital camera 11
cámara de video *f.* video camera 11
camarero/a *m., f.* waiter/waitress 8

camarón *m.* shrimp 8
cambiar (de) *v.* to change 9
cambio: de cambio in change 2
cambio *m.* **climático** climate change 13
cambio *m.* **de moneda** currency exchange
caminar *v.* to walk 2
camino *m.* road
camión *m.* truck; bus
camisa *f.* shirt 6
camiseta *f.* t-shirt 6
campo *m.* countryside 5
canadiense *adj.* Canadian 3
canal *m.* (TV) channel 11
canción *f.* song
candidato/a *m., f.* candidate
canela *f.* cinnamon 10
cansado/a *adj.* tired 5
cantante *m., f.* singer
cantar *v.* to sing 2
capital *f.* capital city 1
capó *m.* hood 11
cara *f.* face 7
caramelo *m.* caramel 9
carne *f.* meat 8
  carne de res *f.* beef 8
carnicería *f.* butcher shop 14
caro/a *adj.* expensive 6
carpintero/a *m., f.* carpenter
carrera *f.* career
carretera *f.* highway 11
carro *m.* car; automobile 11
carta *f.* letter 4; (playing) card 5
cartel *m.* poster 12
cartera *f.* wallet 4, 6
cartero *m.* mail carrier 14
casa *f.* house; home 2
casado/a *adj.* married 9
casarse (con) *v.* to get married (to) 9
casi *adv.* almost 10
catorce *adj.* fourteen 1
cazar *v.* to hunt 13
cebolla *f.* onion 8
cederrón *m.* CD-ROM 11
celebrar *v.* to celebrate 9
cementerio *m.* cemetery 9
cena *f.* dinner 8
cenar *v.* to have dinner 2
centro *m.* downtown 4
  centro comercial shopping mall 6
cepillarse los dientes/el pelo *v.* to brush one's teeth/one's hair 7
cerámica *f.* pottery
cerca de *prep.* near 2
cerdo *m.* pork 8
cereales *m., pl.* cereal; grains 8
cero *m.* zero 1
cerrado/a *adj.* closed 5, 14
cerrar (e:ie) *v.* to close 4
cerveza *f.* beer 8
césped *m.* grass
ceviche *m.* marinated fish dish 8
  ceviche de camarón *m.* lemon-marinated shrimp 8

chaleco *m.* vest
champán *m.* champagne 9
champiñón *m.* mushroom 8
champú *m.* shampoo 7
chaqueta *f.* jacket 6
chau *fam. interj.* bye 1
cheque *m.* (bank) check 14
  cheque (de viajero) *m.* (traveler's) check 14
chévere *adj., fam.* terrific
chico/a *m., f.* boy/girl 1
chino/a *adj.* Chinese 3
chocar (con) *v.* to run into
chocolate *m.* chocolate 9
choque *m.* collision
chuleta *f.* chop (*food*) 8
  chuleta de cerdo *f.* pork chop 8
cibercafé *m.* cybercafé
ciclismo *m.* cycling 4
cielo *m.* sky 13
cien(to) one hundred 2
ciencia *f.* science 2
  ciencias ambientales environmental sciences 2
  de ciencia ficción *f.* science fiction (genre)
científico/a *m., f.* scientist
cierto *m.* certain 13
  es cierto it's certain 13
  no es cierto it's not certain 13
cima *f.* top, peak 15
cinco five 1
cincuenta fifty 2
cine *m.* movie theater 4
cinta *f.* (audio)tape
  cinta caminadora *f.* treadmill 15
cinturón *m.* belt 6
circulación *f.* traffic 11
cita *f.* date; appointment 9
ciudad *f.* city 4
ciudadano/a *m., f.* citizen
Claro (que sí). *fam.* Of course.
clase *f.* class 2
  clase de ejercicios aeróbicos *f.* aerobics class 15
clásico/a *adj.* classical
cliente/a *m., f.* customer 6
clínica *f.* clinic 10
cobrar *v.* to cash (a check) 14
coche *m.* car; automobile 11
cocina *f.* kitchen; stove 9, 12
cocinar *v.* to cook 12
cocinero/a *m., f.* cook, chef
cofre *m.* hood 14
cola *f.* line 14
colesterol *m.* cholesterol 15
color *m.* color 6
comedia *f.* comedy; play
comedor *m.* dining room 12
comenzar (e:ie) *v.* to begin 4
comer *v.* to eat 3
comercial *adj.* commercial; business-related
comida *f.* food; meal 4, 8

como like; as 8

¿cómo? what?; how? 1

  ¿Cómo es...? What's... like? 3

  ¿Cómo está usted? *form.* How are you? 1

  ¿Cómo estás? *fam.* How are you? 1

  ¿Cómo les fue...? *pl.* How did ... go for you? 15

  ¿Cómo se llama usted? *(form.)* What's your name? 1

  ¿Cómo te llamas? *fam.* What's your name? 1

cómoda *f.* chest of drawers 12

cómodo/a *adj.* comfortable 5

compañero/a de clase *m., f.* classmate 2

compañero/a de cuarto *m., f.* roommate 2

compañía *f.* company; firm

compartir *v.* to share 3

completamente *adv.* completely 5

compositor(a) *m., f.* composer

comprar *v.* to buy 2

compras *f., pl.* purchases 5

  ir de compras go shopping 5

comprender *v.* to understand 3

comprobar *v.* to check

comprometerse (con) *v.* to get engaged (to) 9

computación *f.* computer science 2

computadora *f.* computer 1

computadora portátil *f.* portable computer; laptop 11

comunicación *f.* communication

comunicarse (con) *v.* to communicate (with)

comunidad *f.* community 1

con *prep.* with 2

  Con él/ella habla. Speaking./ This is he/she. (*on telephone*) 11

  con frecuencia *adv.* frequently 10

  Con permiso. Pardon me; Excuse me. 1

  con tal (de) que provided (that) 13

concierto *m.* concert

concordar *v.* to agree

concurso *m.* game show; contest

conducir *v.* to drive 6, 11

conductor(a) *m., f.* driver 1

conexión *f.* **inalámbrica** wireless (connection) 11

confirmar *v.* to confirm 5

confirmar *v.* **una reservación** *f.* to confirm a reservation 5

confundido/a *adj.* confused 5

congelador *m.* freezer 12

congestionado/a *adj.* congested; stuffed-up 10

conmigo *pron.* with me 4, 9

conocer *v.* to know; to be acquainted with 6

conocido *adj.; p.p.* known

conseguir (e:i) *v.* to get; to obtain 4

consejero/a *m., f.* counselor; advisor

consejo *m.* advice

conservación *f.* conservation 13

conservar *v.* to conserve 13

construir *v.* to build

consultorio *m.* doctor's office 10

consumir *v.* to consume 15

contabilidad *f.* accounting 2

contador(a) *m., f.* accountant

contaminación *f.* pollution 13

  contaminación del aire/del agua air/water pollution 13

contaminado/a *adj.* polluted 13

contaminar *v.* to pollute 13

contar (o:ue) *v.* to count; to tell 4

contar (con) *v.* to count (on) 12

contento/a *adj.* happy; content 5

contestadora *f.* answering machine 11

contestar *v.* to answer 2

contigo *fam. pron.* with you 5, 9

contratar *v.* to hire

control *m.* control 7

  control remoto remote control 11

controlar *v.* to control 13

conversación *f.* conversation 1

conversar *v.* to converse, to chat 2

copa *f.* wineglass; goblet 12

corazón *m.* heart 10

corbata *f.* tie 6

corredor(a) *m., f.* **de bolsa** stockbroker

correo *m.* mail; post office 14

  correo electrónico *m.* e-mail 4

  correo de voz *m.* voice mail 11

correr *v.* to run 3

cortesía *f.* courtesy

cortinas *f., pl.* curtains 12

corto/a *adj.* short (*in length*) 6

cosa *f.* thing 1

Costa Rica *f.* Costa Rica 1

costar (o:ue) *f.* to cost 6

costarricense *adj.* Costa Rican 3

cráter *m.* crater 13

creer *v.* to believe 13

  creer (en) *v.* to believe (in) 3

  no creer (en) *v.* not to believe (in) 13

creído/a *adj., p.p.* believed 14

crema de afeitar *f.* shaving cream 5, 7

crimen *m.* crime; murder

cruzar *v.* to cross 14

cuaderno *m.* notebook 1

cuadra *f.* (city) block 14

¿cuál(es)? which?; which one(s)? 2

  ¿Cuál es la fecha de hoy? What is today's date? 5

cuadro *m.* picture 12

cuadros *m., pl.* plaid 6

cuando when 7; 13

¿cuándo? when? 2

¿cuánto(s)/a(s)? how much/how many? 1

¿Cuánto cuesta...? How much does... cost? 6

¿Cuántos años tienes? How old are you? 3

cuarenta forty 2

cuarto de baño *m.* bathroom 7

cuarto *m.* room 2; 7

cuarto/a *adj.* fourth 5

  menos cuarto quarter to (time)

  y cuarto quarter after (time) 1

cuatro four 1

cuatrocientos/as four hundred 2

Cuba *f.* Cuba 1

cubano/a *adj.* Cuban 3

cubiertos *m., pl.* silverware

cubierto/a *p.p.* covered

cubrir *v.* to cover

cuchara *f.* (table or large) spoon 12

cuchillo *m.* knife 12

cuello *m.* neck 10

cuenta *f.* bill 8; account 14

  cuenta corriente *f.* checking account 14

  cuenta de ahorros *f.* savings account 14

cuento *m.* short story

cuerpo *m.* body 10

cuidado *m.* care 3

cuidar *v.* to take care of 13

  ¡Cuídense! Take care! 14

cultura *f.* culture 2

cumpleaños *m., sing.* birthday 9

cumplir años *v.* to have a birthday 9

cuñado/a *m., f.* brother-in-law; sister-in-law 3

currículum *m.* résumé

curso *m.* course 2

D

danza *f.* dance

dañar *v.* to damage; to break down 10

dar *v.* to give 6, 9

  dar un consejo *v.* to give advice

  darse con *v.* to bump into; to run into (something) 10

  darse prisa *v.* to hurry; to rush 15

de *prep.* of; from 1

  ¿De dónde eres? *fam.* Where are you from? 1

  ¿De dónde es usted? *form.* Where are you from? 1

  ¿De parte de quién? Who is speaking/calling? (*on telephone*) 11

  ¿de quién...? whose...? (*sing.*) 1

  ¿de quiénes...? whose...? (*pl.*) 1

  de algodón (made) of cotton 6

  de aluminio (made) of aluminum 13

  de buen humor in a good mood 5

de compras shopping 5
de cuadros plaid 6
de excursión hiking 4
de hecho in fact
de ida y vuelta roundtrip 5
de la mañana in the morning; A.M. 1
de la noche in the evening; at night; P.M. 1
de la tarde in the afternoon; in the early evening; P.M. 1
de lana (made) of wool 6
de lunares polka-dotted 6
de mal humor in a bad mood 5
de mi vida of my life 15
de moda in fashion 6
De nada. You're welcome. 1
de niño/a as a child 10
de parte de on behalf of 11
de plástico (made) of plastic 13
de rayas striped 6
de repente suddenly 6
de seda (made) of silk 6
de vaqueros western (genre)
de vez en cuando from time to time 10
de vidrio (made) of glass 13
debajo de *prep.* below; under 2
deber (+ *inf.*) *v.* should; must; ought to 3
   Debe ser… It must be… 6
deber *m.* responsibility; obligation
debido a due to (the fact that)
débil *adj.* weak 15
decidido/a *adj.* decided 14
decidir (+ *inf.*) *v.* to decide 3
décimo/a *adj.* tenth 5
decir (e:i) *v.* (que) to say (that); to tell (that) 4, 9
   decir la respuesta to say the answer 4
   decir la verdad to tell the truth 4
   decir mentiras to tell lies 4
declarar *v.* to declare; to say
dedo *m.* finger 10
dedo del pie *m.* toe 10
deforestación *f.* deforestation 13
dejar *v.* to let 12; to quit; to leave behind
   dejar de (+ *inf.*) *v.* to stop (*doing something*) 13
   dejar una propina *v.* to leave a tip 9
del (*contraction of* **de + el**) of the; from the
delante de *prep.* in front of 2
delgado/a *adj.* thin; slender 3
delicioso/a *adj.* delicious 8
demás *adj.* the rest
demasiado *adj., adv.* too much 6
dentista *m., f.* dentist 10
dentro de (diez años) within (ten years); inside
dependiente/a *m., f.* clerk 6

deporte *m.* sport 4
deportista *m.* sports person
deportivo/a *adj.* sports-related 4
depositar *v.* to deposit 14
derecha *f.* right 2
derecho *adj.* straight (ahead) 14
   a la derecha de to the right of 2
derechos *m., pl.* rights
desarrollar *v.* to develop 13
desastre (natural) *m.* (natural) disaster
desayunar *v.* to have breakfast 2
desayuno *m.* breakfast 8
descafeinado/a *adj.* decaffeinated 15
descansar *v.* to rest 2
descargar *v.* to download 11
descompuesto/a *adj.* not working; out of order 11
describir *v.* to describe 3
descrito/a *p.p.* described 14
descubierto/a *p.p.* discovered 14
descubrir *v.* to discover 13
desde *prep.* from 6
desear *v.* to wish; to desire 2
desempleo *m.* unemployment
desierto *m.* desert 13
desigualdad *f.* inequality
desordenado/a *adj.* disorderly 5
despacio *adv.* slowly 10
despedida *f.* farewell; good-bye
despedir (e:i) *v.* to fire
despedirse (de) (e:i) *v.* to say goodbye (to) 7
despejado/a *adj.* clear (*weather*)
despertador *m.* alarm clock 7
despertarse (e:ie) *v.* to wake up 7
después *adv.* afterwards; then 7
   después de after 7
   después de que *conj.* after 13
destruir *v.* to destroy 13
detrás de *prep.* behind 2
día *m.* day 1
   día de fiesta holiday 9
diario *m.* diary 1; newspaper
   diario/a *adj.* daily 7
dibujar *v.* to draw 2
dibujo *m.* drawing
   dibujos animados *m., pl.* cartoons
diccionario *m.* dictionary 1
dicho/a *p.p.* said 14
diciembre *m.* December 5
dictadura *f.* dictatorship
diecinueve nineteen 1
dieciocho eighteen 1
dieciséis sixteen 1
diecisiete seventeen 1
diente *m.* tooth 7
dieta *f.* diet 15
   comer una dieta equilibrada to eat a balanced diet 15
diez ten 1
difícil *adj.* difficult; hard 3
Diga. Hello. (*on telephone*) 11
diligencia *f.* errand 14

dinero *m.* money 6
dirección *f.* address 14
   dirección electrónica *f.* e-mail address 11
director(a) *m., f.* director; (*musical*) conductor
dirigir *v.* to direct
disco compacto compact disc (CD) 11
discriminación *f.* discrimination
discurso *m.* speech
diseñador(a) *m., f.* designer
diseño *m.* design
disfraz *m.* costume
disfrutar (de) *v.* to enjoy; to reap the benefits (of) 15
disminuir *v.* to reduce
diversión *f.* fun activity; entertainment; recreation 4
divertido/a *adj.* fun 7
divertirse (e:ie) *v.* to have fun 9
divorciado/a *adj.* divorced 9
divorciarse (de) *v.* to get divorced (from) 9
divorcio *m.* divorce 9
doblar *v.* to turn 14
doble *adj.* double
doce twelve 1
doctor(a) *m., f.* doctor 3; 10
documental *m.* documentary
documentos de viaje *m., pl.* travel documents
doler (o:ue) *v.* to hurt 10
dolor *m.* ache; pain 10
   dolor de cabeza *m.* headache 10
doméstico/a *adj.* domestic 12
domingo *m.* Sunday 2
don *m.* Mr.; sir 1
doña *f.* Mrs.; ma'am 1
donde *prep.* where
   ¿Dónde está…? Where is…? 2
   ¿dónde? where? 1
dormir (o:ue) *v.* to sleep 4
dormirse (o:ue) *v.* to go to sleep; to fall asleep 7
dormitorio *m.* bedroom 12
dos two 1
   dos veces *f.* twice; two times 6
doscientos/as two hundred 2
drama *m.* drama; play
dramático/a *adj.* dramatic
dramaturgo/a *m., f.* playwright
droga *f.* drug 15
drogadicto/a *adj.* drug addict 15
ducha *f.* shower 7
ducharse *v.* to shower; to take a shower 7
duda *f.* doubt 13
dudar *v.* to doubt 13
   no dudar *v.* not to doubt 13
dueño/a *m., f.* owner; landlord 8
dulces *m., pl.* sweets; candy 9
durante *prep.* during 7
durar *v.* to last

E

e *conj. (used instead of y before words beginning with i and hi)* and 4
echar *v.* to throw
   echar (una carta) al buzón *v.* to put (a letter) in the mailbox 14; to mail 14
ecología *f.* ecology 13
ecologista *m., f.* ecologist 13; *adj.* ecological 13
economía *f.* economics 2
ecoturismo *m.* ecotourism 13
Ecuador *m.* Ecuador 1
ecuatoriano/a *adj.* Ecuadorian 3
edad *f.* age 9
edificio *m.* building 12
   edificio de apartamentos apartment building 12
(en) efectivo *m.* cash 6
ejercer *v.* to practice/exercise (a degree/profession)
ejercicio *m.* exercise 15
   ejercicios aeróbicos aerobic exercises 15
   ejercicios de estiramiento stretching exercises 15
ejército *m.* army
el *m., sing., def. art.* the 1
él *sub. pron.* he 1; *adj. pron.* him
elecciones *f., pl.* election
electricista *m., f.* electrician
electrodoméstico *m.* electric appliance 12
elegante *adj. m., f.* elegant 6
elegir (e:i) *v.* to elect
ella *sub. pron.* she 1; *obj. pron.* her
ellos/as *sub. pron.* they 1; them 1
embarazada *adj.* pregnant 10
emergencia *f.* emergency 10
emitir *v.* to broadcast
emocionante *adj. m., f.* exciting
empezar (e:ie) *v.* to begin 4
empleado/a *m., f.* employee 5
empleo *m.* job; employment
empresa *f.* company; firm
en *prep.* in; on; at 2
   en casa at home 7
   en caso (de) que in case (that) 13
   en cuanto as soon as 13
   en efectivo in cash 14
   en exceso in excess; too much 15
   en línea in-line 4
   ¡En marcha! Let's get going! 15
   en mi nombre in my name
   en punto on the dot; exactly; sharp (*time*) 1
   en qué in what; how 2
   ¿En qué puedo servirles? How can I help you? 5
   en vivo live 7
enamorado/a (de) *adj.* in love (with) 5
enamorarse (de) *v.* to fall in love (with) 9

encantado/a *adj.* delighted; pleased to meet you 1
encantar *v.* to like very much; to love (*inanimate objects*) 7
   ¡Me encantó! I loved it! 15
encima de *prep.* on top of 2
encontrar (o:ue) *v.* to find 4
encontrar(se) (o:ue) *v.* to meet (each other); to run into (each other) 11
   encontrarse con to meet up with 7
encuesta *f.* poll; survey
energía *f.* energy 13
   energía nuclear nuclear energy 13
   energía solar solar energy 13
enero *m.* January 5
enfermarse *v.* to get sick 10
enfermedad *f.* illness 10
enfermero/a *m., f.* nurse 10
enfermo/a *adj.* sick 10
enfrente de *adv.* opposite; facing 14
engordar *v.* to gain weight 15
enojado/a *adj.* mad; angry 5
enojarse (con) *v.* to get angry (with) 7
ensalada *f.* salad 8
ensayo *m.* essay 3
enseguida *adv.* right away
enseñar *v.* to teach 2
ensuciar *v.* to get (something) dirty 12
entender (e:ie) *v.* to understand 4
enterarse *v.* to find out
entonces *adv.* so, then 5, 7
entrada *f.* entrance 12; ticket
entre *prep.* between; among 2
entregar *v.* to hand in 11
entremeses *m., pl.* hors d'oeuvres; appetizers 8
entrenador(a) *m., f.* trainer 15
entrenarse *v.* to practice; to train 15
entrevista *f.* interview
entrevistador(a) *m., f.* interviewer
entrevistar *v.* to interview
envase *m.* container 13
enviar *v.* to send; to mail 14
equilibrado/a *adj.* balanced 15
equipado/a *adj.* equipped 15
equipaje *m.* luggage 5
equipo *m.* team 4
equivocado/a *adj.* wrong 5
eres *fam.* you are 1
es he/she/it is 1
   Es bueno que... It's good that... 12
   Es de... He/She is from... 1
   es extraño it's strange 13
   es igual it's the same 5
   Es importante que... It's important that... 12
   es imposible it's impossible 13
   es improbable it's improbable 13
   Es malo que... It's bad that... 12

   Es mejor que... It's better that... 12
   Es necesario que... It's necessary that... 12
   es obvio it's obvious 13
   es ridículo it's ridiculous 13
   es seguro it's sure 13
   es terrible it's terrible 13
   es triste it's sad 13
   Es urgente que... It's urgent that... 12
   Es la una. It's one o'clock. 1
   es una lástima it's a shame 13
   es verdad it's true 13
esa(s) *f., adj.* that; those 6
ésa(s) *f., pron.* that (one); those (ones) 6
escalar *v.* to climb 4
   escalar montañas *v.* to climb mountains 4
escalera *f.* stairs; stairway 12
escalón *m.* step 15
escanear *v.* to scan 11
escoger *v.* to choose 8
escribir *v.* to write 3
   escribir un mensaje electrónico to write an e-mail message 4
   escribir una postal to write a postcard 4
   escribir una carta to write a letter 4
escrito/a *p.p.* written 14
escritor(a) *m., f.* writer
escritorio *m.* desk 2
escuchar *v.* to listen to
   escuchar la radio to listen (to) the radio 2
   escuchar música to listen (to) music 2
escuela *f.* school 1
esculpir *v.* to sculpt
escultor(a) *m., f.* sculptor
escultura *f.* sculpture
ese *m., sing., adj.* that 6
ése *m., sing., pron.* that one 6
eso *neuter, pron.* that; that thing 6
esos *m., pl., adj.* those 6
ésos *m., pl., pron.* those (ones) 6
España *f.* Spain 1
español *m.* Spanish (*language*) 2
español(a) *adj. m., f.* Spanish 3
espárragos *m., pl.* asparagus 8
especialidad: las especialidades del día today's specials 8
especialización *f.* major 2
espectacular *adj.* spectacular 15
espectáculo *m.* show
espejo *m.* mirror 7
esperar *v.* to hope; to wish 13
   esperar (+ infin.) *v.* to wait (for); to hope 2
esposo/a *m., f.* husband/wife; spouse 3
esquí (acuático) *m.* (water) skiing 4

esquiar *v.* to ski 4
esquina *m.* corner 14
está he/she/it is, you are
 Está (muy) despejado. It's (very) clear. (*weather*)
 Está lloviendo. It's raining. 5
 Está nevando. It's snowing. 5
 Está (muy) nublado. It's (very) cloudy. (*weather*) 5
 Está bien. That's fine. 11
esta(s) *f., adj.* this; these 6
 esta noche tonight 4
ésta(s) *f., pron.* this (one); these (ones) 6
 Ésta es... *f.* This is... (*introducing someone*) 1
establecer *v.* to establish
estación *f.* station; season 5
 estación de autobuses bus station 5
 estación del metro subway station 5
 estación de tren train station 5
estacionamiento *m.* parking lot 14
estacionar *v.* to park 11
estadio *m.* stadium 2
estado civil *m.* marital status 9
Estados Unidos *m., pl.* (EE.UU.; E.U.) United States 1
estadounidense *adj. m., f.* from the United States 3
estampado/a *adj.* print
estampilla *f.* stamp 14
estante *m.* bookcase; bookshelves 12
estar *v.* to be 2
 estar a (veinte kilómetros) de aquí to be (20 kilometers) from here 11
 estar a dieta to be on a diet 15
 estar aburrido/a to be bored 5
 estar afectado/a (por) to be affected (by) 13
 estar bajo control to be under control 7
 estar cansado/a to be tired 5
 estar contaminado/a to be polluted 13
 estar de acuerdo to agree
  Estoy de acuerdo. I agree.
  No estoy de acuerdo. I don't agree.
 estar de moda to be in fashion 6
 estar de vacaciones *f., pl.* to be on vacation 5
 estar en buena forma to be in good shape 15
 estar enfermo/a to be sick 10
 estar harto/a de... to be sick of...
 estar listo/a to be ready 15
 estar perdido/a to be lost 14

estar roto/a to be broken 10
estar seguro/a to be sure 5
estar torcido/a to be twisted; to be sprained 10
No está nada mal. It's not bad at all. 5
estatua *f.* statue
este *m.* east 14
este *m., sing., adj.* this 6
éste *m., sing., pron.* this (one) 6
 Éste es... *m.* This is... (*introducing someone*) 1
estéreo *m.* stereo 11
estilo *m.* style
estiramiento *m.* stretching 15
esto *neuter pron.* this; this thing 6
estómago *m.* stomach 10
estornudar *v.* to sneeze 10
estos *m., pl., adj.* these 6
éstos *m., pl., pron.* these (ones) 6
estrella *f.* star 13
 estrella de cine *m., f.* movie star
estrés *m.* stress 15
estudiante *m., f.* student 1, 2
estudiantil *adj. m., f.* student 2
estudiar *v.* to study 2
estufa *f.* stove 12
estupendo/a *adj.* stupendous 5
etapa *f.* stage 9
evitar *v.* to avoid 13
examen *m.* test; exam 2
 examen médico physical exam 10
excelente *adj. m., f.* excellent 5
exceso *m.* excess; too much 15
excursión *f.* hike; tour; excursion 4
excursionista *m., f.* hiker
éxito *m.* success
experiencia *f.* experience
explicar *v.* to explain 2
explorar *v.* to explore
expresión *f.* expression
extinción *f.* extinction 13
extranjero/a *adj.* foreign
extrañar *v.* to miss
extraño/a *adj.* strange 13

F

fábrica *f.* factory 13
fabuloso/a *adj* fabulous 5
fácil *adj.* easy 3
falda *f.* skirt 6
faltar *v.* to lack; to need 7
familia *f.* family 3
famoso/a *adj.* famous
farmacia *f.* pharmacy 10
fascinar *v.* to fascinate 7
favorito/a *adj.* favorite 4
fax *m.* fax (machine) 11
febrero *m.* February 5
fecha *f.* date 5
feliz *adj.* happy 5

¡Felicidades! Congratulations! 9
¡Felicitaciones! Congratulations! 9
¡Feliz cumpleaños! Happy birthday! 9
fenomenal *adj.* great, phenomenal 5
feo/a *adj.* ugly 3
festival *m.* festival
fiebre *f.* fever 10
fiesta *f.* party 9
fijo/a *adj.* fixed, set 6
fin *m.* end 4
 fin de semana weekend 4
finalmente *adv.* finally 15
firmar *v.* to sign (*a document*) 14
física *f.* physics 2
flan (de caramelo) *m.* baked (caramel) custard 9
flexible *adj.* flexible 15
flor *f.* flower 13
folclórico/a *adj.* folk; folkloric
folleto *m.* brochure
fondo *m.* end 12
forma *f.* shape 15
formulario *m.* form 14
foto(grafía) *f.* photograph 1
francés, francesa *adj. m., f.* French 3
frecuentemente *adv.* frequently 10
frenos *m., pl.* brakes
frente (frío) *m.* (cold) front 5
fresco/a *adj.* cool 5
frijoles *m., pl.* beans 8
frío/a *adj.* cold 5
frito/a *adj.* fried 8
fruta *f.* fruit 8
frutería *f.* fruit store 14
frutilla *f.* strawberry 8
fuera *adv.* outside
fuerte *adj. m., f.* strong 15
fumar *v.* to smoke 15
 (no) fumar *v.* (not) to smoke 15
funcionar *v.* to work 11; to function
fútbol *m.* soccer 4
fútbol americano *m.* football 4
futuro/a *adj.* future
 en el futuro in the future

G

gafas (de sol) *f., pl.* (sun)glasses 6
gafas (oscuras) *f., pl.* (sun)glasses
galleta *f.* cookie 9
ganar *v.* to win 4; to earn (money)
ganga *f.* bargain 6
garaje *m.* garage; (mechanic's) repair shop 11; garage (*in a house*) 12
garganta *f.* throat 10
gasolina *f.* gasoline 11
gasolinera *f.* gas station 11
gastar *v.* to spend (*money*) 6
gato *m.* cat 13

gemelo/a *m., f.* twin 3
genial *adj.* great
gente *f.* people 3
geografía *f.* geography 2
gerente *m., f.* manager 8
gimnasio *m.* gymnasium 4
gobierno *m.* government 13
golf *m.* golf 4
gordo/a *adj.* fat 3
grabar *v.* to record 11
gracias *f., pl.* thank you; thanks 1
  Gracias por invitarme. Thanks for having me. 9
graduarse (de/en) *v.* to graduate (from/in) 9
gran, grande *adj.* big; large 3
grasa *f.* fat 15
gratis *adj. m., f.* free of charge 14
grave *adj.* grave; serious 10
gravísimo/a *adj.* extremely serious 13
grillo *m.* cricket
gripe *f.* flu 10
gris *adj. m., f.* gray 6
gritar *v.* to scream, to shout 7
grito *m.* scream 5
guantes *m., pl.* gloves 6
guapo/a *adj.* handsome; good-looking 3
guardar *v.* to save (on a computer) 11
guerra *f.* war
guía *m., f.* guide
gustar *v.* to be pleasing to; to like 2
  Me gustaría... I would like...
gusto *m.* pleasure 1
  El gusto es mío. The pleasure is mine. 1
  Gusto de verlo/la. *(form.)* It's nice to see you.
  Gusto de verte. *(fam.)* It's nice to see you.
  Mucho gusto. Pleased to meet you. 1
  ¡Qué gusto verlo/la! *(form.)* How nice to see you!
  ¡Qué gusto verte! *(fam.)* How nice to see you!

haber *(auxiliar) v.* to have (done something) 15
  Ha sido un placer. It's been a pleasure. 15
habitación *f.* room 5
  habitación doble double room 5
  habitación individual single room 5
hablar *v.* to talk; to speak 2
hacer *v.* to do; to make 4
  Hace buen tiempo. The weather is good. 5
  Hace (mucho) calor. It's (very) hot. *(weather)* 5

Hace fresco. It's cool. *(weather)* 5
Hace (mucho) frío. It's (very) cold. *(weather)* 5
Hace mal tiempo. The weather is bad. 5
Hace (mucho) sol. It's (very) sunny. *(weather)* 5
Hace (mucho) viento. It's (very) windy. *(weather)* 5
hacer cola to stand in line 14
hacer diligencias to run errands 14
hacer ejercicio to exercise 15
hacer ejercicios aeróbicos to do aerobics 15
hacer ejercicios de estiramiento to do stretching exercises 15
hacer el papel (de) to play the role (of)
hacer gimnasia to work out 15
hacer juego (con) to match (with) 6
hacer la cama to make the bed 12
hacer las maletas to pack (one's) suitcases 5
hacer quehaceres domésticos to do household chores 12
hacer (wind)surf to (wind)surf 5
hacer turismo to go sightseeing
hacer un viaje to take a trip 5
¿Me harías el honor de casarte conmigo? Would you do me the honor of marrying me?
hacia *prep.* toward 14
hambre *f.* hunger 3
hamburguesa *f.* hamburger 8
hasta *prep.* until 6; toward
  Hasta la vista. See you later. 1
  Hasta luego. See you later. 1
  Hasta mañana. See you tomorrow. 1
  hasta que until 13
  Hasta pronto. See you soon. 1
hay there is; there are 1
  Hay (mucha) contaminación. It's (very) smoggy.
  Hay (mucha) niebla. It's (very) foggy.
  Hay que It is necessary that 14
  No hay duda de There's no doubt 13
  No hay de qué. You're welcome. 1
hecho/a *p.p.* done 14
heladería *f.* ice cream shop 14
helado/a *adj.* iced 8
helado *m.* ice cream 9
hermanastro/a *m., f.* stepbrother/ stepsister 3
hermano/a *m., f.* brother/sister 3
hermano/a mayor/menor *m., f.* older/younger brother/sister 3

hermanos *m., pl.* siblings (brothers and sisters) 3
hermoso/a *adj.* beautiful 6
hierba *f.* grass 13
hijastro/a *m., f.* stepson/ stepdaughter 3
hijo/a *m., f.* son/daughter 3
  hijo/a único/a *m., f.* only child 3
  hijos *m., pl.* children 3
híjole *interj.* wow 6
historia *f.* history 2; story
hockey *m.* hockey 4
hola *interj.* hello; hi 1
hombre *m.* man 1
  hombre de negocios *m.* businessman
hora *f.* hour 1; the time
horario *m.* schedule 2
horno *m.* oven 12
  horno de microondas *m.* microwave oven 12
horror *m.* horror
  de horror horror (genre)
hospital *m.* hospital 10
hotel *m.* hotel 5
hoy *adv.* today 2
  hoy día *adv.* nowadays
  Hoy es... Today is... 2
hueco *m.* hole 4
huelga *f.* strike *(labor)*
hueso *m.* bone 10
huésped *m., f.* guest 5
huevo *m.* egg 8
humanidades *f., pl.* humanities 2
huracán *m.* hurricane

ida *f.* one way *(travel)*
idea *f.* idea 4
iglesia *f.* church 4
igualdad *f.* equality
igualmente *adv.* likewise 1
impermeable *m.* raincoat 6
importante *adj. m., f.* important 3
importar *v.* to be important to; to matter 7
imposible *adj. m., f.* impossible 13
impresora *f.* printer 11
imprimir *v.* to print 11
improbable *adj. m., f.* improbable 13
impuesto *m.* tax
incendio *m.* fire
increíble *adj. m., f.* incredible 5
indicar cómo llegar *v.* to give directions 14
individual *adj.* private *(room)* 5
infección *f.* infection 10
informar *v.* to inform
informe *m.* report; paper *(written work)*
ingeniero/a *m., f.* engineer 3

inglés *m.* English (*language*) 2
inglés, inglesa *adj.* English 3
inodoro *m.* toilet 7
insistir (en) *v.* to insist (on) 12
inspector(a) de aduanas *m., f.*
  customs inspector 5
inteligente *adj. m., f.* intelligent 3
intento *m.* attempt 11
intercambiar *v.* to exchange
interesante *adj. m., f.*
  interesting 3
interesar *v.* to be interesting to;
  to interest 7
internacional *adj. m., f.*
  international
Internet Internet 11
inundación *f.* flood
invertir (e:ie) *v.* to invest
invierno *m.* winter 5
invitado/a *m., f.* guest 9
  invitar *v.* to invite 9
inyección *f.* injection 10
ir *v.* to go 4
  ir a (+ inf.) to be going to do
    something 4
  ir de compras to go shopping 5
  **ir de excursión (a las
    montañas)** to go on a hike
    (in the mountains) 4
  ir de pesca to go fishing
  ir de vacaciones to go on
    vacation 5
  ir en autobús to go by bus 5
  ir en auto(móvil) to go by
    auto(mobile); to go by car 5
  ir en avión to go by plane 5
  ir en barco to go by boat 5
  ir en metro to go by subway
  ir en motocicleta to go by
    motorcycle 5
  ir en taxi to go by taxi 5
  ir en tren to go by train
irse *v.* to go away; to leave 7
italiano/a *adj.* Italian 3
izquierdo/a *adj.* left 2
  a la izquierda de to the left
    of 2

jabón *m.* soap 7
jamás *adv.* never; not ever 7
jamón *m.* ham 8
japonés, japonesa *adj.*
  Japanese 3
jardín *m.* garden; yard 12
jefe, jefa *m., f.* boss
jengibre *m.* ginger 10
joven *adj. m., f., sing.* (**jóvenes** *pl.*)
  young 3
  joven *m., f., sing.* (**jóvenes** *pl.*)
    youth; young person 1
joyería *f.* jewelry store 14
jubilarse *v.* to retire (*from work*) 9
juego *m.* game

jueves *m., sing.* Thursday 2
jugador(a) *m., f.* player 4
jugar (u:ue) *v.* to play 4
  jugar a las cartas *f., pl.* to
    play cards 5
jugo *m.* juice 8
  jugo de fruta *m.* fruit juice 8
julio *m.* July 5
jungla *f.* jungle 13
junio *m.* June 5
juntos/as *adj.* together 9
juventud *f.* youth 9

kilómetro *m.* kilometer 1

la *f., sing., def. art.* the 1
  la *f., sing., d.o. pron.* her, it,
    form. you 5
laboratorio *m.* laboratory 2
lago *m.* lake 13
lámpara *f.* lamp 12
lana *f.* wool 6
langosta *f.* lobster 8
lápiz *m.* pencil 1
largo/a *adj.* long 6
las *f., pl., def. art.* the 1
  las *f., pl., d.o. pron.* them; *form.*
    you 5
lástima *f.* shame 13
lastimarse *v.* to injure oneself 10
  lastimarse el pie to injure
    one's foot 10
lata *f.* (*tin*) can 13
lavabo *m.* sink 7
lavadora *f.* washing machine 12
lavandería *f.* laundromat 14
lavaplatos *m., sing.* dishwasher 12
lavar *v.* to wash 12
  lavar (el suelo, los platos) to
    wash (the floor, the dishes) 12
lavarse *v.* to wash oneself 7
  lavarse la cara to wash one's
    face 7
  lavarse las manos to wash
    one's hands 7
le *sing., i.o. pron.* to/for him, her,
  form. you 6
  Le presento a... *form.* I would
    like to introduce you to (name). 1
lección *f.* lesson 1
leche *f.* milk 8
lechuga *f.* lettuce 8
leer *v.* to read 3
  leer correo electrónico
    to read e-mail 4
  leer un periódico to read a
    newspaper 4
  leer una revista to read a
    magazine 4
leído/a *p.p.* read 14
lejos de *prep.* far from 2

lengua *f.* language 2
  lenguas extranjeras *f., pl.*
    foreign languages 2
lentes de contacto *m., pl.*
  contact lenses
  lentes (de sol) (sun)glasses
lento/a *adj.* slow 11
les *pl., i.o. pron.* to/for them, *form.*
  you 6
letrero *m.* sign 14
levantar *v.* to lift 15
  levantar pesas to lift
    weights 15
levantarse *v.* to get up 7
ley *f.* law 13
libertad *f.* liberty; freedom
libre *adj. m., f.* free 4
librería *f.* bookstore 2
libro *m.* book 2
licencia de conducir *f.* driver's
  license 11
limón *m.* lemon 8
limpiar *v.* to clean 12
  limpiar la casa *v.* to clean the
    house 12
limpio/a *adj.* clean 5
línea *f.* line 4
listo/a *adj.* ready; smart 5
literatura *f.* literature 2
llamar *v.* to call 11
  llamar por teléfono to call on
    the phone
llamarse *v.* to be called; to be
  named 7
llanta *f.* tire 11
llave *f.* key 5; wrench 11
llegada *f.* arrival 5
llegar *v.* to arrive 2
llenar *v.* to fill 11, 14
  llenar el tanque to fill the
    tank 11
  llenar (un formulario) to fill
    out (a form) 14
lleno/a *adj.* full 11
llevar *v.* to carry 2; *v.* to wear;
  to take 6
  llevar una vida sana to lead
    a healthy lifestyle 15
  llevarse bien/mal (con) to
    get along well/badly (with) 9
llorar *v.* to cry 15
llover (o:ue) *v.* to rain 5
  Llueve. It's raining. 5
lluvia *f.* rain
lo *m., sing. d.o. pron.* him, it, *form.*
  you 5
  ¡Lo he pasado de película!
    I've had a fantastic time!
  lo mejor the best (thing)
  lo que that which; what 12
  Lo siento. I'm sorry. 1
loco/a *adj.* crazy 6
locutor(a) *m., f.* (TV or radio)
  announcer
lodo *m.* mud
los *m., pl., def. art.* the 1

los *m. pl., d.o. pron.* them, *form.* you 5
luchar (contra/por) *v.* to fight; to struggle (against/for)
luego *adv.* then 7; *adv.* later 1
lugar *m.* place 2, 4
luna *f.* moon 13
lunares *m.* polka dots 6
lunes *m., sing.* Monday 2
luz *f.* light; electricity 12

M

madrastra *f.* stepmother 3
madre *f.* mother 3
madurez *f.* maturity; middle age 9
maestro/a *m., f.* teacher
magnífico/a *adj.* magnificent 5
maíz *m.* corn 8
mal, malo/a *adj.* bad 3
maleta *f.* suitcase 1
mamá *f.* mom 3
mandar *v.* to order 12; to send; to mail 14
manejar *v.* to drive 11
manera *f.* way
mano *f.* hand 1
manta *f.* blanket 12
mantener (e:ie) *v.* to maintain 15
  mantenerse en forma to stay in shape 15
mantequilla *f.* butter 8
manzana *f.* apple 8
mañana *f.* morning, a.m. 1; tomorrow 1
mapa *m.* map 2
maquillaje *m.* makeup 7
maquillarse *v.* to put on makeup 7
mar *m.* sea 5
maravilloso/a *adj.* marvelous 5
mareado/a *adj.* dizzy; nauseated 10
margarina *f.* margarine 8
mariscos *m., pl.* shellfish 8
marrón *adj. m., f.* brown 6
martes *m., sing.* Tuesday 2
marzo *m.* March 5
más *pron.* more 2
  más de (+ número) more than 8
  más tarde later (on) 7
  más... que more... than 8
masaje *m.* massage 15
matemáticas *f., pl.* mathematics 2
materia *f.* course 2
matrimonio *m.* marriage 9
máximo/a *adj.* maximum 11
mayo *m.* May 5
mayonesa *f.* mayonnaise 8
mayor *adj.* older 3
  el/la mayor *adj.* eldest 8; oldest
me *sing., d.o. pron.* me 5; *sing. i.o. pron.* to/for me 6
  Me duele mucho. It hurts me a lot. 10

Me gusta... I like... 2
No me gustan nada. I don't like them at all. 2
Me gustaría(n)... I would like...
Me llamo... My name is... 1
Me muero por... I'm dying to (for)...
mecánico/a *m., f.* mechanic 11
mediano/a *adj.* medium
medianoche *f.* midnight 1
medias *f., pl.* pantyhose, stockings 6
medicamento *m.* medication 10
medicina *f.* medicine 10
médico/a *m., f.* doctor 3; *adj.* medical 10
medio/a *adj.* half 3
  medio ambiente *m.* environment 13
  medio/a hermano/a *m., f.* half-brother/half-sister 3
  mediodía *m.* noon 1
  medios de comunicación *m., pl.* means of communication; media
  y media thirty minutes past the hour (time) 1
mejor *adj.* better 8
  el/la mejor *m., f.* the best 8
mejorar *v.* to improve 13
melocotón *m.* peach 8
menor *adj.* younger 3
  el/la menor *m., f.* youngest 8
menos *adv.* less 10
  menos cuarto..., menos quince... quarter to... (time) 1
  menos de (+ número) fewer than 8
  menos... que less... than 8
mensaje *m.* **de texto** text message 11
mensaje electrónico *m.* e-mail message 4
mentira *f.* lie 4
menú *m.* menu 8
mercado *m.* market 6
  mercado al aire libre open-air market 6
merendar (e:ie) *v.* to snack 8; to have an afternoon snack
merienda *f.* afternoon snack 15
mes *m.* month 5
mesa *f.* table 2
mesita *f.* end table 12
  mesita de noche night stand 12
meterse en problemas *v.* to get into trouble 13
metro *m.* subway 5
mexicano/a *adj.* Mexican 3
México *m.* Mexico 1
mí *pron., obj. of prep.* me 8
mi(s) *poss. adj.* my 3
microonda *f.* microwave 12
  horno de microondas *m.* microwave oven 12

miedo *m.* fear 3
miel *f.* honey 10
mientras *adv.* while 10
miércoles *m., sing.* Wednesday 2
mil *m.* one thousand 2
  mil millones billion
milla *f.* mile 11
millón *m.* million 2
millones (de) *m.* millions (of)
mineral *m.* mineral 15
minuto *m.* minute 1
mío(s)/a(s) *poss.* my; (of) mine 11
mirar *v.* to look (at); to watch 2
  mirar (la) televisión to watch television 2
mismo/a *adj.* same 3
mochila *f.* backpack 2
moda *f.* fashion 6
módem *m.* modem
moderno/a *adj.* modern
molestar *v.* to bother; to annoy 7
monitor *m.* (computer) monitor 11
  monitor(a) *m., f.* trainer
mono *m.* monkey 13
montaña *f.* mountain 4
montar *v.* **a caballo** to ride a horse 5
montón: un montón de a lot of 4
monumento *m.* monument 4
morado/a *adj.* purple 6
moreno/a *adj.* brunet(te) 3
morir (o:ue) *v.* to die 8
mostrar (o:ue) *v.* to show 4
motocicleta *f.* motorcycle 5
motor *m.* motor
muchacho/a *m., f.* boy; girl 3
mucho/a *adj., adv.* a lot of; much 2; many 3
  (Muchas) gracias. Thank you (very much); Thanks (a lot). 1
  muchas veces *adv.* a lot; many times 10
  Muchísimas gracias. Thank you very, very much. 9
  Mucho gusto. Pleased to meet you. 1
muchísimo very much 2
mudarse *v.* to move (from one house to another) 12
muebles *m., pl.* furniture 12
muela *f.* tooth
muerte *f.* death 9
muerto/a *p.p.* died 14
mujer *f.* woman 1
  mujer de negocios *f.* business woman
  mujer policía *f.* female police officer
multa *f.* fine
mundial *adj. m., f.* worldwide
mundo *m.* world 8, 13
muro *m.* wall 15
músculo *m.* muscle 15
museo *m.* museum 4
música *f.* music 2
musical *adj. m., f.* musical

músico/a *m., f.* musician
muy *adv.* very 1
  Muy amable. That's very kind of you. 5
  (Muy) bien, gracias. (Very) well, thanks. 1

N

nacer *v.* to be born 9
nacimiento *m.* birth 9
nacional *adj. m., f.* national
nacionalidad *f.* nationality 1
nada nothing 1; not anything 7
  nada mal not bad at all 5
nadar *v.* to swim 4
nadie *pron.* no one, nobody, not anyone 7
naranja *f.* orange 8
nariz *f.* nose 10
natación *f.* swimming 4
natural *adj. m., f.* natural 13
naturaleza *f.* nature 13
navegador *m.* **GPS** GPS 11
navegar (en Internet) *v.* to surf (the Internet) 11
Navidad *f.* Christmas 9
necesario/a *adj.* necessary 12
necesitar (+ *inf.*) *v.* to need 2
negar (e:ie) *v.* to deny 13
  no negar (e:ie) *v.* not to deny 13
negocios *m., pl.* business; commerce
negro/a *adj.* black 6
nervioso/a *adj.* nervous 5
nevar (e:ie) *v.* to snow 5
  Nieva. It's snowing. 5
ni...ni neither... nor 7
niebla *f.* fog
nieto/a *m., f.* grandson/ granddaughter 3
nieve *f.* snow
ningún, ninguno/a(s) *adj.* no; none; not any 7
niñez *f.* childhood 9
niño/a *m., f.* child 3
no no; not 1
  ¿no? right? 1
  No cabe duda de... There is no doubt... 13
  No es para tanto. It's not a big deal. 12
  no es seguro it's not sure 13
  no es verdad it's not true 13
  No está nada mal. It's not bad at all. 5
  no estar de acuerdo to disagree
  No estoy seguro. I'm not sure.
  no hay there is not; there are not 1
  No hay de qué. You're welcome. 1
  No hay duda de... There is no doubt... 13

No hay problema. No problem. 7
¡No me diga(s)! You don't say!
No me gustan nada. I don't like them at all. 2
no muy bien not very well 1
No quiero. I don't want to. 4
No sé. I don't know.
No se preocupe. (*form.*) Don't worry. 7
No te preocupes. (*fam.*) Don't worry. 7
no tener razón to be wrong 3
noche *f.* night 1
nombre *m.* name 1
norte *m.* north 14
norteamericano/a *adj.* (North) American 3
nos *pl., d.o. pron.* us 5; *pl., i.o. pron.* to/for us 6
  Nos vemos. See you. 1
nosotros/as *sub. pron.* we 1; *ob. pron.* us
noticia *f.* news 11
noticias *f., pl.* news
noticiero *m.* newscast
novecientos/as nine hundred 2
noveno/a *adj.* ninth 5
noventa ninety 2
noviembre *m.* November 5
novio/a *m., f.* boyfriend/ girlfriend 3
nube *f.* cloud 13
nublado/a *adj.* cloudy 5
  Está (muy) nublado. It's very cloudy. 5
nuclear *adj. m. f.* nuclear 13
nuera *f.* daughter-in-law 3
nuestro(s)/a(s) *poss. adj.* our 3; (of ours) 11
nueve nine 1
nuevo/a *adj.* new 6
número *m.* number 1; (shoe) size 6
nunca *adj.* never; not ever 7
nutrición *f.* nutrition 15
nutricionista *m., f.* nutritionist 15

O

o or 7
o... o either... or 7
obedecer *v.* to obey
obra *f.* work (*of art, literature, music, etc.*)
  obra maestra *f.* masterpiece
obtener *v.* to obtain; to get
obvio/a *adj.* obvious 13
océano *m.* ocean
ochenta eighty 2
ocho eight 1
ochocientos/as eight hundred 2
octavo/a *adj.* eighth 5
octubre *m.* October 5

ocupación *f.* occupation
ocupado/a *adj.* busy 5
ocurrir *v.* to occur; to happen
odiar *v.* to hate 9
oeste *m.* west 14
oficina *f.* office 12
oficio *m.* trade
ofrecer *v.* to offer 6
oído *m.* (sense of) hearing; inner ear 10
  oído/a *p.p.* heard 14
oír *v.* to hear 4
  Oiga/Oigan. *form., sing./pl.* Listen. (*in conversation*) 1
  Oye. *fam., sing.* Listen. (*in conversation*) 1
ojalá (que) *interj.* I hope (that); I wish (that) 13
ojo *m.* eye 10
olvidar *v.* to forget 10
once eleven 1
ópera *f.* opera
operación *f.* operation 10
ordenado/a *adj.* orderly 5
ordinal *adj.* ordinal (*number*)
oreja *f.* (outer) ear 10
organizarse *v.* to organize oneself 12
orquesta *f.* orchestra
ortografía *f.* spelling
ortográfico/a *adj.* spelling
os *fam., pl. d.o. pron.* you 5; *fam., pl. i.o. pron.* to/for you 6
otoño *m.* autumn 5
otro/a *adj.* other; another 6
  otra vez again

P

paciente *m., f.* patient 10
padrastro *m.* stepfather 3
padre *m.* father 3
  padres *m., pl.* parents 3
pagar *v.* to pay 6, 9
  pagar a plazos to pay in installments 14
  pagar al contado to pay in cash 14
  pagar en efectivo to pay in cash 14
  pagar la cuenta to pay the bill 9
página *f.* page 11
  página principal *f.* home page 11
país *m.* country 1
paisaje *m.* landscape 5
pájaro *m.* bird 13
palabra *f.* word 1
paleta helada *f.* popsicle 4
pálido/a *adj.* pale 14
pan *m.* bread 8
  pan tostado *m.* toasted bread 8
panadería *f.* bakery 14
pantalla *f.* screen 11
  pantalla táctil *f.* touch screen 11

pantalones *m., pl.* pants 6
  pantalones cortos *m., pl.* shorts 6
pantuflas *f.* slippers 7
papa *f.* potato 8
  papas fritas *f., pl.* fried potatoes; French fries 8
papá *m.* dad 3
  papás *m., pl.* parents 3
papel *m.* paper 2; role
papelera *f.* wastebasket 2
paquete *m.* package 14
par *m.* pair 6
  par de zapatos pair of shoes 6
para *prep.* for; in order to; by; used for; considering 11
  para que so that 13
parabrisas *m., sing.* windshield 11
parar *v.* to stop 11
parecer *v.* to seem 6
pared *f.* wall 12
pareja *f.* (married) couple; partner 9
parientes *m., pl.* relatives 3
parque *m.* park 4
párrafo *m.* paragraph
parte: de parte de on behalf of 11
partido *m.* game; match (*sports*) 4
pasado/a *adj.* last; past 6
  pasado *p.p.* passed
pasaje *m.* ticket 5
  pasaje de ida y vuelta *m.* roundtrip ticket 5
pasajero/a *m., f.* passenger 1
pasaporte *m.* passport 5
pasar *v.* to go through 5
  pasar la aspiradora to vacuum 12
  pasar por el banco to go by the bank 14
  pasar por la aduana to go through customs
  pasar tiempo to spend time
  pasarlo bien/mal to have a good/bad time 9
pasatiempo *m.* pastime; hobby 4
pasear *v.* to take a walk; to stroll 4
  pasear en bicicleta to ride a bicycle 4
  pasear por to walk around 4
pasillo *m.* hallway 12
pasta *f.* **de dientes** toothpaste 7
pastel *m.* cake; pie 9
  pastel de chocolate *m.* chocolate cake 9
  pastel de cumpleaños *m.* birthday cake
pastelería *f.* pastry shop 14
pastilla *f.* pill; tablet 10
patata *f.* potato; 8
  patatas fritas *f., pl.* fried potatoes; French fries 8
patinar (en línea) *v.* to (inline) skate 4

patineta *f.* skateboard 4
patio *m.* patio; yard 12
pavo *m.* turkey 8
paz *f.* peace
pedir (e:i) *v.* to ask for; to request 4; to order (*food*) 8
  pedir prestado *v.* to borrow 14
  pedir un préstamo *v.* to apply for a loan 14
  Todos me dijeron que te pidiera disculpas de su parte. They all told me to ask you to excuse them/forgive them.
peinarse *v.* to comb one's hair 7
película *f.* movie 4
peligro *m.* danger 13
peligroso/a *adj.* dangerous
pelirrojo/a *adj.* red-haired 3
pelo *m.* hair 7
pelota *f.* ball 4
peluquería *f.* beauty salon 14
peluquero/a *m., f.* hairdresser
penicilina *f.* penicillin 10
pensar (e:ie) *v.* to think 4
  pensar (+ inf.) *v.* to intend to; to plan to (*do something*) 4
  pensar en *v.* to think about 4
pensión *f.* boardinghouse
peor *adj.* worse 8
  el/la peor *adj.* the worst 8
pequeño/a *adj.* small 3
pera *f.* pear 8
perder (e:ie) *v.* to lose; to miss 4
perdido/a *adj.* lost 13, 14
Perdón. Pardon me.; Excuse me. 1
perezoso/a *adj.* lazy
perfecto/a *adj.* perfect 5
periódico *m.* newspaper 4
periodismo *m.* journalism 2
periodista *m., f.* journalist 3
permiso *m.* permission
pero *conj.* but 2
perro *m.* dog 13
persona *f.* person 3
personaje *m.* character
  personaje principal *m.* main character
pesas *f. pl.* weights 15
pesca *f.* fishing
pescadería *f.* fish market 14
pescado *m.* fish (*cooked*) 8
pescar *v.* to fish 5
peso *m.* weight 15
pez *m., sing.* (**peces** *pl.*) fish (*live*) 13
pie *m.* foot 10
piedra *f.* stone 13
pierna *f.* leg 10
pimienta *f.* black pepper 8
pintar *v.* to paint
pintor(a) *m., f.* painter
pintura *f.* painting; picture 12
piña *f.* pineapple 8
piscina *f.* swimming pool 4
piso *m.* floor (*of a building*) 5
pizarra *f.* blackboard 2
placer *m.* pleasure 15

  Ha sido un placer. It's been a pleasure. 15
planchar la ropa *v.* to iron the clothes 12
planes *m., pl.* plans 4
planta *f.* plant 13
  planta baja *f.* ground floor 5
plástico *m.* plastic 13
plato *m.* dish (*in a meal*) 8; *m.* plate 12
  plato principal *m.* main dish 8
playa *f.* beach 5
plaza *f.* city or town square 4
plazos *m., pl.* periods; time 14
pluma *f.* pen 2
plumero *m.* duster 12
población *f.* population 13
pobre *adj. m., f.* poor 6
pobrecito/a *adj.* poor thing 3
pobreza *f.* poverty
poco/a *adj.* little; few 5; 10
poder (o:ue) *v.* to be able to; can 4
  ¿Podría pedirte algo? Could I ask you something?
  ¿Puedo dejar un recado? May I leave a message? 11
poema *m.* poem
poesía *f.* poetry
poeta *m., f.* poet
policía *f.* police (force) 11
política *f.* politics
político/a *m., f.* politician; *adj.* political
pollo *m.* chicken 8
  pollo asado *m.* roast chicken 8
ponchar *v.* to go flat
poner *v.* to put; to place 4; *v.* to turn on (*electrical appliances*) 11
  poner la mesa *v.* to set the table 12
  poner una inyección *v.* to give an injection 10
ponerse (+ adj.) *v.* to become (+ *adj.*) 7; to put on 7
  ponerle el nombre to name someone/something 9
por *prep.* in exchange for; for; by; in; through; around; along; during; because of; on account of; on behalf of; in search of; by way of; by means of 11
  por aquí around here 11
  por avión by plane
  por ejemplo for example 11
  por eso that's why; therefore 11
  por favor please 1
  por fin finally 11
  por la mañana in the morning 7
  por la noche at night 7
  por la tarde in the afternoon 7
  por lo menos *adv.* at least 10
  ¿por qué? why? 2
  Por supuesto. Of course.
  por teléfono by phone; on the phone
  por último finally 7

porque *conj.* because 2
portátil *m.* portable 11
portero/a *m., f.* doorman/
doorwoman 1
porvenir *m.* future
¡Por el porvenir! Here's to the
future!
posesivo/a *adj.* possessive 3
posible *adj.* possible 13
es posible it's possible 13
no es posible it's not
possible 13
postal *f.* postcard 4
postre *m.* dessert 9
practicar *v.* to practice 2
practicar deportes *m., pl.* to
play sports 4
precio (fijo) *m.* (fixed; set)
price 6
preferir (e:ie) *v.* to prefer 4
pregunta *f.* question
preguntar *v.* to ask (*a question*) 2
premio *m.* prize; award
prender *v.* to turn on 11
prensa *f.* press
preocupado/a (por) *adj.* worried
(about) 5
preocuparse (por) *v.* to worry
(about) 7
preparar *v.* to prepare 2
preposición *f.* preposition
presentación *f.* introduction
presentar *v.* to introduce; to
present; to put on (*a
performance*)
Le presento a… I would like
to introduce you to (name).
(*form.*) 1
Te presento a… I would like
to introduce you to (name).
(*fam.*) 1
presiones *f., pl.* pressures 15
prestado/a *adj.* borrowed
préstamo *m.* loan 14
prestar *v.* to lend; to loan 6
primavera *f.* spring 5
primer, primero/a *adj.* first 2, 5
primo/a *m., f.* cousin 3
principal *adj. m., f.* main 8
prisa *f.* haste 3
darse prisa *v.* to hurry;
to rush 15
probable *adj. m., f.* probable 13
es probable it's probable 13
no es probable it's not
probable 13
probar (o:ue) *v.* to taste; to try 8
probarse (o:ue) *v.* to try on 7
problema *m.* problem 1
profesión *f.* profession 3
profesor(a) *m., f.* teacher 1, 2
programa *m.* 1
programa de computación
m. software 11
programa de entrevistas *m.*
talk show

programa de realidad *m.*
reality show
programador(a) *m., f.* computer
programmer 3
prohibir *v.* to prohibit 10;
to forbid
pronombre *m.* pronoun
pronto *adv.* soon 10
propina *f.* tip 8
propio/a *adj.* own
proteger *v.* to protect 13
proteína *f.* protein 15
próximo/a *adj.* next 3
proyecto *m.* project 11
prueba *f.* test; quiz 2
psicología *f.* psychology 2
psicólogo/a *m., f.* psychologist
publicar *v.* to publish
público *m.* audience
pueblo *m.* town 4
puerta *f.* door 2
Puerto Rico *m.* Puerto Rico 1
puertorriqueño/a *adj.* Puerto
Rican 3
pues *conj.* well
puesto *m.* position; job
puesto/a *p.p.* put 14
puro/a *adj.* pure 13

Q

que *pron.* that; which; who 12
¿En qué…? In which…? 2
¡Qué…! How…!
¡Qué dolor! What pain!
¡Qué ropa más bonita!
What pretty clothes! 6
¡Qué sorpresa! What a
surprise!
¿qué? what? 1
¿Qué día es hoy? What day is
it? 2
¿Qué hay de nuevo? What's
new? 1
¿Qué hora es? What time
is it? 1
¿Qué les parece? What do
you (*pl.*) think?
Qué onda? What's up? 14
¿Qué pasa? What's happening?
What's going on? 1
¿Qué pasó? What happened? 11
¿Qué precio tiene? What is
the price?
¿Qué tal…? How are you?;
How is it going? 1; How
is/are…? 2
¿Qué talla lleva/usa? What
size do you wear? 6
¿Qué tiempo hace? How's
the weather? 5
quedar *v.* to be left over; to fit
(*clothing*) 7; to be left behind; to
be located 14
quedarse *v.* to stay; to remain 7
quehaceres domésticos *m., pl.*
household chores 12

quemado/a *adj.* burned (out) 11
quemar (un CD/DVD) *v.* to burn
(a CD/DVD)
querer (e:ie) *v.* to want; to love 4
queso *m.* cheese 8
quien(es) *pron.* who; whom;
that 12
¿quién(es)? who?; whom? 1
¿Quién es…? Who is…? 1
¿Quién habla? Who is
speaking/calling? (*telephone*) 11
química *f.* chemistry 2
quince fifteen 1
menos quince quarter to
(time) 1
y quince quarter after (time) 1
quinceañera *f.* young woman
celebrating her fifteenth birthday 9
quinientos/as *adj.* five
hundred 2
quinto/a *adj.* fifth 5
quisiera *v.* I would like
quitar el polvo *v.* to dust 12
quitar la mesa *v.* to clear the
table 12
quitarse *v.* to take off 7
quizás *adv.* maybe 5

R

racismo *m.* racism
radio *f.* radio (*medium*) 2;
m. radio (set) 2
radiografía *f.* X-ray 10
rápido/a *adv.* quickly 10
ratón *m.* mouse 11
ratos libres *m., pl.* spare (free)
time 4
raya *f.* stripe 6
razón *f.* reason 3
rebaja *f.* sale 6
receta *f.* prescription 10
recetar *v.* to prescribe 10
recibir *v.* to receive 3
reciclaje *m.* recycling 13
reciclar *v.* to recycle 13
recién casado/a *m., f.* newly-
wed 9
recoger *v.* to pick up 13
recomendar (e:ie) *v.* to
recommend 8, 12
recordar (o:ue) *v.* to remember 4
recorrer *v.* to tour an area
recorrido *m.* tour 13
recuperar *v.* to recover 11
recurso *m.* resource 13
recurso natural *m.* natural
resource 13
red *f.* network; Web 11
reducir *v.* to reduce 13
refresco *m.* soft drink 8
refrigerador *m.* refrigerator 12
regalar *v.* to give (a gift) 9
regalo *m.* gift 6
regatear *v.* to bargain 6
región *f.* region; area 13
regresar *v.* to return 2

regular *adv.* so-so.; OK 1
reído *p.p.* laughed 14
reírse (e:i) *v.* to laugh 9
relaciones *f., pl.* relationships
relajarse *v.* to relax 9
reloj *m.* clock; watch 2
renovable *adj.* renewable 13
renunciar (a) *v.* to resign (from)
repetir (e:i) *v.* to repeat 4
reportaje *m.* report
reportero/a *m., f.* reporter; journalist
representante *m., f.* representative
reproductor de CD *m.* CD player 11
reproductor de DVD *m.* DVD player 11
reproductor de MP3 *m.* MP3 player 11
resfriado *m.* cold (*illness*) 10
residencia estudiantil *f.* dormitory 2
resolver (o:ue) *v.* to resolve; to solve 13
respirar *v.* to breathe 13
responsable *adj.* responsible 8
respuesta *f.* answer
restaurante *m.* restaurant 4
resuelto/a *p.p.* resolved 14
reunión *f.* meeting
revisar *v.* to check 11
　revisar el aceite *v.* to check the oil 11
revista *f.* magazine 4
rico/a *adj.* rich 6; *adj.* tasty; delicious 8
ridículo/a *adj.* ridiculous 13
río *m.* river 13
riquísimo/a *adj.* extremely delicious 8
rodilla *f.* knee 10
rogar (o:ue) *v.* to beg; to plead 12
rojo/a *adj.* red 6
romántico/a *adj.* romantic
romper *v.* to break 10
　romperse la pierna *v.* to break one's leg 10
romper (con) *v.* to break up (with) 9
ropa *f.* clothing; clothes 6
　ropa interior *f.* underwear 6
rosado/a *adj.* pink 6
roto/a *adj.* broken 10, 14
rubio/a *adj.* blond(e) 3
ruso/a *adj.* Russian 3
rutina *f.* routine 7
　rutina diaria *f.* daily routine 7

S

sábado *m.* Saturday 2
saber *v.* to know; to know how 6; to taste 8
　saber a to taste like 8

sabrosísimo/a *adj.* extremely delicious 8
sabroso/a *adj.* tasty; delicious 8
sacar *v.* to take out
　sacar buenas notas to get good grades 2
　sacar fotos to take photos 5
　sacar la basura to take out the trash 12
　sacar(se) un diente to have a tooth removed 10
sacudir *v.* to dust 12
　sacudir los muebles to dust the furniture 12
sal *f.* salt 8
sala *f.* living room 12; room
　sala de emergencia(s) emergency room 10
salario *m.* salary
salchicha *f.* sausage 8
salida *f.* departure; exit 5
salir *v.* to leave 4; to go out
　salir (con) to go out (with); to date 9
　salir de to leave from
　salir para to leave for (*a place*)
salmón *m.* salmon 8
salón de belleza *m.* beauty salon 14
salud *f.* health 10
saludable *adj.* healthy 10
saludar(se) *v.* to greet (each other) 11
saludo *m.* greeting 1
　saludos a... greetings to... 1
sandalia *f.* sandal 6
sandía *f.* watermelon 8
sándwich *m.* sandwich 8
sano/a *adj.* healthy 10
se *ref. pron.* himself, herself, itself, *form.* yourself, themselves, yourselves 7
se *impersonal* one 10
　Se nos dañó... The... broke down. 11
　Se hizo... He/she/it became...
　Se nos pinchó una llanta. We had a flat tire. 11
secadora *f.* clothes dryer 12
secarse *v.* to dry oneself 7
sección de (no) fumar *f.* (non) smoking section 8
secretario/a *m., f.* secretary
secuencia *f.* sequence
sed *f.* thirst 3
seda *f.* silk 6
sedentario/a *adj.* sedentary; related to sitting 15
seguir (e:i) *v.* to follow; to continue 4
según according to
segundo/a *adj.* second 5
seguro/a *adj.* sure; safe 5
seis six 1
seiscientos/as six hundred 2
sello *m.* stamp 14
selva *f.* jungle 13
semáforo *m.* traffic light 14
semana *f.* week 2

fin *m.* **de semana** weekend 4
　semana *f.* **pasada** last week 6
semestre *m.* semester 2
sendero *m.* trail; trailhead 13
sentarse (e:ie) *v.* to sit down 7
sentir(se) (e:ie) *v.* to feel 7; to be sorry; to regret 13
señor (Sr.); don *m.* Mr.; sir 1
señora (Sra.); doña *f.* Mrs.; ma'am 1
señorita (Srta.) *f.* Miss 1
separado/a *adj.* separated 9
separarse (de) *v.* to separate (from) 9
septiembre *m.* September 5
séptimo/a *adj.* seventh 5
ser *v.* to be 1
　ser aficionado/a (a) to be a fan (of) 4
　ser alérgico/a (a) to be allergic (to) 10
　ser gratis to be free of charge 14
serio/a *adj.* serious
servicio *m.* service 15
servilleta *f.* napkin 12
servir (e:i) *v.* to serve 8; to help 5
sesenta sixty 2
setecientos/as *adj.* seven hundred 2
setenta seventy 2
sexismo *m.* sexism
sexto/a *adj.* sixth 5
sí *adv.* yes 1
si *conj.* if 4
SIDA *m.* AIDS
sido *p.p.* been 15
siempre *adv.* always 7
siete seven 1
silla *f.* seat 2
sillón *m.* armchair 12
similar *adj. m., f.* similar
simpático/a *adj.* nice; likeable 3
sin *prep.* without 2, 13
　sin duda without a doubt
　sin embargo however
　sin que *conj.* without 13
sino but (rather) 7
síntoma *m.* symptom 10
sitio *m.* place 3
sitio *m.* **web;** website 11
situado/a *p.p.* located
sobre *m.* envelope 14; *prep.* on; over 2
　sobre todo above all 13
(sobre)población *f.* (over)population 13
sobrino/a *m., f.* nephew; niece 3
sociología *f.* sociology 2
sofá *m.* couch; sofa 12
sol *m.* sun 4; 5; 13
solar *adj. m., f.* solar 13
soldado *m., f.* soldier
soleado/a *adj.* sunny
solicitar *v.* to apply (*for a job*)
solicitud (de trabajo) *f.* (job) application
sólo *adv.* only 3
solo/a *adj.* alone

soltero/a *adj.* single 9
solución *f.* solution 13
sombrero *m.* hat 6
Son las dos. It's two o'clock. 1
sonar (o:ue) *v.* to ring 11
sonreído *p.p.* smiled 14
sonreír (e:i) *v.* to smile 9
sopa *f.* soup 8
sorprender *v.* to surprise 9
sorpresa *f.* surprise 9
sótano *m.* basement; cellar 12
soy I am 1
   Soy de... I'm from... 1
   Soy yo. That's me.
su(s) *poss. adj.* his; her; its; *form.*
   your; their 3
subir(se) a *v.* to get on/into
   (*a vehicle*) 11
sucio/a *adj.* dirty 5
sudar *v.* to sweat 15
suegro/a *m., f.* father-in-law;
   mother-in-law 3
sueldo *m.* salary
suelo *m.* floor 12
sueño *m.* sleep 3
suerte *f.* luck 3
suéter *m.* sweater 6
sufrir *v.* to suffer 10
   sufrir muchas presiones to
     be under a lot of pressure 15
   sufrir una enfermedad to
     suffer an illness 10
sugerir (e:ie) *v.* to suggest 12
supermercado *m.* supermarket 14
suponer *v.* to suppose 4
sur *m.* south 14
sustantivo *m.* noun
suyo(s)/a(s) *poss.* (of) his/her; (of)
   hers; (of) its; (of) *form.* your, (of)
   yours, (of) their 11

T

tabla de (wind)surf *f.* surf
   board/sailboard 3
tal vez *adv.* maybe 5
talentoso/a *adj.* talented
talla *f.* size 6
   talla grande *f.* large
taller *m.* **mecánico** garage;
   mechanic's repairshop 11
también *adv.* also; too 2; 7
tampoco *adv.* neither; not
   either 7
tan *adv.* so 5
   tan... como as... as 8
   tan pronto como *conj.* as
     soon as 13
tanque *m.* tank 11
tanto *adv.* so much
   tanto... como as much... as 8
   tantos/as... como as
     many... as 8
tarde *adv.* late 7; *f.* afternoon;
   evening; P.M. 1
tarea *f.* homework 2
tarjeta *f.* (post) card
tarjeta de crédito *f.* credit card 6

tarjeta postal *f.* postcard 4
taxi *m.* taxi 5
taza *f.* cup 12
te *sing., fam., d.o. pron.* you 5;
   sing., fam., i.o. pron. to/for
   you 6
   Te presento a... *fam.* I would
     like to introduce you to (name). 1
   ¿Te gustaría? Would you like
     to?
   ¿Te gusta(n)...? Do you
     like...? 2
té *m.* tea 8
   té helado *m.* iced tea 8
teatro *m.* theater
teclado *m.* keyboard 11
técnico/a *m., f.* technician
tejido *m.* weaving
teleadicto/a *m., f.* couch
   potato 15
(teléfono) celular *m.* (cell)
   phone 11
telenovela *f.* soap opera
teletrabajo *m.* telecommuting
televisión *f.* television 2; 11
televisión por cable *f.* cable
   television 11
televisor *m.* television set 11
temer *v.* to fear 13
temperatura *f.* temperature 10
temporada *f.* period of time 5
temprano *adv.* early 7
tenedor *m.* fork 12
tener *v.* to have 3
   tener... años to be... years
     old 3
   Tengo... años. I'm... years
     old. 3
   tener (mucho) calor to be
     (very) hot 3
   tener (mucho) cuidado to be
     (very) careful 3
   tener dolor to have a pain 10
   tener éxito to be successful
   tener fiebre to have a fever 10
   tener (mucho) frío to be (very)
     cold 3
   tener ganas de (+ *inf.*) to feel
     like (*doing something*) 3
   tener (mucha) hambre *f.* to
     be (very) hungry 3
   tener (mucho) miedo (de) to
     be (very) afraid (of); to be
     (very) scared (of) 3
   tener miedo (de) que to be
     afraid that
   tener planes *m., pl.* to have
     plans 4
   tener (mucha) prisa to be in a
     (big) hurry 3
   tener que (+ *inf.*) *v.* to have
     to (*do something*) 3
   tener razón *f.* to be right 3
   tener (mucha) sed *f.* to be
     (very) thirsty 3
   tener (mucho) sueño to be
     (very) sleepy 3
   tener (mucha) suerte to be
     (very) lucky 3

   tener tiempo to have time 4
   tener una cita to have a date;
     to have an appointment 9
tenis *m.* tennis 4
tensión *f.* tension 15
tercer, tercero/a *adj.* third 5
terco/a *adj.* stubborn 10
terminar *v.* to end; to finish 2
   terminar de (+ *inf.*) *v.* to finish
     (*doing something*) 4
terremoto *m.* earthquake
terrible *adj. m., f.* terrible 13
ti *prep., obj. of prep., fam.* you
tiempo *m.* time 4; weather 5
   tiempo libre free time
tienda *f.* shop; store 6
tierra *f.* land; soil 13
tinto/a *adj.* red (wine) 8
tío/a *m., f.* uncle; aunt 3
tíos *m., pl.* aunts and uncles 3
título *m.* title
tiza *f.* chalk 2
toalla *f.* towel 7
tobillo *m.* ankle 10
tocar *v.* to play (*a musical
   instrument*); to touch
todavía *adv.* yet; still 3, 5
todo *m.* everything 5
   en todo el mundo throughout
     the world 13
   Todo está bajo control.
     Everything is under control. 7
   todo derecho straight (ahead)
     14
todo(s)/a(s) *adj.* all 4; whole
todos *m., pl.* all of us; *m., pl.*
   everybody; everyone
todos los días *adv.* every day 10
tomar *v.* to take; to drink 2
   tomar clases *f., pl.* to take
     classes 2
   tomar el sol to sunbathe 4
   tomar en cuenta to take into
     account
   tomar fotos *f., pl.* to take
     photos 5
   tomar la temperatura to take
     someone's temperature 10
   tomar una decisión to make
     a decision 15
tomate *m.* tomato 8
tonto/a *adj.* silly; foolish 3
torcerse (o:ue) (el tobillo) *v.* to
   sprain (one's ankle) 10
torcido/a *adj.* twisted;
   sprained 10
tormenta *f.* storm
tornado *m.* tornado
tortilla *f.* tortilla 8
   tortilla de maíz corn tortilla 8
tortuga (marina) *f.* (sea) turtle 13
tos *f., sing.* cough 10
toser *v.* to cough 10
tostado/a *adj.* toasted 8
tostadora *f.* toaster 12
trabajador(a) *adj.* hard-working 3
trabajar *v.* to work 2
trabajo *m.* job; work

traducir *v.* to translate 6
traer *v.* to bring 4
tráfico *m.* traffic 11
tragedia *f.* tragedy
traído/a *p.p.* brought 14
traje *m.* suit 6
   traje (de baño) *m.* (bathing) suit 6
trajinera *f.* type of barge 3
tranquilo/a *adj.* calm; quiet 15
   Tranquilo. Don't worry.; Be cool. 7
   Tranquilo/a, cariño. Relax, sweetie. 11
transmitir *v.* to broadcast
tratar de (+ inf.) *v.* to try (to do something) 15
trece thirteen 1
treinta thirty 1, 2
   y treinta thirty minutes past the hour (time) 1
tren *m.* train 5
tres three 1
trescientos/as *adj.* three hundred 2
trimestre *m.* trimester; quarter 2
triste *adj.* sad 5
tú *fam. sub. pron.* you 1
   Tú eres... You are... 1
tu(s) *fam. poss. adj.* your 3
turismo *m.* tourism 5
turista *m., f.* tourist 1
turístico/a *adj.* touristic
tuyo(s)/a(s) *fam. poss. pron.* your; (of) yours 11

U

Ud. *form. sing.* you 1
Uds. *form., pl.* you 1
último/a *adj.* last 7
   la última vez the last time 7
un, uno/a *indef. art.* a; one 1
   uno/a *m., f., sing. pron.* one 1
     a la una at one o'clock 1
   una vez once; one time 6
   una vez más one more time 9
único/a *adj.* only 3; unique 9
universidad *f.* university; college 2
unos/as *m., f., pl. indef. art.* some 1
   los unos a los otros each other 11
   unos/as *pron.* some 1
urgente *adj.* urgent 12
usar *v.* to wear; to use 6
usted (Ud.) *form. sing.* you 1
   ustedes (Uds.) *form., pl.* you 1
útil *adj.* useful
uva *f.* grape 8

V

vaca *f.* cow 13
vacaciones *f. pl.* vacation 5

valle *m.* valley 13
vamos let's go 4
vaquero *m.* cowboy
   de vaqueros *m., pl.* western (genre)
varios/as *adj. m. f., pl.* various; several 8
vaso *m.* glass 12
veces *f., pl.* times 6
vecino/a *m., f.* neighbor 12
veinte twenty 1
veinticinco twenty-five 1
veinticuatro twenty-four 1
veintidós twenty-two 1
veintinueve twenty-nine 1
veintiocho twenty-eight 1
veintiséis twenty-six 1
veintisiete twenty-seven 1
veintitrés twenty-three 1
veintiún, veintiuno/a twenty-one 1
vejez *f.* old age 9
velocidad *f.* speed 11
   velocidad máxima *f.* speed limit 11
vencer *v.* to expire 14
vendedor(a) *m., f.* salesperson 6
vender *v.* to sell 6
venir *v.* to come 3
ventana *f.* window 2
ver *v.* to see 4
   a ver *v.* let's see 2
   ver películas *f., pl.* to see movies 4
verano *m.* summer 5
verbo *m.* verb
verdad *f.* truth
   ¿verdad? right? 1
verde *adj., m. f.* green 6
verduras *pl., f.* vegetables 8
vestido *m.* dress 6
vestirse (e:i) *v.* to get dressed 7
vez *f.* time 6
viajar *v.* to travel 2
viaje *m.* trip 5
viajero/a *m., f.* traveler 5
vida *f.* life 9
video *m.* video 1, 11
videoconferencia *f.* videoconference
videojuego *m.* video game 4
vidrio *m.* glass 13
viejo/a *adj.* old 3
viento *m.* wind 5
viernes *m., sing.* Friday 2
vinagre *m.* vinegar 8
vino *m.* wine 8
   vino blanco *m.* white wine 8
   vino tinto *m.* red wine 8
violencia *f.* violence
visitar *v.* to visit 4
   visitar monumentos *m., pl.* to visit monuments 4
visto/a *p.p.* seen 14
vitamina *f.* vitamin 15

viudo/a *adj.* widower/widow 9
vivienda *f.* housing 12
vivir *v.* to live 3
vivo/a *adj.* bright; lively; living
volante *m.* steering wheel 11
volcán *m.* volcano 13
vóleibol *m.* volleyball 4
volver (o:ue) *v.* to return 4
volver a ver(te, lo, la) *v.* to see (you, him, her) again
vos *pron.* you
vosotros/as *form., pl.* you 1
votar *v.* to vote
vuelta *f.* return trip
vuelto/a *p.p.* returned 14
vuestro(s)/a(s) *poss. adj.* your 3; (of) yours *fam.* 11

W

walkman *m.* walkman

Y

y *conj.* and 1
   y cuarto quarter after (time) 1
   y media half-past (time) 1
   y quince quarter after (time) 1
   y treinta thirty (minutes past the hour) 1
   ¿Y tú? *fam.* And you? 1
   ¿Y usted? *form.* And you? 1
ya *adv.* already 6
yerno *m.* son-in-law 3
yo *sub. pron.* I 1
   Yo soy... I'm... 1
yogur *m.* yogurt 8

Z

zanahoria *f.* carrot 8
zapatería *f.* shoe store 14
zapatos de tenis *m., pl.* tennis shoes, sneakers 6

English-Spanish

A

a **un/a** *m., f., sing.; indef. art.* 1
@ *(symbol)* **arroba** *f.* 11
A.M. **mañana** *f.* 1
able: be able to **poder (o:ue)** *v.* 4
aboard **a bordo** 1
above all **sobre todo** 13
accident **accidente** *m.* 10
accompany **acompañar** *v.* 14
account **cuenta** *f.* 14
   on account of **por** *prep.* 11
accountant **contador(a)** *m., f.*
accounting **contabilidad** *f.* 2
ache **dolor** *m.* 10
acquainted: be acquainted with
   conocer *v.* 6
action (genre) **de acción** *f.*
active **activo/a** *adj.* 15
actor **actor** *m.,* **actriz** *f.*
addict (drug) **drogadicto/a**
   adj. 15
additional **adicional** *adj.*
address **dirección** *f.* 14
adjective **adjetivo** *m.*
adolescence **adolescencia** *f.* 9
adventure (genre) **de aventura** *f.*
advertise **anunciar** *v.*
advertisement **anuncio** *m.*
advice **consejo** *m.* 6
   give advice **dar consejos** 6
advise **aconsejar** *v.* 12
advisor **consejero/a** *m., f.*
aerobic **aeróbico/a** *adj.* 15
   aerobics class **clase de
      ejercicios aeróbicos** 15
   to do aerobics **hacer ejercicios
      aeróbicos** 15
affected **afectado/a** *adj.* 13
   be affected (by) **estar** *v.*
      afectado/a (por) 13
affirmative **afirmativo/a** *adj.*
afraid: be (very) afraid (of) **tener
   (mucho) miedo (de)** 3
   be afraid that **tener miedo
      (de) que**
after **después de** *prep.* 7;
   después de que *conj.* 13
afternoon **tarde** *f.* 1
afterward **después** *adv.* 7
again **otra vez**
age **edad** *f.* 9
agree **concordar** *v.*
agree **estar** *v.* **de acuerdo**
   I agree. **Estoy de acuerdo.**
   I don't agree. **No estoy de
      acuerdo.**
agreement **acuerdo** *m.*
AIDS **SIDA** *m.*
air **aire** *m.* 13
   air pollution **contaminación
      del aire** 13
airplane **avión** *m.* 5
airport **aeropuerto** *m.* 5
alarm clock **despertador** *m.* 7
alcohol **alcohol** *m.* 15

to consume alcohol **consumir
   alcohol** 15
alcoholic **alcohólico/a** *adj.* 15
all **todo(s)/a(s)** *adj.* 4
   all of us **todos** 1
   all over the world **en todo el
      mundo**
allergic **alérgico/a** *adj.* 10
   be allergic (to) **ser alérgico/a
      (a)** 10
alleviate **aliviar** *v.*
almost **casi** *adv.* 10
alone **solo/a** *adj.*
along **por** *prep.* 11
already **ya** *adv.* 6
also **también** *adv.* 2; 7
altar **altar** *m.* 9
aluminum **aluminio** *m.* 13
   (made) of aluminum **de
      aluminio** 13
always **siempre** *adv.* 7
American (North)
   norteamericano/a *adj.* 3
among **entre** *prep.* 2
amusement **diversión** *f.*
and **y** 1, **e** *(before words beginning
   with i or hi)* 4
   And you? **¿Y tú?** *fam.* 1;
      ¿Y usted? *form.* 1
angel **ángel** *m.* 9
angry **enojado/a** *adj.* 5
   get angry (with) **enojarse** *v.*
      (con) 7
animal **animal** *m.* 13
ankle **tobillo** *m.* 10
anniversary **aniversario** *m.* 9
   (wedding) anniversary
      aniversario *m.* **(de bodas)** 9
announce **anunciar** *v.*
announcer (TV/radio) **locutor(a)**
   m., f.
annoy **molestar** *v.* 7
another **otro/a** *adj.* 6
answer **contestar** *v.* 2;
   respuesta *f.*
answering machine **contestadora** *f.*
antibiotic **antibiótico** *m.* 10
any **algún, alguno/a(s)** *adj.* 7
anyone **alguien** *pron.* 7
anything **algo** *pron.* 7
apartment **apartamento** *m.* 12
apartment building **edificio de
   apartamentos** 12
appear **parecer** *v.*
appetizers **entremeses** *m., pl.* 8
applaud **aplaudir** *v.*
apple **manzana** *f.* 8
appliance (electric)
   electrodoméstico *m.* 12
applicant **aspirante** *m., f.*
application **solicitud** *f.*
   job application **solicitud de
      trabajo**
apply (for a job) **solicitar** *v.*
   apply for a loan **pedir (e:ie)** *v.*
      un préstamo 14
appointment **cita** *f.* 9
   have an appointment **tener** *v.*
      una cita 9
appreciate **apreciar** *v.*

April **abril** *m.* 5
aquatic **acuático/a** *adj.*
archaeologist **arqueólogo/a**
   m., f.
archaeology **arqueología** *f.* 2
architect **arquitecto/a** *m., f.*
area **región** *f.* 13
Argentina **Argentina** *f.* 1
Argentine **argentino/a** *adj.* 3
arm **brazo** *m.* 10
armchair **sillón** *m.* 12
army **ejército** *m.*
around **por** *prep.* 11
   around here **por aquí** 11
arrange **arreglar** *v.* 11
arrival **llegada** *f.* 5
arrive **llegar** *v.* 2
art **arte** *m.* 2
   (fine) arts **bellas artes** *f., pl.*
article m. **artículo**
artist **artista** *m., f.* 3
artistic **artístico/a** *adj.*
arts **artes** *f., pl.*
as **como** 8
   as a child **de niño/a** 10
   as... as **tan... como** 8
   as many... as **tantos/as...
      como** 8
   as much... as **tanto...
      como** 8
   as soon as **en cuanto** *conj.* 13;
      tan pronto como *conj.* 13
ask (a question) **preguntar** *v.* 2
   ask for **pedir (e:i)** *v.* 4
asparagus **espárragos** *m., pl.* 8
aspirin **aspirina** *f.* 10
at **a** *prep.* 1; **en** *prep.* 2
   at + time **a la(s)** + *time* 1
   at home **en casa** 7
   at least **por lo menos** 10
   at night **por la noche** 7
   at the end (of) **al fondo (de)** 12
   At what time...? **¿A qué
      hora...?** 1
   At your service. **A sus
      órdenes.** 11
ATM **cajero automático** *m.* 14
attempt **intento** *m.* **11**
attend **asistir (a)** *v.* 3
attic **altillo** *m.* 12
attract **atraer** *v.* 4
audience **público** *m.*
August **agosto** *m.* 5
aunt **tía** *f.* 3
   aunts and uncles **tíos** *m., pl.* 3
automobile **automóvil** *m.* 5;
   carro *m.;* **coche** *m.* 11
autumn **otoño** *m.* 5
avenue **avenida** *f.*
avoid **evitar** *v.* 13
award **premio** *m.*

B

backpack **mochila** *f.* 2
bad **mal, malo/a** *adj.* 3
   It's bad that... **Es malo
      que...** 12

It's not at all bad. **No está nada mal.** 5
bag **bolsa** *f.* 6
bakery **panadería** *f.* 14
balanced **equilibrado/a** *adj.* 15
  to eat a balanced diet **comer una dieta equilibrada** 15
balcony **balcón** *m.* 12
ball **pelota** *f.* 4
banana **banana** *f.* 8
band **banda** *f.*
bank **banco** *m.* 14
bargain **ganga** *f.* 6; **regatear** *v.* 6
baseball (*game*) **béisbol** *m.* 4
basement **sótano** *m.* 12
basketball (*game*) **baloncesto** *m.* 4
bathe **bañarse** *v.* 7
bathing suit **traje** *m.* **de baño** 6
bathroom **baño** *m.* 7; **cuarto de baño** *m.* 7
be **ser** *v.* 1; **estar** *v.* 2
  be… years old **tener… años** 3
  be sick of… **estar harto/a de…**
beach **playa** *f.* 5
beans **frijoles** *m., pl.* 8
beautiful **hermoso/a** *adj.* 6
beauty **belleza** *f.* 14
  beauty salon **peluquería** *f.* 14; **salón** *m.* **de belleza** 14
because **porque** *conj.* 2
  because of **por** *prep.* 11
become (+ *adj.*) **ponerse (+ adj.)** 7; **convertirse** *v.*
bed **cama** *f.* 5
  go to bed **acostarse (o:ue)** *v.* 7
bedroom **alcoba** *f.*; **dormitorio** *m.* 12; **recámara** *f.*
beef **carne de res** *f.* 8
been **sido** *p.p.* 15
beer **cerveza** *f.* 8
before **antes** *adv.* 7; **antes de** *prep.* 7; **antes (de) que** *conj.* 13
beg **rogar (o:ue)** *v.* 12
begin **comenzar (e:ie)** *v.* 4; **empezar (e:ie)** *v.* 4
behalf: on behalf of **de parte de** 11
behind **detrás de** *prep.* 2
believe (in) **creer** *v.* **(en)** 3; **creer** *v.* 13
  not to believe **no creer** 13
believed **creído/a** *p.p.* 14
bellhop **botones** *m., f. sing.* 5
below **debajo de** *prep.* 2
belt **cinturón** *m.* 6
benefit **beneficio** *m.*
beside **al lado de** *prep.* 2
besides **además (de)** *adv.* 10
best **mejor** *adj.*
  the best **el/la mejor** *m., f.* 8; **lo mejor** *neuter*
better **mejor** *adj.* 8
  It's better that… **Es mejor que…** 12
between **entre** *prep.* 2
beverage **bebida** *f.*

alcoholic beverage **bebida alcohólica** *f.* 15
bicycle **bicicleta** *f.* 4
big **gran, grande** *adj.* 3
bill **cuenta** *f.* 9
billion **mil millones**
biology **biología** *f.* 2
bird **ave** *f.* 13; **pájaro** *m.* 13
birth **nacimiento** *m.* 9
birthday **cumpleaños** *m., sing.* 9
  have a birthday **cumplir** *v.* **años** 9
black **negro/a** *adj.* 6
blackboard **pizarra** *f.* 2
blanket **manta** *f.* 12
block (city) **cuadra** *f.* 14
blog **blog** *m.* 11
blond(e) **rubio/a** *adj.* 3
blouse **blusa** *f.* 6
blue **azul** *adj. m., f.* 6
boarding house **pensión** *f.*
boat **barco** *m.* 5
body **cuerpo** *m.* 10
bone **hueso** *m.* 10
book **libro** *m.* 2
bookcase **estante** *m.* 12
bookshelves **estante** *m.* 12
bookstore **librería** *f.* 2
boot **bota** *f.* 6
bore **aburrir** *v.* 7
bored **aburrido/a** *adj.* 5
  be bored **estar** *v.* **aburrido/a** 5
  get bored **aburrirse** *v.*
boring **aburrido/a** *adj.* 5
born: be born **nacer** *v.* 9
borrow **pedir (e:ie)** *v.* **prestado** 14
borrowed **prestado/a** *adj.*
boss **jefe** *m.*, **jefa** *f.*
bother **molestar** *v.* 7
bottle **botella** *f.* 9
  bottle of wine **botella de vino** 9
bottom **fondo** *m.*
boulevard **bulevar** *m.*
boy **chico** *m.* 1; **muchacho** *m.* 3
boyfriend **novio** *m.* 3
brakes **frenos** *m., pl.*
bread **pan** *m.* 8
break **romper** *v.* 10
  break (one's leg) **romperse (la pierna)** 10
break down **dañar** *v.* 10
  The… broke down. **Se nos dañó el/la…** 11
  break up (with) **romper** *v.* **(con)** 9
breakfast **desayuno** *m.* 2, 8
  have breakfast **desayunar** *v.* 2
breathe **respirar** *v.* 13
bring **traer** *v.* 4
broadcast **transmitir** *v.*; **emitir** *v.*
brochure **folleto** *m.*
broken **roto/a** *adj.* 10, 14
  be broken **estar roto/a** 10
brother **hermano** *m.* 3

brother-in-law **cuñado** *m., f.* 3
brothers and sisters **hermanos** *m., pl.* 3
brought **traído/a** *p.p.* 14
brown **café** *adj.* 6; **marrón** *adj.* 6
brunet(te) **moreno/a** *adj.* 3
brush **cepillar** *v.* 7
  brush one's hair **cepillarse el pelo** 7
  brush one's teeth **cepillarse los dientes** 7
bucket **balde** *m.* 5
build **construir** *v.* 4
building **edificio** *m.* 12
bump into (*something accidentally*) **darse con** 10; (*someone*) **encontrarse** *v.* 11
burn (a CD/DVD) **quemar** *v.* **(un CD/DVD)**
burned (out) **quemado/a** *adj.* 11
bus **autobús** *m.* 1
  bus station **estación** *f.* **de autobuses** 5
business **negocios** *m. pl.*
  business administration **administración** *f.* **de empresas** 2
  business-related **comercial** *adj.*
businessperson **hombre** *m.* **/ mujer** *f.* **de negocios**
busy **ocupado/a** *adj.* 5
but **pero** *conj.* 2; (rather) **sino** *conj.* (*in negative sentences*) 7
butcher shop **carnicería** *f.* 14
butter **mantequilla** *f.* 8
buy **comprar** *v.* 2
by **por** *prep.* 11; **para** *prep.* 11
  by means of **por** *prep.* 11
  by phone **por teléfono** 11
  by plane **en avión** 5
  by way of **por** *prep.* 11
bye **chau** *interj. fam.* 1

C

cable television **televisión** *f.* **por cable** *m.* 11
café **café** *m.* 4
cafeteria **cafetería** *f.* 2
caffeine **cafeína** *f.* 15
cake **pastel** *m.* 9
  chocolate cake **pastel de chocolate** *m.* 9
calculator **calculadora** *f.* 2
call **llamar** *v.* 11
  be called **llamarse** *v.* 7
  call on the phone **llamar por teléfono**
calm **tranquilo/a** *adj.* 15
calorie **caloría** *f.* 15
camera **cámara** *f.* 11
camp **acampar** *v.* 5
can (*tin*) **lata** *f.* 13
can **poder (o:ue)** *v.* 4
  Could I ask you something? **¿Podría pedirte algo?**

Canadian **canadiense** *adj.* 3
candidate **aspirante** *m., f.;*
  candidate **candidato/a** *m., f.*
candy **dulces** *m., pl.* 9
capital city **capital** *f.* 1
car **coche** *m.* 11; **carro** *m.* 11;
  auto(móvil) *m.* 5
caramel **caramelo** *m.* 9
card **tarjeta** *f.;* (*playing*)
  carta *f.* 5
care **cuidado** *m.* 3
  Take care! **¡Cuídense!** *v.* 15
  take care of **cuidar** *v.* 13
career **carrera** *f.*
careful: be (very) careful **tener** *v.*
  (mucho) cuidado 3
caretaker **ama** *m., f.* **de casa** 12
carpenter **carpintero/a** *m., f.*
carpet **alfombra** *f.* 12
carrot **zanahoria** *f.* 8
carry **llevar** *v.* 2
cartoons **dibujos** *m, pl.*
  animados
case: in case (that) **en caso (de)**
  que 13
cash (a check) **cobrar** *v.* 14;
  cash **(en) efectivo** 6
  cash register **caja** *f.* 6
  pay in cash **pagar** *v.* **al contado**
  14; **pagar en efectivo** 14
cashier **cajero/a** *m., f.*
cat **gato** *m.* 13
CD **disco compacto** *m.* 11
CD player **reproductor de CD**
  m. 11
CD-ROM **cederrón** *m.* 11
celebrate **celebrar** *v.* 9
celebration **celebración** *f.*
  young woman's fifteenth
  birthday celebration
  quinceañera *f.* 9
cellar **sótano** *m.* 12
(cell) phone **(teléfono)**
  celular *m.* 11
cemetery **cementerio** *m.* 9
cereal **cereales** *m., pl.* 8
certain **cierto** *m.;* **seguro** *m.* 13
  it's (not) certain **(no) es**
  cierto/seguro 13
chalk **tiza** *f.* 2
champagne **champán** *m.* 9
change: in change **de cambio** 2
change **cambiar** *v.* **(de)** 9
channel (*TV*) **canal** *m.* 11
character (*fictional*) **personaje**
  m. 11
  (main) character *m.* **personaje**
  (principal)
chat **conversar** *v.* 2
chauffeur **conductor(a)** *m., f.* 1
cheap **barato/a** *adj.* 6
check **comprobar (o:ue)** *v.;*
  revisar *v.* 11; (*bank*) **cheque**
  m. 14
  check the oil **revisar el aceite** 11
checking account **cuenta** *f.*
  corriente 14
cheese **queso** *m.* 8
chef **cocinero/a** *m., f.*

chemistry **química** *f.* 2
chest of drawers **cómoda** *f.* 12
chicken **pollo** *m.* 8
child **niño/a** *m., f.* 3
childhood **niñez** *f.* 9
children **hijos** *m., pl.* 3
Chinese **chino/a** *adj.* 3
chocolate **chocolate** *m.* 9
  chocolate cake **pastel** *m.* **de**
  chocolate 9
cholesterol **colesterol** *m.* 15
choose **escoger** *v.* 8
chop (*food*) **chuleta** *f.* 8
Christmas **Navidad** *f.* 9
church **iglesia** *f.* 4
cinnamon **canela** *f.* 10
citizen **ciudadano/a** *adj.*
city **ciudad** *f.* 4
class **clase** *f.* 2
  take classes **tomar clases** 2
classical **clásico/a** *adj.*
classmate **compañero/a** *m., f.* **de**
  clase 2
clean **limpio/a** *adj.* 5;
  limpiar *v.* 12
  clean the house *v.* **limpiar la**
  casa 12
clear (*weather*) **despejado/a** *adj.*
  clear the table **quitar la**
  mesa 12
  It's (very) clear. (*weather*)
  Está (muy) despejado.
clerk **dependiente/a** *m., f.* 6
climate change **cambio climático**
  m. 13
climb **escalar** *v.* 4
  climb mountains **escalar**
  montañas 4
clinic **clínica** *f.* 10
clock **reloj** *m.* 2
close **cerrar (e:ie)** *v.* 4
closed **cerrado/a** *adj.* 5
closet **armario** *m.* 12
clothes **ropa** *f.* 6
  clothes dryer **secadora** *f.* 12
clothing **ropa** *f.* 6
cloud **nube** *f.* 13
cloudy **nublado/a** *adj.* 5
  It's (very) cloudy. **Está (muy)**
  nublado. 5
coat **abrigo** *m.* 6
coffee **café** *m.* 8
  coffee maker **cafetera** *f.* 12
cold **frío** *m.* 5;
  (*illness*) **resfriado** *m.* 10
  be (*feel*) (very) cold **tener**
  (mucho) frío 3
  It's (very) cold. (*weather*) **Hace**
  (mucho) frío. 5
college **universidad** *f.* 2
collision **choque** *m.*
color **color** *m.* 6
comb one's hair **peinarse** *v.* 7
come **venir** *v.* 3
come on **ándale** *interj.* 14
comedy **comedia** *f.*
comfortable **cómodo/a** *adj.* 5
commerce **negocios** *m., pl.*
commercial **comercial** *adj.*

communicate (with) **comunicarse**
  v. **(con)**
communication **comunicación** *f.*
  means of communication
  medios *m. pl.* **de**
  comunicación
community **comunidad** *f.* 1
company **compañía** *f.;*
  empresa *f.*
comparison **comparación** *f.*
completely **completamente** *adv.*
composer **compositor(a)** *m., f.*
computer **computadora** *f.* 1
  computer disc **disco** *m.*
  computer monitor **monitor**
  m. 11
  computer programmer
  programador(a) *m., f.* 3
  computer science **computación**
  f. 2
concert **concierto** *m.*
conductor (*musical*) **director(a)**
  m., f.
confirm **confirmar** *v.* 5
  confirm a reservation **confirmar**
  una reservación 5
confused **confundido/a** *adj.* 5
congested **congestionado/a**
  adj. 10
Congratulations! **¡Felicidades!;**
  ¡Felicitaciones! *f., pl.* 9
conservation **conservación** *f.* 13
conserve **conservar** *v.* 13
considering **para** *prep.* 11
consume **consumir** *v.* 15
container **envase** *m.* 13
contamination **contaminación** *f.*
content **contento/a** *adj.* 5
contest **concurso** *m.*
continue **seguir (e:i)** *v.* 4
control **control** *m.;* **controlar** *v.* 13
  be under control **estar bajo**
  control 7
conversation **conversación** *f.* 1
converse **conversar** *v.* 2
cook **cocinar** *v.* 12; **cocinero/a**
  m., f.
cookie **galleta** *f.* 9
cool **fresco/a** *adj.* 5
  Be cool. **Tranquilo.** 7
  It's cool. (*weather*) **Hace**
  fresco. 5
corn **maíz** *m.* 8
corner **esquina** *f.* 14
cost **costar (o:ue)** *v.* 6
Costa Rica **Costa Rica** *f.* 1
Costa Rican **costarricense** *adj.* 3
costume **disfraz** *m.*
cotton **algodón** *f.* 6
  (made of) cotton **de algodón** 6
couch **sofá** *m.* 12
couch potato **teleadicto/a**
  m., f. 15
cough **tos** *f.* 10; **toser** *v.* 10
counselor **consejero/a** *m., f.*
count (on) **contar (o:ue)** *v.*
  (con) 4, 12
country (*nation*) **país** *m.* 1
countryside **campo** *m.* 5

(married) couple **pareja** *f.* 9
course **curso** *m.* 2; **materia** *f.* 2
courtesy **cortesía** *f.*
cousin **primo/a** *m., f.* 3
cover **cubrir** *v.*
covered **cubierto/a** *p.p.*
cow **vaca** *f.* 13
crafts **artesanía** *f.*
craftsmanship **artesanía** *f.*
crater **cráter** *m.* 13
crazy **loco/a** *adj.* 6
create **crear** *v.*
credit **crédito** *m.* 6
    credit card **tarjeta** *f.* **de
        crédito** 6
crime **crimen** *m.*
cross **cruzar** *v.* 14
cry **llorar** *v.* 15
Cuba **Cuba** *f.* 1
Cuban **cubano/a** *adj.* 3
culture **cultura** *f.* 2
cup **taza** *f.* 12
currency exchange **cambio** *m.* **de
    moneda**
current events **actualidades** *f.,
    pl.*
curtains **cortinas** *f., pl.* 12
custard (*baked*) **flan** *m.* 9
custom **costumbre** *f.* 1
customer **cliente/a** *m., f.* 6
customs **aduana** *f.* 5
    customs inspector **inspector(a)**
        m., f. **de aduanas** 5
cybercafé **cibercafé** *m.* 11
cycling **ciclismo** *m.* 4

D

dad **papá** *m.* 3
daily **diario/a** *adj.* 7
    daily routine **rutina** *f.* **diaria** 7
damage **dañar** *v.* 10
dance **bailar** *v.* 2; **danza** *f*;
    baile *m.*
dancer **bailarín/bailarina** *m., f.*
danger **peligro** *m.* 13
dangerous **peligroso/a** *adj.*
date (*appointment*) **cita** *f.* 9;
    (*calendar*) **fecha** *f.* 5; (*someone*)
    salir *v.* **con (alguien)** 9
    have a date **tener una cita** 9
daughter **hija** *f.* 3
daughter-in-law **nuera** *f.* 3
day **día** *m.* 1
    day before yesterday
        anteayer *adv.* 6
deal: It's not a big deal. **No es
    para tanto.** 12
death **muerte** *f.* 9
decaffeinated **descafeinado/a**
    adj. 15
December **diciembre** *m.* 5
decide **decidir** *v.* (**+** *inf.*) 3
decided **decidido/a** *adj. p.p.* 14
declare **declarar** *v.*
deforestation **deforestación** *f.* 13

delicious **delicioso/a** *adj.* 8;
    rico/a *adj.* 8; **sabroso/a** *adj.* 8
delighted **encantado/a** *adj.* 1
dentist **dentista** *m., f.* 10
deny **negar (e:ie)** *v.* 13
    not to deny **no dudar** 13
department store **almacén** *m.* 6
departure **salida** *f.* 5
deposit **depositar** *v.* 14
describe **describir** *v.* 3
described **descrito/a** *p.p.* 14
desert **desierto** *m.* 13
design **diseño** *m.*
designer **diseñador(a)** *m., f.*
desire **desear** *v.* 2
desk **escritorio** *m.* 2
dessert **postre** *m.* 9
destroy **destruir** *v.* 13
develop **desarrollar** *v.* 13
diary **diario** *m.* 1
dictatorship **dictadura** *f.*
dictionary **diccionario** *m.* 1
die **morir (o:ue)** *v.* 8
died **muerto/a** *p.p.* 14
diet **dieta** *f.* 15; **alimentación**
    balanced diet **dieta
        equilibrada** 15
    be on a diet **estar a dieta** 15
difficult **difícil** *adj. m., f.* 3
digital camera **cámara** *f.*
    digital 11
dining room **comedor** *m.* 12
dinner **cena** *f.* 2, 8
    have dinner **cenar** *v.* 2
direct **dirigir** *v.*
director **director(a)** *m., f.*
dirty **ensuciar** *v.*; **sucio/a** *adj.* 5
    get (something) dirty **ensuciar**
        v. 12
disagree **no estar de acuerdo**
disaster **desastre** *m.*
discover **descubrir** *v.* 13
discovered **descubierto/a** *p.p.* 14
discrimination **discriminación** *f.*
dish **plato** *m.* 8, 12
    main dish *m.* **plato principal** 8
dishwasher **lavaplatos** *m.,
    sing.* 12
disk **disco** *m.*
disorderly **desordenado/a** *adj.* 5
dive **bucear** *v.* 4
divorce **divorcio** *m.* 9
divorced **divorciado/a** *adj.* 9
    get divorced (from) **divorciarse**
        v. **(de)** 9
dizzy **mareado/a** *adj.* 10
do **hacer** *v.* 4
    do aerobics **hacer ejercicios
        aeróbicos** 15
    do household chores **hacer
        quehaceres domésticos** 12
    do stretching exercises **hacer
        ejercicios de estiramiento** 15
    (I) don't want to. **No quiero.** 4
doctor **doctor(a)** *m., f.* 3; 10;
    médico/a *m., f.* 3
documentary (*film*) **documental** *m.*
dog **perro** *m.* 13

domestic **doméstico/a** *adj.*
    domestic appliance
        electrodoméstico *m.*
done **hecho/a** *p.p.* 14
door **puerta** *f.* 2
doorman/doorwoman **portero/a**
    m., f. 1
dormitory **residencia** *f.*
    estudiantil 2
double **doble** *adj.* 5
    double room **habitación** *f.*
        doble 5
doubt **duda** *f.* 13; **dudar** *v.* 13
    not to doubt 13
    There is no doubt that...
        No cabe duda de 13;
        No hay duda de 13
Down with...! **¡Abajo el/la...!**
download **descargar** *v.* 11
downtown **centro** *m.* 4
drama **drama** *m.*
dramatic **dramático/a** *adj.*
draw **dibujar** *v.* 2
drawing **dibujo** *m.*
dress **vestido** *m.* 6
    get dressed **vestirse (e:i)** *v.* 7
drink **beber** *v.* 3; **bebida** *f.* 8;
    tomar *v.* 2
drive **conducir** *v.* 6; **manejar**
    v. 11
driver **conductor(a)** *m., f.* 1
drug **droga** *f.* 15
    drug addict **drogadicto/a**
        adj. 15
dry oneself **secarse** *v.* 7
during **durante** *prep.* 7; **por**
    prep. 11
dust **sacudir** *v.* 12;
    quitar *v.* **el polvo** 12
    dust the furniture **sacudir los
        muebles** 12
duster **plumero** *m.* 12
DVD player **reproductor** *m.* **de
    DVD** 11

E

each **cada** *adj.* 6
each other **los unos a los otros** 11
eagle **águila** *f.*
ear (outer) **oreja** *f.* 10
earing **arete** *m.* 6
early **temprano** *adv.* 7
earn **ganar** *v.*
earthquake **terremoto** *m.*
ease **aliviar** *v.*
east **este** *m.* 14
    to the east **al este** 14
easy **fácil** *adj. m., f.* 3
eat **comer** *v.* 3
ecological **ecologista** *adj. m., f.* 13
ecologist **ecologista** *m., f.* 13
ecology **ecología** *f.* 13
economics **economía** *f.* 2
ecotourism **ecoturismo** *m.* 13
Ecuador **Ecuador** *m.* 1
Ecuadorian **ecuatoriano/a** *adj.* 3
effective **eficaz** *adj. m., f.*
egg **huevo** *m.* 8

eight **ocho** 1
eight hundred **ochocientos/as** 2
eighteen **dieciocho** 1
eighth **octavo/a** 5
eighty **ochenta** 2
either... or **o... o** *conj.* 7
eldest **el/la mayor** 8
elect **elegir** *v.*
election **elecciones** *f. pl.*
electric appliance
　　electrodoméstico *m.* 12
electrician **electricista** *m., f.*
electricity **luz** *f.* 12
elegant **elegante** *adj. m., f.* 6
elevator **ascensor** *m.* 5
eleven **once** 1
e-mail **correo** *m.* **electrónico** 4
e-mail address **dirrección** *f.*
　　electrónica 11
　　e-mail message **mensaje** *m.*
　　　　electrónico 4
　　read e-mail **leer** *v.* **el correo**
　　　　electrónico 4
embarrassed **avergonzado/a**
　　adj. 5 embrace (each other)
　　abrazar(se) *v.* 11
emergency **emergencia** *f.* 10
　　emergency room **sala** *f.* **de**
　　　　emergencia 10
employee **empleado/a** *m., f.* 5
employment **empleo** *m.*
end **fin** *m.* 4; **terminar** *v.* 2
　　end table **mesita** *f.* 12
endure **aguantar** *v.* 14
energy **energía** *f.* 13
engaged: get engaged (to)
　　comprometerse *v.* **(con)** 9
engineer **ingeniero/a** *m., f.* 3
English (*language*) **inglés** *m.* 2;
　　inglés, inglesa *adj.* 3
enjoy **disfrutar** *v.* **(de)** 15
enough **bastante** *adv.* 10
entertainment **diversión** *f.* 4
entrance **entrada** *f.* 12
envelope **sobre** *m.* 14
environment **medio ambiente**
　　m. 13
environmental sciences **ciencias**
　　ambientales 2
equality **igualdad** *f.*
equipped **equipado/a** *adj.* 15
erase **borrar** *v.* 11
eraser **borrador** *m.* 2
errand **diligencia** *f.* 14
essay **ensayo** *m.* 3
evening **tarde** *f.* 1
event **acontecimiento** *m.*
every day **todos los días** 10
everything **todo** *m.* 5
　　Everything is under control.
　　　　Todo está bajo control. 7
exactly **en punto** 1
exam **examen** *m.* 2
excellent **excelente** *adj.* 5
excess **exceso** *m.* 15
　　in excess **en exceso** 15
exchange **intercambiar** *v.*
　　in exchange for **por** 11
exciting **emocionante** *adj. m., f.*
excursion **excursión** *f.*

excuse **disculpar** *v.*
Excuse me. (*May I?*) **Con**
　　permiso. 1; (*I beg your*
　　pardon.) **Perdón.** 1
exercise **ejercicio** *m.* 15;
　　hacer *v.* **ejercicio** 15;
　　(a degree/profession) **ejercer** *v.*
exit **salida** *f.* 5
expensive **caro/a** *adj.* 6
experience **experiencia** *f.*
expire **vencer** *v.* 14
explain **explicar** *v.* 2
explore **explorar** *v.*
expression **expresión** *f.*
extinction **extinción** *f.* 13
extremely delicious **riquísimo/a**
　　adj. 8
extremely serious **gravísimo**
　　adj. 13
eye **ojo** *m.* 10

F

fabulous **fabuloso/a** *adj.* 5
face **cara** *f.* 7
facing **enfrente de** *prep.* 14
fact: in fact **de hecho**
factory **fábrica** *f.* 13
fall (down) **caerse** *v.* 10
　　fall asleep **dormirse (o:ue)** *v.* 7
　　fall in love (with) **enamorarse**
　　　　v. **(de)** 9
fall (season) **otoño** *m.* 5
fallen **caído/a** *p.p.* 14
family **familia** *f.* 3
famous **famoso/a** *adj.*
fan **aficionado/a** *adj.* 4
　　be a fan (of) **ser aficionado/a**
　　　　(a) 4
far from **lejos de** *prep.* 2
farewell **despedida** *f.*
fascinate **fascinar** *v.* 7
fashion **moda** *f.* 6
　　be in fashion **estar de moda** 6
fast **rápido/a** *adj.*
fat **gordo/a** *adj.* 3; **grasa** *f.* 15
father **padre** *m.* 3
father-in-law **suegro** *m.* 3
favorite **favorito/a** *adj.* 4
fax (machine) *fax* *m.* 11
fear **miedo** *m.* 3; **temer** *v.* 13
February **febrero** *m.* 5
feel **sentir(se) (e:ie)** *v.* 7
　　feel like (*doing something*) **tener**
　　　　ganas de (+ *inf.*) 3
festival **festival** *m.*
fever **fiebre** *f.* 10
　　have a fever **tener** *v.* **fiebre** 10
few **pocos/as** *adj. pl.*
　　fewer than **menos de**
　　　　(+ *number*) 8
field: major field of study
　　especialización *f.*
fifteen **quince** 1
　　fifteen-year-old girl **quinceañera** *f.*

young woman celebrating her
　　fifteenth birthday **quinceañera**
　　f. 9
fifth **quinto/a** 5
fifty **cincuenta** 2
fight (for/against) **luchar** *v.* **(por/**
　　contra)
figure (*number*) **cifra** *f.*
file **archivo** *m.* 11
fill **llenar** *v.* 11
　　fill out (a form) **llenar (un**
　　　　formulario) 14
　　fill the tank **llenar el**
　　　　tanque 11
finally **finalmente** *adv.* 15; **por**
　　último 7; **por fin** 11
find **encontrar (o:ue)** *v.* 4
　　find (each other) **encontrar(se)**
　　find out **enterarse** *v.*
fine **multa** *f.*
　　That's fine. **Está bien.** 11
(fine) arts **bellas artes** *f., pl.*
finger **dedo** *m.* 10
finish **terminar** *v.* 2
　　finish (*doing something*)
　　　　terminar *v.* **de (+ *inf.*)** 4
fire **incendio** *m.*; **despedir**
　　(e:i) *v.*
firefighter **bombero/a** *m., f.*
firm **compañía** *f.*; **empresa** *f.*
first **primer, primero/a** 2, 5
fish (*food*) **pescado** *m.* 8;
　　pescar *v.* 5; (*live*) **pez** *m., sing.*
　　(peces *pl.*) 13
　　fish market **pescadería** *f.* 14
fishing **pesca** *f.* 5
fit (*clothing*) **quedar** *v.* 7
five **cinco** 1
five hundred **quinientos/as** 2
fix (*put in working order*) **arreglar**
　　v. 11; (*clothes, hair, etc. to*
　　go out) **arreglarse** 7
fixed **fijo/a** *adj.* 6
flag **bandera** *f.*
flank steak **lomo** *m.* 8
flat tire: We had a flat tire. **Se nos**
　　pinchó una llanta. 11
flexible **flexible** *adj.* 15
flood **inundación** *f.*
floor (*of a building*) **piso** *m.* 5;
　　suelo *m.* 12
　　ground floor **planta baja** *f.* 5
　　top floor **planta** *f.* **alta**
flower **flor** *f.* 13
flu **gripe** *f.* 10
fog **niebla** *f.*
folk **folclórico/a** *adj.*
follow **seguir (e:i)** *v.* 4
food **comida** *f.* 4, 8
foolish **tonto/a** *adj.* 3
foot **pie** *m.* 10
football **fútbol** *m.* **americano** 4
for **para** *prep.* 11; **por** *prep.* 11
　　for example **por ejemplo** 11
　　for me **para mí** 8

forbid **prohibir** v.
foreign **extranjero/a** adj.
  foreign languages **lenguas**
    f., pl. **extranjeras** 2
forest **bosque** m. 13
forget **olvidar** v. 10
fork **tenedor** m. 12
form **formulario** m. 14
forty **cuarenta** m. 2
four **cuatro** 1
four hundred **cuatrocientos/as** 2
fourteen **catorce** 1
fourth **cuarto/a** m., f. 5
free **libre** adj. m., f. 4
  be free (of charge) **ser**
    gratis 14
  free time **tiempo libre**; spare
    (free) time **ratos libres** 4
freedom **libertad** f.
freezer **congelador** m. 12
French **francés, francesa** adj. 3
  French fries **papas** f., pl.
    fritas 8; **patatas** f., pl. **fritas** 8
frequently **frecuentemente**
  adv. 10; **con frecuencia** adv. 10
Friday **viernes** m., sing. 2
fried **frito/a** adj. 8
  fried potatoes **papas** f., pl.
    fritas 8; **patatas** f., pl.
    fritas 8
friend **amigo/a** m., f. 3
friendly **amable** adj. m., f. 5
friendship **amistad** f. 9
from **de** prep. 1; **desde** prep. 6
  from the United States
    estadounidense m., f.
    adj. 3
  from time to time **de vez en**
    cuando 10
  He/She/It is from... **Es de...**;
    I'm from... **Soy de...** 1
front: (cold) front **frente (frío)**
  m. 5
fruit **fruta** f. 8
  fruit juice **jugo** m. **de fruta** 8
  fruit store **frutería** f. 14
full **lleno/a** adj. 11
fun **divertido/a** adj. 7
  fun activity **diversión** f. 4
  have fun **divertirse (e:ie)** v. 9
function **funcionar** v.
furniture **muebles** m., pl. 12
furthermore **además (de)** adv. 10
future **futuro** adj.; **porvenir** m.
  Here's to the future! **¡Por el**
    porvenir!
  in the future **en el futuro**

gain weight **aumentar** v. **de**
  peso 15; **engordar** v. 15
game **juego** m.; (match)
  partido m. 4
  game show **concurso** m.
garage (in a house) **garaje** m. 12;
  garaje m. 11; **taller**
  (mecánico) 11

garden **jardín** m. 12
garlic **ajo** m. 8
gas station **gasolinera** f. 11
gasoline **gasolina** f. 11
gentleman **caballero** m. 8
geography **geografía** f. 2
German **alemán, alemana** adj. 3
get **conseguir (e:i)** v. 4; **obtener** v.
  get along well/badly (with)
    llevarse bien/mal (con) 9
  get bigger **aumentar** v. 13
  get bored **aburrirse** v.
  get good grades **sacar buenas**
    notas 2
  get into trouble **meterse en**
    problemas v. 13
  get off of (a vehicle) **bajar(se)** v.
    de 11
  get on/into (a vehicle) **subir(se)**
    v. **a** 11
  get out of (a vehicle) **bajar(se)**
    v. **de** 11
  get ready **arreglarse** v. 7
  get up **levantarse** v. 7
gift **regalo** m. 6
ginger **jengibre** m. 10
girl **chica** f. 1; **muchacha** f. 3
girlfriend **novia** f. 3
give **dar** v. 6, 9;
  (as a gift) **regalar** 9
  give directions **indicar cómo**
    llegar 14
glass (drinking) **vaso** m. 12;
  vidrio m. 13
  (made) of glass **de vidrio** 13
glasses **gafas** f., pl. 6
  sunglasses **gafas** f., pl.
    de sol 6
global warming **calentamiento**
  global m. 13
gloves **guantes** m., pl. 6
go **ir** v. 4
  go away **irse** 7
  go by boat **ir en barco** 5
  go by bus **ir en autobús** 5
  go by car **ir en auto(móvil)** 5
  go by motorcycle **ir en**
    motocicleta 5
  go by taxi **ir en taxi** 5
  go by the bank **pasar por el**
    banco 14
  go down **bajar(se)** v.
  go on a hike (in the mountains)
    ir de excursión (a las
    montañas) 4
  go out **salir** v. 9
  go out (with) **salir** v. **(con)** 9
  go up **subir** v.
  Let's go. **Vamos.** 4
goblet **copa** f. 12
going to: be going to (do
  something) **ir a (+ inf.)** 4
golf **golf** m. 4
good **buen, bueno/a** adj. 3, 6
  Good afternoon. **Buenas**
    tardes. 1

Good evening. **Buenas**
  noches. 1
  Good idea. **Buena idea.** 4
  Good morning. **Buenos días.** 1
  Good night. **Buenas noches.** 1
  It's good that... **Es bueno**
    que... 12
goodbye **adiós** m. 1
  say goodbye (to) **despedirse** v.
    (de) (e:i) 7
good-looking **guapo/a** adj. 3
government **gobierno** m. 13
GPS **navegador GPS** m. 11
graduate (from/in) **graduarse** v.
  (de/en) 9
grains **cereales** m., pl. 8
granddaughter **nieta** f. 3
grandfather **abuelo** m. 3
grandmother **abuela** f. 3
grandparents **abuelos** m., pl. 3
grandson **nieto** m. 3
grape **uva** f. 8
grass **hierba** f. 13
grave **grave** adj. 10
gray **gris** adj. m., f. 6
great **fenomenal** adj. m., f. 5;
  genial adj.
great-grandfather **bisabuelo** m. 3
great-grandmother **bisabuela** f. 3
green **verde** adj. m., f. 6
greet (each other) **saludar(se)**
  v. 11
greeting **saludo** m. 1
  Greetings to... **Saludos a...** 1
grilled **a la plancha** 8
ground floor **planta baja** f. 5
grow **aumentar** v. 13
guest (at a house/hotel) **huésped**
  m., f. 5 (invited to a function)
  invitado/a m., f. 9
guide **guía** m., f. 13
gymnasium **gimnasio** m. 4

hair **pelo** m. 7
hairdresser **peluquero/a** m., f.
half **medio/a** adj. 3
  half-brother **medio hermano** 3
  half-sister **media hermana** 3
  half-past... (time) **...y**
    media 1
hallway **pasillo** m. 12
ham **jamón** m. 8
hamburger **hamburguesa** f. 8
hand **mano** f. 1
hand in **entregar** v. 11
handsome **guapo/a** adj. 3
happen **ocurrir** v.
happiness **alegría** v. 9
Happy birthday!
  ¡Feliz cumpleaños! 9
happy **alegre** adj. 5; **contento/a**
  adj. 5; **feliz** adj. m., f. 5
  be happy **alegrarse** v. **(de)** 13
hard **difícil** adj. m., f. 3

hard-working **trabajador(a)** *adj.* 3

hardly **apenas** *adv.* 10

haste **prisa** *f.* 3

hat **sombrero** *m.* 6

hate **odiar** *v.* 9

have **tener** *v.* 3
 have time **tener tiempo** 4
 have to (*do something*) **tener que (+ inf.)** 3; **deber (+ inf.)**
 have a tooth removed **sacar(se) un diente** 10

he **él** 1

head **cabeza** *f.* 10

headache **dolor** *m.* **de cabeza** 10

health **salud** *f.* 10

healthy **saludable** *adj. m., f.* 10; **sano/a** *adj.* 10
 lead a healthy lifestyle **llevar** *v.* **una vida sana** 15

hear **oír** *v.* 4

heard **oído/a** *p.p.* 14

hearing: sense of hearing **oído** *m.* 10

heart **corazón** *m.* 10

heat **calor** *m.* 5

Hello. **Hola.** 1; (*on the telephone*) **Aló.** 11; **Bueno.** 11; **Diga.** 11

help **ayudar** *v.* 12; **servir (e:i)** *v.* 5
 help each other **ayudarse** *v.* 11

her **su(s)** *poss. adj.* 3; (of) hers **suyo(s)/a(s)** *poss.* 11
 her **la** *f., sing., d.o. pron.* 5
 to/for her **le** *f., sing., i.o. pron.* 6

here **aquí** *adv.* 1
 Here is/are... **Aquí está(n)...** 5

Hi. **Hola.** 1

highway **autopista** *f.* 11; **carretera** *f.* 11

hike **excursión** *f.* 4
 go on a hike **hacer una excursión** 5; **ir de excursión** 4

hiker **excursionista** *m., f.*

hiking **de excursión** 4

him: to/for him **le** *m., sing., i.o. pron.* 6

hire **contratar** *v.*

his **su(s)** *poss. adj.* 3; (of) his **suyo(s)/a(s)** *poss. pron.* 11
 his **lo** *m., sing., d.o. pron.* 5

history **historia** *f.* 2

hobby **pasatiempo** *m.* 4

hockey **hockey** *m.* 4

hold up **aguantar** *v.* 14

hole **hueco** *m.* 4

holiday **día** *m.* **de fiesta** 9

home **casa** *f.* 2
 home page **página** *f.* **principal** 11

homework **tarea** *f.* 2

honey **miel** *f.* 10

hood **capó** *m.* 11; **cofre** *m.* 11

hope **esperar** *v.* **(+ inf.)** 2; **esperar** *v.* 13
 I hope (that) **ojalá (que)** 13

horror (genre) **de horror** *m.*

hors d'oeuvres **entremeses** *m., pl.* 8

horse **caballo** *m.* 5

hospital **hospital** *m.* 10

hot: be (*feel*) (very) hot **tener (mucho) calor** 3
 It's (very) hot. **Hace (mucho) calor.** 5

hotel **hotel** *m.* 5

hour **hora** *f.* 1

house **casa** *f.* 2

household chores **quehaceres** *m. pl.* **domésticos** 12

housekeeper **ama** *m., f.* **de casa** 12

housing **vivienda** *f.* 12

How...! **¡Qué...!**
 how **¿cómo?** *adv.* 1
 How are you? **¿Qué tal?** 1
 How are you? **¿Cómo estás?** *fam.* 1
 How are you? **¿Cómo está usted?** *form.* 1
 How can I help you? **¿En qué puedo servirles?** 5
 How did it go for you...? **¿Cómo le/les fue...?** 15
 How is it going? **¿Qué tal?** 1
 How is/are...? **¿Qué tal...?** 2
 How is the weather? **¿Qué tiempo hace?** 15
 How much/many? **¿Cuánto(s)/a(s)?** 1
 How much does... cost? **¿Cuánto cuesta...?** 6
 How old are you? **¿Cuántos años tienes?** *fam.* 3

however **sin embargo**

hug (each other) **abrazar(se)** *v.* 11

humanities **humanidades** *f., pl.* 2

hundred **cien, ciento** 2

hunger **hambre** *f.* 3

hungry: be (very) hungry **tener** *v.* **(mucha) hambre** 3

hunt **cazar** *v.* 13

hurricane **huracán** *m.*

hurry **apurarse** *v.* 15; **darse prisa** *v.* 15
 be in a (big) hurry **tener** *v.* **(mucha) prisa** 3

hurt **doler (o:ue)** *v.* 10
 It hurts me a lot... **Me duele mucho...** 10

husband **esposo** *m.* 3

I

I **yo** 1
 I am... **Yo soy...** 1
 I hope (that) **Ojalá (que)** *interj.* 13
 I wish (that) **Ojalá (que)** *interj.* 13

ice cream **helado** *m.* 9
 ice cream shop **heladería** *f.* 14

iced **helado/a** *adj.* 8
 iced tea **té** *m.* **helado** 8

idea **idea** *f.* 4

if **si** *conj.* 4

illness **enfermedad** *f.* 10

important **importante** *adj.* 3
 be important to **importar** *v.* 7
 It's important that... **Es importante que...** 12

impossible **imposible** *adj.* 13
 it's impossible **es imposible** 13

improbable **improbable** *adj.* 13
 it's improbable **es improbable** 13

improve **mejorar** *v.* 13

in **en** *prep.* 2; **por** *prep.* 11
 in the afternoon **de la tarde** 1; **por la tarde** 7
 in a bad mood **de mal humor** 5
 in the direction of **para** *prep.* 1
 in the early evening **de la tarde** 1
 in the evening **de la noche** 1; **por la tarde** 7
 in a good mood **de buen humor** 5
 in the morning **de la mañana** 1; **por la mañana** 7
 in love (with) **enamorado/a (de)** 5
 in search of **por** *prep.* 11

in front of **delante de** *prep.* 2

increase **aumento** *m.*

incredible **increíble** *adj.* 5

inequality **desigualdad** *f.*

infection **infección** *f.* 10

inform **informar** *v.*

injection **inyección** *f.* 10
 give an injection *v.* **poner una inyección** 10

injure (oneself) **lastimarse** 10
 injure (one's foot) **lastimarse** *v.* **(el pie)** 10

inner ear **oído** *m.* 10

inside **dentro** *adv.*

insist (on) **insistir** *v.* **(en)** 12

installments: pay in installments **pagar** *v.* **a plazos** 14

intelligent **inteligente** *adj.* 3

intend to **pensar** *v.* **(+ inf.)** 4

interest **interesar** *v.* 7

interesting **interesante** *adj.* 3
 be interesting to **interesar** *v.* 7

international **internacional** *adj. m., f.*

Internet **Internet** 11

interview **entrevista** *f.*; **entrevistar** *v.*

interviewer **entrevistador(a)** *m., f.*

introduction **presentación** *f.*
 I would like to introduce you to (name). **Le presento a...** *form.* 1; **Te presento a...** *fam.* 1

invest **invertir (e:ie)** *v.*

invite **invitar** *v.* 9

iron (clothes) **planchar** *v.* **la ropa** 12
it **lo/la** *sing., d.o., pron.* 5
Italian **italiano/a** *adj.* 3
its **su(s)** *poss. adj.* 3; **suyo(s)/a(s)** *poss. pron.* 11
It's me. **Soy yo.**
it's the same **es igual** 5

J

jacket **chaqueta** *f.* 6
January **enero** *m.* 5
Japanese **japonés, japonesa** *adj.* 3
jeans **(blue)jeans** *m., pl.* 6
jewelry store **joyería** *f.* 14
job **empleo** *m.;* **puesto** *m.;* **trabajo** *m.*
  job application **solicitud** *f.* **de trabajo**
jog **correr** *v.*
journalism **periodismo** *m.* 2
journalist **periodista** *m., f.* 3; **reportero/a** *m., f.*
joy **alegría** *f.* 9
  give joy **dar** *v.* **alegría** 9
joyful **alegre** *adj.* 5
juice **jugo** *m.* 8
July **julio** *m.* 5
June **junio** *m.* 5
jungle **selva, jungla** *f.* 13
just **apenas** *adv.*
  have just done something **acabar de (+ inf.)** 6

K

key **llave** *f.* 5
keyboard **teclado** *m.* 11
kilometer **kilómetro** *m.* 11
kind: That's very kind of you. **Muy amable.** 5
kiss **beso** *m.* 9
  kiss each other **besarse** *v.* 11
kitchen **cocina** *f.* 9, 12
knee **rodilla** *f.* 10
knife **cuchillo** *m.* 12
know **saber** *v.* 6; **conocer** *v.* 6
know how **saber** *v.* 6

L

laboratory **laboratorio** *m.* 2
lack **faltar** *v.* 7
lake **lago** *m.* 13
lamp **lámpara** *f.* 12
land **tierra** *f.* 13
landlord **dueño/a** *m., f.* 8
landscape **paisaje** *m.* 5
language **lengua** *f.* 2
laptop (computer) **computadora** *f.* **portátil** 11
large **grande** *adj.* 3

large (*clothing size*) **talla grande**
last **durar** *v.;* **pasado/a** *adj.* 6; **último/a** *adj.* 7
  last name **apellido** *m.* 3
  last night **anoche** *adv.* 6
  last week **semana** *f.* **pasada** 6
  last year **año** *m.* **pasado** 6
  the last time **la última vez** 7
late **tarde** *adv.* 7
later (on) **más tarde** 7
  See you later. **Hasta la vista.** 1; **Hasta luego.** 1
laugh **reírse (e:i)** *v.* 9
laughed **reído** *p.p.* 14
laundromat **lavandería** *f.* 14
law **ley** *f.* 13
lawyer **abogado/a** *m., f.*
lazy **perezoso/a** *adj.*
learn **aprender** *v.* **(a + inf.)** 3
least, at **por lo menos** *adv.* 10
leave **salir** *v.* 4; **irse** *v.* 7
  leave a tip **dejar una propina** 9
  leave behind **dejar** *v.*
  leave for (*a place*) **salir para**
  leave from **salir de**
left **izquierdo/a** *adj.* 2
  be left over **quedar** *v.* 7
  to the left of **a la izquierda de** 2
leg **pierna** *f.* 10
lemon **limón** *m.* 8
lend **prestar** *v.* 6
less **menos** *adv.* 10
  less... than **menos... que** 8
  less than **menos de (+ *number*)**
lesson **lección** *f.* 1
let **dejar** *v.* 12
let's see **a ver** 2
letter **carta** *f.* 4, 14
lettuce **lechuga** *f.* 8
liberty **libertad** *f.*
library **biblioteca** *f.* 2
license (*driver's*) **licencia** *f.* **de conducir** 11
lie **mentira** *f.* 4
life **vida** *f.* 9
  of my life **de mi vida** 15
lifestyle: lead a healthy lifestyle **llevar una vida sana** 15
lift **levantar** *v.* 15
  lift weights **levantar pesas** 15
light **luz** *f.* 12
like **como** *prep.* 8; **gustar** *v.* 2
  I don't like them at all. **No me gustan nada.** 2
  I like... **Me gusta(n)...** 2
  like this **así** *adv.* 10
  like very much **encantar** *v.;* **fascinar** *v.* 7
  Do you like...? **¿Te gusta(n)...?** 2
likeable **simpático/a** *adj.* 3
likewise **igualmente** *adv.* 1
line **línea** *f.* 4; **cola** (*queue*) *f.* 14
  listen (to) **escuchar** *v.* 2
  Listen! (*command*) **¡Oye!** *fam., sing.* 1; **¡Oiga/Oigan!** *form., sing./pl.* 1

listen to music **escuchar música** 2
listen (to) the radio **escuchar la radio** 2
literature **literatura** *f.* 2
little (*quantity*) **poco/a** *adj.* 5; **poco** *adv.* 10
live **vivir** *v.* 3; **en vivo** *adj.* 7
living room **sala** *f.* 12
loan **préstamo** *m.* 14; **prestar** *v.* 6, 14
lobster **langosta** *f.* 8
located **situado/a** *adj.*
  be located **quedar** *v.* 14
long **largo/a** *adj.* 6
look (at) **mirar** *v.* 2
look for **buscar** *v.* 2
lose **perder (e:ie)** *v.* 4
  lose weight **adelgazar** *v.* 15
lost **perdido/a** *adj.* 13, 14
  be lost **estar perdido/a** 14
lot, a **muchas veces** *adv.* 10
lot of, a **mucho/a** *adj.* 2, 3; **un montón de** 4
love (*another person*) **querer (e:ie)** *v.* 4; (*inanimate objects*) **encantar** *v.* 7; **amor** *m.* 9
  in love **enamorado/a** *adj.* 5
  I loved it! **¡Me encantó!** 15
  love at first sight **amor a primera vista** 9
luck **suerte** *f.* 3
lucky: be (very) lucky **tener (mucha) suerte** 3
luggage **equipaje** *m.* 5
lunch **almuerzo** *m.* 4, 8
  have lunch **almorzar (o:ue)** *v.* 4

M

ma'am **señora (Sra.);** **doña** *f.* 1
mad **enojado/a** *adj.* 5
magazine **revista** *f.* 4
magnificent **magnífico/a** *adj.* 5
mail **correo** *m.* 14; **enviar** *v.,* **mandar** *v.* 14; **echar (una carta) al buzón** 14
  mail **correo** *m.* 14; **enviar** *v.,* **mandar** *v.* 14
  mail carrier **cartero** *m.* 14
mailbox **buzón** *m.* 14
main **principal** *adj. m., f.* 8
maintain **mantener** *v.* 15
major **especialización** *f.* 2
make **hacer** *v.* 4
  make a decision **tomar una decisión** 15
  make the bed **hacer la cama** 12
makeup **maquillaje** *m.* 7
  put on makeup **maquillarse** *v.* 7
man **hombre** *m.* 1
manager **gerente** *m., f.* 8
many **mucho/a** *adj.* 3
  many times **muchas veces** 10
map **mapa** *m.* 2

March **marzo** *m.* 5
margarine **margarina** *f.* 8
marinated fish **ceviche** *m.* 8
   lemon-marinated shrimp
     ceviche *m.* **de camarón** 8
marital status **estado** *m.* **civil** 9
market **mercado** *m.* 6
   open-air market **mercado al**
     aire libre 6
marriage **matrimonio** *m.* 9
married **casado/a** *adj.* 9
   get married (to) **casarse** *v.*
     (con) 9
   I'll marry you! **¡Acepto**
     casarme contigo!
marvelous **maravilloso/a** *adj.* 5
massage **masaje** *m.* 15
masterpiece **obra maestra** *f.*
match (*sports*) **partido** *m.* 4
match (with) **hacer** *v.*
   juego (con) 6
mathematics **matemáticas**
   f., pl. 2
matter **importar** *v.* 7
maturity **madurez** *f.* 9
maximum **máximo/a** *adj.* 11
May **mayo** *m.* 5
May I leave a message? **¿Puedo**
   dejar un recado? 11
maybe **tal vez** 5; **quizás** 5
mayonnaise **mayonesa** *f.* 8
me **me** *sing., d.o. pron.* 5
   to/for me **me** *sing., i.o. pron.* 6
meal **comida** *f.* 4, 8
means of communication **medios**
   m., pl. **de comunicación**
meat **carne** *f.* 8
mechanic **mecánico/a** *m., f.* 11
   mechanic's repair shop **taller**
     mecánico 11
media **medios** *m., pl.* **de**
   comunicación
medical **médico/a** *adj.* 10
medication **medicamento** *m.* 10
medicine **medicina** *f.* 10
medium **mediano/a** *adj.*
meet (each other) **encontrar(se)**
   v. 11; **conocerse(se)** *v.* 8
meet up with **encontrarse con** 7
meeting **reunión** *f.*
menu **menú** *m.* 8
message **mensaje** *m.*
Mexican **mexicano/a** *adj.* 3
Mexico **México** *m.* 1
microwave **microonda** *f.* 12
   microwave oven **horno** *m.* **de**
     microondas 12
middle age **madurez** *f.* 9
midnight **medianoche** *f.* 1
mile **milla** *f.* 11
milk **leche** *f.* 8
million **millón** *m.* 2
   million of **millón de** 2
mine **mío(s)/a(s)** *poss.* 11
mineral **mineral** *m.* 15
   mineral water **agua** *f.*
     mineral 8

minute **minuto** *m.* 1
mirror **espejo** *m.* 7
Miss **señorita (Srta.)** *f.* 1
miss **perder (e:ie)** *v.* 4;
   extrañar *v.*
mistaken **equivocado/a** *adj.*
modem **módem** *m.*
modern **moderno/a** *adj.*
mom **mamá** *f.* 3
Monday **lunes** *m., sing.* 2
money **dinero** *m.* 6
monitor **monitor** *m.* 11
monkey **mono** *m.* 13
month **mes** *m.* 5
monument **monumento** *m.* 4
moon **luna** *f.* 13
more **más** 2
   more... than **más... que** 8
   more than **más de (+**
     *number***)** 8
morning **mañana** *f.* 1
mother **madre** *f.* 3
mother-in-law **suegra** *f.* 3
motor **motor** *m.*
motorcycle **motocicleta** *f.* 5
mountain **montaña** *f.* 4
mouse **ratón** *m.* 11
mouth **boca** *f.* 10
move (*from one house to another*)
   mudarse *v.* 12
movie **película** *f.* 4
   movie star **estrella** *f.*
     de cine
   movie theater **cine** *m.* 4
MP3 player **reproductor** *m.* **de**
   MP3 11
Mr. **señor (Sr.)**; **don** *m.* 1
Mrs. **señora (Sra.)**; **doña** *f.* 1
much **mucho/a** *adj.* 2, 3
   very much **muchísimo/a** *adj.* 2
mud **lodo** *m.*
murder **crimen** *m.*
muscle **músculo** *m.* 15
museum **museo** *m.* 4
mushroom **champiñón** *m.* 8
music **música** *f.* 2
musical **musical** *adj., m., f.*
musician **músico/a** *m., f.*
must **deber** *v.* **(+ *inf.*)** 3
   It must be... **Debe ser...** 6
my **mi(s)** *poss. adj.* 3; **mío(s)/a(s)**
   poss. pron. 11

N

name **nombre** *m.* 1
   be named **llamarse** *v.* 7
   in the name of **a nombre de** 5
   last name **apellido** *m.*
   My name is... **Me llamo...** 1
   name someone/something
     ponerle el nombre 9
napkin **servilleta** *f.* 12
national **nacional** *adj. m., f.*
nationality **nacionalidad** *f.* 1

natural **natural** *adj. m., f.* 13
natural disaster **desastre** *m.*
   natural
   natural resource **recurso** *m.*
     natural 13
nature **naturaleza** *f.* 13
nauseated **mareado/a** *adj.* 10
near **cerca de** *prep.* 2
neaten **arreglar** *v.* 12
necessary **necesario/a** *adj.* 12
   It is necessary that... **Hay**
     que... 12, 14
neck **cuello** *m.* 10
need **faltar** *v.* 7; **necesitar** *v.* **(+**
   *inf.***)** 2
neighbor **vecino/a** *m., f.* 12
neighborhood **barrio** *m.* 12
neither **tampoco** *adv.* 7
neither... nor **ni... ni** *conj.* 7
nephew **sobrino** *m.* 3
nervous **nervioso/a** *adj.* 5
network **red** *f.* 11
never **nunca** *adj.* 7; **jamás** 7
new **nuevo/a** *adj.* 6
newlywed **recién casado/a**
   m., f. 9
news **noticias** *f., pl.;*
   actualidades *f., pl.;* **noticia**
   f. 11
newscast **noticiero** *m.*
newspaper **periódico** 4;
   diario *m.*
next **próximo/a** *adj.* 3
   next to **al lado de** *prep.* 2
nice **simpático/a** *adj.* 3; **amable**
   adj. m., f. 5
niece **sobrina** *f.* 3
night **noche** *f.* 1
   night stand **mesita** *f.* **de**
     noche 12
nine **nueve** 1
nine hundred **novecientos/as** 2
nineteen **diecinueve** 1
ninety **noventa** 2
ninth **noveno/a** 5
no **no** 1; **ningún, ninguno/a(s)**
   adj. 7
   no one **nadie** *pron.* 7
   No problem. **No hay**
     problema.
nobody **nadie** 7
none **ningún, ninguno/a(s)**
   adj. 7
noon **mediodía** *m.* 1
nor **ni** *conj.* 7
north **norte** *m.* 14
   to the north **al norte** 14
nose **nariz** *f.* 10
not **no** 1
   not any **ningún, ninguno/a(s)**
     adj. 7
   not anyone **nadie** *pron.* 7
   not anything **nada** *pron.* 7
   not bad at all **nada mal** 5
   not either **tampoco** *adv.* 7

not ever **nunca** *adv.* 7; **jamás** *adv.* 7

not very well **no muy bien** 1

not working **descompuesto/a** *adj.* 11

outside **afuera** *adv.* 5

notebook **cuaderno** *m.* 1

nothing **nada** 1; 7

noun **sustantivo** *m.*

November **noviembre** *m.* 5

now **ahora** *adv.* 2

nowadays **hoy día** *adv.*

nuclear **nuclear** *adj. m., f.* 13

nuclear energy **energía nuclear** 13

number **número** *m.* 1

nurse **enfermero/a** *m., f.* 10

nutrition **nutrición** *f.* 15

nutritionist **nutricionista** *m., f.* 15

O

o'clock: It's... o'clock **Son las...** 1

It's one o'clock. **Es la una.** 1

obey **obedecer** *v.*

obligation **deber** *m.*

obtain **conseguir (e:i)** *v.* 4; **obtener** *v.*

obvious **obvio/a** *adj.* 13

it's obvious **es obvio** 13

occupation **ocupación** *f.*

occur **ocurrir** *v.*

October **octubre** *m.* 5

of **de** *prep.* 1

Of course. **Claro que sí.; Por supuesto.**

offer **ofrecer (c:zc)** *v.* 6

office **oficina** *f.* 12

doctor's office **consultorio** *m.* 10

often **a menudo** *adv.* 10

Oh! **¡Ay!**

oil **aceite** *m.* 8

OK **regular** *adj.* 1

It's okay. **Está bien.**

old **viejo/a** *adj.* 3

old age **vejez** *f.* 9

older **mayor** *adj. m., f.* 3

older brother, sister **hermano/a mayor** *m., f.* 3

oldest **el/la mayor** 8

on **en** *prep.* 2; **sobre** *prep.* 2

on behalf of **por** *prep.* 11

on the dot **en punto** 1

on time **a tiempo** 10

on top of **encima de** 2

once **una vez** 6

one **un, uno/a** *m., f., sing. pron.* 1

one hundred **cien(to)** 2

one million **un millón** *m.* 2

one more time **una vez más** 9

one thousand **mil** 2

one time **una vez** 6

onion **cebolla** *f.* 8

only **sólo** *adv.* 3; **único/a** *adj.* 3

only child **hijo/a único/a** *m., f.* 3

open **abierto/a** *adj.* 5, 14; **abrir** *v.* 3

open-air **al aire libre** 6

opera **ópera** *f.*

operation **operación** *f.* 10

opposite **enfrente de** *prep.* 14

or **o** *conj.* 7

orange **anaranjado/a** *adj.* 6; **naranja** *f.* 8

orchestra **orquesta** *f.*

order **mandar** 12; *(food)* **pedir (e:i)** *v.* 8

in order to **para** *prep.* 11

orderly **ordenado/a** *adj.* 5

ordinal *(numbers)* **ordinal** *adj.*

organize oneself **organizarse** *v.* 12

other **otro/a** *adj.* 6

ought to **deber** *v.* **(+ inf.)** *adj.* 3

our **nuestro(s)/a(s)** *poss. adj.* 3; *poss. pron.* 11

out of order **descompuesto/a** *adj.* 11

outside **afuera** *adv.* 5

outskirts **afueras** *f., pl.* 12

oven **horno** *m.* 12

over **sobre** *prep.* 2

(over)population **(sobre)población** *f.* 13

over there **allá** *adv.* 2

own **propio/a** *adj.*

owner **dueño/a** *m., f.* 8

P

p.m. **tarde** *f.* 1

pack (one's suitcases) **hacer** *v.* **las maletas** 5

package **paquete** *m.* 14

page **página** *f.* 11

pain **dolor** *m.* 10

have a pain **tener** *v.* **dolor** 10

paint **pintar** *v.*

painter **pintor(a)** *m., f.*

painting **pintura** *f.* 12

pair **par** *m.* 6

pair of shoes **par** *m.* **de zapatos** 6

pale **pálido/a** *adj.* 14

pants **pantalones** *m., pl.* 6

pantyhose **medias** *f., pl.* 6

paper **papel** *m.* 2; *(report)* **informe** *m.*

Pardon me. *(May I?)* **Con permiso.** 1; *(Excuse me.)* Pardon me. **Perdón.** 1

parents **padres** *m., pl.* 3; **papás** *m., pl.* 3

park **estacionar** *v.* 11; **parque** *m.* 4

parking lot **estacionamiento** *m.* 14

partner *(one of a married couple)* **pareja** *f.* 9

party **fiesta** *f.* 9

passed **pasado/a** *p.p.*

passenger **pasajero/a** *m., f.* 1

passport **pasaporte** *m.* 5

past **pasado/a** *adj.* 6

pastime **pasatiempo** *m.* 4

pastry shop **pastelería** *f.* 14

patient **paciente** *m., f.* 10

patio **patio** *m.* 12

pay **pagar** *v.* 6

pay in cash **pagar** *v.* **al contado; pagar en efectivo** 14

pay in installments **pagar** *v.* **a plazos** 14

pay the bill **pagar la cuenta** 9

pea **arveja** *m.* 8

peace **paz** *f.*

peach **melocotón** *m.* 8

peak **cima** *f.* 15

pear **pera** *f.* 8

pen **pluma** *f.* 2

pencil **lápiz** *m.* 1

penicillin **penicilina** *f.* 10

people **gente** *f.* 3

pepper *(black)* **pimienta** *f.* 8

per **por** *prep.* 11

perfect **perfecto/a** *adj.* 5

period of time **temporada** *f.* 5

person **persona** *f.* 3

pharmacy **farmacia** *f.* 10

phenomenal **fenomenal** *adj.* 5

photograph **foto(grafía)** *f.* 1

physical (exam) **examen** *m.* **médico** 10

physician **doctor(a), médico/a** *m., f.* 3

physics **física** *f. sing.* 2

pick up **recoger** *v.* 13

picture **cuadro** *m.* 12; **pintura** *f.* 12

pie **pastel** *m.* 9

pill (tablet) **pastilla** *f.* 10

pillow **almohada** *f.* 12

pineapple **piña** *f.* 8

pink **rosado/a** *adj.* 6

place **lugar** *m.* 2, 4; **sitio** *m.* 3; **poner** *v.* 4

plaid **de cuadros** 6

plans **planes** *m., pl.* 4

have plans **tener planes** 4

plant **planta** *f.* 13

plastic **plástico** *m.* 13

(made) of plastic **de plástico** 13

plate **plato** *m.* 12

play **drama** *m.*; **comedia** *f.*; **jugar (u:ue)** *v.* 4; *(a musical instrument)* **tocar** *v.*; *(a role)* **hacer el papel de**; *(cards)* **jugar a (las cartas)** 5; *(sports)* **practicar deportes** 4

player **jugador(a)** *m., f.* 4

playwright **dramaturgo/a** *m., f.*

plead **rogar (o:ue)** *v.* 12

pleasant **agradable** *adj.* 5

please **por favor** 1
Pleased to meet you. **Mucho gusto.** 1; **Encantado/a.** *adj.* 1
pleasing: be pleasing to **gustar** *v.* 7
pleasure **gusto** *m.* 1; **placer** *m.* 15
   It's a pleasure to... **Gusto de** (+ *inf.*)
   It's been a pleasure. **Ha sido un placer.** 15
   The pleasure is mine. **El gusto es mío.** 1
poem **poema** *m.*
poet **poeta** *m., f.*
poetry **poesía** *f.*
police (force) **policía** *f.* 11
political **político/a** *adj.*
politician **político/a** *m., f.*
politics **política** *f.*
polka-dotted **de lunares** 6
poll **encuesta** *f.*
pollute **contaminar** *v.* 13
polluted **contaminado/a** *m., f.* 13
   be polluted **estar contaminado/a** 13
pollution **contaminación** *f.* 13
pool **piscina** *f.* 4
poor **pobre** *adj., m., f.* 6
   poor thing **pobrecito/a** *adj.* 3
popsicle **paleta helada** *f.* 4
population **población** *f.* 13
pork **cerdo** *m.* 8
   pork chop **chuleta** *f.* **de cerdo** 8
portable **portátil** *adj.* 11
   portable computer **computadora** *f.* **portátil** 11
position **puesto** *m.*
possessive **posesivo/a** *adj.* 3
possible **posible** *adj.* 13
   it's (not) possible **(no) es posible** 13
post office **correo** *m.* 14
postcard **postal** *f.* 4
poster **cartel** *m.* 12
potato **papa** *f.* 8; **patata** *f.* 8
pottery **cerámica** *f.*
practice **entrenarse** *v.* 15; **practicar** *v.* 2; (a degree/ profession) **ejercer** *v.*
prefer **preferir (e:ie)** *v.* 4
pregnant **embarazada** *adj. f.* 10
prepare **preparar** *v.* 2
preposition **preposición** *f.*
prescribe (*medicine*) **recetar** *v.* 10
prescription **receta** *f.* 10
present **regalo** *m.*; **presentar** *v.*
press **prensa** *f.*
pressure **presión** *f.*
   be under a lot of pressure **sufrir muchas presiones** 15
pretty **bonito/a** *adj.* 3; **bastante** *adv.* 13
price **precio** *m.* 6
   (fixed, set) price **precio** *m.* **fijo** 6
print **estampado/a** *adj.*; **imprimir** *v.* 11

printer **impresora** *f.* 11
private (*room*) **individual** *adj.*
prize **premio** *m.*
probable **probable** *adj.* 13
   it's (not) probable **(no) es probable** 13
problem **problema** *m.* 1
profession **profesión** *f.* 3
professor **profesor(a)** *m., f.*
program **programa** *m.* 1
programmer **programador(a)** *m., f.* 3
prohibit **prohibir** *v.* 10
project **proyecto** *m.* 11
promotion (*career*) **ascenso** *m.*
pronoun **pronombre** *m.*
protect **proteger** *v.* 13
protein **proteína** *f.* 15
provided (that) **con tal (de) que** *conj.* 13
psychologist **psicólogo/a** *m., f.*
psychology **psicología** *f.* 2
publish **publicar** *v.*
Puerto Rican **puertorriqueño/a** *adj.* 3
Puerto Rico **Puerto Rico** *m.* 1
pull a tooth **sacar una muela**
purchases **compras** *f., pl.* 5
pure **puro/a** *adj.* 13
purple **morado/a** *adj.* 6
purse **bolsa** *f.* 6
put **poner** *v.* 4; **puesto/a** *p.p.* 14
   put (a letter) in the mailbox **echar (una carta) al buzón** 14
   put on (*a performance*) **presentar** *v.*
   put on (*clothing*) **ponerse** *v.* 7
   put on makeup **maquillarse** *v.* 7

Q

quality **calidad** *f.* 6
quarter (*academic*) **trimestre** *m.* 2
   quarter after (*time*) **y cuarto** 1; **y quince** 1
   quarter to (*time*) **menos cuarto** 1; **menos quince** 1
question **pregunta** *f.* 2
quickly **rápido** *adv.* 10
quiet **tranquilo/a** *adj.* 15
quit **dejar** *v.*
quiz **prueba** *f.* 2

R

racism **racismo** *m.*
radio (*medium*) **radio** *f.* 2
   radio (set) **radio** *m.* 11
rain **llover (o:ue)** *v.* 5; **lluvia** *f.* 13
   It's raining. **Llueve.** 5; **Está lloviendo.** 5

raincoat **impermeable** *m.* 6
rainforest **bosque** *m.* **tropical** 13
raise (*salary*) **aumento** *m.* **de sueldo**
rather **bastante** *adv.* 10
reality show **programa** *m.* **de realidad**
read **leer** *v.* 3; **leído/a** *p.p.* 14
   read e-mail **leer correo electrónico** 4
   read a magazine **leer una revista** 4
   read a newspaper **leer un periódico** 4
ready **listo/a** *adj.* 5
   (Are you) ready? **¿(Están) listos?** 15
reap the benefits (of) *v.* **disfrutar** *v.* **(de)** 15
receive **recibir** *v.* 3
recommend **recomendar (e:ie)** *v.* 8; 12
record **grabar** *v.* 11
recover **recuperar** *v.* 11
recreation **diversión** *f.* 4
recycle **reciclar** *v.* 13
recycling **reciclaje** *m.* 13
red **rojo/a** *adj.* 6
red-haired **pelirrojo/a** *adj.* 3
reduce **reducir** *v.* 13; **disminuir** *v.*
   reduce stress/tension **aliviar el estrés/la tensión** 15
refrigerator **refrigerador** *m.* 12
region **región** *f.* 13
regret **sentir (e:ie)** *v.* 13
related to sitting **sedentario/a** *adj.* 15
relatives **parientes** *m., pl.* 3
relax **relajarse** *v.* 9
   Relax, sweetie. **Tranquilo/a, cariño.** 11
remain **quedarse** *v.* 7
remember **acordarse (o:ue)** *v.* **(de)** 7; **recordar (o:ue)** *v.* 4
remote control **control remoto** *m.* 11
renewable **renovable** *adj.* 13
rent **alquilar** *v.* 12; (payment) **alquiler** *m.* 12
repeat **repetir (e:i)** *v.* 4
report **informe** *m.*; **reportaje** *m.*
reporter **reportero/a** *m., f.*
representative **representante** *m., f.*
request **pedir (e:i)** *v.* 4
reservation **reservación** *f.* 5
resign (from) **renunciar (a)** *v.*
resolve **resolver (o:ue)** *v.* 13
resolved **resuelto/a** *p.p.* 14
resource **recurso** *m.* 13
responsibility **deber** *m.*; **responsabilidad** *f.*
responsible **responsable** *adj.* 8
rest **descansar** *v.* 2
restaurant **restaurante** *m.* 4
résumé **currículum** *m.*

retire (from work) **jubilarse** *v.* 9
return **regresar** *v.* 2; **volver (o:ue)** *v.* 4
returned **vuelto/a** *p.p.* 14
rice **arroz** *m.* 8
rich **rico/a** *adj.* 6
ride a bicycle **pasear** *v.* **en bicicleta** 4
ride a horse **montar** *v.* **a caballo** 5
ridiculous **ridículo/a** *adj.* 13
  it's ridiculous **es ridículo** 13
right **derecha** *f.* 2
  be right **tener razón** 3
  right? (*question tag*) **¿no?** 1; **¿verdad?** 1
  right away **enseguida** *adv.*
  right here **aquí mismo** 11
  right now **ahora mismo** 5
  right there **allí mismo** 14
  to the right of **a la derecha de** 2
rights **derechos** *m.*
ring **anillo** *m.*
ring (*a doorbell*) **sonar (o:ue)** *v.* 11
river **río** *m.* 13
road **camino** *m.*
roast **asado/a** *adj.* 8
roast chicken **pollo** *m.* **asado** 8
rollerblade **patinar en línea** *v.*
romantic **romántico/a** *adj.*
room **habitación** *f.* 5; **cuarto** *m.* 2; 7
  living room **sala** *f.* 12
roommate **compañero/a** *m., f.* **de cuarto** 2
roundtrip **de ida y vuelta** 5
  roundtrip ticket **pasaje** *m.* **de ida y vuelta** 5
routine **rutina** *f.* 7
rug **alfombra** *f.* 12
run **correr** *v.* 3
  run errands **hacer diligencias** 14
  run into (*have an accident*) **chocar (con)** *v.*; (*meet accidentally*) **encontrar(se) (o:ue)** *v.* 11; (*run into something*) **darse (con)** 10
  run into (each other) **encontrar(se) (o:ue)** *v.* 11
rush **apurarse, darse prisa** *v.* 15
Russian **ruso/a** *adj.* 3

S

sad **triste** *adj.* 5; 13
  it's sad **es triste** 13
safe **seguro/a** *adj.* 5
said **dicho/a** *p.p.* 14
sailboard **tabla de windsurf** *f.* 5
salad **ensalada** *f.* 8
salary **salario** *m.*; **sueldo** *m.*
sale **rebaja** *f.* 6

salesperson **vendedor(a)** *m., f.* 6
salmon **salmón** *m.* 8
salt **sal** *f.* 8
same **mismo/a** *adj.* 3
sandal **sandalia** *f.* 6
sandwich **sándwich** *m.* 8
Saturday **sábado** *m.* 2
sausage **salchicha** *f.* 8
save (*on a computer*) **guardar** *v.* 11; save (money) **ahorrar** *v.* 14
savings **ahorros** *m.* 14
  savings account **cuenta** *f.* **de ahorros** 14
say **decir** *v.* 4; **declarar** *v.*
say (that) **decir (que)** *v.* 4, 9
  say the answer **decir la respuesta** 4
scan **escanear** *v.* 11
scarcely **apenas** *adv.* 10
scared: be (very) scared (of) **tener (mucho) miedo (de)** 3
schedule **horario** *m.* 2
school **escuela** *f.* 1
science *f.* **ciencia** 2
  science fiction **ciencia ficción** *f.*
scientist **científico/a** *m., f.*
scream **grito** *m.* 5; **gritar** *v.* 7
screen **pantalla** *f.* 11
scuba dive **bucear** *v.* 4
sculpt **esculpir** *v.*
sculptor **escultor(a)** *m., f.*
sculpture **escultura** *f.*
sea **mar** *m.* 5
  (sea) turtle **tortuga (marina)** *f.* 13
season **estación** *f.* 5
seat **silla** *f.* 2
second **segundo/a** 5
secretary **secretario/a** *m., f.*
sedentary **sedentario/a** *adj.* 15
see **ver** *v.* 4
  see (you, him, her) again **volver a ver(te, lo, la)**
  see movies **ver películas** 4
  See you. **Nos vemos.** 1
  See you later. **Hasta la vista.** 1; **Hasta luego.** 1
  See you soon. **Hasta pronto.** 1
  See you tomorrow. **Hasta mañana.** 1
seem **parecer** *v.* 6
seen **visto/a** *p.p.* 14
sell **vender** *v.* 6
semester **semestre** *m.* 2
send **enviar; mandar** *v.* 14
separate (from) **separarse** *v.* (de) 9
separated **separado/a** *adj.* 9
September **septiembre** *m.* 5
sequence **secuencia** *f.*
serious **grave** *adj.* 10
serve **servir (e:i)** *v.* 8
service **servicio** *m.* 15
set (*fixed*) **fijo** *adj.* 6
  set the table **poner la mesa** 12
seven **siete** 1
seven hundred **setecientos/as** 2
seventeen **diecisiete** 1
seventh **séptimo/a** 5

seventy **setenta** 2
several **varios/as** *adj. pl.* 8
sexism **sexismo** *m.*
shame **lástima** *f.* 13
  it's a shame **es una lástima** 13
shampoo **champú** *m.* 7
shape **forma** *f.* 15
  be in good shape **estar en buena forma** 15
  stay in shape **mantenerse en forma** 15
share **compartir** *v.* 3
sharp (*time*) **en punto** 1
shave **afeitarse** *v.* 7
shaving cream **crema** *f.* **de afeitar** 5, 7
she **ella** 1
shellfish **mariscos** *m., pl.* 8
ship **barco** *m.*
shirt **camisa** *f.* 6
shoe **zapato** *m.* 6
  shoe size **número** *m.* 6
  shoe store **zapatería** *f.* 14
  tennis shoes **zapatos** *m., pl.* **de tenis** 6
shop **tienda** *f.* 6
shopping, to go **ir de compras** 5
  shopping mall **centro comercial** *m.* 6
short (*in height*) **bajo/a** *adj.* 3; (*in length*) **corto/a** *adj.* 6
short story **cuento** *m.*
shorts **pantalones cortos** *m., pl.* 6
should (*do something*) **deber** *v.* (+ *inf.*) 3
shout **gritar** *v.* 7
show **espectáculo** *m.*; **mostrar (o:ue)** *v.* 4
  game show **concurso** *m.*
shower **ducha** *f.* 7; **ducharse** *v.* 7
shrimp **camarón** *m.* 8
siblings **hermanos/as** *pl.* 3
sick **enfermo/a** *adj.* 10
  be sick **estar enfermo/a** 10
  get sick **enfermarse** *v.* 10
sign **firmar** *v.* 14; **letrero** *m.* 14
silk **seda** *f.* 6
  (made of) **de seda** 6
silly **tonto/a** *adj.* 3
since **desde** *prep.*
sing **cantar** *v.* 2
singer **cantante** *m., f.*
single **soltero/a** *adj.* 9
  single room **habitación** *f.* **individual** 5
sink **lavabo** *m.* 7
sir **señor (Sr.), don** *m.* 1; **caballero** *m.* 8
sister **hermana** *f.* 3
sister-in-law **cuñada** *f.* 3
sit down **sentarse (e:ie)** *v.* 7
six **seis** 1
six hundred **seiscientos/as** 2
sixteen **dieciséis** 1
sixth **sexto/a** 5
sixty **sesenta** 2
size **talla** *f.* 6
  shoe size *m.* **número** 6

(in-line) skate **patinar (en línea)** 4
skateboard **andar en patineta** *v.* 4
ski **esquiar** *v.* 4
skiing **esquí** *m.* 4
   water-skiing **esquí** *m.* **acuático** 4
skirt **falda** *f.* 6
skull made out of sugar **calavera de azúcar** *f.* 9
sky **cielo** *m.* 13
sleep **dormir (o:ue)** *v.* 4; **sueño** *m.* 3
   go to sleep **dormirse (o:ue)** *v.* 7
sleepy: be (very) sleepy **tener (mucho) sueño** 3
slender **delgado/a** *adj.* 3
slim down **adelgazar** *v.* 15
slippers **pantuflas** *f.* 7
slow **lento/a** *adj.* 11
slowly **despacio** *adv.* 10
small **pequeño/a** *adj.* 3
smart **listo/a** *adj.* 5
smile **sonreír (e:i)** *v.* 9
smiled **sonreído** *p.p.* 14
smoggy: It's (very) smoggy. **Hay (mucha) contaminación.** 4
smoke **fumar** *v.* 8; 15
   (not) to smoke **(no) fumar** 15
smoking section **sección** *f.* **de fumar** 8
   (non) smoking section *f.* **sección de (no) fumar** 8
snack **merendar** *v.* 8; 15;
   afternoon snack **merienda** *f.* 15
   have a snack **merendar** *v.*
sneakers **los zapatos de tenis** 6
sneeze **estornudar** *v.* 10
snow **nevar (e:ie)** *v.* 5; **nieve** *f.*
snowing: It's snowing. **Nieva.** 5; **Está nevando.** 5
so (*in such a way*) **así** *adv.* 10; **tan** *adv.* 5; **tan** *adv.* 5, 7
   so much **tanto** *adv.*
   so-so **regular** 1
   so that **para que** *conj.* 13
soap **jabón** *m.* 7
soap opera **telenovela** *f.*
soccer **fútbol** *m.* 4
sociology **sociología** *f.* 2
sock(s) **calcetín (calcetines)** *m.* 6
sofa **sofá** *m.* 12
soft drink **refresco** *m.* 8
software **programa** *m.* **de computación** 11
soil **tierra** *f.* 13
solar **solar** *adj., m., f.* 13
   solar energy **energía solar** 13
soldier **soldado** *m., f.*
solution **solución** *f.* 13
solve **resolver (o:ue)** *v.* 13
some **algún, alguno/a(s)** *adj.* 7; **unos/as** *pron./ m., f., pl; indef. art.* 1
somebody **alguien** *pron.* 7
someone **alguien** *pron.* 7
something **algo** *pron.* 7
sometimes **a veces** *adv.* 10

son **hijo** *m.* 3
song **canción** *f.*
son-in-law **yerno** *m.* 3
soon **pronto** *adv.* 10
   See you soon. **Hasta pronto.** 1
sorry: be sorry **sentir (e:ie)** *v.* 13
   I'm sorry. **Lo siento.** 1
soul **alma** *f.* 9
soup **caldo** *m.* **sopa** *f.*
south **sur** *m.* 14
   to the south **al sur** 14
Spain **España** *f.* 1
Spanish (*language*) **español** *m.* 2; **español(a)** *adj.* 3
spare (free) time **ratos libres** 4
speak **hablar** *v.* 2
   Speaking. (*on the telephone*) **Con él/ella habla.** 11
special: today's specials **las especialidades del día** 8
spectacular **espectacular** *adj. m., f.* 15
speech **discurso** *m.*
speed **velocidad** *f.* 11
   speed limit **velocidad** *f.* **máxima** 11
spelling **ortografía** *f.*, **ortográfico/a** *adj.*
spend (*money*) **gastar** *v.* 6
spoon (*table or large*) **cuchara** *f.* 12
sport **deporte** *m.* 4
   sports-related **deportivo/a** *adj.* 4
spouse **esposo/a** *m., f.* 3
sprain (one's ankle) **torcerse (o:ue)** *v.* **(el tobillo)** 10
sprained **torcido/a** *adj.* 10
   be sprained **estar torcido/a** 10
spring **primavera** *f.* 5
(city or town) square **plaza** *f.* 4
stadium **estadio** *m.* 2
stage **etapa** *f.* 9
stairs **escalera** *f.* 12
stairway **escalera** *f.* 12
stamp **estampilla** *f.* 14; **sello** *m.* 14
stand in line **hacer** *v.* **cola** 14
star **estrella** *f.* 13
start (*a vehicle*) **arrancar** *v.* 11
station **estación** *f.* 5
statue **estatua** *f.*
status: marital status **estado** *m.* **civil** 9
stay **quedarse** *v.* 7
   stay in shape **mantenerse en forma** 15
steak **bistec** *m.* 8
steering wheel **volante** *m.* 11
step **escalón** *m.* 15
stepbrother **hermanastro** *m.* 3
stepdaughter **hijastra** *f.* 3
stepfather **padrastro** *m.* 3
stepmother **madrastra** *f.* 3
stepsister **hermanastra** *f.* 3
stepson **hijastro** *m.* 3
stereo **estéreo** *m.* 11
still **todavía** *adv.* 5

stockbroker **corredor(a)** *m., f.* **de bolsa**
stockings **medias** *f., pl.* 6
stomach **estómago** *m.* 10
stone **piedra** *f.* 13
stop **parar** *v.* 11
   stop (*doing something*) **dejar de (+ inf.)** 13
store **tienda** *f.* 6
storm **tormenta** *f.*
story **cuento** *m.*; **historia** *f.*
stove **cocina, estufa** *f.* 9, 12
straight **derecho** *adj.* 14
   straight (ahead) **derecho** 14
straighten up **arreglar** *v.* 12
strange **extraño/a** *adj.* 13
   it's strange **es extraño** 13
strawberry **frutilla** *f.* 8, **fresa**
street **calle** *f.* 11
stress **estrés** *m.* 15
stretching **estiramiento** *m.* 15
   do stretching exercises **hacer ejercicios**; *m. pl.* **de estiramiento** 15
strike (*labor*) **huelga** *f.*
stripe **raya** *f.* 6
   striped **de rayas** 6
stroll **pasear** *v.* 4
strong **fuerte** *adj. m. f.* 15
struggle (for/against) **luchar** *v.* **(por/contra)**
student **estudiante** *m., f.* 1; 2; **estudiantil** *adj.* 2
study **estudiar** *v.* 2
stuffed-up (*sinuses*) **congestionado/a** *adj.* 10
stupendous **estupendo/a** *adj.* 5
style **estilo** *m.*
suburbs **afueras** *f., pl.* 12
subway **metro** *m.* 5
   subway station **estación** *f.* **del metro** 5
success **éxito** *m.*
successful: be successful **tener éxito**
such as **tales como**
suddenly **de repente** *adv.* 6
suffer **sufrir** *v.* 10
   suffer an illness **sufrir una enfermedad** 10
sugar **azúcar** *m.* 8
suggest **sugerir (e:ie)** *v.* 12
suit **traje** *m.* 6
suitcase **maleta** *f.* 1
summer **verano** *m.* 5
sun **sol** *m.* 5; 13
sunbathe **tomar** *v.* **el sol** 4
Sunday **domingo** *m.* 2
(sun)glasses **gafas** *f., pl.* **(oscuras/de sol)** 6; **lentes** *m. pl.* **(de sol)** 6
sunny: It's (very) sunny. **Hace (mucho) sol.** 5
supermarket **supermercado** *m.* 14
suppose **suponer** *v.* 4

sure **seguro/a** *adj.* 5
  be sure **estar seguro/a** 5
surf *(the Internet)* **navegar** *v.* **(en Internet)** 11
surfboard **tabla de surf** *f.* 5
surprise **sorprender** *v.* 9; **sorpresa** *f.* 9
survey **encuesta** *f.*
sweat **sudar** *v.* 15
sweater **suéter** *m.* 6
sweep the floor **barrer el suelo** 12
sweets **dulces** *m., pl.* 9
swim **nadar** *v.* 4
swimming **natación** *f.* 4
  swimming pool **piscina** *f.* 4
symptom **síntoma** *m.* 10

T

table **mesa** *f.* 2
tablespoon **cuchara** *f.* 12
tablet *(pill)* **pastilla** *f.* 10
take **tomar** *v.* 2; **llevar** *v.* 6;
  take care of **cuidar** *v.* 13
  take someone's temperature **tomar** *v.* **la temperatura** 10
  take *(wear)* a shoe size **calzar** *v.* 6
  take a bath **bañarse** *v.* 7
  take a shower **ducharse** *v.* 7
  take off **quitarse** *v.* 7
  take out the trash *v.* **sacar la basura** 12
  take photos **tomar** *v.* **fotos** 5; **sacar** *v.* **fotos** 5
talented **talentoso/a** *adj.*
talk **hablar** *v.* 2
  talk show **programa** *m.* **de entrevistas**
tall **alto/a** *adj.* 3
tank **tanque** *m.* 11
taste **probar (o:ue)** *v.* 8; **saber** *v.* 8
  taste like **saber a** 8
tasty **rico/a** *adj.* 8; **sabroso/a** *adj.* 8
tax **impuesto** *m.*
taxi **taxi** *m.* 5
tea **té** *m.* 8
teach **enseñar** *v.* 2
teacher **profesor(a)** *m., f.* 1, 2; **maestro/a** *m., f.*
team **equipo** *m.* 4
technician **técnico/a** *m., f.*
telecommuting **teletrabajo** *m.*
telephone **teléfono** 11
  (cell) phone **(teléfono)** *m.* **celular** 11
television **televisión** *f.* 2; 11
  television set **televisor** *m.* 11
tell **contar** *v.* 4; **decir** *v.* 4
tell (that) **decir** *v.* **(que)** 4, 9
  tell lies **decir mentiras** 4
  tell the truth **decir la verdad** 4
temperature **temperatura** *f.* 10
ten **diez** 1
tennis **tenis** *m.* 4
  tennis shoes **zapatos** *m., pl.* **de tenis** 6
tension **tensión** *f.* 15
tent **tienda** *f.* **de campaña**

tenth **décimo/a** 5
terrible **terrible** *adj. m., f.* 13
  it's terrible **es terrible** 13
terrific **chévere** *adj.*
test **prueba** *f.* 2; **examen** *m.* 2
text message **mensaje** *m.* **de texto** 11
Thank you. **Gracias.** *f., pl.* 1
  Thank you (very much). **(Muchas) gracias.** 1
  Thank you very, very much. **Muchísimas gracias.** 9
  Thanks (a lot). **(Muchas) gracias.** 1
  Thanks for having me. **Gracias por invitarme.** 9
that **que, quien(es), lo que** *pron.* 12
  that (one) **ése, ésa, eso** *pron.* 6; **ese, esa,** *adj.* 6
  that (over there) **aquél, aquélla, aquello** *pron.* 6; **aquel, aquella** *adj.* 6
  that which **lo que** *conj.* 12
  that's me **soy yo**
  that's why **por eso** 11
the **el** *m.,* **la** *f. sing.,* **los** *m.,* **las** *f., pl.* 1
theater **teatro** *m.*
their **su(s)** *poss. adj.* 3; **suyo(s)/a(s)** *poss. pron.* 11
them **los/las** *pl., d.o. pron.* 5
  to/for them **les** *pl., i.o. pron.* 6
then *(afterward)* **después** *adv.* 7; *(as a result)* **entonces** *adv.* 5, 7; *(next)* **luego** *adv.* 7; **pues** *adv.* 15
there **allí** *adv.* 2
  There is/are... **Hay...** 1; There is/are not... **No hay...** 1
therefore **por eso** 11
these **éstos, éstas** *pron.* 6; **estos, estas** *adj.* 6
they **ellos** *m.,* **ellas** *f. pron.*
  They all told me to ask you to excuse them/forgive them. **Todos me dijeron que te pidiera disculpas de su parte.**
thin **delgado/a** *adj.* 3
thing **cosa** *f.* 1
think **pensar (e:ie)** *v.* 4; *(believe)* **creer** *v.*
  think about **pensar en** *v.* 4
third **tercero/a** 5
thirst **sed** *f.* 3
thirsty: be (very) thirsty **tener (mucha) sed** 3
thirteen **trece** 1
thirty **treinta** 1, 2; thirty *(minutes past the hour)* **y treinta; y media** 1
this **este, esta** *adj.;* **éste, ésta, esto** *pron.* 6
  This is... *(introduction)* **Éste/a es...** 1
  This is he/she. *(on telephone)* **Con él/ella habla.** 11
those **ésos, ésas** *pron.* 6; **esos, esas** *adj.* 6
those (over there) **aquéllos, aquéllas** *pron.* 6; **aquellos, aquellas** *adj.* 6

thousand **mil** *m.* 6
three **tres** 1
three hundred **trescientos/as** 2
throat **garganta** *f.* 10
through **por** *prep.* 11
throughout: throughout the world **en todo el mundo** 13
Thursday **jueves** *m., sing.* 2
thus *(in such a way)* **así** *adj.*
ticket **boleto** *m.* 2; **pasaje** *m.* 5
tie **corbata** *f.* 6
time **vez** *f.* 6; **tiempo** *m.* 4
  have a good/bad time **pasarlo bien/mal** 9
  I've had a fantastic time. **Lo he pasado de película.**
  What time is it? **¿Qué hora es?** 1
  (At) What time...? **¿A qué hora...?** 1
times **veces** *f., pl.* 6
  many times **muchas veces** 10
  two times **dos veces** 6
tip **propina** *f.* 9
tire **llanta** *f.* 11
tired **cansado/a** *adj.* 5
  be tired **estar cansado/a** 5
to **a** *prep.* 1
toast *(drink)* **brindar** *v.* 9
  toast **pan** *m.* **tostado**
toasted **tostado/a** *adj.* 8
  toasted bread **pan tostado** *m.* 8
toaster **tostadora** *f.* 12
today **hoy** *adv.* 2
  Today is... **Hoy es...** 2
toe **dedo** *m.* **del pie** 10
together **juntos/as** *adj.* 9
toilet **inodoro** *m.* 7
tomato **tomate** *m.* 8
tomorrow **mañana** *f.* 1
  See you tomorrow. **Hasta mañana.** 1
tonight **esta noche** *adv.* 4
too **también** *adv.* 2; 7
  too much **demasiado** *adv.* 6; **en exceso** 15
tooth **diente** *m.* 7
toothpaste **pasta** *f.* **de dientes** 7
top **cima** *f.* 15
  to the top **hasta arriba** 15
tornado **tornado** *m.*
tortilla **tortilla** *f.* 8
touch **tocar** *v.*
  touch screen **pantalla táctil** *f.* 11
tour **excursión** *f.* 4; **recorrido** *m.* 13
tour an area **recorrer** *v.*
tourism **turismo** *m.* 5
tourist **turista** *m., f.* 1; **turístico/a** *adj.*
toward **hacia** *prep.* 14; **para** *prep.* 11
towel **toalla** *f.* 7
town **pueblo** *m.* 4
trade **oficio** *m.*
traffic **circulación** *f.* 11; **tráfico** *m.* 11
  traffic light **semáforo** *m.* 14
tragedy **tragedia** *f.*

trail **sendero** *m.* 13
   trailhead **sendero** *m.* 13
train **entrenarse** *v.* 15; **tren** *m.* 5
   train station **estación** *f.* (de) **tren** *m.* 5
trainer **entrenador(a)** *m., f.* 15
translate **traducir** *v.* 6
trash **basura** *f.* 12
travel **viajar** *v.* 2
   travel agent **agente** *m., f.* de viajes 5
traveler **viajero/a** *m., f.* 5
   (traveler's) check **cheque (de viajero)** 14
treadmill **cinta caminadora** *f.* 15
tree **árbol** *m.* 13
trillion **billón** *m.*
trimester **trimestre** *m.* 2
trip **viaje** *m.* 5
   take a trip **hacer un viaje** 5
tropical forest **bosque** *m.* **tropical** 13
true **verdad** *adj.* 13
   it's (not) true **(no) es verdad** 13
trunk **baúl** *m.* 11
truth **verdad** *f.*
try **intentar** *v.*; **probar (o:ue)** *v.* 8
   try (*to do something*) **tratar de (+ *inf.*)** 15
   try on **probarse (o:ue)** *v.* 7
t-shirt **camiseta** *f.* 6
Tuesday **martes** *m., sing.* 2
tuna **atún** *m.* 8
turkey **pavo** *m.* 8
turn **doblar** *v.* 14
   turn off (*electricity/appliance*) **apagar** *v.* 11
   turn on (*electricity/appliance*) **poner** *v.* 11; **prender** *v.* 11
twelve **doce** 1
twenty **veinte** 1
twenty-eight **veintiocho** 1
twenty-five **veinticinco** 1
twenty-four **veinticuatro** 1
twenty-nine **veintinueve** 1
twenty-one **veintiún, veintiuno/a** 1
twenty-seven **veintisiete** 1
twenty-six **veintiséis** 1
twenty-three **veintitrés** 1
twenty-two **veintidós** 1
twice **dos veces** 6
twin **gemelo/a** *m., f.* 3
twisted **torcido/a** *adj.* 10
   be twisted **estar torcido/a** 10
two **dos** 1
   two hundred **doscientos/as** 2
   two times **dos veces** 6

U

ugly **feo/a** *adj.* 3
uncle **tío** *m.* 3
under **bajo** *adv.* 7; **debajo de** *prep.* 2
understand **comprender** *v.* 3; **entender (e:ie)** *v.* 4

underwear **ropa interior** 6
unemployment **desempleo** *m.*
unique **único/a** *adj.* 9
United States **Estados Unidos (EE.UU.)** *m. pl.* 1
university **universidad** *f.* 2
unless **a menos que** *adv.* 13
unmarried **soltero/a** *adj.*
unpleasant **antipático/a** *adj.* 3
until **hasta** *prep.* 6; **hasta que** *conj.* 13
up **arriba** *adv.* 15
urgent **urgente** *adj.* 12
   It's urgent that… **Es urgente que…** 12
us **nos** *pl., d.o. pron.* 5
   to/for us **nos** *pl., i.o. pron.* 6
use **usar** *v.* 6
used for **para** *prep.* 11
useful **útil** *adj. m., f.*

V

vacation **vacaciones** *f., pl.* 5
   be on vacation **estar de vacaciones** 5
   go on vacation **ir de vacaciones** 5
vacuum **pasar** *v.* **la aspiradora** 12
   vacuum cleaner **aspiradora** *f.* 12
valley **valle** *m.* 13
various **varios/as** *adj. m., f. pl.* 8
vegetables **verduras** *pl., f.* 8
verb **verbo** *m.*
very **muy** *adv.* 1
   very much **muchísimo** *adv.* 2
   (Very) well, thank you. **(Muy) bien, gracias.** 1
video **video** *m.* 1, 11
   video camera **cámara** *f.* de **video** 11
videoconference **videoconferencia** *f.*
   video game **videojuego** *m.* 4
vinegar **vinagre** *m.* 8
violence **violencia** *f.*
visit **visitar** *v.* 4
   visit monuments **visitar monumentos** 4
vitamin **vitamina** *f.* 15
voice mail **correo de voz** *m.* 11
volcano **volcán** *m.* 13
volleyball **vóleibol** *m.* 4
vote **votar** *v.*

W

wait (for) **esperar** *v.* (+ *inf.*) 2
waiter/waitress **camarero/a** *m., f.* 8
wake up **despertarse (e:ie)** *v.* 7
walk **caminar** *v.* 2
   take a walk **pasear** *v.* 4;
   walk around **pasear por** 4

walkman **walkman** *m.*
wall **pared** *f.* 12; **muro** *m.* 15
wallet **cartera** *f.* 4, 6
want **querer (e:ie)** *v.* 4
war **guerra** *f.*
warm (oneself) up **calentarse (e:ie)** *v.* 15
wash **lavar** *v.* 12
   wash one's face/hands **lavarse la cara/las manos** 7
   wash (the floor, the dishes) **lavar (el suelo, los platos)** 12
   wash oneself **lavarse** *v.* 7
washing machine **lavadora** *f.* 12
wastebasket **papelera** *f.* 2
watch **mirar** *v.* 2; **reloj** *m.* 2
   watch television **mirar (la) televisión** 2
water **agua** *f.* 8
   water pollution **contaminación del agua** 13
   water-skiing **esquí** *m.* **acuático** 4
way **manera** *f.*
we **nosotros(as)** *m., f.* 1
weak **débil** *adj. m., f.* 15
wear **llevar** *v.* 6; **usar** *v.* 6
weather **tiempo** *m.*
   The weather is bad. **Hace mal tiempo.** 5
   The weather is good. **Hace buen tiempo.** 5
weaving **tejido** *m.*
Web **red** *f.* 11
website **sitio** *m.* **web** 11
wedding **boda** *f.* 9
Wednesday **miércoles** *m., sing.* 2
week **semana** *f.* 2
weekend **fin** *m.* de semana 4
weight **peso** *m.* 15
   lift weights **levantar** *v.* **pesas** *f., pl.* 15
welcome **bienvenido(s)/a(s)** *adj.* 12
well: (Very) well, thanks. **(Muy) bien, gracias.** 1
well-being **bienestar** *m.* 15
well organized **ordenado/a** *adj.*
west **oeste** *m.* 14
   to the west **al oeste** 14
western (*genre*) **de vaqueros**
whale **ballena** *f.* 13
what **lo que** *pron.* 12
what? **¿qué?** 1
   At what time…? **¿A qué hora…?** 1
   What a pleasure to…! **¡Qué gusto (+ *inf.*)…!**
   What day is it? **¿Qué día es hoy?** 2
   What do you guys think? **¿Qué les parece?** 9
What happened? **¿Qué pasó?** 11
   What is today's date? **¿Cuál es la fecha de hoy?** 5

What nice clothes! **¡Qué ropa más bonita!** 6
What size do you take? **¿Qué talla lleva (usa)?** 6
What time is it? **¿Qué hora es?** 1
What's going on? **¿Qué pasa?** 1
What's happening? **¿Qué pasa?** 1
What's... like? **¿Cómo es...?** 3
What's new? **¿Qué hay de nuevo?** 1
What's the weather like? **¿Qué tiempo hace?** 5
What's up? **¿Qué onda?** 14
What's wrong? **¿Qué pasó?** 11
What's your name? **¿Cómo se llama usted?** *form.* 1
What's your name? **¿Cómo te llamas (tú)?** *fam.* 1
when **cuando** *conj.* 7; 13
When? **¿Cuándo?** 2
where **donde**
where (to)? (*destination*) **¿adónde?** 2; (*location*) **¿dónde?** 1
Where are you from? **¿De dónde eres (tú)?** (*fam.*) 1; **¿De dónde es (usted)?** (*form.*) 1
Where is...? **¿Dónde está...?** 2
(to) where? **¿adónde?** 2
which **que** *pron.*, **lo que** *pron.* 12
which? **¿cuál?** 2; **¿qué?** 2
In which...? **¿En qué...?** 2
which one(s)? **¿cuál(es)?** 2
while **mientras** *adv.* 10
white **blanco/a** *adj.* 6
white wine **vino blanco** 8
who **que** *pron.* 12; **quien(es)** *pron.* 12
who? **¿quién(es)?** 1
Who is...? **¿Quién es...?** 1
Who is speaking/calling? (*on telephone*) **¿De parte de quién?** 11
Who is speaking? (*on telephone*) **¿Quién habla?** 11
whole **todo/a** *adj.*
whom **quien(es)** *pron.* 12
whose? **¿de quién(es)?** 1
why? **¿por qué?** 2
widower/widow **viudo/a** *adj.* 9
wife **esposa** *f.* 3
win **ganar** *v.* 4
wind **viento** *m.* 5
window **ventana** *f.* 2
windshield **parabrisas** *m., sing.* 11
windy: It's (very) windy. **Hace (mucho) viento.** 5
wine **vino** *m.* 8
red wine **vino tinto** 8
white wine **vino blanco** 8
wineglass **copa** *f.* 12
winter **invierno** *m.* 5

wireless (connection) **conexión inalámbrica** *f.* 11
wish **desear** *v.* 2; **esperar** *v.* 13
I wish (that) **ojalá (que)** 13
with **con** *prep.* 2
with me **conmigo** 4; 9
with you **contigo** *fam.* 5, 9
within (ten years) **dentro de (diez años)** *prep.*
without **sin** *prep.* 2; 13; 15; **sin que** *conj.* 13
woman **mujer** *f.* 1
wool **lana** *f.* 6
(made of) wool **de lana** 6
word **palabra** *f.* 1
work **trabajar** *v.* 2; **funcionar** *v.* 11; **trabajo** *m.*
work (*of art, literature, music, etc.*) **obra** *f.*
work out **hacer gimnasia** 15
world **mundo** *m.* 8, 13
worldwide **mundial** *adj. m., f.*
worried (about) **preocupado/a (por)** *adj.* 5
worry (about) **preocuparse** *v.* (**por**) 7
Don't worry. **No se preocupe.** *form.* 7; **Tranquilo.; No te preocupes.** *fam.* 7
worse **peor** *adj. m., f.* 8
worst **el/la peor** 8
Would you like to...? **¿Te gustaría...?** *fam.* 4
Would you do me the honor of marrying me? **¿Me harías el honor de casarte conmigo?**
wow **híjole** *interj.* 6
wrench **llave** *f.* 11
write **escribir** *v.* 3
write a letter/post card/e-mail message **escribir una carta/postal/mensaje electrónico** 4
writer **escritor(a)** *m., f*
written **escrito/a** *p.p.* 14
wrong **equivocado/a** *adj.* 5
be wrong **no tener razón** 3

X

X-ray **radiografía** *f.* 10

Y

yard **jardín** *m.* 12; **patio** *m.* 12
year **año** *m.* 5
be... years old **tener... años** 3
yellow **amarillo/a** *adj.* 6
yes **sí** *interj.* 1
yesterday **ayer** *adv.* 6
yet **todavía** *adv.* 5
yogurt **yogur** *m.* 8

You **tú** *fam.* **usted (Ud.)** *form. sing.* **vosotros/as** *m., f. fam.* **ustedes (Uds.)** *form.* 1; (to, for) you *fam. sing.* **te** *pl.* **os** 6; *form. sing.* **le** *pl.* **les** 6
you **te** *fam., sing.*, **lo/la** *form., sing.*, **os** *fam., pl.*, **los/las** *form., pl, d.o. pron.* 5
You don't say! **¡No me digas!** *fam.*; **¡No me diga!** *form.* 11
You are... **Tú eres...** 1
You're welcome. **De nada.** 1; **No hay de qué.** 1
young **joven** *adj., sing.* (**jóvenes** *pl.*) 3
young person **joven** *m., f., sing.* (**jóvenes** *pl.*) 1
young woman **señorita (Srta.)** *f.*
younger **menor** *adj. m., f.* 3
younger: younger brother, sister *m., f.* **hermano/a menor** 3
youngest **el/la menor** *m., f.* 8
your **su(s)** *poss. adj. form.* 3
your **tu(s)** *poss. adj. fam. sing.* 3
your **vuestro/a(s)** *poss. adj. form. pl.* 3
your(s) *form.* **suyo(s)/a(s)** *poss. pron. form.* 11
your(s) **tuyo(s)/a(s)** *poss. fam. sing.* 11
your(s) **vuestro(s)/a(s)** *poss. fam.* 11
youth *f.* **juventud** 9

Z

zero **cero** *m.* 1

Text Credits

31 © Joaquín Salvador Lavado (QUINO). *Toda Mafalda* – Ediciones de La Flor, 1993.
368–369 © Juan Matías Loiseau "Tute", *El celular*, reprinted by permission of the author.
474–475 © Denevi, Marco, *Cartas peligrosas y otros cuentos. Obras completas, Tomo 5*, Buenos Aires, Corregidor, 1999, págs. 192–193.
504–505 Gabriel García Márquez, "Un día de éstos", *Los funerales de la mamá grande* © Gabriel García Márquez, 1962.

Photo and Art Credits

All images © Vista Higher Learning unless otherwise noted.

Cover: Elogio del Horizonte by Eduardo Chillida. © 2011 Artists Rights Society (ARS), New York/VEGAP, Madrid. Photo credit: © Atlantide Phototravel/Corbis.

Front Matter: iii (l) © Andresr/Shutterstock.com; **xxviii** (tl, tml, ml, tr, tmr, mr, ml, bl) Carolina Zapata; **xxix** (tl, tr, b) Carolina Zapata.

All Fotonovela photos taken by Carolina Zapata.

Repaso: 1 (full pg) Carolina Zapata; **2** (t) © FogStock LLC/Index Open; (m) © Dean Uhlinger/Corbis; (b) © Yuri Arcurs/Big Stock Photo; **6** Martín Bernetti; **7** Janet Dracksdorf; **8** © Joel Nito/AFP/Getty Images; **9** © Sylvain Cazenave/Corbis.

Lesson One: 1 (full pg) Paula Díez; **2** © John Henley/Corbis; **3** Martín Bernetti; **4** Martín Bernetti; **10** (l) Rachel Distler; (r) Ali Burafi; **11** (l) © Mark Mainz/Getty Images; (m) Paola Ríos-Schaaf; (r) © Hans Georg Roth/Corbis; **12** (l) Janet Dracksdorf; (r) © Tom Grill/Corbis; **16** (l) © José Girarte/iStockphoto; (r) © Blend Images/Alamy; **19** (m) Anne Loubet; (r) © Digital Vision/Getty Images; **28** (bl) © Digital Vision/Getty Images; **31** (ml) Ana Cabezas Martín; (mml) Martín Bernetti; (mmr) © Serban Enache/Dreamstime.com; (mr) Vanessa Bertozzi; (bl) © Corey Hochachka/Design Pics/Corbis; (br) Ramiro Isaza © Fotocolombia.com; **32** (t) © Robert Holmes/Corbis; (m) © Jon Arnold Images Ltd./Alamy; (b) © Andresr/Shutterstock.com; **33** (tl) © PhotoLink/Getty Images; (tr) © Tony Arruza/Corbis; (ml) © Shaul Schwarz/Sygma/Corbis; (br) Marta Mesa.

Lesson Two: 35 (full pg) Paula Díez; **38** Martín Bernetti; **44** (r) © Pablo Corral V/Corbis; **45** (t) © Murle/Dreamstime.com; (b) © Paul Almasy/Corbis; **53** © Stephen Coburn/Shutterstock.com; **55** (l) Paola Ríos-Schaaf; (r) © Image Source/Corbis; **63** (tl) © Rick Gómez/Corbis; (tr) © Hola Images/Workbook.com; **64** José Blanco; **65** (r) Pascal Pernix; **66** (tl) Sarah Kenney; (tr) José Blanco; (m) © Elke Stolzenberg/Corbis; (b) © Reuters/Corbis; **67** (tl) Photo courtesy of Charles Ommanney; (tmr) José Blanco; (ml) Diego Velázquez. *Las meninas.* 1656. Derechos reservados © Museo Nacional del Prado, Madrid. © Erich Lessing/Art Resource, NY; (bl) Iconotec/Fotosearch; (mr) © Owen Franken/Corbis.

Lesson Three: 69 (full pg) © Ronnie Kaufman/Corbis; **71** Martín Bernetti; **72** (tl) Anne Loubet; (tr) © Blend Images/Alamy; (tml) Ana Cabezas Martín; (bml, br) Martín Bernetti; (bl) © Ariel Skelley/Corbis; **78** (tl) © AP Photo/David Cantor; (tr) © Rafael Pérez/Reuters/Corbis; (b) © Martial Trezzini/epa/Corbis; **79** (t) © Dani Cardona/Reuters/Corbis; (b) © Ballesteros/epa/Corbis; **82** (l) Martín Bernetti; (r) José Blanco; **84** © Andrés Rodríguez/Alamy; **89** (l) © Warren Morgan/Corbis; (r) Martín Bernetti; **90** Martín Bernetti; **98** (t, m, b) Martín Bernetti; **99** (t) Nora y Susana © Fotocolombia.com; (m) © Chuck Savage/Corbis; (b) Martín Bernetti; **100** © Tom & Dee Ann McCarthy/Corbis; **101** Martín Bernetti; **104** (tr, tl, b) Martín Bernetti; (ml) Iván Mejía; (mr) Lauren Krolick; **105** (tl, ml, bl) Martín Bernetti; (tr) © Oswaldo Guayasamín. *Madre y niño en azul.* 1986. Cortesía Fundación Guayasamín. Quito, Ecuador; (br) © Gerardo Mora.

Lesson Four: 107 (full pg) © Digital Vision/Getty Images; **109** © George Shelley/Corbis; **111** © Nora y Susana/fotocolombia.com; **116** (l) © Javier Soriano/AFP/Getty Images; (r) © AP Photo/Fernando Bustamante; **117** (t) © sportgraphic/Shutterstock.com; (b) © Aurora Photos/Alamy; **127** The Kobal Collection/Art Resource, NY; **131** Anne Loubet; **133** © Images.com/Corbis; **134** Martín Bernetti; **135** © AP Photo/Fernando Llano; **136** (tl) © Randy Miramontez/Shutterstock.com; (tr) Frida Kahlo. *Autorretrato con mono.* 1938. Oil on masonite, overall 16 x 12" (40.64 x 30.48 cms.) © 2012 Banco de México Diego Rivera Frida Kahlo Museums Trust, Mexico, D.F./Artists Rights Society (ARS), New York © Albright-Knox Art Gallery/CORBIS; (ml) Rubén Varela; (mr) Isabelle Alouane; (b) © Henry Romero/Reuters/Corbis; **137** (tl) © Radius Images/Alamy; (tr) © Bettmann/Corbis; (b) © David R. Frazier Photolibrary, Inc./Alamy.

Lesson Five: 139 (full pg) © Gavin Hellier/Getty Images; **150** © Gary Cook/Alamy; **151** (t) © AFP/Getty Images; (b) © Mark A. Johnson/Corbis; **155** © Ronnie Kaufman/Corbis; **168** Carlos Gaudier; **169** (tr, m ,b) Carlos Gaudier; **170** (tl) © Nanniqui/Dreamstime.com; (tr) José Blanco; (ml) Carlos Gaudier; (mr) © Capricornis Photographic Inc./Shutterstock.com; (b) © Dave G. Houser/Corbis; **171** (tl, bl) Carlos Gaudier; (tr) © Lawrence Manning/Corbis; (br) © StockTrek/Getty Images.

Lesson Six: 173 (full pg) © Asiapix Royalty-Free/Inmagine; **182** (l) © Jose Caballero Digital Press Photos/Newscom; (b) Janet Dracksdorf; **183** (t) © Carlos Álvarez/Getty Images; (bl) © Guiseppe Cacace/Stringer/Getty Images; (br) © Mark Mainz/Staff/Getty Images; **185** © Jack Hollingsworth/Corbis; **188** (tl, tm, tr, bl, bm, br) Pascal Pernix; **193** (tl, tr, ml, mr) Martín Bernetti; **194** (t, b) Paula Díez; **195** Paula Díez; **200** Paula Díez; **201** Paula Díez; **202** © Noam/fotolia; **206** (t, mtl, mtr, mb) Pascal Pernix; (b) © PhotoLink/Getty Images; **207** (tl) © Don Emmert/AFP/Getty Images; (tr, bl) Pascal Pernix; (br) The Kobal Collection/Art Resource, NY.

Lesson Seven: 209 (full pg) © Flying Colours Ltd/Getty Images; **218** © Stewart Cohen/Blend Images/Corbis; **219** (t) Ali Burafi; (b) Janet Dracksdorf; **221** (l, r) Martín Bernetti; **223** (l) Martín Bernetti; (r) © Ariel Skelley/Corbis; **226** José Blanco; **227** Martín Bernetti; **236-237** © DIDEM HIZAR/fotolia; **238** (t, mtr) Martín Bernetti; (mbl) © Richard Franck Smith/Sygma/Corbis; (mbr) © Charles & Josette Lenars/Corbis; (b) © Yann Arthus-Bertrand/Corbis; **239** (tr) © Mick Roessler/Corbis; (bl) © Jeremy Horner/Corbis; (br) © Marshall Bruce/iStockphoto.

About the Authors

José A. Blanco founded Vista Higher Learning in 1998. A native of Barranquilla, Colombia, Mr. Blanco holds a B.A. in Literature from the University of California, Santa Cruz, and an M.A. in Hispanic Studies from Brown University. He has worked as a writer, editor, and translator for Houghton Mifflin and D.C. Heath and Company and has taught Spanish at the secondary and university levels. Mr. Blanco is also the co-author of several other Vista Higher Learning programs: **Vistas, Aventuras,** and **¡Viva!** at the introductory level, **Ventanas, Facetas, Enfoques, Imagina,** and **Sueña** at the intermediate level, and **Revista** at the advanced conversation level.

Philip Redwine Donley received his M.A. in Hispanic Literature from the University of Texas at Austin in 1986 and his Ph.D. in Foreign Language Education from the University of Texas at Austin in 1997. Dr. Donley taught Spanish at Austin Community College, Southwestern University, and the University of Texas at Austin. He published articles and conducted workshops about language anxiety management, and the development of critical thinking skills, and was involved in research about teaching languages to the visually impaired. Dr. Donley was also the co-author of **Vistas** and **Aventuras,** two other introductory college Spanish textbook programs published by Vista Higher Learning.

About the Illustrators

Yayo, an internationally acclaimed illustrator, was born in Colombia. He has illustrated children's books, newspapers, and magazines, and has been exhibited around the world. He currently lives in Montreal, Canada.

Pere Virgili lives and works in Barcelona, Spain. His illustrations have appeared in textbooks, newspapers, and magazines throughout Spain and Europe.

Born in Caracas, Venezuela, **Hermann Mejía** studied illustration at the *Instituto de Diseño de Caracas.* Hermann currently lives and works in the United States.

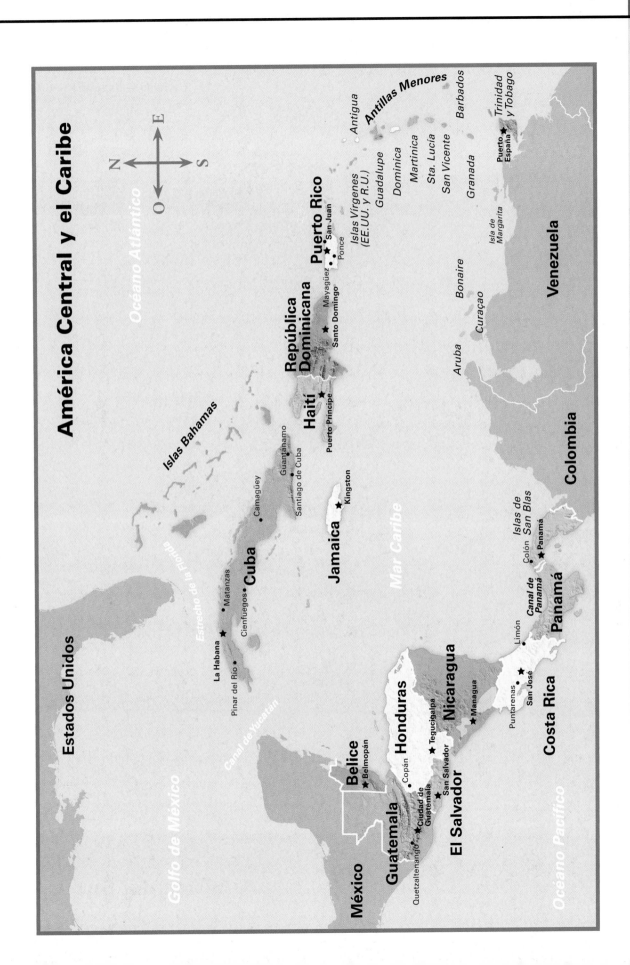

América Central y el Caribe

Estados Unidos

Golfo de México

Océano Atlántico

N
O — E
S

Canal de Yucatán

Estrecho de la Florida

Islas Bahamas

La Habana ★
Pinar del Río ●
Matanzas ●
Cienfuegos ●
Cuba
Camagüey ●
Guantánamo ●
Santiago de Cuba ●

Kingston ★
Jamaica

Mar Caribe

México

Guatemala
Quetzaltenango ★
Ciudad de Guatemala ★
Copán ●

Belice
Belmopán ★

Honduras
Tegucigalpa ★

El Salvador
San Salvador ★

Nicaragua
Managua ★

Puntarenas ●
San José ★
Costa Rica

Limón ●

Panamá
Canal de Panamá
Colón ● Panamá ★
Islas de San Blas

Océano Pacífico

Haití
Puerto Príncipe ★

República Dominicana
Santo Domingo ★

Mayagüez ●
Puerto Rico
San Juan ★
Ponce ●

Islas Vírgenes
(EE.UU. y R.U.)

Antillas Menores

Antigua

Guadalupe
Dominica
Martinica
Sta. Lucía
San Vicente
Granada
Barbados

Trinidad
y Tobago
Puerto
España ★

Isla de
Margarita

Aruba
Bonaire
Curaçao

Venezuela

Colombia

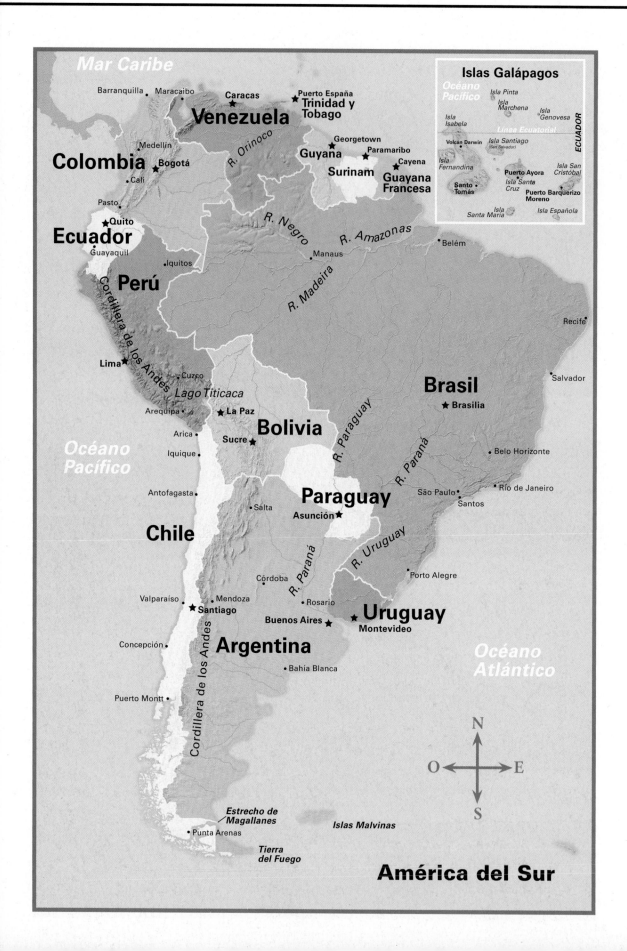

Mar Caribe

Barranquilla • • Maracaibo • Caracas • Puerto España
Venezuela Trinidad y Tobago

Medellín

Colombia • Bogotá

• Cali
Pasto

Georgetown
Guyana • Paramaribo
Surinam • Cayena
Guayana Francesa

R. Orinoco

★Quito
Ecuador
Guayaquil

R. Negro

R. Amazonas

• Iquitos

Manaus

• Belém

Perú

R. Madeira

Cordillera de los Andes

Lima★

• Cuzco

Recife •

Brasil

Salvador •

Lago Titicaca

Arequipa •

★La Paz

Bolivia

★ Brasilia

Arica •

Sucre ★

• Belo Horizonte

Iquique •

R. Paraguay

R. Paraná

São Paulo •

Río de Janeiro
Santos

Antofagasta •

Paraguay

Océano
Pacífico

• Salta

Asunción ★

Chile

R. Paraná

R. Uruguay

Porto Alegre

Córdoba •

Valparaíso •

• Mendoza

• Rosario

Uruguay

★ Santiago

Buenos Aires ★

Montevideo

Concepción •

Argentina

• Bahía Blanca

Océano
Atlántico

Cordillera de los Andes

Puerto Montt •

N

Estrecho de
Magallanes

Islas Malvinas

O ←→ E

Punta Arenas

Tierra
del Fuego

S

América del Sur

Islas Galápagos

Océano
Pacífico

Isla Pinta

Isla
Marchena

Isla
Genovesa

Isla
Isabela

Línea Ecuatorial

ECUADOR

Volcán Darwin

Isla Santiago
(San Salvador)

Isla
Fernandina

Puerto Ayora

Isla San
Cristóbal

Isla Santa
Cruz

Santo
Tomás

Puerto Barquerizo
Moreno

Isla
Santa María

Isla Española

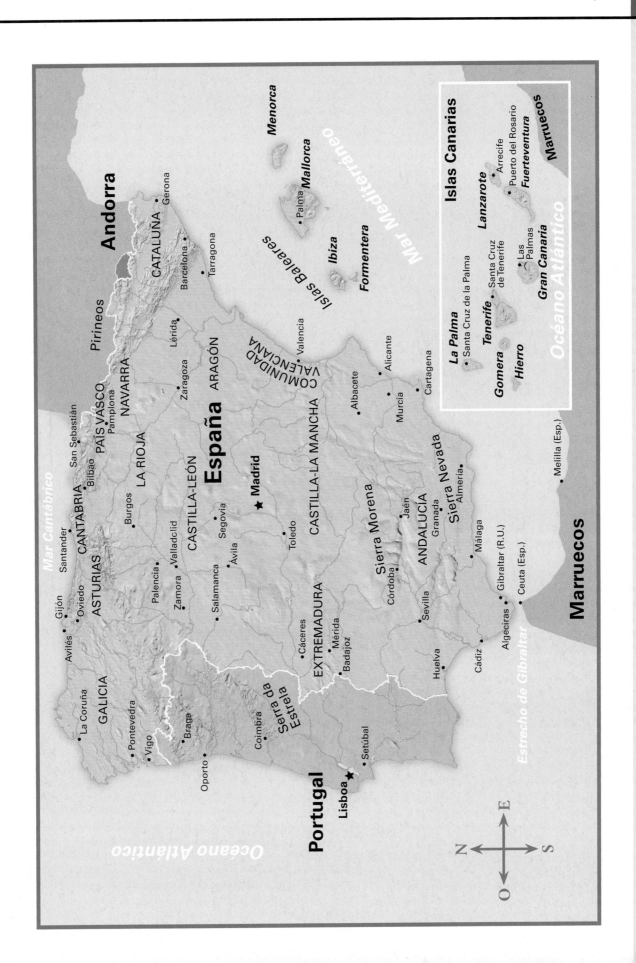